国家自然科学基金项目（51878284）
基于创新网络演化视角的城市创新空间绩效评估与规划技术研究
——以珠江三角洲创新型科技园区为例

中国博士后科学基金第73批面上资助（2023M731129）
基于"集群—产城创"视角的创新空间类型与模式研究——以珠三角为例

广东省哲学社会科学规划2024年度青年项目（GD24YGL04）
基于"创新空间单元"的广佛都市区创新网络及衍生性机理研究

制内市场创新
——广州开发区的实证

李 刚 袁奇峰 占 玮 著

华南理工大学出版社
SOUTH CHINA UNIVERSITY OF TECHNOLOGY PRESS
·广州·

图书在版编目（CIP）数据

制内市场创新：广州开发区的实证 / 李刚，袁奇峰，占玮著. —广州：华南理工大学出版社，2024.3

ISBN 978-7-5623-7242-4

Ⅰ.①制… Ⅱ.①李… ②袁… ③占… Ⅲ.①开发区-经济发展-广州 Ⅳ.①F127.65

中国版本图书馆CIP数据核字（2022）第218423号

Zhinei Shichang Chuangxin：Guangzhou Kaifaqu De Shizheng
制内市场创新：广州开发区的实证
李　刚　袁奇峰　占　玮　著

出 版 人：柯　宁
出版发行：华南理工大学出版社
　　　　　（广州五山华南理工大学17号楼　邮编：510640）
　　　　　http：//hg.cb.scut.edu.cn　E-mail：scutc13@scut.edu.cn
　　　　　营销部电话：020 - 87113487　87111048（传真）
责任编辑：周　芹　肖妮延
印 刷 者：佛山市浩文彩色印刷有限公司
开　　本：787mm×1092mm　1/16　印张：19.25　字数：492千
版　　次：2024年3月第1版　印次：2024年3月第1次印刷
定　　价：68.00元

版权所有　盗版必究　　印装差错　负责调换

序·"受组织"的市场创新

几天前我得知袁奇峰老师想让我给他们关于广州开发区的新书作序,不由得浮想联翩。多年前我曾到过黄埔,踏上了这个当时人烟稀少的广州对外开放的"桥头堡"。38年前,作为第一批14个沿海开放城市之一的广州在那里建立了经济技术开发区(经开区)。现在,广州开发区的地区生产总值、财税总收入、实际利用外资、高新技术企业数、营商环境指数、科技创新能力等多项核心指标都在全国219个国家级经开区中排名第一,成为全国领先的制造业高地和粤港澳大湾区的明珠。广州开发区是"黄埔军校",培养了大批优秀人才,我的一个北大学生就是1991年毕业时通过校园应聘去广州开发区的一家外企工作的,之后他离开该公司连续创业,并成为优秀的职业经理人。

收到袁奇峰老师发来的书稿时,我迫不及待地打开电脑进行学习。仔细阅读了本书的前言和目录之后,马上回复袁老师,谢谢他们对我的信任,我很高兴为本书作序。我在著名城市规划师吴志强院士给他写的另一篇书序中看到:"奇峰人如其名,生涯清奇,职业攀峰;他扎根大地,是'地方城乡规划师'和有特色的城市化研究者。"袁奇峰老师曾在中山大学地理科学与规划学院毕业大会的讲话中提到,大学要"博学、审问",还要"慎思、明辨",我从本书里感受到了他在华南理工大学对本书第一作者李刚博士这种素质的培养。

本书是国家自然科学基金项目的研究成果之一,通过评估广州开发区从依赖外资到创新驱动的成功转型,在微观上揭示了其转型的机制,在宏观上探索了其转型中政府的作用,并讨论了空间规划对政策性产业空间有效聚集创新活动的效应。初读本书,受益匪浅。

全书的主题为"制内市场创新模式",这在第七章有详细论述。郑永年等人提出制内市场(market in state)这一术语,将中国特色市场经济概念化,以解释我国改革开放以来的经济体制及其产生的经济奇迹。正巧,北京大学出版社最近出版的《国家的双重角色》(封凯栋著)一书也强调,创新经济得以存续和发展的制度性条件是"受组织"的市场机制。创新活动是深深内嵌于社会经济关系的,创新的有效发展需要"受组织"的市场制度。本书认为,广州开发区"政府培育、市场创新"的科技创新模式是"制内市场创新"的模式:国家向地方放权和向社会放权,政府通过产业政策和空间供给,营造低成本的创新创业环境;在市场机制的激励下,科技型中小企业蓬勃发展,并且再孵化出新的企业;一系列的中介组织出现,成为政府与市场之间的桥梁。

本书是基于广州开发区调研分析所做实证研究的成果。难能可贵的是,研究者在文献综述的基础上,将定性和定量的分析结合起来,不仅搜集了珠江三角洲地区深圳、广州等城市的大量数据,而且对广州开发区进行了田野调查,跟相关人员进行了详细访谈。我怀着极大的兴趣通读了全书。书中梳理了广州开发区38年的演进路径，工业园（industrial park）——科学城（science city）——创新区（innovation district）的脉络非常清晰，这也是当今国际学术界普遍认同的从外生经济增长到内生经济增长、以制度创新推动技术创新之路的观点。

开发区研究的重要性不言而喻。从20世纪80年代国务院特区办、国家计委设立经济特区和经济技术开发区，国家科委设立高新技术产业开发区（高新区）开始，中央很多部委先后设立了大量国家级海关特殊监管的开发园区；各地政府也竞相开发和经营园区。与其他发展中国家的出口加工区类似，我国的这些开发区（即本书中的"政策性产业空间"）最初只是吸引外资和创造就业的政策手段，开发区基础设施的便利并不能自动促进技术创新，需要支持性的机构才能维持其高效运作和服务，而且那些建立在初级生产要素基础之上的跨国资本，随时可能找到投资环境更好的地方，从而在当地瞬间消失。对此，决策者要保持清醒的头脑。

建设开发区，成功吸引到外资和大型跨国公司的分厂，可以为孵化创新型中小企业提供资金条件，但跨国公司分厂的存在也可能减弱地方创业的热情，因此必须在吸引外资的同时加强本地创业和创新环境的营造，而在跨国公司分厂工作过的有管理经验、有技术的人员出来创业，将使该地呈现出新企业繁衍、企业家成长和产业文化变迁的兴盛局面。不过，将开发区转变为拥有孵化器和创新中心的系统环境是一个艰难的长期的制度创新过程。

本书对于城市研究和规划实践都具有重要价值。它将广州开发区的科创转型研究置于全球化背景下，纵观开发区筹建至今近40年的历史，说明在广州开发区这种政策性产业空间中，地方政府可以主导，从而使得市场作用充分发挥出来，这个成功案例既可以从创新驱动的区域发展理论中找到依据，又具有中国特色。全书图文并茂，数据充实，逻辑清晰，内容涉及全球化和地方化、城市化经济和地方化经济、政府和市场、产和城等两两交织和互动的复杂图景，尤其是深刻分析了广州开发区科创转型的核心机制，对于中介服务组织、专业服务机构、众创空间和孵化器等孵化载体、人才政策，以及在产业园区向创新城区（innovation district）升级的过程中，通过实体规划所打造的知识交流空间等内容，都有非常详尽的探讨和描述，可读性很强。

当下，广州开发区还在继续演绎中新知识城、广州生物岛等发展的动人故事，然而，全球经济仍处于不稳定和波动时期，开发区的未来也存在不确定性。袁奇峰老师是城市研究和城市规划领域的著名专家，是桃李满天下的资深教授，我深信他将带领团队在本研究的基础上继续跟踪，并做出更大的贡献。

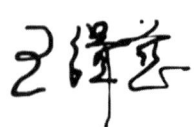

北京大学城市与环境学院教授、博士生导师
2023年1月

前言. 有组织的"产业政策区"

  本书是国家自然科学基金（2019年）面上项目"基于创新网络演化视角的城市创新空间绩效评估与规划技术研究——以珠江三角洲创新型科技园区为例"（51878284）的研究报告。

  中国的崛起是21世纪对世界发展影响最深远的事件之一，而对"中国模式"的发展起源、驱动因素和演进机制进行理论解释框架的构建是国内外政治、经济、社会、地理学界经久不衰、热烈讨论的议题。

  我国作为发展中国家，仿效发达国家，将"创新"作为产业经济升级的战略目标，打造发达的"国家创新系统"和"区域创新系统"成为国家及地方政府的施政核心。在最近数十年间，我国创新发展不断跃升，并引领经济发展取得了举世瞩目的成就。因此，对中国区域创新发展机理和演进机制进行深入研究，特别是聚焦于辨析同在社会主义体制下的不同区域为什么存在如此巨大的创新路径、创新模式和创新绩效的差异根源，对于"中国模式"的进一步理论化具有十分重要的意义。

  我国追赶世界科技创新的路径非常曲折。从晚清的洋务运动开始学习西方、引进工业技术，到民国时期初具规模的民族工业，这段历史终结于1937年开始的全面抗日战争。新中国在第一个五年计划时期，在计划经济体制下开始了优先发展重工业的国家工业化，以苏联援助为起步，初步建立起我国现代工业体系框架。但是在中苏关系破裂后，又不得不开启了国家主导的自主创新的科技攻关之路，聚焦国防安全，取得了从两弹一星到载人航天等巨大科技成就。

  改革开放以后，随着经济体制改革的深化与市场经济的发展，我国逐步形成了一条依托市场、服务产业的本土创新路径。但是中国的市场化与全球化是一个相互缠绕的制度演进过程，知识的传播是在"全球—地方"的产业转移中实现的。中国政府为了摆脱全球价值链的低端锁定，主动推动中央—地方各级政府权力秩序的空间尺度重构（state rescaling），围绕"创新"构筑新的制度空间（institional space）。

  科学是第一生产力，而科技创新是现代国家发展的第一推动力。在西方创新研究的理论语境中，是自由市场催生了创新，而创新繁荣了市场。但是，由于中国特色社会主义市场经济制度，政府可以通过主动的政策调整和资源配置，大规模地引进海外的企业、资本和技术，在京津冀、长江三角洲、珠江三角洲等地区产生"地方轰鸣"（local buzz），最终也从低成本优势的"世界工厂"逐渐转型为"自主创新"的策源地，成功进入全球生产网络最重要的价值区段。

  我们利用专利数据，结合地理信息对珠江三角洲的创新空间格局演化进行宏观尺度分析，发现无论是在区域尺度还是在城市尺度，创新的地理分布都是高度集中的。既有以广州五山科教区、科研院所等为中心的"国家力量依赖"的创新集聚地；也有广州南方电网、顺德美的工业城、深圳高新区光明园区TCL、珠海格力产业园、东莞OPPO工业园、惠州仲恺高新技术开发区TCL这样的大企业带来的"轮轴式"创新集群；还有东莞松山湖高新技术开发区、深圳八卦岭—笋岗片区、深圳坂雪岗片区这样的"卫星平台式"创新集群；以及广州科学城、深圳福田车公庙片区、深圳高新区留仙洞片区、珠海唐家湾科技创新海岸的"马歇尔式"创新集群。正所谓："世界是平的，创新是尖的。"在这几类创新聚集区中，尤其以深圳高新区、广州开发区这样的以中小企业为主的"马歇尔式"创新集群最具市场经济特色。

开发区等"产业政策特区"本来就是经济体制改革的试验田，改革开放初期主要是引进国外资本和技术，而后又被赋予推动科技创新的使命与职能。如今一批发展领先的开发区已经从工业园区转型为区域科技创新高地。那么这些开发区是如何实现科技创新的？本书以广州开发区为研究案例，拟回答问题：广州开发区是否实现了科创转型？是如何实现科创转型的？空间又是如何支撑科创转型的？

本书通过科技创新成效的评估，确认广州开发区实现了科创转型；继而在微观上揭示了开发区科创转型的机制与模式；还试图在宏观上探究政府在其中所起的作用，地方政府与市场如何协同，如何善用市场机制推动本土创新。最后，辨析了开发区规划以及空间结构是如何支撑科技创新转型的。研究成果证实了政策性产业空间能够有效集聚创新活动，是政府可为的一种创新空间。

规划实践本质上是规范性的，立足于理论指导实践。而城市研究却多是实证性的，所形成的理论永远不能覆盖所有案例。本研究通过对珠江三角洲现有创新空间的辨析，深入研究了广州开发区的科创转型，把经验性的地方知识上升为实证性的理论研究，搭建了城市研究与规划实践的桥梁，既增加了理论知识，还期望能够指导城市创新空间的规划设计。

本书主要得出如下三条结论：

第一，自二次创业以来，广州开发区在工业园区基础上建设广州科学城，形成了区位优越、环境优美的高品质科技园区，是广州开发区科技型中小企业的聚集地，探索形成了一条科技型中小企业孵化及再孵化的科技创新路径，逐渐培育形成生物医药等一批新兴产业，这些新兴产业以区内孵化的科技型中小企业为主体，演化形成多面向的本地根植链，呈现马歇尔产业区基本特征，同时又嵌入到"全球—地方"的多尺度网络之中，成功实现了向区域科技创新高地的转型。

广州开发区的科技创新整体呈现从低水平到高水平、从落后到追赶的过程，在珠三角国家级开发区中仅次于深圳高新区但远优于其他开发区。在广州11个市辖区中位列第二，已逐步追上甚至在部分指标上超越了常年独占鳌头的天河区；其中，广州科学城自二次创业启动建设以来，科技创新极核效应越来越显著，已成为与天河中心区比肩的另一极点。

第二，广州开发区的科创转型呈现一次创业、二次创业、三次创业叠合演进的路径，并形成以财政接力、产城创互促推动科技创新实现良性循环的互动机理。

广州开发区以外源型工业企业集聚的一次创业起步，以二次创业为起点开启了科创转型的历程，形成科创转型的直接路径——科技型中小企业孵化及再孵化。自三次创业以来，又叠合形成科创转型的复合路径——科技创新与城市服务耦合发展。这三次创业叠合演进，形成了以财政接力、产城创互促推动科技创新的良性循环，最终推动了开发区向区域科技创新高地的转型。

财政接力的逻辑在于"资本循环"：一次创业以来的外源型工业企业集聚带来产业财政的累积，为二次创业启动科创转型提供了初始资本；三次创业以来的城市开发又形成了土地财政，产业财政和土地财政的双路径增强了财政能力，政府通过财政投入扶持科技创新和科技人员创业，创新创业又可带来新的产业财政，如此便可实现良性循环。

产城创互促的逻辑则在于以人为核心的耦合循环："外源集聚带来的产业人口形成了城市服务，城市服务保障了科技创新人才的集聚，科技创新和科技人员创业进而催生了新的产业。"其内在逻辑是从"产—人—城"的工业园到以人才为核心的科技创新、城市服务的"人—城—产"的互动耦合，如此实现良性循环。

第三，广州开发区科创转型实现的核心机制在于：广州作为国家中心城市、省会城市给开发区带来了创新创业源头，形成大城市效应；广州开发区建设科学城，通过特殊产业政策、空间供给营造低成本的创新创业环境，形成洼地效应；创新创业活动的堆积形成了本地创新创业生态，循环动力进一步促进创新创业，形成集聚效应。

广州开发区初始为城市边缘三片独立外源型工业园区；二次创业后，在中心城区边缘开启了广州科学城建设，开始从工业园区向科技园区转型；经三次创业，广州科学城—萝岗新城推动产城融合，科技创新与城市服务融合发展，园区向连片创新城区转型升级；契合布鲁斯·凯茨（Bruce Katz）等提出的第三种创新城区的基本特征。随着广州开发区（新黄埔区）被纳入中心城区，伴随的是区位条件、空间环境及生活配套的逐步提升，有效支撑了科创转型。

与此同时，政府先投资建设了一批国有孵化载体，之后形成"政府扶持、多元供给"的模式，逐渐成为一个孵化载体集群。而"众创空间—科技企业孵化器—科技企业加速器—写字楼园区及综合体"的孵化载体空间链条，满足了创新创业企业成长的空间需求，并围绕孵化载体形成了一套服务体系，有效降低了创新创业成本，构成了集聚人才创新创业的微观空间承载。

本书基于广州开发区的实证，揭示了其科创转型的过程与机制，总结为"制内市场创新模式"：政府划定政策性产业空间，积极扶持科技创新，构筑了创新创业的政策和空间环境，但是根本动力还在于市场机制的作用。广州开发区依托广州作为国家中心城市带来的节点效应和源头效应，为广州开发区带来创新主体集聚，进而演化形成本地创新创业生态的循环动力。除了"软环境"的促进外，区位条件、生活配套、空间环境等的跃升也创造了吸引人才的"硬环境"条件。换而言之，如果没有契合的市场机制推动，政府推动科技创新的产业政策和空间供给是无法产生积极效应的。这也解释了为什么只有部分开发区能够实现科创转型。

与创新地理研究形成的现有解释相比，制内市场创新模式具有整体性、针对性两个方面的特点与优势。创新地理研究形成的区域创新系统、产业集群创新、多尺度产业创新网络等解释创新活动的理论框架与概念，对某一产业集群或某一类型产业具有良好的解释力，但是难以充分解释广州开发区的科创转型。

透过开发区、科技园区，单纯从科技创新模式来看，制内市场创新模式与以硅谷为典范的自由市场创新模式、以阿波罗计划为代表的举国科技攻关模式、以格勒科学中心为例的国家科学中心模式形成鲜明对照。广州开发区科创转型的机理和机制总结及创新点的逻辑关系如下图所示：

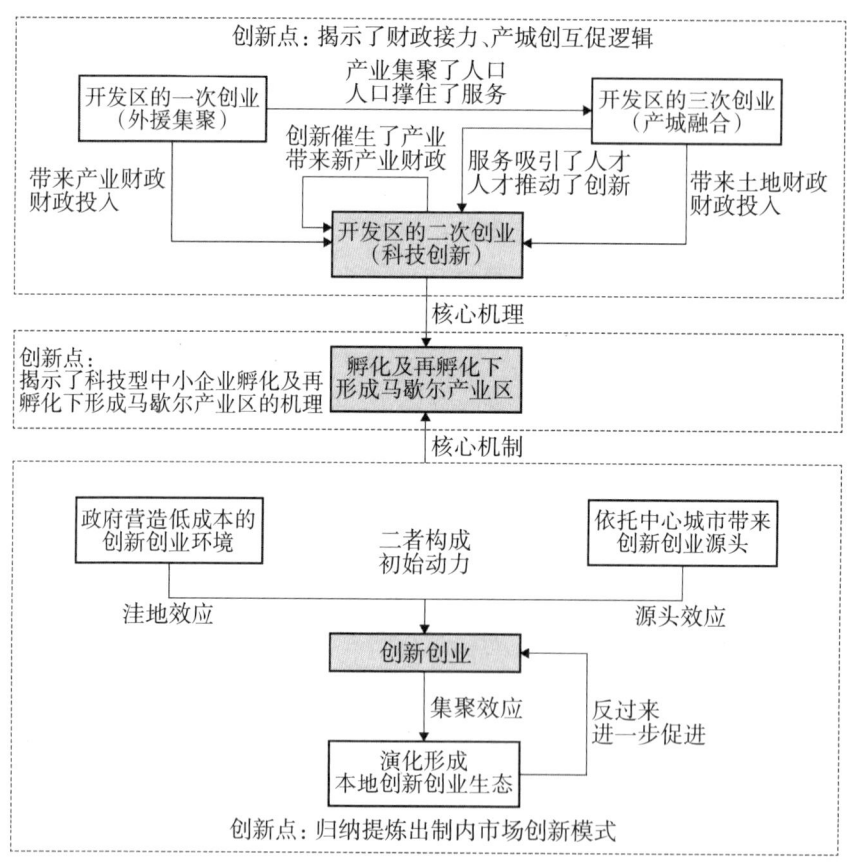

广州开发区科创转型的机理和机制总结及创新点的逻辑关系

本书有两点明显的不足之处：

第一，以广州开发区为实证对象具有典型性，但其科创转型亦具有一定特殊性。本书以个案实证进行归纳提炼为研究思路，在深入探究机理、机制方面具有方法上的优势，但是也难以避免个案研究方法上的缺陷，难以排除特殊性的影响。

广州作为国家级中心城市、省会城市，正是其源头效应、节点效应给广州开发区带来了创新创业源头，是广州开发区科创转型实现的初始动力之一。1998年广州经济技术开发区与广州高新技术产业区的合并，带来了特有的体制效应。相较于单纯经济技术开发区体制，高新区更加强调科技创新导向，更有推动科创转型的动力；而相较于单纯高新区体制，经济开发区形成的产业财政累积使其更具有科创转型的财力，二者互为联动形成特有的体制效应。

第二，广州开发区于2010年启动中新知识城的开发建设，正在探索新的科技创新路径。不同于广州开发区过去"先产后城、先创后城"的路径，如今开启了"产城创协同"甚至是"先城后产、先城后创"的路径。一方面，这是在过去产城失衡经验教训基础上的提升，另一方面也不乏房地产兴盛的驱动。同时，广州开发区的财政实力也已远超从前，可以支撑起超前的基础设施建设，不再需要遵循过去"开发一片、建成一片、收益一片"的滚动开发思路。

中新知识城推动科技创新的逻辑是引进或创建创新"锚点"，以期形成"锚点带动"效应，例如2015年成立的中新国际联合研究院、2019年成立的广东粤港澳大湾区国家纳米科技创新研究院、2020年成立的西安电子科技大学广州研究院、2021年筹建的黄埔大学等。但是，中新知识城尚在开发建设之中，科技创新效应还未充分显现，有待今后进一步深入探究。

华南理工大学建筑学院教授、博士生导师
2023年5月

目 录

第1章 创新与创新园区 ·· 1
  1.1 创新 ··· 1
    1.1.1 概念界定 ·· 1
    1.1.2 从引进、消化、吸收到本土创新 ······································· 3
    1.1.3 改革开放以来依托市场的创新模式 ··································· 4
  1.2 创新的地理属性 ·· 5
    1.2.1 世界是平的、创新是尖的 ··· 5
    1.2.2 创新与区域研究的结合 ·· 9
    1.2.3 创新与经济地理的结合 ··· 12
    1.2.4 创新与城市地理的结合 ··· 16
  1.3 开发区及其科创转型 ··· 26
    1.3.1 开发区，一种政策性产业区 ··· 27
    1.3.2 我国开发区的发展历程 ··· 28
    1.3.3 国内开发区的研究进展 ··· 30
  1.4 小结：开发区，一个很好的研究介入点 ··························· 36

第2章 珠三角的创新发展与创新空间 ··· 38
  2.1 从"世界工厂"到"创新湾区" ······································· 38
    2.1.1 珠三角的创新发展成效 ··· 38
    2.1.2 从全球到地方，再到全球 ··· 39
    2.1.3 "全球—地方"的互动作用 ··· 43
  2.2 从"点状创新"到"区域创新" ······································· 47
    2.2.1 基于"创新空间单元"的分析方法 ································· 47
    2.2.2 从广深两极到两个都市区 ··· 48
    2.2.3 广佛都市区的创新空间特征 ··· 54
    2.2.4 深圳都市圈的创新空间特征 ··· 57
  2.3 "创新空间单元"的类型与模式 ······································ 59
    2.3.1 产业集群类型：五类 ··· 59
    2.3.2 创新系统模式：三型 ··· 61

| 2.4 | 小结：政策性产业园区是政府可为的创新空间 | 62 |

第3章 广州开发区的科创转型成效 · 63

3.1	广州开发区概况	63
3.2	珠江三角洲国家级开发区的对比	65
	3.2.1 珠三角的国家级开发区	65
	3.2.2 基于单一指标的对比	67
	3.2.3 基于综合评价的对比	69
3.3	广州市行政辖区之间的对比	72
	3.3.1 基于单一指标的对比	72
	3.3.2 基于综合评价的对比	76
3.4	广州市科技创新空间的刻画分析	78
	3.4.1 基于专利落点的空间刻画分析	79
	3.4.2 基于高新技术企业落点的空间刻画分析	83
	3.4.3 基于孵化载体落点的空间刻画分析	84
3.5	小结：广州开发区实现了科技创新转型	87

第4章 广州经济技术开发区成为工业高地 · 89

4.1	广州开发区的一次创业	89
4.2	外源型工业企业的集聚	90
	4.2.1 用足优惠政策招商引资	90
	4.2.2 集聚四类外源型产业	95
	4.2.3 产业形态呈现典型卫星平台式特征	98
4.3	工业园区的滚动扩张	104
	4.3.1 产业格局：从日用品到高新技术产品	104
	4.3.2 区位条件：城市边缘工业区位	107
	4.3.3 空间模式：三片独立工业园区	108
	4.3.4 支撑机制："熟地"供给、村庄提供服务	112
4.4	小结：以低成本优势招商引资	113

第5章 广州科学城，在工业园区建设科技园区 · 114

5.1	广州开发区的二次创业	114
5.2	科技型中小企业的孵化及再孵化	117
	5.2.1 留交会推动留学人员创业	117
	5.2.2 探索形成一套创新创业政策体系	119
	5.2.3 科技型中小企业蓬勃发展	124

5.2.4　新型研发机构的平台孵化···126
　　　5.2.5　科技型中小企业的三条科技创新路径·································130
　　　5.2.6　科技型中小企业成长的关键环节······································135
　　　5.2.7　成功企业再孵化的四条典型路径······································139
　　　5.2.8　从孵化到再孵化的典型案例：以洁特生物为例···················143
　　　5.2.9　生物医药行业的马歇尔产业区··144
　5.3　广州科学城建设成效···151
　　　5.3.1　科技型中小企业集中在广州科学城···································151
　　　5.3.2　区位条件：毗邻中心城区··154
　　　5.3.3　空间模式：高品质科技园区···155
　　　5.3.4　支撑机制：孵化载体集群··160
　5.4　小结：以专有园区成功孵化再孵化科技型中小企业······················176

第6章　广州开发区，从产业园区到创新城区··178
　6.1　广州开发区的三次创业···178
　　　6.1.1　广州城市"东进"提升了区位条件······································179
　　　6.1.2　萝岗区的设立推动了开发区转型······································179
　　　6.1.3　产生科技创新与城市服务的耦合······································180
　6.2　科技创新与城市服务的耦合发展···182
　　　6.2.1　广州开发区三次创业以来人才集聚快速跃升······················182
　　　6.2.2　人才集聚—科技创新：呈现显著的正向线性相关特征·········184
　　　6.2.3　人才集聚—城市服务：留学人才集聚与国际学校互动发展是缩影······186
　　　6.2.4　耦合程度：从低水平到高水平逐步跃升·····························188
　　　6.2.5　典型机理：双轮驱动的招才引智及创业·····························194
　6.3　从产业园区到创新城区···198
　　　6.3.1　区位向城区跃升··198
　　　6.3.2　定位向创新城区升级···199
　　　6.3.3　创新城区刻画：广州科学城—萝岗新城·····························204
　　　6.3.4　支撑机制：补强配套、服务人才······································208
　6.4　小结：产城融合，形成科技创新与城市服务耦合发展··················211

第7章　制内市场创新模式··213
　7.1　广州开发区的科创转型及空间响应··213
　　　7.1.1　核心机理：孵化及再孵化下形成马歇尔产业区···················213
　　　7.1.2　转型路径：财政接力、产城创互促··································213

· 3 ·

  7.1.3 空间响应：从产业园区向创新城区演化 ·· 215
 7.2 科创转型实现的核心机制分析 ·· 217
  7.2.1 洼地效应：政府营造低成本的创新创业环境 ································ 217
  7.2.2 大城效应：依托国家中心城市的吸引力获取科创源头 ······················ 218
  7.2.3 集聚效应：因集约而形成本地生态 ·· 219
  7.2.4 核心机制：政府主导，市场发力 ·· 222
 7.3 从广州开发区透视"中国模式" ·· 222
  7.3.1 中国特色社会主义市场经济与制内市场 ···································· 222
  7.3.2 制内市场创新——国家放权、政府培育、市场创新 ························ 224
  7.3.3 不同于"自由市场创新""科技举国体制"的"制内市场创新" ······ 225
  7.3.4 经济特区、开发区——制内市场创新的试验田 ···························· 228
 7.4 小结：制内市场创新——中国特色创新模式 ···································· 230

参考文献 ·· 232

附录 ·· 251
 附录1：广州的城市发展与规划 ··· 251
 附录2：典型的创新园区 ··· 261
 附录3：主要访谈对象及典型访谈实录 ··· 271
 附录4：用地分类颜色索引 ··· 291

后记 ·· 292

第1章　创新与创新园区

党的十八大提出"实施创新驱动发展战略",十九大明确"创新是引领发展的第一动力,是建设现代化经济体系的战略支撑",党的二十大进一步强调"必须坚持科技是第一生产力、人才是第一资源、创新是第一动力"。中共中央、国务院2016年发布的《国家创新驱动发展战略纲要》提出了"2030年跻身创新型国家前列,2050年建成世界科技创新强国"的发展目标。那么,什么是创新呢?

1.1　创新

由经济合作与发展组织(Organization for Economic Co-operation and Development,简称OECD)出版的《奥斯陆手册》被公认为是研究"创新"的权威出版物,在前三个版本中(1992年、1997年、2005年),着重讨论企业的产品创新和流程创新,即技术创新也附带讨论了组织创新和非技术创新;并且认为创新是企业生产一项新的产品(实物或者服务)、采用一项新的技术工艺、使用新的营销方式和推行一种新的组织方式、产生新的工作场所或者新的外部联系(*Oslo Manual*. 3rd Ed,2005)。

第四版的《奥斯陆手册》(2018)进一步丰富创新的内涵,认为创新是创新主体进行与此前显著不同的产品或者(生产)过程的革新或者改进,或者把该产品、过程提供给潜在的应用者。该定义把创新扩展到非企业的创新主体(包括政府、非营利机构和个体),并认为应该从知识、潜在用途方面的新颖性、应用与实际使用和价值创造四个层面去衡量创新的绩效。

创新终于成为现代国家发展的第一推动力,而这一切都源起于文艺复兴的思想创新、牛顿力学的科学创新、瓦特改良蒸汽机的技术创新、现代国家体制的制度创新、现代企业制度的管理创新等。进入21世纪,以信息、技术和学习为核心竞争力的知识经济时代到来,以知识的生产、学习、传播为核心环节的创新成为经济发展和产业升级的关键因素。

1.1.1　概念界定

创新的概念最早是经济学家熊彼特(J. A. Schumpeter)在其出版的《经济发展理论》[①]一书中提出的,他认为创新就是把生产要素和生产条件的新组合引入生产体系建立新的生产函数,是一个不断破坏旧结构、创造新结构的活动,是企业追求利润最大化的一种内部自行发生的"创造性破坏"(creative destruction)的过程;1961年他又进一步指出,创新是企业家为了潜在利润而采取的策略,包括产品创新、工艺或技术创新、市场创新、材料

---

① 《经济发展理论》(*The Theory of Economic Development*)1912年以德文首次出版,1934年由哈佛大学出版社出版了英译本。

创新和组织创新等五种形式。

但是，熊彼特提出的创新理论直至20世纪50年代才引起广泛的关注。以微电子技术为核心的世界新一轮科技革命兴起，世界经济出现了长达二十年的高速增长。这一现象已不能用传统经济学理论中资本、劳动力等要素简单地加以解释，西方经济学理论界重新对熊彼特的创新理论进行认识和反思，将创新视作经济发展的要素之一（高志文等，2014），形成了所谓的"新熊彼特主义"（neo-schumpeterian economics）（Hanusch H等，2007）。

"新熊彼特主义"形成了创新经济学的两个分支，即技术创新经济学、制度创新经济学。前者注重技术创新在经济增长中的作用，而后者注重制度创新在经济增长中的作用（赵玉林，2017；王蕾等，2012）。他们认为自十八世纪以来，世界范围内出现的几乎所有的经济增长，最终都可以归功于创新（威廉·鲍莫尔，2004）。在"新熊彼特主义"的理论语境中，是自由市场催生了创新，而创新推动了市场繁荣。"自由市场经济好比一部创新机器"（威廉·鲍莫尔，2004），"创新是自由之子，是繁荣之母"（马特·里德利，2021）。在西方自由市场经济体制下，以市场激励企业推动创新，形成了常规化、普遍性的创新——自由市场创新模式。

总体而言，西方的科技创新最主要是在自由市场经济体制下以市场激励企业为核心形成常规化、普遍性创新，但同时也有以阿波罗登月计划为代表的"举国体制"的科技攻关。

本书所探讨的"创新"聚焦在科技创新，指知识创新、技术创新以及从前者向后者的转化。知识创新是指以科学研究为目标获取新知识、探索科学新发现的活动，技术创新是指以获取经济效益为目标开发新产品、新工艺的活动。知识创新是技术创新的基础，从知识创新到技术创新的过程即为技术转化，因此知识创新亦可称之为源头创新（图1-1）。

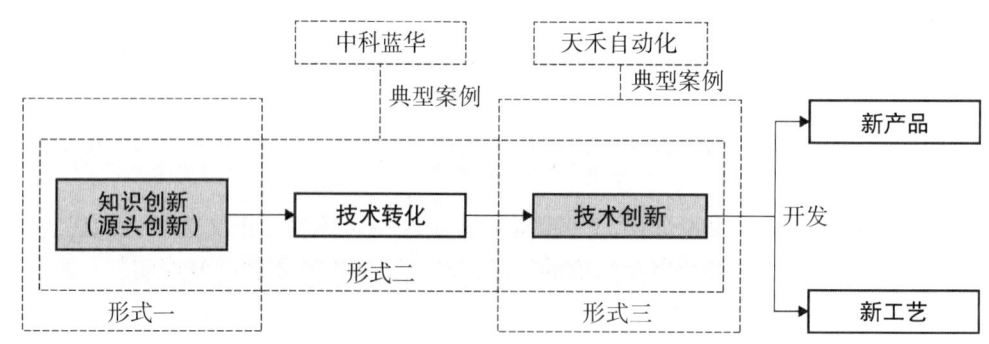

图1-1 科技创新概念辨析及其三种形式

单纯的知识创新主要是发生在高校、科研院所等研究机构的科学发现，并不能在短周期内直接转化为技术创新实现产业化。

市场导向的技术创新是指以市场为导向开发新产品、新工艺。以位于广州开发区的广州天禾自动化实业有限公司（以下简称"天禾自动化"）为例，它的产品开发过程就是典型的市场导向下的技术创新。天禾自动化的核心产品是油罐自动脱水器，最初的创新源头来自创始人韩德福关注到储油罐排水的现实生产问题。以这一行业痛点为导向，韩德福利用自身的专业知识和技能以及累积的经验自主研发了新产品——油罐自动脱水器。

以知识创新为源头的技术转化是指以知识创新为源头在短周期内直接转化为技术创新实现产业化。以位于广州开发区的广州中科蓝华生物科技有限公司（以下简称"中科蓝华")为例,癌症的疟原虫免疫疗法是中科蓝华开发的核心产品。该产品的开发源于创始人陈小平及其团队一系列的科学新发现。陈小平在 2008 年发现了疟疾发病率高地区癌症死亡率低的现象,此后陈小平及其团队在中国科学院进行了多年研究,揭开了疟原虫抗癌的内在作用机理,而后于 2013 年成立中科蓝华,进行疟原虫抗癌科研成果的技术转化,由此研发了癌症疟原虫免疫疗法。

1.1.2 从引进、消化、吸收到本土创新

从我国历史发展的大脉络来看,工业化和科学技术的互促发展仅仅历经了一个半世纪,可大致分为四个阶段(图 1-2):

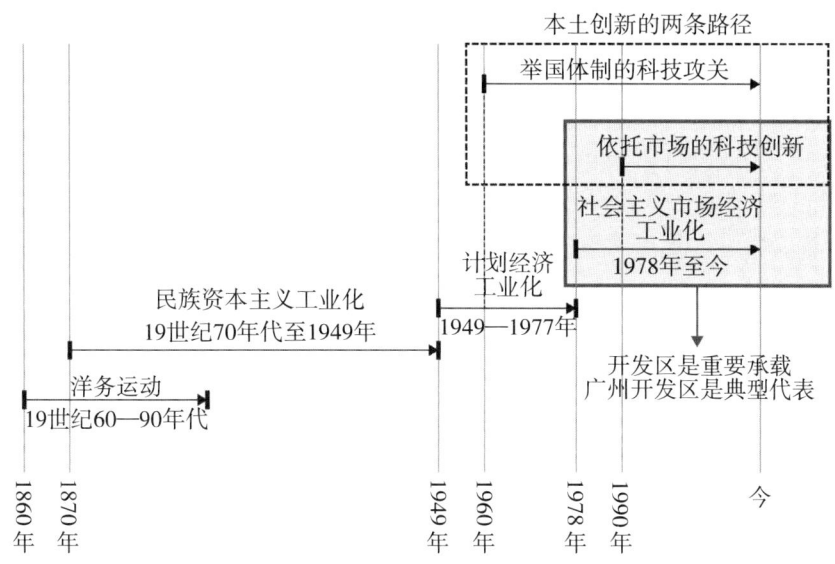

图 1-2 我国工业化及科技创新的历史发展脉络

第一阶段是 19 世纪 60—90 年代洋务运动时期。在"中学为体、西学为用"指导思想下,清政府企图通过引进西方近代军事工业,迅速摆脱落后挨打的局面。为培养人才,从自强学堂(现武汉大学)开始,开办了一批近代大学。

第二阶段是 19 世纪 70 年代至 1949 年的民族工业发展时期,以 1873 年广东商人陈启源在南海创办了继昌隆缫丝厂为标志。民国黄金十年,一大批国立大学成为科学技术传播与研究的基地。这个进程被 1937 年的抗日战争打断。

第三阶段是 1949 年后新中国计划经济时期的国家工业化。以苏联援助为起步,优先发展重工业,初步建立起了我国现代军事工业体系框架。然而在 20 世纪 50 年代末苏联中止援助协议、撤走援助专家之后,我国不得不走上了自力更生的工业化发展道路,由此也催生了我国本土科技创新的第一条路径——举国体制的科技攻关,并取得了从两弹一星到载人航天等的巨大科技成就。

第四阶段是 1978 年改革开放以来的社会主义市场经济工业化。随着改革的深化和发展,逐步演化形成了我国本土科技创新的第二条路径——依托市场的应用型科技创新,依此路径催生了华为、中兴、比亚迪、海康威视、大疆、科大讯飞、华大基因等为代表的本

土科技型企业（曾纯，2019；管汉晖等，2020；陈健等，2021）。

作为后发国家，我国的工业化及科学技术发展经历了从引进、消化、吸收到本土创新的历程，进而锚定建设世界科技创新强国的目标。

在知识经济时代，创新能力逐步替代低成本的生产要素成为推动中国经济增长的主要动力源泉。世界知识产权组织《2020年全球创新指数报告》指出，在纳入统计的全球131个经济体中，中国综合创新能力排在第14位，较2015年上升15位，是近几年上升最快的国家之一。根据中国科技部统计，2019年中国全社会研发支出达2.17万亿元，占GDP的比重为2.19%；国家169个高新区生产总值达12万亿元，占GDP的10%以上；全国高新技术企业达到22.5万家，科技型中小企业超过15.1万家；科技进步贡献率从2001年的39%上升到2019年的59.5%。虽然与美国、德国科技贡献率80%相比尚有不及，但差距正不断缩小。

创新驱动发展战略成为中央到地方各级政府的共同发展愿景。2015年国务院发布的《中国制造2025》和2017年工信部发布的《〈中国制造2025〉重点领域技术创新绿皮书——技术路线图（2017年版）》提出创新驱动，提出中国要由"制造业大国"转变为"制造业强国"，并勾勒了十大重点领域及23个优先发展方向创新的完整技术路线。2017年，党的十九大报告进一步提出"创新是引领发展的第一动力""加快建设创新型国家"等发展目标。

2021年发布的《中华人民共和国国民经济和社会发展第十四个五年规划和2035年远景目标纲要》具体提出从"强化国家战略科技力量""提升企业技术创新能力""激发人才创新活力"和"完善科技创新体制机制"四个方面完善国家创新体系，全面建设科技强国。各级地方政府也在不同的层面提出创新转型的发展目标和具体策略，比如《粤港澳大湾区发展规划纲要》就提出"深化粤港澳创新合作""构建开放型区域协同创新共同体""建设国际科技创新中心"等愿景目标。

1.1.3 改革开放以来依托市场的创新模式

改革开放以来，我国积极加入全球化的经济大循环中，对内进行市场经济体制改革，不断调整政府与市场的关系，实现了从社会主义制度模式下的国家再分配经济向市场调节型经济转变；从国家控制经济生产向国家调控市场转变；从中央集中决策和资源自下而上的分配，向财政分权化和较大的地方经济自主转变；从集中于重工业的外延式国家工业化，以满足中央计划下的强制性生产配额，向满足全球和国内市场需求的商品生产转变；从国家经济为主的工业化生产，向面向全球市场的消费商品的生产制造业转变，或者说是从"国家工厂"向"世界工厂"的转变；从在资源约束条件下过分强调生产国家认为适当的物资，转变为较为均衡的消费品及服务业的生产；从土地公有（国有和集体所有）和土地的无偿使用，向很大程度上遵循以地价的区位为原则的土地有偿使用的转变；从由工作单位实质上免费供应住房向住房商品化转变（吴缚龙等，2007），逐步形成了中国特色的市场经济体制，取得了巨大的经济增长奇迹。

在1978年以来的经济体制改革中，一方面积极引进外资，通过我国低成本要素，与发达国家的资本和技术相结合，承接全球产业链和价值链的转移；另一方面，国民经济体制改革带来民营经济的崛起。

随着市场经济的深化与发展，我国的工业化总体上经历了引进、消化、吸收、再创新的历程，也逐步演化形成了一条依托市场的本土科技创新路径（吴晓波，2008；周永章，2008；李子彬，2020），而经济特区、开发区等政策特区是市场经济改革的桥头堡。从我国开发区的发展现实来看，改革开放以来，我国开始设立开发区作为"产业政策特区"，初期主要是引进国外资本和技术的平台，而后被赋予推动科技创新的使命与职能。如今一批发展领先的开发区已经从工业园区转型为区域科技创新高地，正在依托市场实现本土科技创新。

但是，社会主义市场经济毕竟不同于西方的自由市场经济体制，在学界或被称为"转型经济体""转型国家"（厉以宁等，2014），抑或如郑永年（2021）所说的"制内市场"。其基本特征为：市场在很大程度上取代了经济活动中计划的角色，市场可以根据供求关系配置资源，展示通常与市场经济相关联的效率、增长和剩余价值生产等基本特征，但是政府仍然通过计划指引、政策扶持以及国有资本、国有企业作用于经济发展。因此，我国目前的依托市场的本土科技创新路径也会不同于西方的自由市场创新模式。本书聚焦开发区的科创转型，试图揭示我国改革开放以来形成的依托市场的科技创新模式的内在机理、机制（图1-3）。

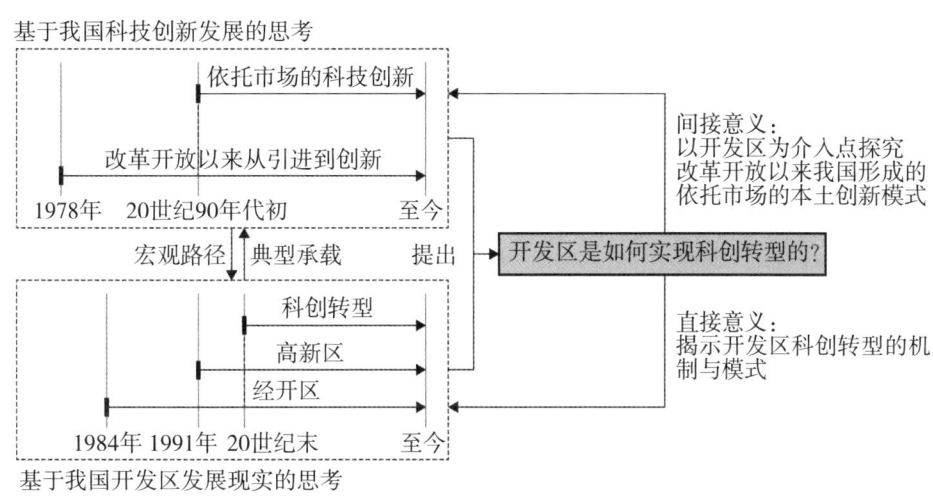

图1-3 本书研究的焦点及意义

1.2 创新的地理属性

1.2.1 世界是平的、创新是尖的

20世纪80—90年代以来，世界迎来了前所未有的经济全球化时代。而互联网信息技术革命进一步加速了经济全球化。1989年互联网出现，掀起的互联网信息技术革命使信息能够通过数字化的图像、声音、文字、表格等多种形式，借助遍布世界各地的光纤网络和地球卫星的中继，适时、大容量地传输和方便、快捷地处理，而且成本低廉。信息处理和传输方式的变革为跨国公司的集中管理、统一协调和适时决策提供了强大的信息技术支

持，大大提高了全球化经营的效率，进一步加速了世界经济的全球化。

尽管在经济全球化的同时始终伴随着反全球化、逆全球化的浪潮，特别是近年来中美贸易摩擦、俄乌军事冲突等国际性事件，掀起了新一轮的逆全球化浪潮。不可否认的是，经济全球化已经让世界越来越平坦（托马斯·弗里德曼，2008），已经形成了一个互为依存、互相关联的全球产业分工体系、全球产业网络体系。

但是，在全球化使得世界网络化、扁平化的同时，以创新为核心的价值链高端部分却是高度集聚的。全球价值链呈现"微笑曲线"（图1-4）：以创新为核心的研发设计和以品牌为核心的销售服务创造的附加价值最高，位于中间的加工制造环节主要靠要素成本竞争，创造的附加价值较低。而这些以创新为核心的价值链高端部分，无论在全球尺度或地区尺度上，都是极度不平衡的，它们高度集中在全球少数地区或城市，犹如"钉子"般高高凸起，"创新是尖的"（陈昭等，2017）。而这种基于产品和服务形成的各个价值增值环节的分工，即概念、研究与开发、产品零部件的加工、产品销售等不同环节，根据利润最大化的原则在全球城市体系选取城市的过程，被称为价值链切割。硅谷以不到美国1%的人口创造了美国13%的专利产出，吸引了美国超过40%和全世界14%的风险投资；东京集中了日本约30%的高等院校和40%的大学生，拥有日本1/3的研究和文化机构，以及日本50%的PCT专利产出和世界10%的PCT专利产出（杜德斌，2018）。

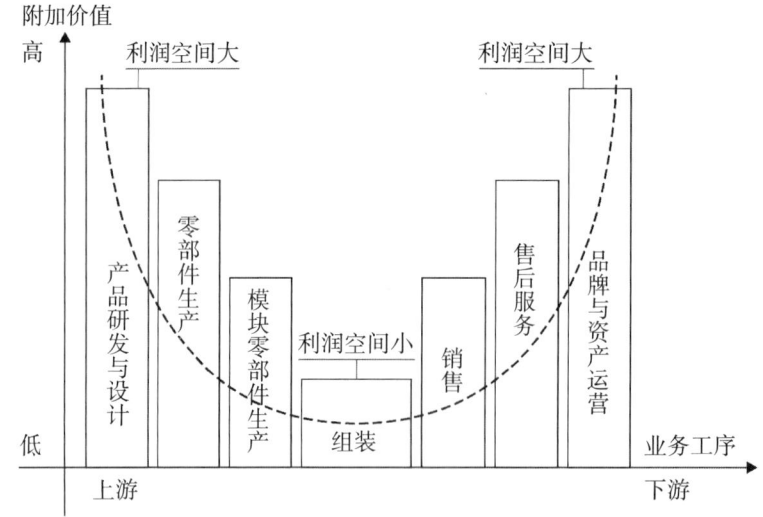

图1-4 全球价值链的"微笑曲线"

（资料来源：施振荣. 施振荣开讲：民族品牌升级之路 [M]. 沈阳：万卷出版公司，2010.）

正因为创新具有地理属性、空间集聚特征，所以从20世纪90年代开始，创新逐步被纳入到地理学研究之中，其间实现了三次结合。先是创新与区域研究相结合，而后创新与经济地理研究相结合形成创新经济地理学，创新与城市地理研究相结合形成创新城市地理学。这些研究都取得了丰硕成果，甚至有学者认为创新地理的研究已经形成了地理学的一个新分支学科——创新地理学（吕拉昌等，2017）。

图1-5为创新地理研究的总体脉络和具体内容，表1-1则列出了关于创新地理研究的20篇国内外高引用文献，并显示了他们被引用的次数。

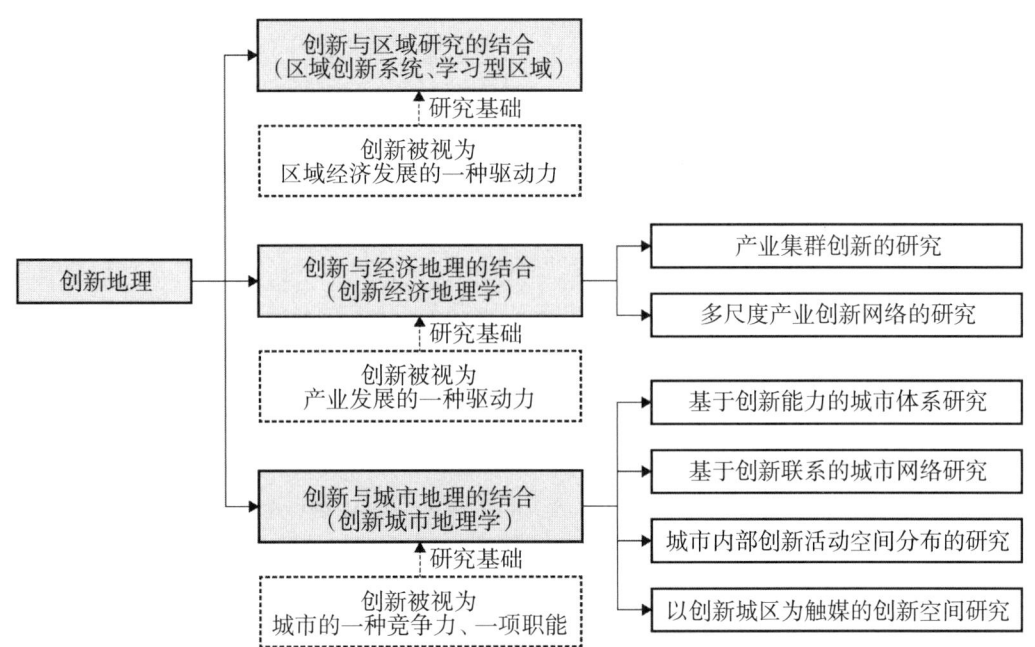

图1-5 创新地理研究的总体脉络与内容

表1-1 创新地理研究的20篇国内外高引用文献

学者	年份	文献题目	被引次数/次
Cooke P	1992	Regional innovation systems: competitive regulation in the new europe	1950
Morgan K	1997	The learning region: institutions, innovation and regional renewal	3886
Asheim B	2011	Regional innovation systems: theory, empirics and policy	851
Gertler M	2003	Tacit knowledge and the economic geography of context, or the undefinable tacitness of being (there)	2707
Bathelt H	2004	Clusters and knowledge: local buzz, global pipelines and the process of knowledge creation	6361
Boshma R	2005	Proximity and innovation: a critical assessment	7825
Giuliani E	2007	The selective nature of knowledge networks in clusters: evidence from the wine industry	1274
Morrison A	2008	Gatekeepers of knowledge within industrial districts: who they are, how they interact	711
Giuliani E	2011	Role of technological gatekeepers in the growth of industrial clusters: evidence from Chile	193
Bathelt H	2014	Learning in "organized anarchies": the nature of technological search processes at trade fairs	88
王缉慈	1999	知识创新和区域创新环境	404
王缉慈	1999	区域创新环境和企业根植性——兼论我国高新技术企业开发区的发展	307

续表

学者	年份	文献题目	被引次数/次
王缉慈	2004	关于发展创新型产业集群的政策建议	372
苗长虹等	2006	全球—地方联结与产业集群的技术学习——以河南许昌发制品产业为例	149
吕拉昌等	2010	基于城市创新职能的中国创新城市空间体系	197
吕国庆等	2014	长三角装备制造业产学研创新网络体系的演化分析	106
马双等	2016	基于不同空间尺度的上海市装备制造业创新网络演化分析	41
鲜果等	2018	中国城市间创新网络结构及其邻近性机理	51
段德忠等	2018	中国城市创新网络的时空复杂性及生长机制研究	70
马海涛	2020	知识流动空间的城市关系建构与创新网络模拟	26

注：被引用次数统计时间为2022年3月10日，外文文献的被引次数统计来自Google Scholar，中文文献的被引次数统计来自中国知网。

第一，创新与区域研究的结合。创新被视为区域经济发展的内在动力，提出区域创新系统、学习型区域等概念（Cooke P，1992；Morgan K，1997），如Cooke P于1992年发表的"Regional innovation systems：competitive regulation in the new europe"，Morgan K于1997年发表的"The learning region：institutions，innovation and regional renewal"，王缉慈于1999年发表的《知识创新和区域创新环境》等。

第二，创新与经济地理研究的结合。创新被视为产业发展的内在动力，形成了产业集群创新、多尺度产业创新网络两个主要研究方向，是创新地理研究成果最丰硕的部分。基于此，Polenske K、曾刚等学者提出了创新经济地理学（the economic geography of innovation）的概念；例如，Bathelt H于2004年发表的"Clusters and knowledge：local buzz，global pipelines and the process of knowledge creation"；Morrison A于2008年发表的"Gatekeepers of knowledge within industrial districts：who they are，how they interact"；苗长虹等于2006年发表的《全球—地方联结与产业集群的技术学习——以河南许昌发制品产业为例》等。

第三，创新与城市地理研究的结合。创新被视作城市的一种竞争力、一项职能，形成基于创新能力的城市体系研究、基于创新联系的城市网络研究、城市内部创新活动空间分布的研究、以创新城区为触媒的创新空间研究四个主要方面。如吕拉昌等于2010年发表的《基于城市创新职能的中国创新城市空间体系》；段德忠等于2018年发表的《中国城市创新网络的时空复杂性及生长机制研究》等。

我国创新地理的研究以20世纪90年代末、21世纪初引入西方产业区、产业集群的研究起步，逐渐形成了本土产业区、产业集群创新的研究，而后又发展形成多尺度产业创新网络的研究等，王缉慈、曾刚、苗长虹等学者及团队长期致力于该方面的研究。2010年之后，在国内形成了众多创新与城市地理相结合的研究成果，包括创新城市体系、城市创新网络、城市内创新的空间分布等，杜德斌、吕拉昌等学者及团队在该方面开展了深入研究。利用CiteSpace软件对我国创新地理研究的作者网络进行分析，发现形成了多个作者网络簇群（图1-6）。

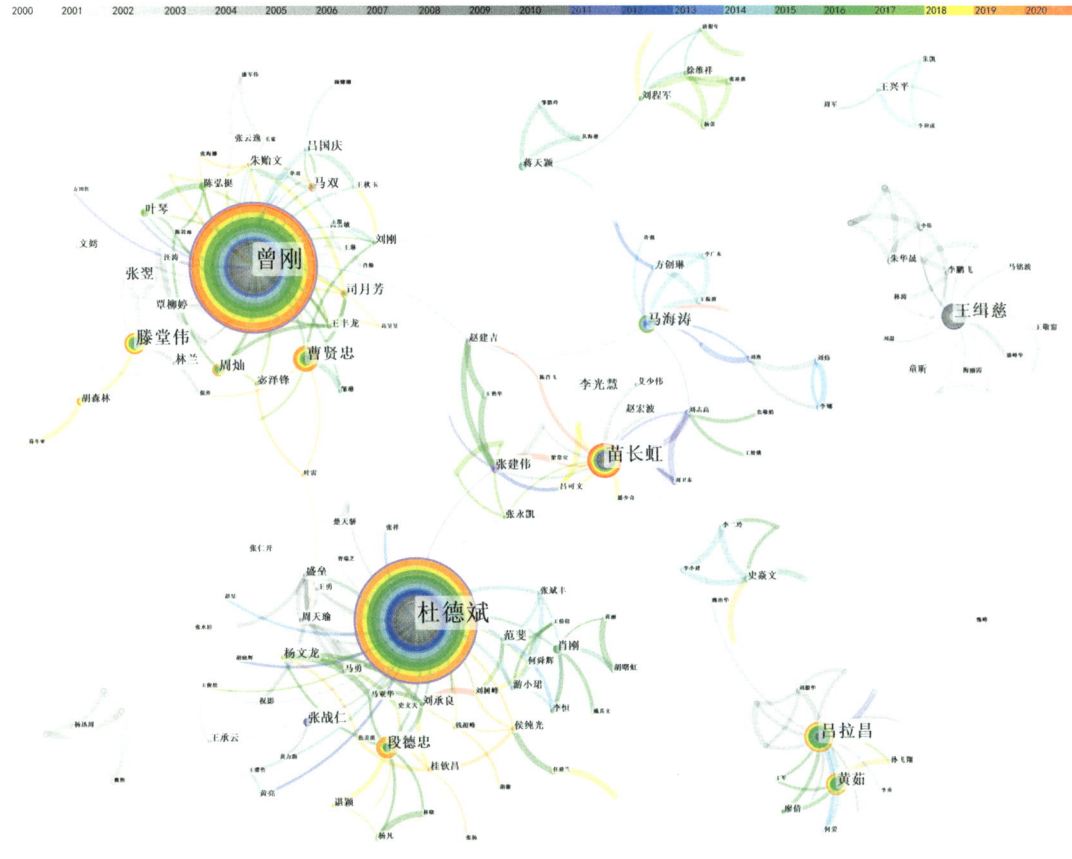

图 1-6 我国创新地理研究的典型作者网络簇群

1.2.2 创新与区域研究的结合

20 世纪 80 年代之后，经济全球化席卷世界的同时，区域经济蓬勃发展，以美国的"硅谷"、意大利的"第三意大利"等为代表的各具特性的新产业区快速崛起。区域作为全球竞争优势的重要源泉和核心载体被重新"发现"和"复兴"，并以此为基础形成了"新区域主义"的理论思潮（Storper，1995；Cooke，1997；Amin，1999）。

以朗德沃尔（Lundvall B）、弗里曼（Freeman C）、尼尔森（Nelson R）等为代表的学者开始强调从系统角度研究创新（曾国屏等，2013），认为创新不仅仅发生在企业层面，也发生在国家和区域层面，是一个复杂的系统过程，涉及多个类型参与主体和众多的环节，并且受制度环境等非经济因素的影响（吕拉昌等，2021）。

1985 年，朗德沃尔提出创新系统（system of innovation）概念；1987 年，弗里曼（Freeman C）出版了《技术政策与经济绩效：日本国家创新系统的经验》一书，提出了国家创新系统（national innovation system）概念；1993 年，尼尔森（Nelson R）出版了《国家（地区）创新体系比较分析》一书，从不同国家（地区）比较的角度进行了国家创新系统的研究。

1992 年，库克（Cooke P）首次提出区域创新系统（regional innovation systems）概念，并在其之后参编的 *Regional Innovation Systems*：*The Role of Governances in a Globalized World*

一书中，对区域创新系统的概念进行了较为详细的阐述，认为区域创新系统是由相互分工与关联的企业、研究机构和高校、政府等构成的区域性组织系统。该系统支持和促进创新，创新推动了区域经济的增长和发展。

1997年，Morgan K 提出类似于区域创新系统概念的学习型区域概念，是指区域内企业、研究机构和高校等主体形成了相互联系的网络，知识和信息在网络中的流动，使得知识和信息不再只限于个别掌握它们的主体所独有，由此形成了集体学习。集体学习支持和促进创新，而创新推动了区域的经济增长和发展。自区域创新系统概念形成以来，得到了学者们的广泛关注，形成了丰硕的研究成果（图1-7）。

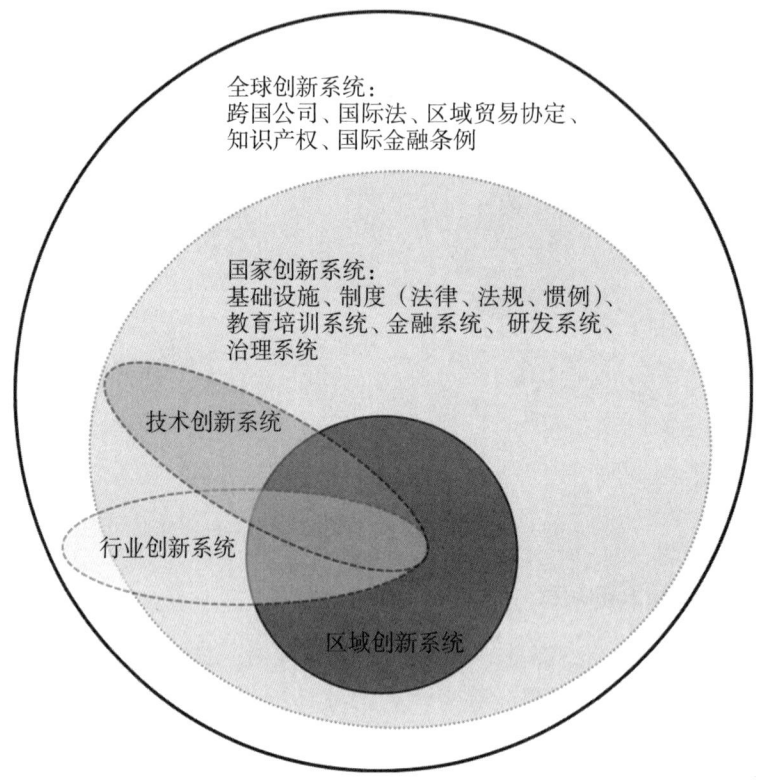

图1-7 全球创新系统、国家创新系统、区域创新系统的关系

（资料来源：根据 Bjorn Terje Asheim, Helen Lawton Smith, Christine Oughton. Regional innovation systems: theory, empirics and policy [J]. Regional studies, 2011, 45 (7), 875-891. 改绘）

区域创新系统的组织框架可以概括为三大核心要素：主体要素、网络关系和制度环境。例如，陈杰（2014）根据系统复杂性理论构建了区域创新系统的结构模型（图1-8），提出企业是核心主体，它与大学、科研机构、远程创新联盟结成密切关联的创新共同体，并成为共同体的中心，通过协作互助、彼此配合、共同促进而形成一个创新主体系统，接受来自系统内部形成的动力，同时也承受由政府、金融机构、服务机构组成的支持系统所形成的张力，以及来自外部市场和环境的各种压力，在创新环境不断提供物质、能量、信息从而满足其创新需求的前提下，通过这三种力量的协同作用实现创新系统的运行和演化。

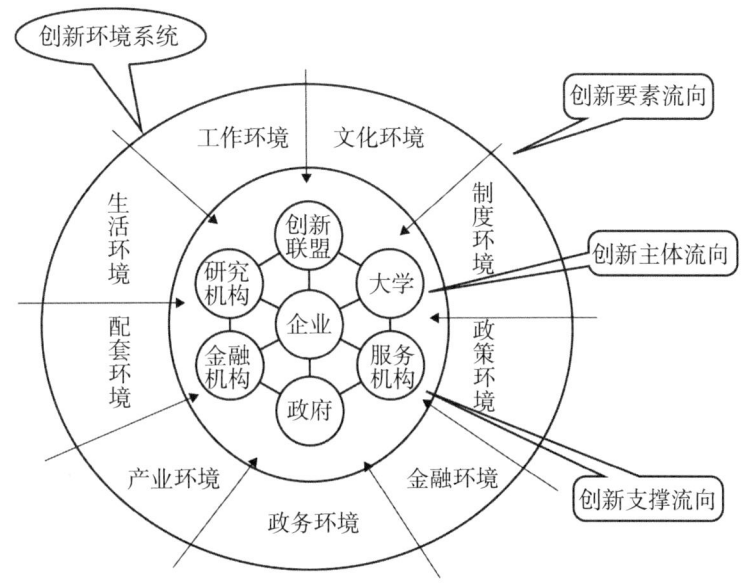

图1-8 区域创新系统结构模型

(资料来源:根据陈杰. 创新型产业园区的构建与发展——系统复杂性视角[J]. 华南师范大学学报(社会科学版),2014(2):65-102. 改绘)

①主体要素包括企业、大学、科研机构、中介组织、政府机构等推动创新的行为主体,其中企业是技术创新的主体、大学和科研机构是知识创新的主体和人才培养者、中介组织是知识传播和扩散的桥梁、政府则通过制订计划和政策来引导和激励创新(盖文启,2002)。

②网络关系是指行为主体之间基于合作、交易和交流等经济或社会互动而形成的网络关系,知识、技术、信息在网络中流动。

③制度环境是指激励或约束行为主体的正式制度(如法律、政策、知识产权)和非正式制度(如信任、惯例、文化)。

自库克(Cooke P)提出区域创新系统后,众多学者对世界范围内各类型区域进行了实证研究,采用归纳法对不同区域创新系统的模式与特征进行分析(傅利平等,2011)。其中,库克(Cooke P)、Asheim B 等的分类最早且最具典型性,后被广泛引用(付淳宇,2015)。

库克从治理结构的角度将区域创新系统分为草根型、网络型、统制型三类。其中,草根型区域创新系统的知识流动和技术传播主要在当地的管制结构和组织中进行,区域合作程度高但正式协调程度低,非正式协调特别广泛,系统主要由当地倡导和推动,例如第三意大利产业区;网络型区域创新系统的知识流动和技术传播在区域根植组织及国家支持组织之间综合进行,区域和国家倡导是混合的,系统运作高度依赖各层次间的协调机制,例如德国的巴符州;统制型区域创新系统的知识流动和技术传播由中央政府倡导,当地的相互作用程度低,系统主要由中央政府或国家金融机构资助和倡导,例如法国的案例(付淳宇,2015)。

Asheim B 等(2002)基于挪威的孙墨尔(Sunnmøre)、耶伦(Jæren)、霍尔滕(Hortren)三个案例,将区域创新系统分为如下三种类型。第一类是本土根植的区域创新网络（territorially embedded regional innovation network），与库克（Cooke P）提出的草根型类似；第二类是区域网络化的创新系统（regional networked innovation systems），与库克（Cooke P）提出的网络型类似；第三类是区域化的国家创新系统（regionalized national innovation system），与库克（Cooke P）提出的统制型类似（表1-2）。

表1-2 Asheim B等对区域创新系统模式的分类

类型	本土根植的区域创新网络	区域网络化的创新系统	区域化的国家创新系统
知识组织的位置	本地的，但是知识组织相对较少	本地的，与知识组织合作紧密	主要在区域外
知识流	相互作用	相互作用	线性作用
案例	孙墨尔（Sunnmøre）	耶伦（Jæren）	霍尔滕（Hortren）
类似库克的分类	草根型	网络型	统制型

在国内，主要是基于区域或城市的对比研究，例如许斌丰（2018）研究了我国长三角地区的区域创新系统，将上海市、江苏省、浙江省、安徽省的区域创新系统模式分别概括为综合式服务创新型、外资驱动主导型、民营经济主导型、科技研发与资源集聚型四种模式。再如符文颖等（2013）对比分析了深圳和东莞的区域创新系统管治框架演化历程，认为深圳自上而下的管治制度供给在工业化初期，相对于东莞自下而上的管治模式，由于先发制度优势和组织能力禀赋，更能顺利地推动其向区域创新系统的转变，但深圳自上而下的优越性是具有特定时间和地理背景的，之后便实现向市场机制转型。

1.2.3 创新与经济地理的结合

1.2.3.1 产业区、产业集群创新的研究

产业区、产业集群的理论缘起最早可追溯到马歇尔（Marshall A）于1890年在《经济学原理》中提出的产业区概念，直接缘起于20世纪70年代"第三意大利"研究中对马歇尔提出的产业区概念的复兴。

20世纪60年代之前的意大利经济格局一直被视为典型的二元经济，即发达的西北部和不发达的南部、中部和东北部。但是到了20世纪60—70年代，意大利的区域经济格局发生了明显的变化，意大利的中部、东北部也快速实现了工业化。意大利社会学家巴格那斯科（Bagnasco）于1977年提出了"第三意大利"的概念，用于界定经历快速工业化的中部和东北部，以区别于传统发达的西北部和不发达的南部。

随后意大利经济学家别卡蒂尼（Becattini）于1979年挖掘了马歇尔提出的产业区概念，用于解释"第三意大利"现象（王缉慈等，2009）。此后，逐渐形成了新产业区、意大利产业区、马歇尔产业区的概念（苗长虹等，2002）。由此，兴起了对意大利产业区的持续研究（Russo M，1985；Morrison A等，2009；Capasso M等，2013）。

与意大利产业区研究相伴发生，从20世纪80年代开始，西方兴起了对柔性专业化（flexible specialization）的研究（Storper M等，1987；Scott A，1988；Gertle M，1988）。批判继承马歇尔的"产业区"理论，在经济全球化背景下，关注中小企业专业化分工网络的本地根植性和内生创新能力，解析地方独特的社会文化和制度厚度以促进创新的合作和扩

散（Piore M，等，1986；Amin A，等，1992）并形成所谓的加利福尼亚学派。1990 年，波特（Porter M）在出版的《国家竞争优势》一书中提出了产业集群概念。自此，产业区、产业集群以及柔性专业化等概念与研究相伴发展（Martin R 等，2003；Boschma R 等，2011；Hervas-Oliver 等，2015）。

在我国，从 20 世纪 90 年代末、21 世纪初开始，王缉慈、苗长虹等经济地理学者较早地追溯了产业集群（王缉慈，2004）、新产业区（苗长虹，2004）相关理论，并将其引入我国。以此为发端，产业区、产业集群的研究在我国也形成了丰硕的本土化研究成果（曾刚等，2018）。

结合现有研究的共识，本书对产业区、产业集群的相关概念作出了如下辨析：

第一，新产业区、马歇尔产业区、意大利产业区可视为相同内涵的不同表述。基本特征是大量中小企业在一个区域集聚并结成根植于本地的网络（Markusen A，1996），本书用马歇尔产业区来表述。

第二，柔性专业化可视为马歇尔产业区的一个典型特征。是指以中小企业及其网络为根基形成与大批量、标准化生产相对比的专业化分工（Schoenberger E，1988）。

第三，产业区、产业集群有狭义和广义之分。一些研究将产业区和产业集群概念作狭义之用，狭义的产业区、产业集群概念就是指马歇尔产业区、马歇尔产业集群。而广义的产业区、产业集群则包含多种类型，包含马歇尔式、轮轴式、卫星平台式、国家力量依赖式、飞地式等类型（Markusen A，1996；Arias M 等，2014）。

产业区、产业集群创新研究的理论基础在于：创新被认为是产业区、产业集群形成竞争优势、保持持续增长的内在动力，研究视角经历了从强调"地方化"到"全球—地方"的演变。

一方面，产业区、产业集群的研究强调本地化、嵌入本地和根植本地的作用，认为集群内部企业之间的互动合作及协会、政府等的积极作用提升了企业绩效，进而推动了产业集群的持续增长与发展（Harrison B，1992；Park S O，1996；Porter M，2000）。产业区、产业集群创新的研究认为，集群内部形成的本地网络促进了知识、技术、信息的本地流动，形成了集体学习，推动了产业区、产业集群的创新，进而形成竞争优势推动了持续增长（Keeble D 等，1999；Pinch S 等，2003；Maskell P 等，2007）。

另一方面，在全球化背景下，学者们认识到产业区、产业集群既受本地化影响也受全球化影响，从任一单一尺度解释产业区、产业集群均是片面的，由此形成"全球—地方"视角（文嫮等，2004；A，Rabellotti R 等，2009；Marchi V 等，2014），强调外部联系、开放性的作用（Wolfe D 等，2004；李鹏飞等，2007；Belussi F 等，2010）。由此产业区、产业集群创新的研究也拓展到了"全球—地方"的视角（Bathelt H，2004；苗长虹，2006）。图 1-10 为全球—地方视角下产业区、产业集群创新框架。

1."地方化"视角下的研究

第一，是非正式联系的作用，如李郁等（2015）、刘炜等（2013）以顺德家电产业集群为例，探讨了产业集群内部非正式联系对技术创新的影响，总结出企业衍生形成的非正式联系、人才流动形成的非正式联系、因长期合作建立在信任基础上的非正式联系三种类型。前两者主要体现在技术知识和信息的传递，后者主要体现在提高企业间技术合作的成功率。

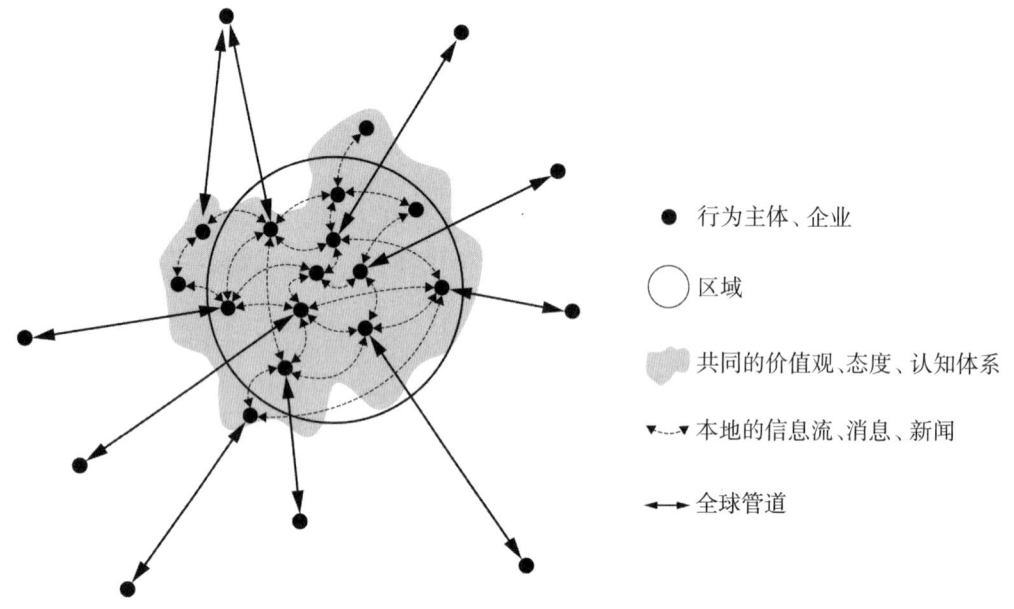

图1-10 "全球—地方"视角下产业区、产业集群创新框架

(资料来源:根据 Harald Bathelt, Anders Malmberg, Peter Maskell. Clusters and knowledge: local buzz, global pipelines and the process of knowledge creation [J]. Progress in human geography, 2004, 28 (1): 31-56. 改绘)

第二,是技术权力的作用,如曾刚等(2012)、张云逸等(2010)以上海汽车产业集群为例发现,技术领先使跨国公司在集群内部拥有了技术权力,通过技术锁定、技术标准、技术援助、技术示范等手段直接或间接影响集群成员的行为,进而带动企业形成空间集聚、构成内部结网、建立相互学习机制,推动了产业集群由低级向高级演化。

第三是多维邻近的作用,如史焱文等(2016)以寿光蔬菜产业集群为例,探讨了地理邻近和关系邻近对产业集群创新的影响,发现寿光蔬菜集群企业具有明显的地理集聚特征,集群内企业及各创新主体间拥有紧密的关系邻近网络,二者对寿光蔬菜产业集群创新均起到正向作用,关系邻近的作用则更加显著;再如,Hranz H(2012)以剑桥信息技术产业集群为例发现,社会邻近、认知邻近对于其知识网络的形成至关重要。

第四是临时网络的作用,如 Comunian R(2017)以街头艺术节为例,探讨了艺术节作为临时知识网络平台对产业集群创新的作用。

2. "全球—地方"视角下的研究

产业区、产业集群创新研究的"全球—地方"视角则同时强调全球管道和本地蜂鸣对产业集群创新的作用(Bathelt H 等,2004),主要形成了如下两个方面的实证研究。

其一是探究了"全球—地方"联结对于产业区、产业集群创新的作用效应。苗长虹(2006)以河南许昌发制品产业集群为例,构建了"全球—地方"联结的产业集群技术学习分析框架,证明通过"全球—地方"网络的有机联结技术学习可以促使地方产业集群从"低端道路"迈向"高端道路"、从一般产业集群迈向创新性产业集群,体现了全球管道的积极效应。

叶琴等(2015)以东营石油装备制造业集群为例的研究则发现,在西方技术封锁下,东营石油装备企业主要依托本地创新资源和发达的合作网络从事自主技术开发，知识来源高度本地化，跨区域的知识联系是本地知识的重要补充，与全球的知识联系则较少，体现了本地蜂鸣的积极效应，而全球管道的效应并不显著。张云伟等（2013）以张江 IC 产业集群演化为例，通过分析全球通道与本地蜂鸣对产业集群不同发展阶段的作用效应发现，在产业集群形成期，跨国公司全球生产网络和跨国技术社区两种全球通道是产业集群技术获取的关键所在，而在产业集群成熟期，发达的本地网络带来的本地蜂鸣的作用效应则更加明显。

其二是探究产业区、产业集群建立"全球—地方"创新联结的管道机制，形成技术守门员（technological gatekeepers）、临时集群（temporary clusters）、临时邻近（temporary proximity）等研究角度。

Morrison A（2008）以意大利家具产业区为例、Giuliani E（2011）以智利葡萄酒产业集群为例、赵建吉等（2013）以张江集成电路产业为例的研究发现，集群中的一些先进企业充当了技术守门员角色，从外部获取知识、技术、信息后传播到本地，对集群内企业的技术创新非常重要；Maskell P 等（2006）探讨了定期会展、交易会、交流会等临时集群对建立全球知识管道的作用；Rychen F 等（2008）探讨了知识守门人（knowledge gatekeepers）、临时邻近对于产业集群建立全球管道的作用；Pasillas M（2010）探讨了国际贸易博览会对于产业集群建立全球管道的作用。

1.2.3.2 多尺度产业创新网络的研究

多尺度产业创新网络的研究缘起"全球—地方"视角下产业集群创新的研究，得益于近年大数据分析技术的突破。

其一，与"全球—地方"视角下产业集群创新的研究相比，区别在于研究对象有所不同，多尺度产业创新网络是以某一尺度的某类产业为研究对象，如周灿等（2017）对我国电子信息产业创新网络与创新绩效的研究。

其二，二者的理论基础是一致的，都认为强调全球化和地方化任一单一视角均是片面的，且"全球—地方"视角下多尺度（全球尺度、国家尺度、区域尺度、城市尺度等）创新网络才能更好地解析产业创新的复合特征（司月芳等，2016）。

其三，多尺度产业创新网络的研究主要得益于近年来大数据分析技术的突破。大数据挖掘和处理技术的突破与发展为数万、数十万条合作者网络数据的获取和分析提供了技术支持，基于论文合作发表、专利合作、专利转让等数据，利用 Ucinet 等网络分析软件实现分析。

首先，多尺度产业创新网络研究主要为个案实证研究，一般是以某一尺度的某一类型产业为对象，解析多个尺度创新网络的拓扑结构、空间结构、演化路径等。例如华东师范大学曾刚教授及其团队对我国装备制造业的系列研究，包括王秋玉等（2016）的《中国装备制造业产学研合作创新网络初探》、吕国庆等（2014）的《长三角装备制造业产学研创新网络体系的演化分析》、马双等（2016）的《基于不同空间尺度的上海市装备制造业创新网络演化分析》，分别探讨了国家尺度、长三角尺度、上海尺度三个不同尺度下装备制造业的创新网络特征。

其次，近年来多尺度产业创新网络的研究也产生了多个深化研究的新视角，例如林兰等（2017）从创新"二分法"视角出发研究知识学习（STI）和经验学习（DUI）对中国装备制造业创新网络构建的影响；叶琴等（2018）从知识基础角度出发将产业分为基于科学知识的解析型产业和基于工程技术知识的合成型产业，并以我国生物医药产业和节能环保产业为例探讨了二者创新网络结构的差异。

1.2.4 创新与城市地理的结合

1.2.4.1 基于创新能力的城市体系研究

基于创新能力的城市体系研究是建立在传统的城市规模等级体系基础上的研究。传统的城市体系研究以城市规模等级为基础，如彼得·霍尔（Hall P）于1966年在其著作 *The Word Cities* 中采用了一系列政治权力、贸易、金融和通信等指标辨识的全球城市等级体系等。基于创新能力的城市体系研究就是以城市创新能力的规模等级为基础，聚焦于两个核心问题：基于创新能力的城市体系空间格局呈现怎样的特征？影响城市创新能力的因素是什么？

相关文献从全球、国家、区域（城市群或省域）三个尺度进行了诸多实证研究，研究内容主要包括如下三个方面：①城市创新能力评价方法的构建；②基于创新能力的城市体系特征与演化解析；③城市创新能力的影响因素分析（图1-11）。

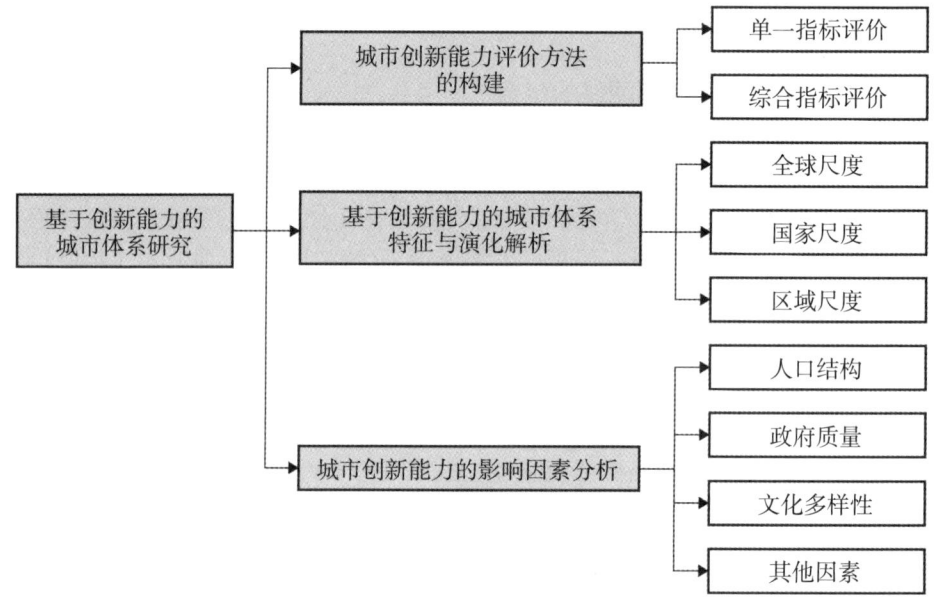

图1-11 基于创新能力的城市体系研究内容与思路

1. 城市创新能力的评价方法

目前，美国学者佛罗里达（Florida C）的3T（即talent，technology，tolerance）创新指数、英国学者兰德利（Landry C）的创意城市指数、澳大利亚2thinknow①智库制定的全球创新型城市评价指标体系是当前国际上最有影响力的城市创新能力评价指标体系。马海涛等（2013）比较了上述3个评价指标体系认为，相较而言，3T指标主要适用于欧美发达

---

① 2thinknow是一家数据创新机构，于2006年在澳大利亚墨尔本成立，是1999年成立的澳大利亚数据公司的一个衍生国际部门，从2007年开始每年发布《全球创新城市指数报告》。

国家的城市，创意城市指标过于主观、难以进行定量比较，2thinknow 构建的评价体系是当前最全面、最权威的评价方法。2thinknow 构建的评价体系包括文化资产、人力资本、市场网络、专利授予 4 个方面共 162 个指标，每年对世界城市进行评价并发布"全球创新城市指数"（Innovation Cities Index）年度报告，按照创新能力由强到弱将全球的城市划分为网络型城市（nexus city）、枢纽型城市（hub city）、节点型城市（node city）及新手型城市（upstart）4 个等级。

在国内相关研究中，城市创新能力评价主要形成了单一指标评价法、综合指标评价法两种方法。单一指标评价法是以城市的专利数量、论文数量等单一指标为表征，因数据单一而利于回归分析、耦合测度等分析（王俊松，2017；陈依曼等，2020）。综合指标评价法是基于面板数据构建综合评价体系对城市创新能力进行评价，例如吕拉昌等（2010）构建了知识创新能力、技术创新能力、政府行为能力、宏观社会环境 4 个标准层和 32 个指标层的指标体系；颜莉（2011）构建了创新投入、科技效益、经济效益、社会效益 4 个标准层和 10 个指标层的指标体系；顾伟男等（2018）构建了创新投入、创新产出、创新环境 3 个维度、13 个指标层的指标体系。

此外，政府部门和研究机构也常年开展城市创新能力评价活动，构建了诸多城市创新能力评价指标体系，包括科技部的"国家创新型城市创新能力监测指标"、中国科学技术信息研究所的"国家创新型城市创新能力评价指标"、中国城市发展研究会的"中国城市创新评价指标"、中国创新城市评价课题组的"中国创新城市评价指标"、首都科技发展研究院的"中国城市科技创新发展评价指标"等。

2. 基于创新能力的城市体系特征研究

相关文献多数以 2thinknow 智库发布的"全球创新城市指数"年度报告为基础进行分析，得出如下结论。第一，世界创新型城市高度集中于美国、西欧等发达国家和地区，在国家和地区内部高度集中于大城市群地区（杜德斌等，2015）；第二，亚洲的网络型和枢纽型创新城市数量逐年增长，世界创新型城市分布重心呈现向亚洲转移趋势，在亚洲将诞生一批世界级的创新城市（马海涛等，2013）；第三，我国京津冀、长三角、珠三角上榜创新城市的数量逐渐增多，2019 年上榜城市共 40 个，排名前 100 名的城市共有 5 个，为北京（第 26 名）、上海（第 33 名）、深圳（第 53 名）、香港（第 56 名）、广州（第 74 名），可见我国正在依托三大城市群孕育世界级的创新中心（陈昭等，2017）；第四，樊德良等基于全球对比视角对珠三角城市创新能力进行分析发现，珠三角城市的上榜数量在逐年增多，深圳、广州排名逐年提升，但香港排名呈衰落态势（樊德良等，2019）。

第一，基于切片年份的静态城市体系及其空间格局特征。基本研究思路为通过城市创新能力评价得分进行聚类划分等级，运用基尼系数、变异系数等空间计量方法以及空间可视化揭示城市创新能力的空间不均衡性和集聚特征。首先是对城市创新能力的等级体系进行划分，如有的划分为国家级创新中心城市、国家级次创新中心城市、区域创新中心城市、地区创新中心城市、创新发展型城市 5 个等级（吕拉昌等，2010），有的划分为全球型创新城市、国家型创新城市、区域型创新城市、地区型创新城市、创新发展城市 5 个等级（方创琳等，2014），有的划分为高、较高、较低和低水平 4 个等级（顾伟男等，2018）。其次是对基于创新能力的我国城市体系空间格局特征进行分析，如陈依曼等（2020）提出我国城市创新能力呈现东、中、西递减格局，高等级创新城市密集分布在三大城市群地区（京津冀、长三角、珠三角），北京、上海、深圳、苏州、南京为我国创新能力最强的5个城市。

第二，基于多年份的城市体系及其空间格局演化特征。基本研究思路是对城市创新能力进行多个年份的评价，以此分析基于创新能力的我国城市体系及其空间格局演化特征。如周锐波等以2008年、2012年、2016年为三个切片年份利用专利数据进行单一指标评价，顾伟男等以2000年、2005年、2010年、2015年为四个切片年份构建综合指标体系进行评价，何舜辉等以2001年、2014年为两个切片年份利用专利和论文数据进行单一指标评价，并对基于创新能力的我国城市体系及其空间格局演化特征进行了解析。综合来看，我国三大城市群（京津冀、长三角、珠三角）城市的创新能力持续提升、始终是最高等级，沿海城市（青岛、大连、厦门等）、中部城市（郑州、武汉、长沙、合肥等）以及成渝地区城市（成都、重庆）的创新能力提升最快，而西部地区和东北地区城市的创新能力始终保持低增长态势。

第三，城市创新能力的空间关联特征。基本研究思路是利用空间自相关方法对城市创新能力的空间关联特征进行分析，探究创新在城市间的溢出效应。综合相关研究，从全局空间自相关分析看，我国城市创新能力的全局空间自相关程度不断增强，说明创新能力高或低的城市周边的城市也具有相似的特征（何舜辉等，2017）。从局部空间自相关分析来看，城市间创新溢出效应的区域差异明显，高—高集聚（高效型）主要分布在京津冀、长三角、珠三角三大城市群；高—低集聚（极化区）主要为西部部分城市，诸如成都、重庆、西安、兰州等城市，创新能力高却无法带动周边城市创新能力的提高；低—高集聚（空心型）零散分布于东中部少数城市；低—低集聚（低效型）广泛分布于中西部地区（马静等，2018；周锐波等，2019）。

对长三角的研究：腾堂伟等基于2005—2014年专利数据的单一指标评价、王承云等基于2001—2012年专利数据的单一指标评价、王宝乾等基于2008—2015年面板数据的综合指标评价进行分析，结果显示如下：①基于变异系数和基尼系数测度可知，长三角城市的创新能力空间差异呈现出波动性减小态势；②形成了以上海—南京为端点的城市创新高值集聚带；③形成了沿沪汉蓉高速铁路（上海—南京）、沪杭甬高速公路"Z"字形城市创新能力高增长带；④基于莫兰指数的测度可知，城市创新能力表现出空间正相关特征，表明长三角城市之间具有一定程度的创新溢出效应。

对珠三角的研究：王伟等基于2000—2017年专利数据的单一指标评价、樊德良和叶玉瑶等基于全球对比视角的定性评价进行了分析，研究结果显示如下：①基于变异系数、基尼系数、首位度测度可知，珠三角城市的创新能力空间差异波动不明显；②基于创新能力的珠三角城市体系呈现"中心—外围"不均衡空间格局；③深圳和广州创新能力的增长遥遥领先，而佛山、东莞、中山也是创新能力高增长城市。

此外，还有肖刚等对长江中游城市群、张惠璇等对广东省、武晓静等对长江经济带、马海涛等对京津冀城市群等区域基于创新能力的城市体系的研究。

3. 城市创新能力的影响因素分析

基于不同视角，相关文献对城市创新能力的影响因素进行了多元化探究，包括人口结构、文化多样性、政府质量、创新投入、经济外向度、风险投资、经济基础、工业基础等因素，基本思路是利用回归分析探究各因素对城市创新能力的影响程度。

其一，城市人口结构对城市创新能力的影响。相关研究追溯理论基础为人力资本理论，舒尔茨（Schultz T）于 1960 年提出的人力资本理论，强调人力资本对经济发展的重要作用。在 20 世纪 90 年代后，人力资本被引入到经济增长解释模型中，西米（Simon J）（1986）、佛罗里达（Florida）（2010）的研究强调了人力资本对城市创新、创意的作用。黄茹等（2014）对城市人口结构与我国城市创新能力关系的实证研究显示，人口受教育程度、城镇人口比重与城市创新能力有显著正相关性，青壮年人口比重与城市创新能力有一定正相关性。吕拉昌等（2018）对高技能人口比重与我国城市创新能力关系的研究显示，二者显著正相关。

其二，文化多样性对城市创新能力的影响。相关研究追溯理论基础为 Saxenian A（1996）对美国硅谷和 128 号公路地区的研究。Saxenian A 比较硅谷和 128 号公路地区发展的差异时指出，硅谷的开放性、文化多样性对创新起到了重要作用，而 128 号公路地区相对封闭的文化则不利于创新。吕拉昌等（2018）测度城市文化多样性对我国城市创新能力的影响发现，文化多样性水平每提高 10% 可以直接带来城市创新产出增加约 2%；庞玉萍等（2020）基于城市连通性和城市人口多样性两个维度分析城市文化开放性对我国城市创新能力的影响发现，城市连通性和城市创新能力呈现显著正相关，而城市人口多样性和城市创新能力的关系却不显著。

其三，政府质量对城市创新能力的影响。理论基础源于区域创新系统理论中制度因素对创新作用的关注。马双等（2017）、滕堂伟等（2018）将城市政府质量定义为城市政府在促进城市经济、社会、文化、生态、环境等方面协调优质发展所采用的各项政策和惯例的有效性及执行力度。马双等通过政府效益、法规准则、政府责任 3 个维度、7 个解释变量对我国 43 个直辖市/地级市进行了分析，滕堂伟等对长江经济带 110 个地级以上城市进行了分析，结果表明城市政府质量对城市创新能力提升有积极的影响。

其四，其他因素对城市创新能力的影响。何舜辉等（2017）分析了经济基础、人力资本、教育水平、外商投资规模、制度、基础设施 6 方面因素对我国 287 个地级以上城市创新能力的影响，结果显示经济基础和人力资本呈较大正向影响，教育水平和制度次之，外商投资和基础设施影响虽为正向但相对较小。王俊松等（2017）对我国地级及以上城市进行分析，显示政府支持、高等教育资源、工业基础、创新投入、经济外向度显著影响城市创新能力的提升，政府支持和城市高等教育资源对城市创新能力影响最强。

1.2.4.2 基于创新联系的城市网络研究

基于创新联系的城市网络研究以城市体系研究的网络转向为基础，亦可称为城市创新网络的研究。随着全球化的发展与深化，城市体系研究由等级化向网络化转向，卡斯特（Castells M）在其著作《网络社会的崛起》中提出了城市应该被界定为"流空间"日益网络化的过程而不是传统意义上的特定地方，提出了从"场空间"向"流空间"的转变。彼得·泰勒（Taylor P）在其著作《世界城市网络：一项全球层面的城市分析》中通过实证进一步发展了卡斯特的理论，强调城市的连接、关系和各种流，将其称为"城市的第二性"。

在此网络化转向下，城市创新网络也逐步成为研究焦点，聚焦于两个核心问题：城市创新网络呈现怎样的特征与演化态势？影响城市创新网络的因素是什么？相关文献从全球、国家、区域（城市群或省域）三个尺度进行了诸多实证研究，研究内容主要包括如下三个方面：①城市创新网络的测度方法构建；②城市创新网络的特征解析；③城市创新网络的影响因素分析（图1-12）。

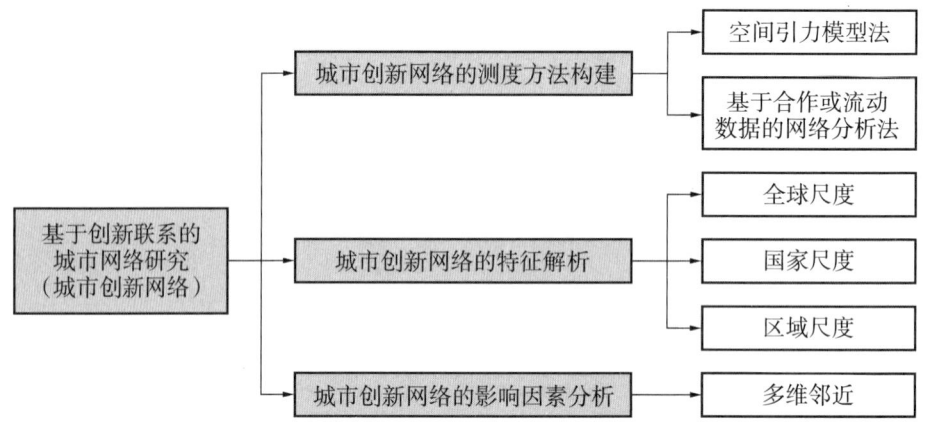

图1-12 基于创新联系的城市网络研究内容与思路

1. 城市创新网络的测度方法

关于城市创新网络的测度方法，相关研究主要探索了空间引力模型法、基于合作或流动数据的网络分析法（表1-3）。

表1-3 城市创新网络的测度方法

方法	空间引力模型法	基于合作/流动数据的网络分析法			
测度基础	借用万有引力	借用社会学的网络分析方法和工具			
测度形式	间接测度	直接测度			
数据类型	面板数据	论文合作数据	专利合作或转让数据	人才流动数据	创新企业分支机构数据
数据来源	《中国城市统计年鉴》、城市统计公报等	国际期刊数据库、国内期刊数据库（万方等）	国家知识产权局专利检索及分析数据库	相关人才履历信息等	各类评选出的创新型企业官网、大数据挖掘等
典型代表	吕拉昌等(2015)	金钟范等(2016)	段德忠等(2018)	马海涛(2017)	吴康等(2015)

空间引力模型法是较早探索的一种间接测度方法，通过构建修正的引力模型来测度城市之间的创新联系，所使用的数据主要为城市面板数据。例如牛欣等（2013）构建了创新资本投入、创新人才投入和储备、创新知识传播3个修正指标，进而选取相关城市面板数据作为解释指标，以此实现城市间创新引力的测度。

基于合作或流动数据的网络分析法是利用论文合作数据、专利合作或转让数据、人才流动数据、创新企业分支机构数据等进行的直接测度。一方面，借用社会学网络分析方法和工具（如Ucinet软件），另一方面，得益于近年大数据挖掘和分析技术、地理信息编码技术等的突破，为数万、数十万条的网络数据获取和分析提供了技术支持。

其一是利用论文合作数据进行测度。论文是创新活动的重要产物，若由两人及以上合作完成就在作者间形成了创新联系，通过此联系实现城市创新网络测度，数据主要源于各类论文数据库（金钟范等，2016）。

其二是利用专利合作或转让数据进行测度。专利也是创新活动的重要产物，专利转让、专利合作就在转让双方或合作者之间形成了创新联系，通过联系实现城市创新网络测度，数据主要源于各类专利检索系统（段德忠等，2018）。

其三，基于人才流动数据测度城市创新网络也是方法之一（马海涛，2017）。

其四，利用创新企业在多城市布局分支机构数据也可以实现直接测度，选择一定数量的具有较强创新实力的企业，可以建立起由创新企业主导的城市间创新关系网络（吴康等，2015）。

2. 国家尺度的城市创新网络特征研究

第一，基于切片年份的静态城市创新网络特征，相关研究对我国城市创新网络得出了"菱形"和"放射状＋三角形"两种结构。黄晓东等利用创新企业分支机构数据、周灿等利用专利合作数据、段德忠等利用专利转让数据进行分析，提出我国形成了以京津冀、长三角、珠三角、成渝四个城市群为中心节点的"菱形"城市创新网络结构。鲜果等利用专利合作数据、马海涛等利用创新企业分支机构数据的分析，提出我国形成了"以北京为核心的放射状＋以三大城市群为节点三角形"的城市创新网络结构。研究结论的差异一方面归因于不同研究者总结概括的主观差异，另一方面归因于所用指标数据的不同。由马海涛（2020）利用论文合作、专利转让、创新企业分支机构数据对我国城市创新网络测度的对比分析可知，不同测度方法的确会带来结果的差异。

第二，基于多年份的城市创新网络演化特征。李丹丹等基于2000年、2005年、2009年中国生物技术领域合著论文和合作申请专利数据，金钟范等基于2000年、2010年高水平论文合作数据，段德忠等基于2005—2015年间的三个时间段（每五年为一个时间段）的专利转让数据分析了我国城市创新网络的演化特征。结果显示：①我国城市创新网络规模扩张迅速；②在两极分化下涌现出显著的小世界性和等级层次性，网络拓扑结构始终在"核心—边缘"下不断演化；③网络空间结构从以北京为单一核心逐步演化为以京津冀、长三角、珠三角为核心，从"放射"结构向以"三角形"为基础的"菱形"结构演化。

3. 区域（省域、城市群）尺度城市创新网络特征

区域尺度的研究聚焦于我国发达城市群（长三角、珠三角、京津冀等）和部分省份（浙江省、湖北省等）。

其一是长三角城市创新网络的研究，陆天赞等（2015）利用2000—2015年的国际专利合作数据（来源于世界知识产权组织专利系统），徐宜青等（2018）利用2001—2015年、周灿等（2017）利用2014年的国内申请专利合作数据（来源于国家知识产权局专利系统）进行分析，显示长三角城市创新网络经历了从单中心（上海）向多中心（上海、南京、杭州）的演化过程，形成了以上海、南京和杭州为核心的"核心—边缘"结构，上海—南京的创新联系最为紧密。吴志强等（2015）、王越等（2018）利用空间引力模型法分析显示，长三角城市创新网络中上海—苏州创新联系最为紧密，以此为核心形成了"核心—边缘"结构。李迎成（2019）利用论文合作数据（来源于Web of Science）对长三角城市创新网络的多尺度分析发现，长三角城市创新网络存在于区域、国家和全球三个尺度，且空间尺度越大，城市创新网络的功能多中心程度越低。

其二是珠三角城市创新网络的研究，马海涛等（2018）通过分析论文合作数据发现，珠三角城市群中香港和广州呈现出"携手共进"或"齐头并进"的态势，深圳则步步紧跟，基本实现了从双核心（香港、广州）向三核心（香港、广州、深圳）的逐步演变。韩孟杉等（2019）利用专利合作申请数据（来源于世界知识产权组织专利系统）对珠三角城市群（不含香港、澳门）的分析提出，广州与深圳发挥主导作用，形成了双核驱动、多中心环绕的网络特征。

此外，还有王丰龙等（2017）利用2012—2014年专利合作申请数据对长江经济带城市创新网络的研究，蒋天颖等（2014）利用2005—2010年数据基于空间引力模型法对浙江省城市创新网络的研究，吕拉昌等（2019）利用2000—2015年专利合作申请数据对京津冀城市创新网络的研究等。

4. 城市创新网络的影响因素分析：多维邻近

相关研究对城市创新网络的影响因素分析主要基于多维邻近视角，通过回归分析来探究不同邻近性对城市创新网络的影响。相关研究认为，邻近性概念最早可追溯到马歇尔的外部经济理论，主要强调地理空间的邻近，在20世纪90年代，法国邻近动力学派提出了多维邻近概念，将组织邻近、制度邻近纳入分析中，以邻近性为视角来分析知识溢出对企业创新的影响，此后认知邻近、社会邻近、文化邻近、技术邻近等其他维度的邻近性概念不断被提出，认为邻近有利于创新溢出、创新网络的结成（李琳等，2013）。

相关文献通过回归分析，就多维邻近对我国城市创新网络的影响进行分析，结果显示如下：①两个城市间地理距离越大越不利于创新合作，创新联系也就越弱，地理邻近对我国城市创新联系具有显著影响；②技术邻近、制度邻近、社会邻近对我国城市间创新联系具有显著促进作用，其中技术邻近的影响效应最显著（吕国庆等，2014；鲜果等，2018；段德忠等，2018；马双等，2020）。

1.2.4.3 城市内部创新活动空间分布的研究

城市内部创新活动空间分布的研究亦可称之为城市创新空间的刻画，主要得益于近年来大数据分析方法的应用，是近年才被关注的研究（李迎成，2022）。相关研究普遍以发达城市（上海、北京、广州、深圳、杭州等）为例进行个案研究，主要聚焦于两个方面：①城市内部创新活动空间分布刻画方法的构建；②城市内部创新活动空间分布特征的解析。相关研究最早由地理学者探索，目前相关的技术方法已经逐步被城市规划学者、城市规划师掌握，并且在城市规划项目实践中进行运用。

1. 城市内部创新活动分布刻画的指标数据选取：以专利数据为主

指标数据选取以及数据库构建是城市内部创新活动空间分布刻画的基础，主要有传统面板数据、创新主体/载体落点数据、专利落点数据三种类型。相较于传统面板数据、创新主体/载体落点数据，专利落点数据被认为是当前最能有效反映创新活动的数据类型。

基于传统面板数据的刻画方法：由于受数据统计口径的制约，分析尺度最小只能到区（县）级。基本思路为构建以区（县）为单位的创新能力评价体系，对城市各区（县）的创新能力进行评价，以此反映城市内创新活动的空间分布特征。例如史慧君等（2020）构建了创新投入、创新载体、创新产出和创新环境4个一级指标、9个二级指标的评价体系，对上海10个市辖区的创新能力进行评价，以此刻画出上海创新活动的空间分布。

基于创新主体/载体落点数据的刻画方法：以创新主体/载体的空间分布来表征创新活动的空间分布，例如 Rammer C 等（2020）利用创新公司落点对柏林创新活动的空间分布进行了刻画；刘彦等（2019）构建了园区—企业两个尺度落点数据对杭州市和深圳市创新活动的空间分布进行刻画，在园区尺度上选择了孵化器、创意园、特色小镇 3 类创新载体，在企业尺度上选择了文创、科技、网络、电商 4 类创新企业。

基于专利落点数据的城市内创新活动分布刻画方法：首先，需辨析"专利申请"和"专利授权"两种数据的区别，申请人递交技术专利就会构成一条申请数据，但是并非每条专利申请都能获得授权，专利授权是通过国家知识产权局审查的专利申请。根据 2020 年统计数据，我国专利授权量约为 363.9 万件，专利申请量约为 519.4 万件，专利授权占专利申请比例约为 70.06%。段德忠等（2015）辨析二者的特征认为专利申请数据更能反映创新活动的活跃程度，原因如下：①无论专利是否被批准，申请本身就包含了投入成本，并注重发明的新颖性和盈利能力；②专利授权受审查流程中的人为因素的影响较大，易出现异常变动。其次，专利还分为发明专利、实用新型专利、外观设计专利三种类型，一般认为发明专利最能反映创新活动的活跃程度。

2. 专利数据的获取及其地理数据构建：两条技术路径

基于邮编的技术路径：基本思路是通过专利检索系统以"邮政编码"字段进行检索读取相对应的历年专利统计数据，利用邮政编码点创建城市空间面数据，通过"邮政编码"字段实现专利数据与空间面数据的关联。段德忠等（2015）在对北京、上海创新的空间分布刻画中较早地探索了该技术路径，提出如下具体技术路径：①以北京、上海市邮政编码为字段在专利查询系统进行检索获取对应的专利数量；②以中国邮政数据传媒中心为数据源建构城市邮政编码空间点数据，利用 Arc GIS 软件建构城市邮政编码泰森多边形面数据；③利用 Arc GIS 中的 spatial join 工具通过专利数据和邮政编码面中共有的"邮政编码"字段实现数据关联。基于邮编的技术路径主要有如下两个优势：其一，可使得分析尺度接近乡镇街道，如北京有 239 个邮政编码、上海有 249 个邮政编码，而北京、上海分别有 317、214 个乡镇街道行政单元；其二，数据易获取是其最大优势，以北京、上海为例仅需分别对 239、249 个邮政编码进行逐一查询即可。

基于地址的技术路径：基本思路为利用专利数据中的地址字段进行地理编码赋值地理坐标信息，构建城市专利落点地理数据库。

第一步，面对城市数十万甚至上百万条的专利数据量，人工逐条获取已经不可能实现；数据爬取技术为此提供了解决方案，相关文献探索了利用自编程序通过专利检索系统（如国家知识产权局专利检索及分析数据库等）进行批量爬取的技术。第二步，通过地理编码工具（如百度 Map Geocoding API 等）对专利数据地址字段进行地理编码，为每条专利数据赋予地理坐标信息，再利用 Arc GIS 软件进行坐标转换、坐标投影，最终构建城市专利落点地理数据库。

基于地址的技术路径的优势在于理论上可以得到每条专利数据的精准坐标信息，尽管专利也被质疑不能反映所有的创新活动，特别是非正式的创新活动，并且在现实中由于地址字段不完整等因素必然会出现不能地理编码、编码不准确等情况，但是在巨大数据量的支撑下，该技术路径依然是当前相关文献采用最多的（陈嘉平等，2018；李凌月等，2019；马双等，2020）。

3. 基于专利数据的城市内部创新活动分布分析方法：空间计量、可视化分析

首先，空间分析的基本思路可以分为两种：其一，直接对城市专利落点数据进行空间分析；其二，将城市划分为若干空间单元，以空间单元为单位进行分析。相关文献中空间单元划分主要有三种方式：①均等网格划分法是将城市范围划分为均等网格，如陈嘉平等（2018）将广州划分为 7764 个 1km×1km 的均等网格；②乡镇街道单元法是按照乡镇街道的行政边界划分单元，如马双等（2020）利用上海 214 个乡镇街道行政区构建分析单元；③邮政编码单元法是将按照邮政编码点在城市范围内构建的多边形作为分析单元，如段德忠等（2015）利用邮政编码将北京划分为 239 个泰森多边形。

其次，空间分析的技术路径可以分为两种：其一是空间计量分析，包括数量统计、平均值、标准差、变异系数、基尼系数、莫兰指数等，如马双等（2020）通过对上海 1988—2017 年间创新活动的空间分布进行分析发现，其变异系数和基尼系数在逐渐降低而莫兰指数在逐渐增高，由此可知其经历了空间集聚转到空间扩散的过程；其二是核密度、网格计数及三维显示等可视化分析，如张泽等（2018）对上海创新的空间分布进行核密度分析，将上海创新聚落划分为三级，辨析出各级创新聚落的空间分布。

4. 城市内部创新活动分布的个案研究

相关文献主要对上海、北京、广州、深圳、杭州等发达城市进行了个案研究。

史慧君等（2020）基于面板数据在区级尺度对上海创新活动的空间分布进行刻画，发现创新高水平区主要为黄浦江两岸的浦东新区、徐汇区和闵行区，沿黄浦江形成南北走廊。张泽等（2018）基于 2013 年专利申请数据分析发现，上海创新活动的空间分布呈现中心城区明显集聚、周边地区聚落集聚的特征，创新活动分布的空间结构与城市"一主四副"功能结构相契合。段德忠等（2015）基于 1991—2014 年专利申请数据、李凌月等（2019）基于 2000—2015 年专利申请数据、马双等（2020）基于 2014—2017 年专利申请数据分析上海创新活动空间分布的演化，发现其呈现集聚与扩散的双重演化，以及从单核驱动向多核共振+沿交通廊道扩散的演化，从最初"杨浦—徐汇"双心结构到张江、虹桥、杨浦、闵行几大创新中心逐渐清晰及沿 G60 科创走廊创新聚落的显现。

陈嘉平等（2018）基于 2000 年、2005 年、2010 年、2015 切片年份专利申请数据对广州市创新活动的空间分布进行分析，发现其呈现集聚和扩散并存的演化特征，经历集聚格局初现、核心集聚与扩散、外围跳跃扩展、外围副中心形成 4 个阶段。陈东炜等（2019）基于 2005 年、2008 年、2011 年、2014 年、2017 切片年份专利申请数据对深圳市创新活动的空间分布进行刻画，将其演化特征划分为零散起步发展、核心集聚初显、中心持续极化、外围轴向拓展、多中心结构 5 个阶段。王纪武等（2020）基于 2008—2017 年专利申请数据对杭州市创新活动的空间分布进行分析，发现创新活动整体上呈现空间集聚的趋势，并形成了多中心、片段化集聚的空间分布特征，城市核心区域始终是创新活动高度集聚的区域。

1.2.4.4　以创新城区为触媒的创新空间研究

美国布鲁金斯学会布鲁斯·凯茨（Katz B）等（2014）在《创新城区的崛起：美国创新地理的新趋势》（*The Rise of Innovation Districts: A New Geography of Innovation in America*）报告中首次提出创新城区（Innovation Districts）概念，之后迅速得到了学界的关注并很快被引入我国。创新城区被视为一种新的城市经济空间概念、新兴的创新空间模式（李健等，2015；房静坤等，2019）。

布鲁斯·凯茨等（2014）最早提出创新城区概念并给出定义：创新城区是企业家和教育机构、新创企业和学校、多用途开发和医疗创新、共享自行车和银行投资的混搭（mash up），这些都通过交通实现联系、由清洁能源提供动力、通过数字技术连接、由咖啡因提供刺激①。我国学者引入创新城区概念之后，在布鲁斯·凯茨等提出的定义基础上，开展了进一步研究。例如，任俊宇等（2018）提出创新城区是以创新主体（包括大学、科研院所、企业、人才等）以及孵化载体、服务机构等要素集聚为基础在一定区域内形成创新活动集聚的创新综合片。总体来看，创新城区强调混合、混搭，强调创新要素的混合以及创新活动与城市功能的混合。

1. 创新城区类型的研究

创新城区类型的研究主要是围绕布鲁斯·凯茨等提出的三种创新城区类型的深化研究。布鲁斯·凯茨等在提出创新城区概念之初也同时分析归纳出了创新城区的三种类型，围绕这三种类型相关文献进行了进一步的深化研究（李健等，2015；李海波等，2018；任俊宇等，2018）。

第一种类型是"anchor plus"model，李健等（2015）将其译为枢纽型、李海波等（2018）译为"支柱核心"模式、任俊宇等（2018）译为创新源驱动型。该模式主要是以支柱性创新机构（可能是大学、科研院所、企业研发中心）为中心形成混合开发区域，包括衍生企业、关联企业以及商业服务、生活服务等形成综合开发格局，一般位于城市中心区，典型代表如坎布里奇市肯德尔广场、匹兹堡大奥克兰社区等。

第二种类型是"re-imagined urban areas"model，李健等（2015）将其译为城区更新型、李海波等（2018）译为"城市区域再造"模式、任俊宇等（2018）译为城市更新型。一般是城市老旧工业区、港口仓储区等通过空间改造形塑为创新集聚区，典型代表如西雅图南湖联合区、布鲁克林海军码头、波士顿南海港地区等。

第三种类型是"urbanized science park"model，李健等（2015）将其译为城市化科技园区型、李海波等（2016）译为"城市化科技园区"模式、任俊宇等（2018）译为科技园提升型。该模式是指在城市郊区独立科技园区基础上补强城市功能、服务设施，形成融合发展格局，典型代表如北卡三角科技园、弗吉尼亚大学研发园区等。

2. 从创新城区衍生的创新空间研究

近年来以创新城区为触媒形成了一系列创新空间的研究，围绕创新城区概念整合工业园区、科技园区、科技城、产业园区、中央智力区、科学中心、校园—园区—社区三区融合区域等概念构成一套解析创新空间的概念语境。但这些概念还没有形成明晰的概念体系，相关研究主要是在自我语境中实现逻辑自洽。

例如，任俊宇等以创新城区为触媒构建了创新空间演进的理论框架，提出创新城区是全球创新空间从"园区"向"城区"演进大趋势下的产物，并提出了从工业园区到科技园（城）再到创新城区演进的理论框架：工业园区的经济背景在于工业发展、规模经济，

---

① 布鲁斯·凯茨等的原文表述为：Innovation districts constitute the ultimate mash up of entrepreneurs and educational institutions, start-ups and schools, mixed-use development and medical innovations, bike-sharing and bankable investments—all connected by transit, powered by clean energy, wired for digital technology, and fueled by caffeine.

核心理论是区位理论；科技园（城）的经济背景在于技术创新、外部合作，核心理论是关系网络；创新城区的经济背景在于开放创新、知识经济，核心理论是创新环境（任俊宇等，2018）（图1－13）。

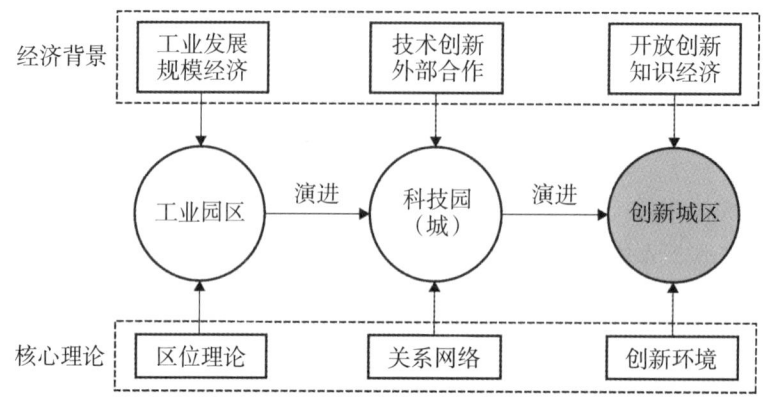

图1－13　创新空间从"园区"向"城区"演进的理论框架

（资料来源：任俊宇，刘希宇. 美国"创新城区"概念、实践及启示［J］. 国际城市规划，2018，33（6）：49－56.）

再如，李健（2016）以创新城区为触媒从三个层次将城市创新空间划分为中央智力区、近郊科技园、远郊科学城三种类型；房静坤等（2019）探究了创新城区理念对传统产业园区转型的内涵要求，并以宁波镇海区的两个传统产业园区进行实证，总结归纳出以镇海经开区为例的"园区＋创新"和以庄市工业区为例的"创新＋园区"两种模式；郑德高等（2017）通过对国内外案例的分析归纳，从校区—园区—社区三区融合的角度归纳出了城市创新空间的三种模式，即以环MIT为例的校区主导下的圈层发展模式、以武汉光谷为例的园区主导下的社区化发展模式、以北京中关村为例的校区—园区双主导下的融合发展模式。

1.3　开发区及其科创转型

根据弗朗索瓦·佩鲁（Perroux F）1955年提出的"增长极"理论，一个国家（区域）的经济发展，并非同时出现在所有地区，而是以不同的强度出现在一些"增长极"上，然后向外扩散，带动周边地区发展。

所谓"增长极"，首先是某种推动型产业，由具有创新能力和带动能力的增长型企业构成；其次是产生强大集聚效应的地理空间。开发区便是这种"增长极"，通过引进和培植产业关联性强的推进型企（产）业，形成"产业集群"，促进各类要素集聚，发挥集聚经济效益，进而推动区域经济发展，对城镇的形成与发展壮大起到至关重要的作用（崔功豪等，1999）。

改革开放以来，中国政府以空间不平衡发展为理念，设立大量的特别政策功能区作为吸引资本投资和产业集群的主要空间载体。开发区是最典型的代表，我国于1984年设立首批开发区。截至2018年，根据《中国开发区审核公告目录》（2018年版），我国共审批设立各级各类开发区2543家，其中国家级开发区552家、省级开发区1991家。

1.3.1 开发区，一种政策性产业区

开发区是我国改革开放以来设立的"政策性产业区"，这也是一个范围广泛且划分模糊的综合性概念。厉无畏等（2004）将其定义为"在城市或其他有开发前景的区域，划出一定范围，经政府科学规划论证和严格审批，实行特殊体制和特殊政策的开放开发区域"。事实上，改革开放初期我国设立经济特区和经济技术开发区是为了增加外汇收入，避免在引进国际资本的同时冲击既有的计划经济体系，只允许在特定区域使用相关政策，企业产品也以外销为主。

作为"亚洲四小龙"之一的台湾地区早在1965年就设立了第一个出口加工区——高雄出口加工区，用以拓展对外贸易、吸引工业投资、引进最新技术、增加就业机会。目前台湾的出口加工区发展成为"七区四处"，大多已经从劳动密集型制造产业升级为高新技术产业园区和知识密集型服务业园区。

1978年，英国保守党经济事务发言人杰弗里·豪（Howe G）（1979—1983年任英国财政大臣）最早提到"企业区"概念。1979年，撒切尔夫人上台后遂推行"新自由主义"国家政策的区域经济发展思路，即划定特定地理范围，在此区域内实行财政优惠政策并放松政府管制，以此吸引企业投资，鼓励民间资金参与开发。在20世纪80—90年代，英国共设立了36个"企业区"（张艳，2006）。鲍克（2002）认为，开发区本质上就是以"超自主体制"打造的经济"增长机器"——产业集聚的载体、对外开放的窗口、体制创新的试验田和经济发展的"增长极"。

开发区有广义和狭义两种内涵，狭义上的开发区就是指经济技术开发区（简称"经开区"）和高新技术产业开发区（简称"高新区"）。广义上的开发区包括有保税港区、综合保税区、出口加工区、自由贸易区、边境经济合作区、国家自主创新示范区、台商投资区、国家旅游度假区等。而我国有很多的开发区实行"一区多园"管理体制，即一个开发区由多个工业园区、科技园区组成（图1-14）。

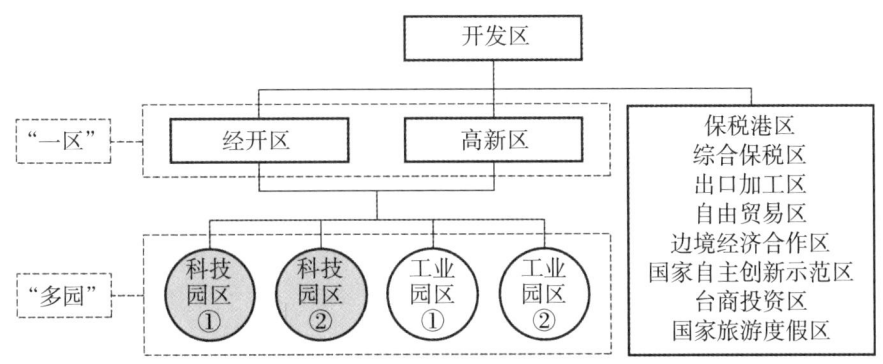

图1-14 开发区的相关概念关系辨析

本书所指的开发区是狭义范畴的，专指经开区和高新区。即由中央、省或直辖市级人民政府批准设立，并由专门设置的机构进行管理和开发、具有明确的管辖边界和管理权限、区内实行特殊优惠政策、提供专门的配套和服务体系及吸引外来投资的特定区域（王兴平等，2015；赵民等，2021）。这些政策性产业区的设立，是各级政府推动地方经济向

创新转型的施政核心和策略抓手，通过城市规划、空间管制、行政管理等政策工具极大地改变着城市的空间格局和发展模式。

我国的经济技术开发区是依托特殊的政策和低端生产要素所形成的低成本优势招商引资，吸引发达国家跨国公司的资本和技术，承接全球产业链和价值链的梯度转移，实现产业集聚（张二震等，2015），以吸引外资、扩大出口创汇和拉动地方经济为目标。根据《中国开发区审核公告目录》（2018版），全国有219个国家级经开区（其中广东省有6个），另外广东有省级经开区93个。

20世纪90年代初，由科技部主导设立的高新技术产业开发区，是以科技创新为导向、以发展高新技术产业为目标的。由于初期内生动力不足，在各地实践中，高新区亦走上与经开区相似的路径，主要是依赖招商引资的外延式发展（张艳，2011；杨斌等，2021）。高新区主要有国家级、省级，有明确认定和管理名单，根据《中国开发区审核公告目录》（2018版），我国现有国家级高新区169个（其中广东省有11个），另外广东有省级高新区29个。

1.3.2 我国开发区的发展历程

1979年，我国第一个外向型工业园区——招商局蛇口工业区奠基。

1980年，第五届全国人大常委会第十五次会议批准了《广东省经济特区条例》，深圳、珠海、汕头成为经济特区。

1984年，中国政府在经济特区初步取得成功后，决定在沿海开放城市中划定一个明确地域的区域兴建经济技术开发区。开放大连、秦皇岛、天津、烟台、青岛、连云港、南通、上海、宁波、温州、福州、广州、湛江、北海14个沿海港口城市，并在这些城市先后建立了15个经济技术开发区。

1985年正式明确国家级经济技术开发区是享有优惠政策的特殊经济区域，并作为产业政策特区。1989年明确了开发区"三为主，一致力"目标，即以工业为主、以出口为主、以利用外资为主，致力于高新技术产业发展。因此，开发区享有了各种优惠政策和自由权限。这包括政府和企业的混合运作（党委、政府、企业三位一体）、职能上的强授权（在产业投资量审批、城市规划、土地管制、环境管制、工商管制等方面享受更多自主权限）、行政级别上的高层次、财力和资源上的超级安排、地方政府的直接保护和默许安排、减少社会性管理负担等。

1986年8月21日，邓小平视察天津开发区时题词"开发区大有希望"。20世纪80—90年代是我国开发区建设起步及快速发展时期，特别是在1992年邓小平南方谈话精神的推动下，在市场经济体制改革大环境下，开发区以招商引资为主要途径迅猛发展，一度出现了"开发区热"的现象。

20世纪90年代末至21世纪初，1997年的亚洲金融危机、2001年我国加入世界贸易组织、开发区优惠政策在20世纪90年代中后期陆续到期等一系列内外环境的变化促使开发区寻求转型发展。1994年，时任国务院特区办主任胡平视察大连开发区时首次提出开发区要"二次创业"。2001年，在武汉召开的国家级高新区市长会议提出"二次创业"要实现"五个转变"，核心是从外延式招商引资向内涵式科技创新转型（赵玉海，2002），推动高新技术产业发展。广州开发区、苏州工业园区等一批发展领先的开发区率先开启了二次创业的历程。

二次创业二十多年以来，一批发展领先的开发区已经从工业园区转型为区域科技创新高地。其中，广州开发区、苏州工业园区、北京经开区、上海张江高新区、深圳高新区等在商务部的"国家级经开区综合发展水平考核评价结果"之科技创新指数[①]、"中国高新区创新能力百强"[②] 等官方或智库机构评价中排名领先（表1-4、图1-15）。其中，广州开发区在商务部发布的"国家级经开区综合发展水平考核评价结果"版上的科技创新指数连续三年（2018—2020年）位居全国219个国家级经开区第一。另外，根据"广州城市创新指数报告2020"[③] 的评价，广州开发区（黄埔区）综合得分为95.49，位居广州市11个市辖区第一。

表1-4 开发区的科技创新评价排名情况

排名	国家级经开区考核评价之科技创新指数（2018年）	中国高新区创新能力百强（2021年）
1	广州开发区	中关村科技园区（北京）
2	苏州工业园区	上海张江高新技术产业开发区
3	北京经济技术开发区	深圳高新技术产业开发区
4	陕西航天经济技术开发区（西安）	苏州工业园区
5	江宁经济技术开发区（南京）	广州开发区

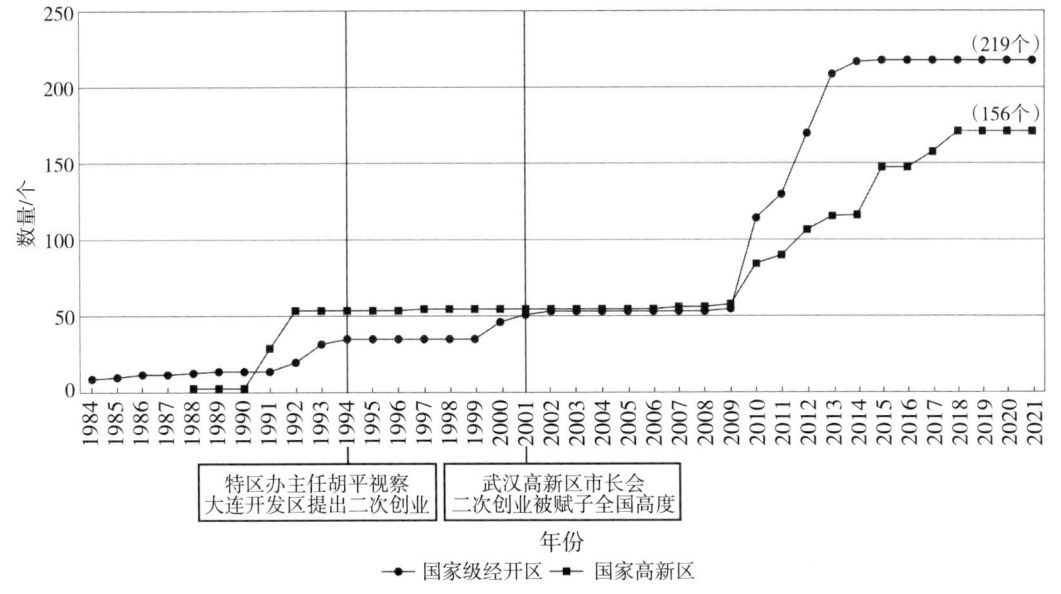

图1-15 我国国家级开发区的发展历程

---

① 中华人民共和国商务部. 2018年国家级经济技术开发区综合发展水平考核评价结果 [EB/OL]. 2019-01-10. http://www.mofcom.gov.cn/article/i/jyjl/m/201901/20190102825649.shtml

② 德本咨询、eNet研究院、互联网周刊、投研电讯. 2021中国高新区创新能力百强 [EB/OL]. 2021-12-10. https://mp.weixin.qq.com/s/h6iKncoa_PCtKkarOUDapw（互联网周刊官方公众号）.

③ 中国科学技术发展战略研究院，广州生产力促进中心，广州市科学技术发展研究中心. 广州城市创新指数报告2020 [Z]. 2020.

开发区一经地方化实践，便成为地方"发展型"政体的关键一环，成为促进企业和要素集聚、增加产业税收、推动城市建设、增加土地财政的主要抓手。

1.3.3 国内开发区的研究进展

国内的开发区研究也是一个从无到有、从少到多循序渐进的过程，研究议题和焦点也紧随开发区实践变化而变化（郑国等，2005；赵民等，2021）。

早期的开发区研究多围绕园区规划和建设展开，意在借鉴先发国家的经验、开发区规划案例分析，以及对"开发区热"的治理等。20世纪90年代末，开发区二次创业研究的焦点转变为科技创新转型、集约发展等。在2005年左右，随着开发区不断发展壮大，产城关系失衡的问题逐渐凸显，加上土地财政激励、母城多中心化等因素影响，开发区逐渐从单一产业发展向与城市并举发展转型（陈红霞，2017），这可以称之为开发区的三次创业，即通过产城融合推动从园区向城区的转型（罗小龙等，2011）。相关研究提出的从孤立的产业园区到产业新城、开发区与城市整合重构、从增量开发到再开发等的转变（图1-16）。

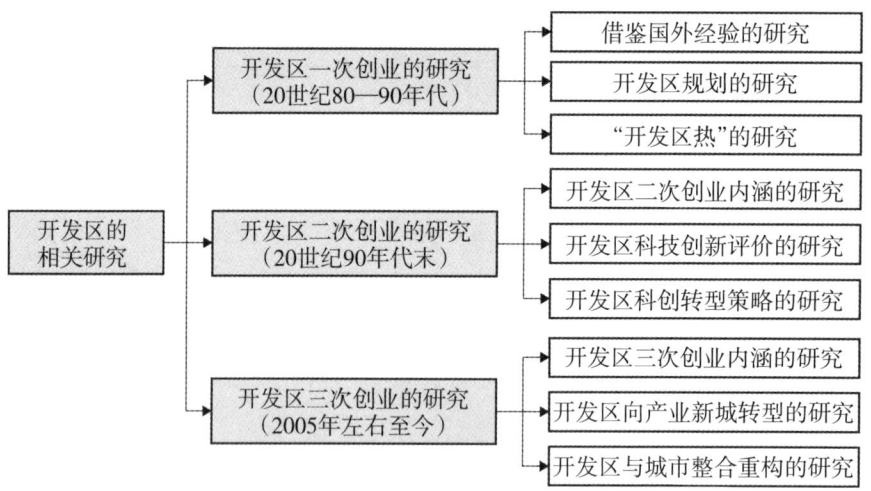

图1-16 开发区相关研究的总体脉络与内容

通过 CiteSpace 的文献计量来看①，我国城市规划领域的开发区研究以"转型"和"产城融合"两个关键词最为显著。结合文献梳理来看，城市规划领域对开发区的研究对三次创业以来的产城融合转型深入探究形成了丰硕的研究成果，包括实证研究、交叉研究（如与"边缘城市"的交叉研究等）、策略研究、评价研究等（图1-17）。

相比较而言，对于开发区二次创业以来科创转型的研究相对较少，仅有的研究又主要集中在面上评价和策略研究两个方面，鲜有深入揭示其科创转型内在机理、机制的实证研究。在研究地域上，长三角的城市（尤其是南京）作为关键词显示突出，这与王兴平等学者长期致力于长三角开发区的研究有关（图1-18）。

---

① 本书选取我国城市规划学科中的《城市规划》《城市规划学刊》《国际城市规划》《规划师》《城市发展研究》《现代城市研究》《城市问题》《上海城市规划》《城乡规划》杂志为检索对象，通过中国知网对1985—2021年发表于上述期刊的题名中包含"开发区""经开区""高新区"的论文进行检索，共检索得到341篇论文，利用CiteSpace软件进行作者网络分析、关键词分析。

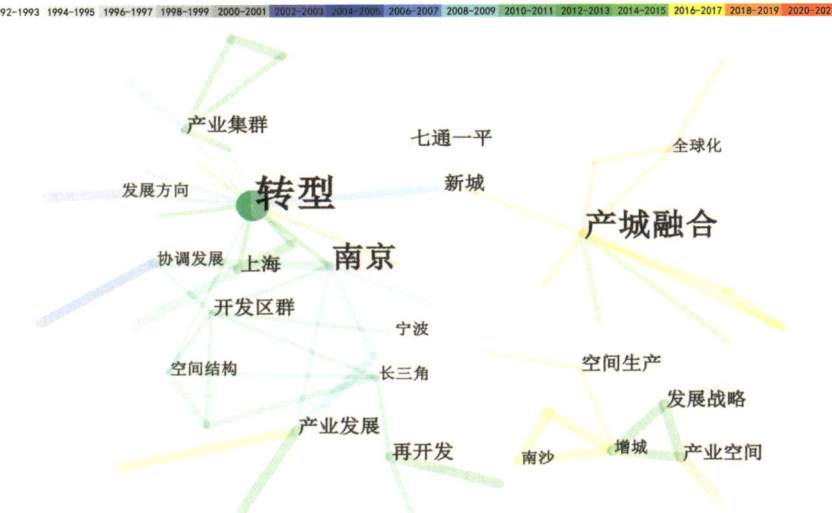

图 1-17 我国城市规划领域开发区研究的关键词频数分析

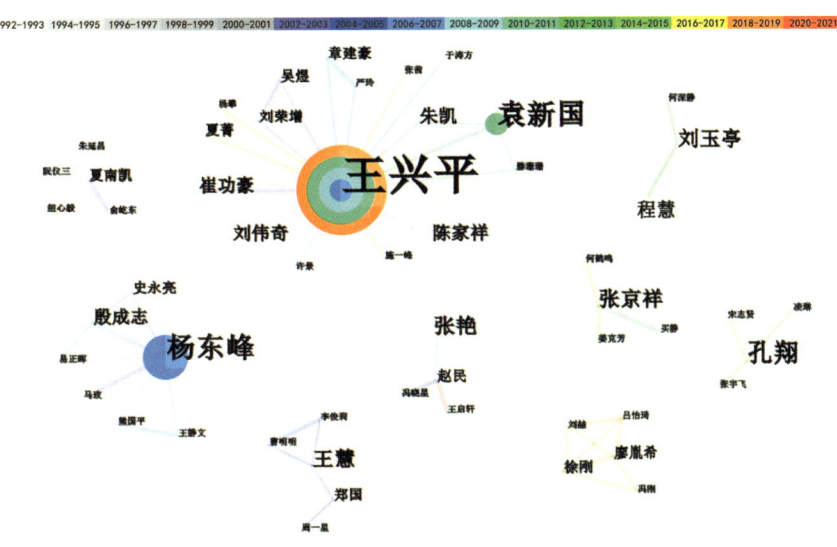

图 1-18 我国城市规划领域开发区研究文献的典型作者网络簇群

1.3.3.1 开发区的一次创业：外源型产业的集聚

20 世纪 80 年代，随着我国开发区的设立和快速发展，关于开发区的相关研究也从无到有随之出现（王兴平，2005）。开发区作为一个新生事物，在国内并无先例可供借鉴，相关研究对国外相关成功案例进行了分析研究，以期借鉴国外成功经验。该时期有关开发区的研究主要围绕开发区的规划和建设展开。

梁运斌对"世界经济开发区的演进、类型及功能分析"的研究是其中的典型文献，其将世界开发区按照发展目标和功能划分为自由港、自由贸易区、出口加工、边境自由区、国境区、保税仓库区、科学工业园区等类型，认为开发区功能主要表现在对外开放和国际贸易桥头堡、区域经济发展增长极和驱动器、资源重新优化配置的"结点"、高精尖产品和技术的"孵化地"、加速城市化进程等（梁运斌，1994）。

周元可（1989）对国外高新技术开发区的形式进行了分析，将其总结为孵化器、科技工业园、高技术地带、科学城和技术城五种基本形式；周美和等（1990）分析了国外高新技术开发区的发展历程，提出产业结构高级化、科学技术地位上升、高新技术中小企业的优势、后进地区赶超行为、集聚效应和国际竞争下的国际示范是其蓬勃发展的主要原因。

20世纪90年代末，随着开发区二次创业、三次创业的转型，开发区研究的焦点也随之转变。该时期开发区的研究主要包括借鉴国外经验的研究、开发区规划的研究、"开发区热"的研究等。

在开发区设立初期，学界比较关心园区的规划和建设，聚焦于开发区的选址、规模、功能构成、规划方法等。周干峙（1985）、张器先（1985）较早对开发区规划进行了探讨，提出开发区应依托原市区选址以降低开发成本、应注意控制开发区起步区规模以避免长期收不到效益、开发区规划应具有更大灵活性和滚动性以应对市场不可预见性、开发区规划应考虑外宾服务设施等特别功能需求。赵燕菁（1987）对"经济技术开发区的规模、选址和功能"的研究总结了我国早期开发区规划特点及不足，认为开发区应以近老城、小规模、单一功能为规划原则，提出了出口加工区模式和卫星城模式两种开发区规划的合理模式。

开发区建设的一线工作者对实践经验的总结也成为开发区规划研究的重要组成部分，例如戴孝毛等（1988）从连云港经济技术开发区规划实践总结经验，提出经济性原则、综合功能的环境设计原则、方便适用原则三条开发区规划原则，以及滚动发展的规划手法、以工为主的布局方法、可增可延的规划手法。

在20世纪90年代，随着我国改革开放的深入推进，"以经济建设为中心""加快改革、扩大开放"是当时全国发展的指导思想，各地经济建设迎来高潮，在改革开放早期开发区成功的示范下，地方政府看到了推动招商引资、发展经济的一条新路，纷纷效仿新建各类开发区，由此出现了"开发区热"的现象（戴园晨等，1992；张二勋，1995）。

关于"开发区热"的研究主要集中在20世纪90年代，重点针对问题及解决对策进行探讨。例如杨继瑞（1994）总结"开发区热"带来的问题包括一哄而上，遍地开花，务实性差，开而不"发"；好高骛远，贪大求多，虚张声势，结果有名无实；对投资来者不拒，产业进入饥不择食、鱼龙混杂状态，使开发区失去高新科技的"星火"功能；优惠政策攀比，减免税大战，造成国有资产收益大量流失，并针对"开发区热"的负面问题提出了在宏观上适度控制、在微观上加强运作管理的对策建议。

1.3.3.2 开发区的二次创业：内涵式的科技创新

1994年，政府首次提出开发区要二次创业。之后，广州、苏州、西安等地方逐步开始探索开发区的二次创业（胡炘，2001；罗小龙等，2011），如广州开发区于1998年召开二次创业研讨会，并编制二次创业发展纲要，提出二次创业的核心是科技强区（葵心，1998）。

2001年，在武汉召开的高新区市长会上，开发区二次创业上升到全国高度，并提出其内涵是要实现五个转变：第一，从主要依靠优惠政策和注重招商引资的外延式发展向主要依靠科技创新的内涵式发展转变；第二，从注重环境建设向注重完善技术孵化机制和风险投资机制、健全公共创新服务体系、优化配置科技资源的软环境转变；第三，产品从国内市场向国际市场转变；第四，产业发展规模由小而分散向集中优势发展特色产业和主导产业转变；第五，从局部改革向全面建立适应高新技术产业发展的新体制和新机制转变（赵玉海，2002）。

熊军等（2001）结合长三角开发区二次创业实践提出，长三角开发区逐步从依靠优惠政策的土地经营战略转向依靠创新的科技发展战略，开发区二次创业的内涵是区域创新，基本特征是以制度创新为保障、技术创新为根本、市场导向为原则，创建人才优势、体制优势、新兴市场环境优势等软环境优势以及高级基础设施等硬环境优势，积极推动形成上下游企业、知识生产机构、中介机构和客户一体化的地方经济网络，从而在更高层次参与全球产业循环。

辜胜阻等（2005）认为高新区二次创业必须加快在竞争方式、增长方式、创新方式、生存环境、创业文化和人才战略六个方面的转变，提升我国高新区的内生发展能力和创新能力。所谓开发区的二次创业就是从外延式招商引资向内涵式科技创新的发展转型、从粗放式发展向集约式发展转变、从单一重视项目引进向重视孵化培育转变、从重视空间规模扩张向重视人力资源开发转变等。

20世纪90年代末至21世纪初，开发区的二次创业成为新的研究焦点，关注科技创新评价、科创转型策略的研究等，一直持续至今。而开发区科技创新评价的基本思路是利用开发区统计的面板数据，构建综合评价指标体系，对全国或一定区域范围内开发区的科技创新能力或成效进行面上评价分析（顾朝林等，1998）。

常玉等（2004）的研究选取了R&D经费占总收入的比例、人员结构硕士以上人员数量等7个指标，对我国西部13个高新区进行了面上评价。陈升等（2018）构建了产业基础、创新投入、创新产出、创新环境4个标准层的指标体系，结合TOPSIS和灰色关联模型，采用正理想解和负理想解的双基准模式，构建了开发区科技创新评价模型，并以重庆市的开发区为例进行了实证研究；林剑铭等（2021）建立多元线性和地理加权回归模型，通过技术收入、产品销售收入、商品销售收入分析了高新区知识基础的创新效应。

开发区科创转型策略的研究主要有两种类型：

其一是以开发区现实存在问题、国内外经验借鉴、理论逻辑推导等为基础，在宏观层面探究科技创新导向的开发区发展策略。例如蔡国强等（2000）从我国高新区技术创新机制存在的问题出发，提出强化我国高新区技术创新机制的对策建议，包括建立"小政府、大服务"的管理体制、建立和完善风险投资机制、建立高新区创新网络、加强企业孵化器的建设。

车旭（2012）总结了上海开发区的发展现状，归纳了上海开发区向创新驱动转型的主要空间矛盾和挑战，提出了促进产城融合、提高转型规划可实施性、提升开发区空间环境品质3条创新驱动下上海开发区转型对策。

魏来等（2021）结合国内外经验比较，提出构建创新生态系统应当成为创新驱动下开发区转型的基本逻辑，而创新生态系统应建立在适宜密度基础上兼具多样性、开发性、适应性等，提出调控开发强度、促进功能复合、塑造开放环境、实施弹性治理4项创新驱动下开发区空间转型策略。

其二是以个案规划实践为对象在微观层面探究科技创新导向的开发区发展策略。如罗丹等（2002）以兰州高新区为例，在分析现存问题的基础上，提出以知识创新为先导，深化改革，优化软环境；以技术创新为核心，促进经济结构向高新技术产业化跨越；建立良好的融资体系，实现投融资的多渠道、多样化发展策略。

施一峰等（2019）以苏州工业园区为例，提出创新驱动开发区的发展模式核心是从原来服务企业的要素驱动向服务人才的创新驱动转变，具体归纳为产业链条创新化、园区功能人本化、园区空间互动化3个方面，并提出了创新导向的开发区再开发用地识别、空间引导、实施保障的规划应对。

王暄（2021）以滁州高教科创城为例探讨了创新转型视角下开发区空间提升策略，在分析现存问题的基础上，从产业协同、功能优化、空间提质、政策保障四个方面提出了提升策略，产业方面要链接江北新区、区域协同创新；功能方面要优化要素配置、促进产城融合；空间方面要精修人居环境、吸引创新人才；政策方面要创新用地分类、完善政策配套。

1.3.3.3 开发区的三次创业：从园区向城区转型

1. 开发区的三次创业概述

2005年前后，我国一些发展领先的开发区中出现了从工业园向新城区转型的变化，而这种转型在2010年前后在我国开发区发展实践中普遍出现，借鉴开发区一次创业、二次创业的说法，这一现象被称为开发区的三次创业。罗小龙等（2010）以苏州工业园为例，从规划定位、服务业发展两个方面论证了开发区三次创业的基本内涵：

从规划定位来看，在1995年开始的一次创业中的苏州工业园总体规划定位为"示范性工业园区"；在2001年开始的二次创业中的苏州工业园总体规划定位为"具有国际竞争力的高科技工业园区"；苏州工业园于2005年开始了三次创业，苏州工业园的"十一五"规划在"具有国际竞争力的高科技工业园区"基础上增加了"现代化、园林化、国际化新城区"的新定位，其后《苏州城市总体规划（2007—2020年）》将苏州工业园定位为东部新城和市域CBD。

从产业结构来看，苏州工业园区的第三产业增加值从1994年的2.33亿元增加到2008年的305.83亿元，占园区生产总值的比重从20.6%增加到30.5%，到了2017年第三产业增加值增至1050.77亿元，占园区生产总值的比重增加至44.0%。

李王鸣等（2020）也提出我国开发区自20世纪80年代设立以来经历了奠定基础的一次创业、提升发展的二次创业和完善城市功能的三次创业，近年来一些发展领先的开发区已经进入三次创业成熟期，并将三次创业成熟期定义为开发区在工业、居住、商业和公共服务等综合功能完善后趋于一般意义上城市地区的阶段，发展重心由三次创业初期的产城融合向城市环境品质提升、公共创新和服务平台建设以及发展空间内部挖潜转变。

相较于开发区的二次创业，开发区的三次创业作为一个共识性概念无论是在学界还是在实践中共识程度都相对较低，但作者认为其与开发区一次创业、二次创业有很好的概念延续性，具有借鉴意义。开发区的三次创业既是通过产城融合推动从园区向城区的转型，也是从增量开发到再开发、从孤立的产业园区到与城市整合重构的转变。王兴平等（2011）也提出了开发区再开发的概念，认为再开发是开发区从工业园区转向综合城区中弥补开发区城市功能缺口的重要途径。

2. 开发区向产业新城转型的研究

开发区向产业新城转型的研究主要包括实证研究、策略研究、产城融合程度测度的研究等方面。

（1）实证研究

开发区向产业新城转型的实证研究是指基于开发区实践的实证分析，发现向产业新城转型的现象，归纳和揭示开发区向产业新城转型的路径。杨东峰等（2006）较早地基于实证揭示了开发区向新城区转变的现象，通过我国9个沿海大城市开发区的实证案例分析揭示了开发区向新城转型的现象。王兴平等（2011）提出了开发区再开发概念，认为再开发是开发区从工业区转向综合城区中弥补开发区城市功能缺口的重要途径。袁新国等（2010）基于长三角开发区的实证归纳出了综合新城、产业社区、纯产业区、消亡空间等四种开发区再开发的模式。程慧等（2017）以广州增城经开区、广州南沙经开区为实证探究了开发区向产业新城转型的路径，归纳出从产城联动到产城融合两个阶段。在产城联动阶段，开发区承接部分城市功能，与紧邻城区错位提升；在产城融合阶段，开发区在产城联动基础之上，承载综合城市功能，自身向新城市或新城区转型。钟睿（2018）以苏州工业园区为例，提出开发区由单一产业空间向综合型城市功能区转型包括发展动力转型、产业结构转型、功能复合、空间融合4个方面。

（2）策略研究

开发区向产业新城转型的策略研究是以开发区作为孤立产业园区存在问题为基础或以开发区规划实践为例，提出开发区向产业新城转型的策略。如沈宏婷（2007）以扬州经济开发区为例，分析了开发区孤立发展存在经济结构单一、功能单一、空间质量不高、管理体制不顺等问题，基于此提出平衡经济结构、开发和完善城市功能、提高空间内涵和质量、创新管理体制4条开发区向新城转型的策略。邹伟勇等（2014）分析了我国开发区作为单一的产业单元存在产城分离、职住分离、功能单一、配套不足、产业单一、环保制约等问题，以荆州开发区为例验证了上述问题，并提出荆州开发区产城融合的动态规划路径，包括城区一体化整合实现产城互促、分期建设动态演进实现向新城的转型、配套改革促成经济社会同步发展。袁奇峰等（2019）以南昌经开区白水湖片区规划为例探讨了从工业园区到产业社区转型的城市设计策略与路径。

开发区产城融合程度的测度主要有综合评价、耦合协调评价两条技术路线。

（3）产城融合程度测度的研究

综合评价是现有文献采用的最主要的技术路线，基本路线是构建开发区产城融合的综合评价指标体系，运用数学模型计算分值，通过排名或聚类分析得到评价结果。如蒋祎宁（2014）构建了空间融合、产业融合、功能融合3个标准层53个指标层的开发区产城融合程度评价指标，对江苏省6个省级以上经开区进行评价，得出产城融合程度排名。贾晶等（2019）从产业发展、城市功能、居民需求、资源配置4个方面选择16个指标构建指标体系，对河南7个国家级高新区的产城融合程度进行评价，结果显示河南省高新区的产城融合整体水平不高且有明显差异。

耦合协调评价的基本路线是构建2~3个系统评价指标分别反映产业、城市等系统发展水平，对各系统间进行耦合协调度测度，以反映开发区产城融合水平。如陶杰（2018）构建了产业、城市和人口三个系统，分别选取了5~6个评价指标，以三个系统之间的耦合协调度来表征产城融合程度，依此方法对杭州高新区近10年产城融合发展情况进行了测度，得出杭州高新区已进入产城融合发展阶段，随着时间的推移产城融合程度不断提高，但不同时期三个系统之间的协调程度不一。

3. 开发区与城市整合重构的研究

开发区与城市整合重构的研究亦是开发区三次创业研究的重要组成部分，研究内容主要有两个方面，一是开发区与城市整合重构的阶段特征，二是开发区与城市整合重构的空间效应（王兴平，2013）。

开发区与城市整合重构的阶段特征是开发区与城市互动整合研究的首要内容，总体而言，开发区与城市关系会从联系微弱、孤立发展逐渐向相互促进、整合发展转变。不同研究者辨析和归纳出不同的阶段划分与特征。王慧（2003）较早地关注到开发区与城市关系的研究，揭示了开发区在不同发展阶段与母城关系的特征：在成型时期开发区与母城关联效应不显著，进入成长期后开发区与城市各层面的相互作用日渐凸显，进入成熟期后开发区完全融入所在城市的整体运行中，进入后成熟期后开发区升华为充满活力的城市新区，而母城也借助开发区实现自身功能强化和整体地位提升。

郑国（2011）提出开发区与城市空间重构有三个阶段，1984年至20世纪90年代中期是"孤岛"和"飞地"发展阶段；20世纪90年代中期至2005年前后是开发区对城市空间影响效应增强阶段；2005年之后是开发区与城市空间融合发展阶段，这种融合发展表现为开发区开始承接和分担整个城市除制造业以外的其他功能，在母城城市结构调整转型、人口疏解、功能疏散及产业升级等方面发挥更大作用，以开发区为核心的新城和边缘城市是两种主要形式。

开发区发展会对城市的规模、形态以及空间增长方式、产业空间结构、社会空间结构、各功能区之间的关系、城市化与郊区化进程等方面产生显著的影响，从而带动城市的空间重构（王慧，2003；张艳，2007；陈小卉等，2019）。相关文献分别从开发区对城市空间结构、经济空间、社会空间等的影响进行了探讨（王战和，2006；尹鹏等，2012）。龚富华等（2017）解析了苏州工业园区建设发展对苏州城市空间结构的影响，结果表明开发区建设使得苏州市从最初单中心的空间结构演变成大城市核轴完整的多中心空间结构，影响过程可以分为低水平变化、突变转换和高水平稳定三个阶段。王慧（2006）分析了开发区发展对西安城市经济—社会空间的影响效应，提出开发区以增长极理论为基石的不平衡发展战略形成极化效应，是强化凸显城市内部空间极化分异的机制之一，造成开发区与非开发区、老城与新城、新经济区与旧工业区之间日益扩大的经济—社会差距。

1.4 小结：开发区，一个很好的研究介入点

创新是引领发展的第一动力。创新是推动一个国家、一个民族向前发展的重要力量。改革开放以来，我国对内进行市场化改革，对外扩大开放加入全球化体系，"全球—地方"的互动带来产业与创新转移。从引进、消化、吸收到本土创新，也形成了一条依托市场的本土创新路径。那么，如何来揭示这一路径？作者发现，开发区可以作为一个很好的研究介入点。

开发区是我国改革开放以来设立的一种政策性产业区，经过40多年的发展，很多的开发区已经成功从外源型工业园区转型为创新园区。本书抓住开发区这一对象，试图通过揭示开发区的科创转型来透视我国改革开放以来形成的依托市场的科技创新路径的内在机理、机制与模式。

在学界，创新地理的研究已经取得丰硕的成果，建立了一套认知和解释创新的理论及概念体系，形成了一套完善的创新测度方法，包括创新成效评价、创新网络刻画。同时，关于开发区的研究，也形成了从一次创业外源集聚，到二次创业科创转型，再到三次创业产城融合演进等共识。但是，均没有针对开发区科创转型机理和机制的研究。因此，本书总体的思路就是，利用创新地理的理论和方法，揭示开发区科创转型的机理与机制，进而透视依托市场创新的"中国模式"。

第2章 珠三角的创新发展与创新空间

珠江三角洲（简称"珠三角"）是我国改革开放的前沿，本书聚焦的广州开发区正是珠三角改革开放以来发展的一个典型缩影，因此有必要对珠三角的创新发展与创新空间演化进行分析与审视，以建构宏观、整体的认知。本章内容主要分为三个部分，第一是分析珠三角的创新发展成效，解析珠三角创新发展的路径与机理；第二是利用发明专利申请数据，建构一套基于"创新空间单元"的分析方法，分析珠三角的创新空间特征，重点分析广佛都市区的创新空间特征；第三是对"创新空间单元"类型与模式进行划分与分析。

2.1 从"世界工厂"到"创新湾区"

2.1.1 珠三角的创新发展成效

在改革开放初期，珠三角依托临近香港的优势率先对外开放，开始承接全球产业转移，特别是香港等"亚洲四小龙"的产业转移，成就了"世界工厂"（傅高义，2008）。一方面，以"三来一补"企业和乡镇企业为主体，自下而上地形成量大面广的农村工业化（田莉等，2013），以及大量的专业镇产业集群（沈静等，2005）；另一方面，国家自上而下设立经济特区、开发区，通过招商引资集聚产业，形成大量"政策性产业空间"（袁奇峰等，2022）。

21世纪以来，随着我国加入世界贸易组织，珠三角进一步嵌入到全球生产网络之中，改革开放以来孕育的本土企业在全球产业链中快速成长，同时以深圳为代表的创新创业开始繁荣（李子彬，2020），珠三角从"世界工厂"逐渐走向"创新湾区"，从多项指标来看，创新发展取得很大成就（樊德良等，2019）。

截至2021年，广东省PCT国际专利申请数量为26 079件，占全国的比重达38.16%，在全国31个省级行政区中，连续9年排名第一。从2thinknow历年发布的"全球创新城市指数"来看，珠三角在全球创新城市500强中的数量越来越多，且城市的排名不断上升，在2021年，深圳排名已升至第26名、广州排名已升至第51名，如表2-1所示。从发明专利申请数量来看，经历"万、十万、百万级"的跃升，如图2-1所示。

表2-1 珠三角城市在全球创新城市指数（2011—2021年）中的排名

年份	城市及全球排名				
2011	深圳(93)	东莞(228)	广州(232)		
2012—2013	深圳(71)	东莞(249)	广州(256)	珠海(312)	
2014	深圳(74)	广州(190)	东莞(268)	珠海(319)	

续表

年份	城市及全球排名					
2015	深圳(75)	广州(190)	东莞(265)	珠海(338)		
2016—2017	深圳(69)	广州(97)	东莞(196)	珠海(372)	中山(433)	
2018	深圳(55)	广州(113)	东莞(310)	珠海(348)	中山(412)	
2019—2020	深圳(53)	广州(74)	东莞(344)	佛山(361)	珠海(383)	中山(399)
2021	深圳(26)	广州(51)	东莞(229)	中山(288)	佛山(290)	珠海(324)

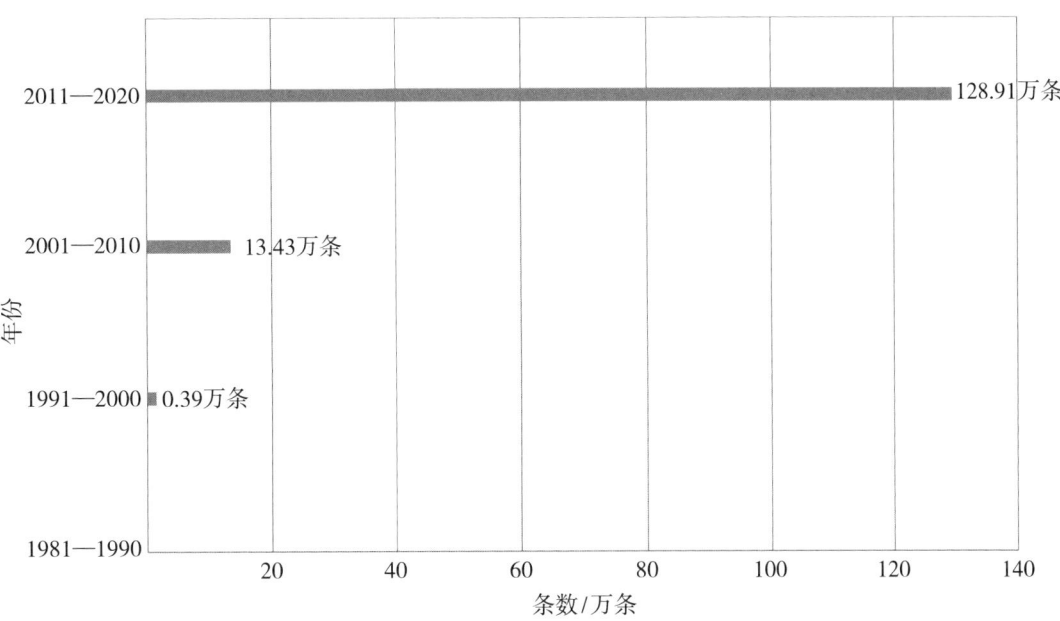

图 2-1　珠三角 1980—2020 年发明专利申请数量统计分析

2.1.2　从全球到地方，再到全球

2.1.2.1　20 世纪 80—90 年代：承接全球产业转移与本地创新孕育

改革开放后的 20 世纪 80—90 年代，珠三角主要以"三来一补"（来料加工、来样加工、来件装配和补偿贸易）的形式，承接香港、台湾的制衣、制鞋等劳动密集型制造业转移；以乡镇企业吸收外来资金和先进技术，即所谓的"嫁接外资"。

东莞以"三来一补"承接产业转移，特别是与香港形成了"前店后厂"的关系；南海形成了"六个轮子一起转"的南海模式，即镇、公社、村、生产队、个体、联合体；顺德、中山则以乡镇企业为主体。东莞、南海、顺德、中山也被称为广东"四小虎"。

随着改革开放的不断深入，这些"三来一补"企业、乡镇企业后来逐渐转型、改制为民营企业。与此同时，更加正规化的外商投资也进入到珠三角地区，从最初的食品、日化等传统制造业逐步拓展到电子、汽车等高技术制造业。它们落地于开发区等政府划定的工业园区中。如此，成就了珠三角的"世界工厂"（许学强，2009），如图 2-2。

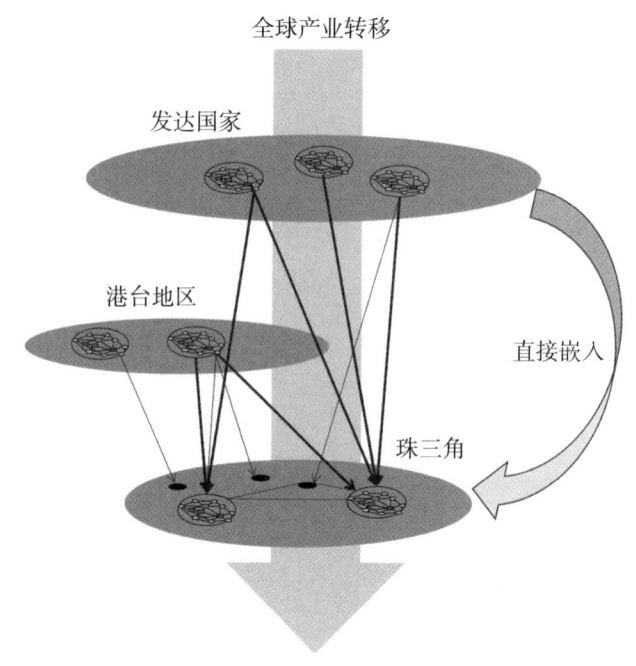

图 2-2 珠三角 20 世纪 80—90 年代的产业与创新发展模式

在此过程中,一方面是通过模仿创新、逆向工程、技术学习,孕育了一批本地企业。如顺德裕华风扇(费孝通,2014),其前身是北滘粮油副食加工厂,1968 年与北滘轻木厂合并,转产做塑料制品,1976 年转产电风扇,通过向香港的顺德老乡学习技术和获得市场信息,发展迅速,成为改革开放初期的明星企业。

广东生益科技股份有限公司(简称"生益科技")也是类似的企业。生益科技于 1985 年在东莞成立,最初以模仿学习起步,主要产品为覆铜板,通过不断地引进国外先进的设备与技术推动产品迭代升级,之后逐渐成长起来。成立之初是一家中外合资企业(以港资为主)——美加伟华生益覆铜板有限公司,1993 年改组为股份公司,1998 年上市。从 2013 年至今,生益科技的硬质覆铜板销售量持续保持全球第二。

另一方面是基于外商投资形成卫星平台式的技术转移。例如,我国台湾富士康科技集团于 1988 年在深圳龙华成立电子代工厂,很快成长成为全球 3C 产品(计算机类、通信类和消费类电子产品)的主要代工厂之一,其技术来自于母公司,从发明专利合作网络就能够显性地反映其中的技术联系。本书后续将讲述的广州开发区的宝洁、LG 等外资企业都是类似的。目前,招商引资、吸引外资依然是地方政府推动产业与经济发展的工作之重。

2.1.2.2 21 世纪以来:本地创新崛起与反向嵌入全球

自 20 世纪 90 年代以来,珠三角的民营企业逐步发展起来,特别是进入 21 世纪后,市场孕育下各式各样的创业逐渐繁荣,民营企业一波接一波不断涌现,它们依赖创新、勇于创新,催生本地创新的崛起,同时它们又反向嵌入到全球产业体系之中,如图 2-3。这归因于对内改革与对外开放的深入。一方面,对内改革鼓励民营企业发展、确立民营企业的合法地位。1992 年邓小平南方谈话,明确了经济体制市场化改革的方向,民营企业迎来了更好的舆论环境,1997 年党的十五大明确提出"非公有制经济是我国社会主义市场经济的重要组成部分",为民营企业确立了合法的产权体制。另一方面,2001年我国加入世界贸易组织(WTO),对外开放的深入则为民营企业的发展创造了更为广阔的空间。正是在这样的大环境下,珠三角的民营企业开始崛起。

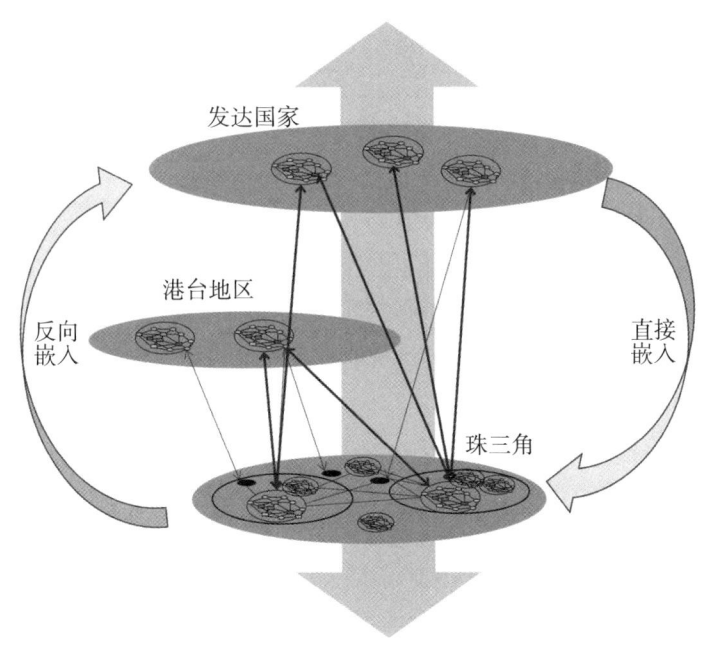

图 2-3 珠三角20世纪90年代末以来的产业发展模式

2008年的高新技术企业税收优惠政策进一步推动了企业的创新发展。我国的高新技术企业扶持政策,最早是1991年颁布的《国家高新技术产业开发区税收政策的规定》,规定在国家级高新区内认定高新技术企业,且这些企业可享受15%的企业所得税率优惠政策。2008年《中华人民共和国企业所得税法》实施,高新技术企业税收优惠政策被推广到全国范围,不再局限在国家级高新区内,成为企业推动创新的政策动力。这是2011—2020年发明专利申请数量剧烈增加的重要原因之一。

1. "三来一补"企业、乡镇企业转型或改制

到了20世纪90年代,改革开放后孕育的"三来一补"企业、乡镇企业逐渐成长起来,同时体制的束缚也逐渐凸显,陆续开始转型、改制,在20世纪90年代末至21世纪初达到高潮。这些20世纪80年代的企业家,他们诞生在一个现代企业制度不完善的时期,是珠三角民营企业的探路者、开拓者。以美的(全称为"美的集团股份有限公司")为例(陈春花,2019)。

1968年何享健等筹资开办"北滘街塑料生产组",生产塑料瓶盖等。1975年转为公社所属企业,成立顺德县北滘公社塑料金属制品厂,生产五金制品。1980年开始生产电风扇,并注册"美的"商标,经过20世纪80年代的快速发展后,美的与其他乡镇企业一样开始面临"产权关系模糊、经营机制退回"的困境,企业改制随之开始。

1988年美的进行了第一次股份制改革,采取"五二三"模式,即政府占股50%、企业占股 40%、职工占股 30%。1992 年进行了第二次股份制改革，成立了广东美的集团股份有限公司，镇政府公务员和美的员工都有一定比例的股票认购凭证。1993 年美的在深交所上市，但改制后的美的依然是由政府控股。2001 年美的管理层收购了政府的所有股份，真正实现了民营化改制，逐渐发展成为我国家电行业的领军企业。

近年来，美的持续加强研发投入，通过跨界融合、人工智能、数字仿真方面的技术突破，不断创新升级产品，布局全球优势研发资源，构建六大研发中心，涵盖 33 个研究领域，形成从共性基础技术到个性化关键技术的技术图谱，专利授权维持量达 5.7 万件，授权发明专利连续四年在家电行业排第一。

2. 体制内人员"下海"创业

改革开放以来，体制内人员"下海"是市场经济改革的试水者，也是造就民营企业的中坚力量。在 20 世纪 80 年代，这些创业主要是以集体企业起步；到了 20 世纪 90 年代，创业环境逐步完善。这些创业企业从一开始就是按照现代企业制度创办市场化的股份制企业，是真正的民营企业。

其中就有耳熟能详的王传福创办的比亚迪。王传福 1987 年毕业于中南工业大学（现中南大学）冶金物理化学专业，同年进入北京有色金属研究总院攻读硕士，而后留院工作。1993 年北京有色金属研究院在深圳成立深圳比格电池有限公司，王传福出任总经理，但是公司体制的约束促使他走上了创业的道路。1995 年王传福创办比亚迪，从生产电池起步，主要面向海外，2000 年前后先后成为摩托罗拉、诺基亚等跨国公司的电池供应商，2005 年前后通过模仿创新进入汽车领域，2014 年前后通过自主创新进入新能源汽车领域。

3. 海外留学人员创新创业

随着中国经济的快速发展，一些海外留学人员怀揣着像硅谷的创业家一样的梦想，回国创新创业。这些海外留学人员创新创业是珠三角民营企业崛起中的一个重要类型，以千岸科技（全称为"深圳千岸科技股份有限公司"）为例。

千岸科技是创立于 2010 年的一家跨境电商企业，创始人何定是美国伊利诺伊大学计算机学博士毕业生，在美国读书时就通过在 eBay 转卖国内生产的航模赚得第一桶金。2008 年回国创业，从跨境电商做起，2010 年创立千岸科技，是最早在亚马逊开店铺的创业者。千岸科技主要经营业务在画材（主要是马克笔）、运动健身器材、智能家电三个领域，创立马克笔品牌 Ohoho、音响品牌 Tribit、运动户外品牌 Sportneer 等自主品牌。在 2022 年，营业额达到 17 亿元，其中 Ohoho 马克笔的销售额占到其销售总额的 1/4，并在美国和欧洲站点均占据同类产品热销榜的第一名。

4. 市场孕育下各式各样的创业逐渐繁荣

在改革开放的孕育下，一批民营企业逐渐成长壮大，特别是进入 21 世纪后快速发展，造就了华为、比亚迪、腾讯、美的等巨型企业，而 21 世纪以来创立的大疆、希音等也成为明星企业，这些巨型企业、明星企业背后代表的是量大面广的中小企业。这些民营企业，从无到有，依靠创新立足于市场之中，市场导向的创新是它们的基因，它们不断地进行创新，由此催生了珠三角本地创新的崛起。

而这些民营企业又深深地嵌入全球产业网络、全球创新网络，有的从模仿国外产品起步（如腾讯），有的从代理国外产品起步（如华为），有的从成为跨国企业的供应商而壮大（如比亚迪），有的通过引进国外设备与技术来开展生产（如生益科技），有的面向全球市场（如千岸科技），有的发展走向全球布局（如华为），由此形成本地创新崛起与反向嵌入全球的局面。

2.1.3 "全球—地方"的互动作用

进一步探究来看，珠三角从"世界工厂"走向"创新湾区"，得益于"全球—地方"之间的相互交织、相互嵌入。这在经济地理、创新地理的相关研究中可以寻求到很好的理论支撑与解释。

全球化指的是在交通、通信技术发展带来的时空压缩的不断推动下，通过贸易、资金流动、技术创新、信息网络和文化交流，使各国经济在世界范围高度融合并相互依赖的过程。地方则是具有独特属性的区域，地方性是指区域之间的差异。由于长期的文化、制度、认同等因素的积累，某些"地方"具备了其他"地方"所不具备的内在条件（周尚意等，2011）。

2.1.3.1 全球化与地方性的关系

在 20 世纪 70—80 年代，对于区域经济的崛起，首先是形成了新区域主义的解释与研究，立足于区域的地方性，强调"地域体"（territoriality）的社会、制度及环境对经济发展起到根本性的推动作用（苗长虹等，2002）。无论是产业区与产业集群研究，还是加利福尼亚学派的新产业空间研究，抑或是技术创新学派的创新环境研究，均强调是区域内生的"地方性"对地方经济崛起的作用（贺灿飞等，2014）。

但是，随着经济全球化的深入，经济全球化越来越成为形塑各个国家和地区产业集聚与重构中不可忽视的力量，新区域主义对于现实世界的地理现象解释开始面临挑战，因此把"区域"和"地方"发展置于全球化的研究视角下逐渐成为共识。一方面，强调新区域主义研究指出的地理邻近、集体学习、社会资本、非贸易相互依赖等内生要素对区域发展的推动作用；另一方面，也强调全球化背景下区域内外联系互动对地方发展的作用（汪涛等，2003）。

事实上，全球化和地方性是相互交织、相互嵌入的复杂地理过程。在全球化和地方性两股强大力量的共同作用下，本地性的区域会通过管治调整以便于嵌入全球网络。我国在嵌入全球化过程中，采取的是渐进式改革开放模式。而全球化的经济活动在跨国化布局中，也会根据不同地域的地方性进行调整。这两个并行而又交织的过程被称为"全球地方化"，过程是复合的、动态的、跨尺度的，既包括向全球向地方的下沉，也包括向地方向全球的嵌入。

跨国企业的本地带动、人才流动（留学归国）对本地的作用、本地企业在全球产业网络中的升级、本地企业反向嵌入发达国家等，这些"全球—地方"的互动机理在珠三角都有鲜活的体现，是珠三角的产业与创新发展、成就珠三角"世界工厂"并走向"创新湾区"的很好解释，从珠三角发明专利申请合作网络也可窥视到"全球—地方"的互动作用，如图 2-4。

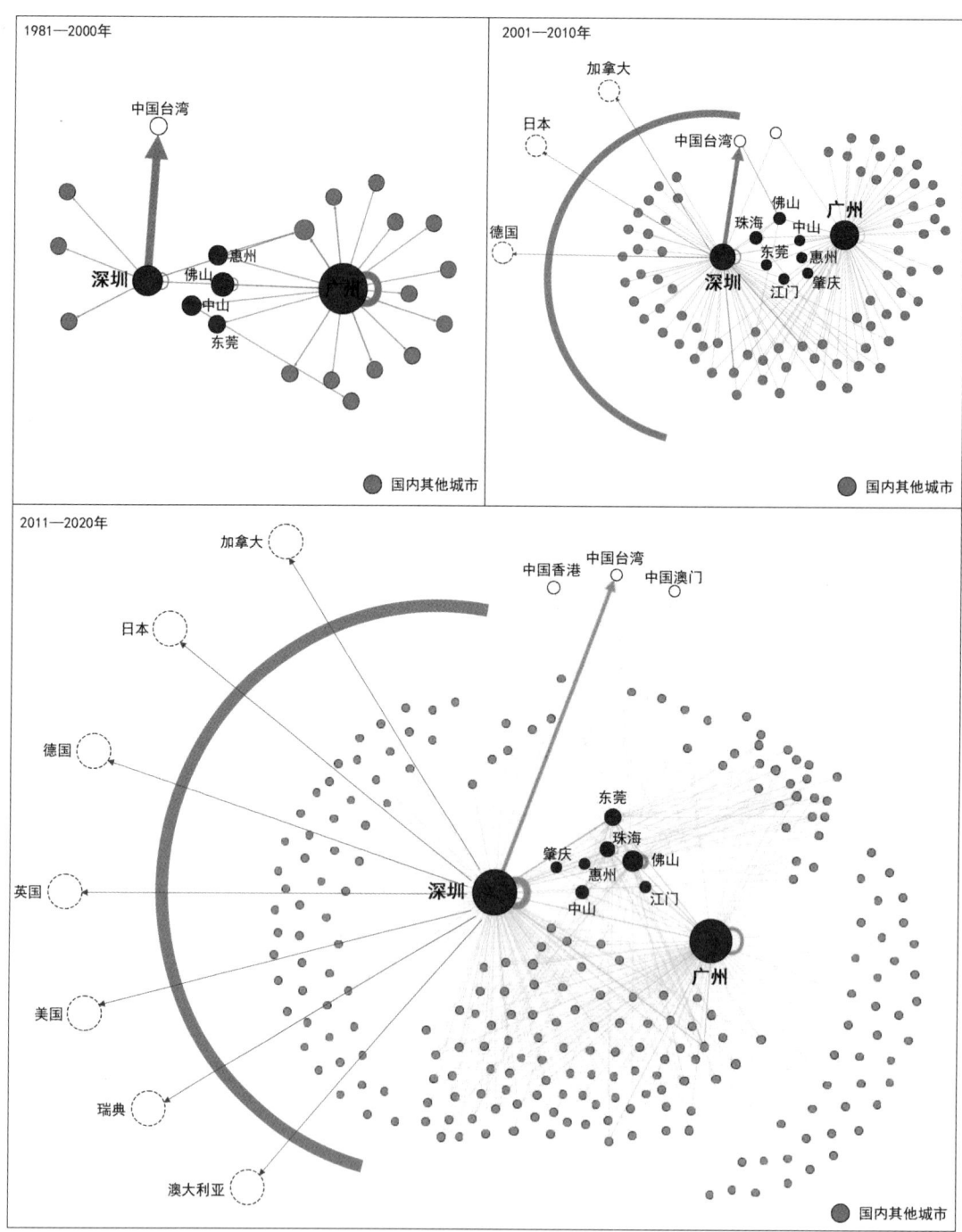

图 2-4 珠三角发明专利申请合作网络

2.1.3.2 "全球—地方"互动下的区域产业与创新发展

1. 跨国企业的本地带动

跨国企业以 FDI 投资在本地形成卫星平台式的产业集聚,这些跨国企业为了进一步降低成本、获取市场、提升盈利和增强竞争力,更愿意作为链主企业以合资、外包、委托代工等形式把地方企业纳入其供应链。而为了满足跨国企业的技术标准和生产要求，本地的供应链企业会主动提升自身技术能力，跨国企业也会帮扶指导这些本地供应商，由此形成本地带动（Ernst D，2002）。同时，跨国公司的外源集聚积淀了本地人才，这些人才流转到本地企业，抑或自主创业，也会带来本地产业与创新发展（李晓华，2010）。

2. 人才流动（留学归国）对本地的作用

对于后发国家而言，留学归国人才是本地产业与创新发展的重要资源。在我国台湾，20世纪70年代效仿韩国设立工业技术研究院，旨在吸引海外留学人才回台，其中最为著名的要数张忠谋，于1985年受邀回台担任工研院院长，开辟半导体代工模式，主导了台积电的筹设与发展。

我国留学人员创业园（简称"留创园"）则是集中缩影。自1994年我国第一个留创园——金陵海外学子科技工业园在南京成立以来，留创园从无到有、从小到大，迅猛发展。根据《2022年度人力资源和社会保障事业发展统计公报》，截至2022年末，全国共有留创园372家，入园企业超过2.5万家，9万名留学回国人员在园就业创业，其中省部共建留创园54家。

3. 本地企业在全球产业网络中的升级

在全球化的背景下，本地企业深深地嵌入全球产业链、全球供应链之中，都是全球价值链上的一个环节。一方面，为了满足国际化的技术标准与客户需求，它们会主动提升自己的技术水平，同时作为全球产业链、全球供应链上的一个环节，它们也自然跟着产业的升级而不断升级。

另一方面，为了获得更高的附加值，它们会向价值链的高端部分攀升。康江江等（2019）研究分析了中国企业在苹果手机全球价值链中的价值分配和角色变化，发现中国企业的地位不是一成不变的，而是在不断攀升的。许树辉（2011）也以同样的视角考察了广东韶关市，同样发现本地企业在全球价值链中的攀升，从而推动了本地产业升级。

4. 本地企业反向嵌入发达国家

一种是本地成长起来的企业为了跟上世界最先进的技术水平，往往选择在发达国家进行R&D外包或者设立海外R&D机构，反向嵌入发达国家。著名企业华为在海外设立R&D机构，构建国际化研发合作网络，通过把创新网络延伸到海外技术领先国家和目标销售市场，通过与国际一流的公司设立联合研发中心嵌入当地的区域创新系统，通过与国外领先企业成立合资公司、与全球高校强化合作、投资前沿技术团队等方式，构筑起轮轴式的全球创新网络（胡欣悦等，2016；张永凯等，2017）。还有则是通过跨国并购吸收海外创新资源，实现"全球—地方"的创新结网（王秋玉等，2018）。

2.1.3.3 "全球—地方"互动下的区域创新系统发展

在"全球—地方"互动下，珠三角逐步形成了本地化的区域创新系统。这主要归因于两个方面：一方面，通过对内改革，主动协调区域创新政策和治理制度安排；另一方面，通过对外开放，全球生产网络地域嵌入与区域创新系统发展演进相互作用。但需要注意的是，"全球—地方"的互动作用对区域创新系统有正效应也有负效应。

第一，主动协调区域创新政策和治理制度安排。

在创新后发的国家或区域，为实现与跨国公司全球生产网络形成的稳定协作和战略耦合，政府会有目的地协调组织区域资产（regional assets）、制度安排和创新政策，为区域创新体系抓住跃升机遇奠定重要基础（刘逸，2018）。

Liu Weidong 等（2006）通过分析跨国汽车企业在中国的投资和布局，发现强势政府在引入跨国公司以及引导全球资本驱动本地产业技术创新升级中的重要作用。刘鹤等（2012）分析了全球石化产业的演进历程、机制和模式，认为"进口替代型"国家和"出口替代型"国家的政府分别以本国市场和本国资源开采权为谈判筹码，迫使跨国企业提供技术和资金共同发展本地产业，从而达到推动区域产业技术升级的目的。

Yang Chun 等（2015）分析了深圳市政府在 2008 年金融危机之后，如何应对全球生产网络的动态，并通过建设创新城市、发展战略性新兴产业等一系列政策改变区域资产（regional assets），推动深圳区域创新系统由跨国企业驱动型（TNC-driven innovation）转向本土企业自主型（indigenous firm-initiated innovation）。

在创新后发国家/地区的区域创新系统创新塑造和发展中，地方政府不但通过资源布局、创新政策等制度安排营造良好的创新环境（符文颖等，2013），甚至通过投资企业和研发机构而成为重要的创新主体直接参与创新网络的构建。在创新后发的国家或地区，制订创新政策框架明确发展目标，构筑技术溢出的全球通道，并把创新政策积累在区域资产条件优厚的地区，把握住国际生产研发网络重构的机遇，培育嵌入全球创新系统、本地企业自主的区域创新系统，是推动创新发展的重要措施（张战仁等，2015）。

第二，全球生产网络地域嵌入与区域创新系统发展演进相互作用。

跨国公司的全球生产网络布局和治理是区域经济全球化的重要线索，其地域嵌入是区域创新系统组织建构的重要力量（Bathelt H 等，2004）。跨国公司通过供应链采购、生产外包以及技术转让构筑了知识传播的全球通道（global pipelines），进而促进了国际技术转移至其他后发国家或地区，成为输入地区域创新系统发展的基础。为了满足跨国企业的采购、外包、代工的技术标准和生产要求，本地企业主动提升自身技术能力和生产效率，进而带动本地集群企业的创新和区域创新系统的发展，这也被称为本地轰鸣（local buzz）。

本地轰鸣某种程度是区域通过吸收跨国投资、跨国贸易、人才移民等跨国技术转移，营造其技术吸收能力，并通过技术外溢效应（spillover effects）推动本地创新系统的发展。大量实证研究表明，某个特定区域的创新网络与全球创新网络实现相互嵌入能显著提升区域创新能力，比如贺灿飞等（2017）、曹贤忠等（2018）、段德忠等（2019）基于产品出口、专利合作、产业链关联、知识产权贸易等不同领域的数据勾勒全球生产网络的组织结构变动与区域创新绩效的关联。

第三，"全球—地方"的互动作用对区域创新系统的正负作用。

区域创新系统是地域嵌入的、以创新为目标的社会组织结构，是区域路径创造、发展、更新的重要内生要素（王缉慈等，1999；Bathelt H 等，2004）。在经济全球化的影响下，知识溢出（knowledge spillovers）并不仅限于区域内，在特定的条件下（组织邻近、制度邻近），跨集群、跨区域也会进行知识的创造、交流和传播。通过跨国并购、进出口贸易、吸纳跨国投资、全球生产网络整合等方式，"全球—地方"互动对本地知识技术溢出、创新系统发展、集群创新能力有显著带动作用，强化了区域的路径创造与更新能力（杨锐等，2008；刘炜等，2010；曹贤忠等，2018）。

然而，全球生产网络地域嵌入下形成的区域创新系统也可能对区域路径形成负向锁定，比如，文嫮等（2005）研究了上海浦东集成电路产业升级的经验，认为在全球领先企业扮演了价值链的治理者角色，通过非核心技术的转移、技术标准的制定来协调、控制价值链各个环节并捕获了价值创造的绝大部分。本地产业网络在与全球领先企业互动中，一方面承接了技术扩散、服从其提出的标准和要求，从而实现产业的"过程升级"（提升生产效率）；另一方面，受到全球领先企业在专利陷阱、法律政治、技术联盟等方面设置壁垒的制约，无法实现全面升级和发展自主，被长期锁定在价值链的"低价值区段"。

2.2 从"点状创新"到"区域创新"

2.2.1 基于"创新空间单元"的分析方法

总体方法路线：第一，利用发明专利申请数据，以 500m×500m 空间网格为基准，十年为一个阶段，分别按 1981—1990 年、1991—2000 年、2001—2010 年、2011—2020 年进行网格计数并可视化，以此反映创新空间格局的演变；第二，利用 2011—2020 年发明专利申请数据，通过空间聚类分析识别"创新空间单元"；第三，以"创新空间单元"为节点，利用发明专利的联合申请人信息进行网络分析。

1. 空间聚类分析法：识别"创新空间单元"

空间聚类分析法常用于识别空间中具有统计显著相关性的高值聚类（HH）、低值聚类（LL），以及低值围绕高值（HL）和高值围绕低值（LH）的异常值聚类。本书的"创新空间单元"识别主要运用空间聚类分析法，具体如下：

第一步，将广佛都市区划分为 500m×500m 的网格，将发明专利申请人转为地理空间落点，形成创新主体落点，对链接空间网格与创新主体落点进行计数，视作网格创新强度，即网格参与发明专利的次数。

第二步，利用 Arc GIS 的"聚类与异常值分析（Anselin Local Moran's I）"工具，将识别的 HH、HL 聚类初步判定为创新集聚区。

空间关联的 Anselin Local Moran's I 统计数据如下所示：

$$I_i = \frac{x_i - \bar{X}}{S_i^2} \sum_{j=1, j \neq i}^{n} w_{ij}(x_j - \bar{X})$$

式中，x_i 是 i 的属性，$\bar{X}$ 是对应的平均值，w_{ij} 是要素 i 和 j 之间的空间权重（本研究测度为专利合作联系，不设权重），并且 $S_i^2 = \dfrac{\sum_{j=1, j \neq i}^{n}(x_i - \bar{X})^2}{n-1}$（$n$ 等于要素的总数目）。

统计数据的 z_{I_i} 得分的计算方法如下：

$$z_{I_i} = \frac{I_i - E[I_i]}{\sqrt{V[I_i]}}$$

其中：

$$E[I_i] = -\frac{\sum_{j=1,j\neq i}^{n} w_{ij}}{n-1}$$

$$V[I_i] = E[I_i^2] - E[I_i]^2$$

根据 z 值，识别出 HH、LL、HL、LH 四类网格。

第三步，辅以高新技术企业、孵化载体等多元数据，结合行政边界、产业园区边界等进行人工校正，最终综合划定"创新空间单元"。

2. 社会网络分析法：刻画创新网络

利用专利联合申请人信息，建立两两关系矩阵，利用 Gephi、Arc GIS 软件，以联系频次、度中心度等指标，进行拓扑网络、空间网络测度与可视化。其中，联系频次即两个节点之间的关系次数，度中心度是测度节点在网络中核心地位的程度指标，计算公式如下：

$$O_i = \sum_{j=1}^{n} T_{ij}, i \neq j$$

式中，O_i 为节点 i 的度中心度，n 为节点数量，T_{ij} 表示节点 i 与节点 j 联系频次。

2.2.2 从广深两极到两个都市区

总体来看，珠三角的创新空间格局经历了从广州、深圳两个极点到广佛都市区、深圳都市圈的演变，这与珠三角城市群空间拓展是相辅相成的。演变过程可分为三个阶段，20 世纪 80—90 年代呈现广深两极格局，2001—2010 年以广深两极为主同时外围崛起，2011—2020 年呈现以两个都市区为主的网络化格局。

1. 20 世纪 80—90 年代：广深两极

在 20 世纪 80—90 年代，珠三角的创新活动主要集中在广州、深圳，如图 2-5。广州的创新主体主要是高校、研究院所，发明专利申请量排名前 5 的分别是华南理工大学、中国科学院广州化学研究所、中山大学、华南农业大学、中国科学院广州能源研究所；深圳的创新主体则主要是企业，发明专利申请量排名前 5 的分别是华为、中兴、富士康、奥沃国际科技、TCL，见表 2-2。

表 2-2 广州、深圳 1981—2000 年期间发明专利申请量前 5 名

排名	广州	数量（条）	排名	深圳	数量（条）
1	华南理工大学	163	1	华为	166
2	中国科学院广州化学研究所	134	2	中兴	79
3	中山大学	121	3	富士康	45
4	华南农业大学	30	4	奥沃国际科技	26
5	中国科学院广州能源研究所	29	5	TCL	13
	小计	477		小计	329
	全市总计	2044		全市总计	1489
	占全市的比例	23.34%		占全市的比例	22.10%

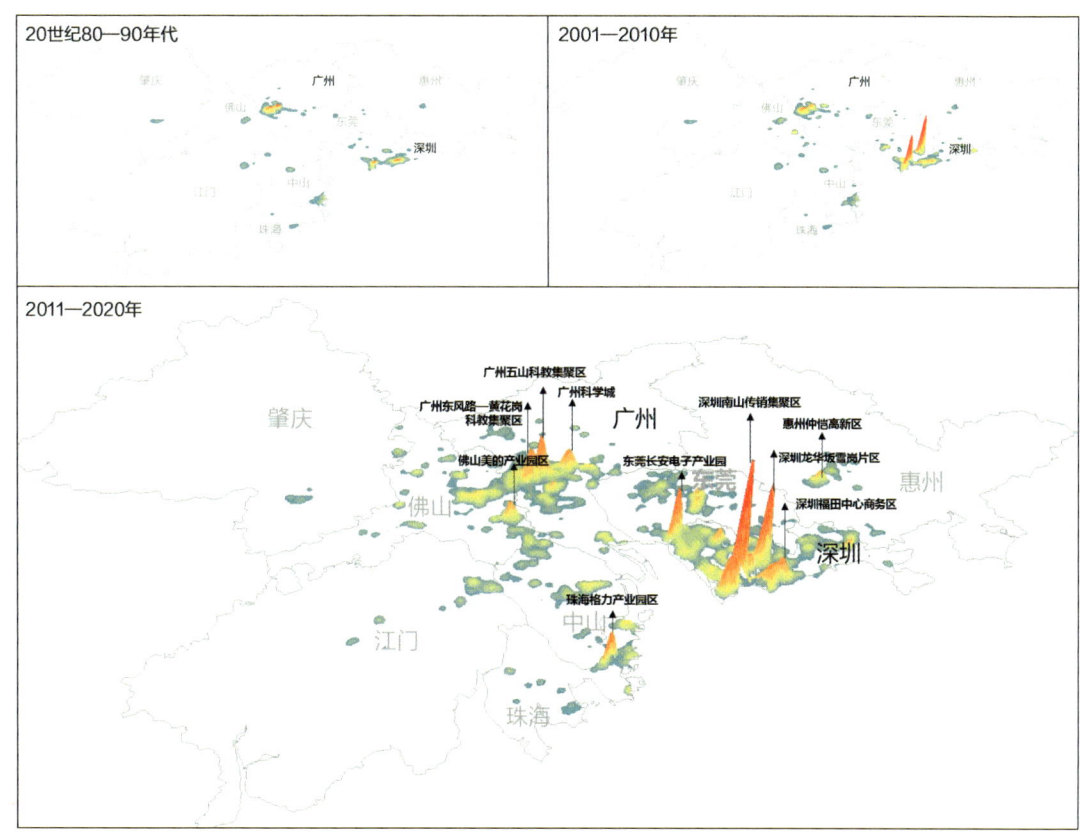

图 2-5 珠三角发明专利申请量三维视图

2. 2001—2010 年：广深两极为主，同时外围崛起

到了 2001—2010 年，珠三角的创新活动总体上还是集中在广州、深圳，如图 2-5、表 2-3。在广州，发明专利申请量排名前 10 的主体依然以高校、科研院所为主，有两家企业分别位列第九、第十名，一是旭丽电子，母公司是我国台湾的光宝科技，2000 年在广州开发区投资建厂，落户广州科学城；二是威创视讯，是广州开发区成长起来的留学人员创业企业，2004 年从西区搬迁到广州科学城。

在深圳，发明专利申请量排名前 10 的主体全部是企业，其中又以华为、中兴、比亚迪、海川、腾讯、康佳等本地企业为主，富士康、群康科技两家台资企业也位列其中。但是，需要强调的是，富士康、群康科技是卫星平台式的，本质上就是生产工厂，它们的研发创新还是在台湾，只是在大陆有专利申请的布局，也就是它们的专利申请不代表有本地的创新活动，广州的旭丽电子、佛山北滘的顺达电脑（2001—2010 年的发明专利申请量排名佛山第一，共计 1190 条）等是同样的情况。

同时，在佛山、珠海、惠州，改革开放后孕育的一些本地企业开始崛起，它们的创新活动也以发明专利的形式表现了出来，形成了一些极点。从 2001—2010 年的发明专利申请数量来看，佛山北滘的美的共计 348 条，位列佛山第二；在珠海，格力电器、金山软件、炬力集成电路三家企业位列前三，分别为 271 条、115 条、113 条；惠州的 TCL 共计 179 条，位列全市第一。

表2-3 广州、深圳2001—2010年期间发明专利申请量前10名

排名	广州	数量（条）	排名	深圳	数量（条）
1	中山大学	1765	1	华为	26 926
2	华南理工大学	1605	2	中兴	20 287
3	华南农业大学	620	6	富士康	12 352
4	暨南大学	503	4	比亚迪	2639
5	广东工业大学	423	5	海川实业	2136
6	华南师范大学	364	6	腾讯	1808
7	中国科学院广州化学研究所	333	7	群康科技	1082
8	中国科学院广州能源研究所	250	8	康佳集团	1059
9	旭丽电子	213	9	TCL	652
10	威创视讯	202	10	宇龙计算机通信	575
	小计	6278		小计	69 516
	全市总计	20 591		全市总计	94 526
	占全市的比例	30.49%		占全市的比例	73.54%

3. 2011—2020年：以两个都市区为主的区域网络化格局

到了2011—2020年，发明专利申请的空间分布更加广泛，说明创新活动的分布更加广泛，出现显著的区域化特征，如图2-6、表2-4。从各个城市来看，广州仍然是以高校、科研院所、大型国有企业为主，同时也看到以视源电子为代表的一些本地企业的创新发展，视源电子是广州开发区培育成长起来的本地企业，坐落广州科学城；深圳仍然呈现以本地企业为主的特点，同时也看到深圳先进技术研究院、深圳大学等创新成效的显现，见表2-5。

佛山、东莞、珠海、惠州呈现龙头企业独大的共同特征。在佛山，美的一家独大，拥有发明专利申请量22 655条，远高于第二名佛山科学技术学院的4526条；在东莞，OPPO有发明专利申请量32 190条，VIVO有发明专利申请量13 922条，远高于第三名广东小天才科技有限公司的4026条；在珠海，格力共有发明专利申请量28 671条，远高于第二名珠海市魅族科技有限公司的2322条；在惠州，TCL共有发明专利申请量7949条，远高于第二名广东中迅农科股份有限公司的1102条。

中山、江门、惠州三市呈现均衡分布特征，内部未出现一家或者几家独大的龙头型主体。中山排名第一的是华帝股份有限公司，拥有发明专利申请量956条；江门排名第一的是五邑大学，拥有发明专利申请量1692条；肇庆排名第一的是肇庆学院，拥有发明专利申请量413条。

另外一个显著的特征是网络化，利用2011—2020年的发明专利申请的空间落点，共识别出164个"创新空间单元"，通过发明专利申请人合作联系，对珠三角创新网络进行刻画发现，呈现两个都市区的格局——广佛都市区、深圳都市圈，这与珠三角城市群的空

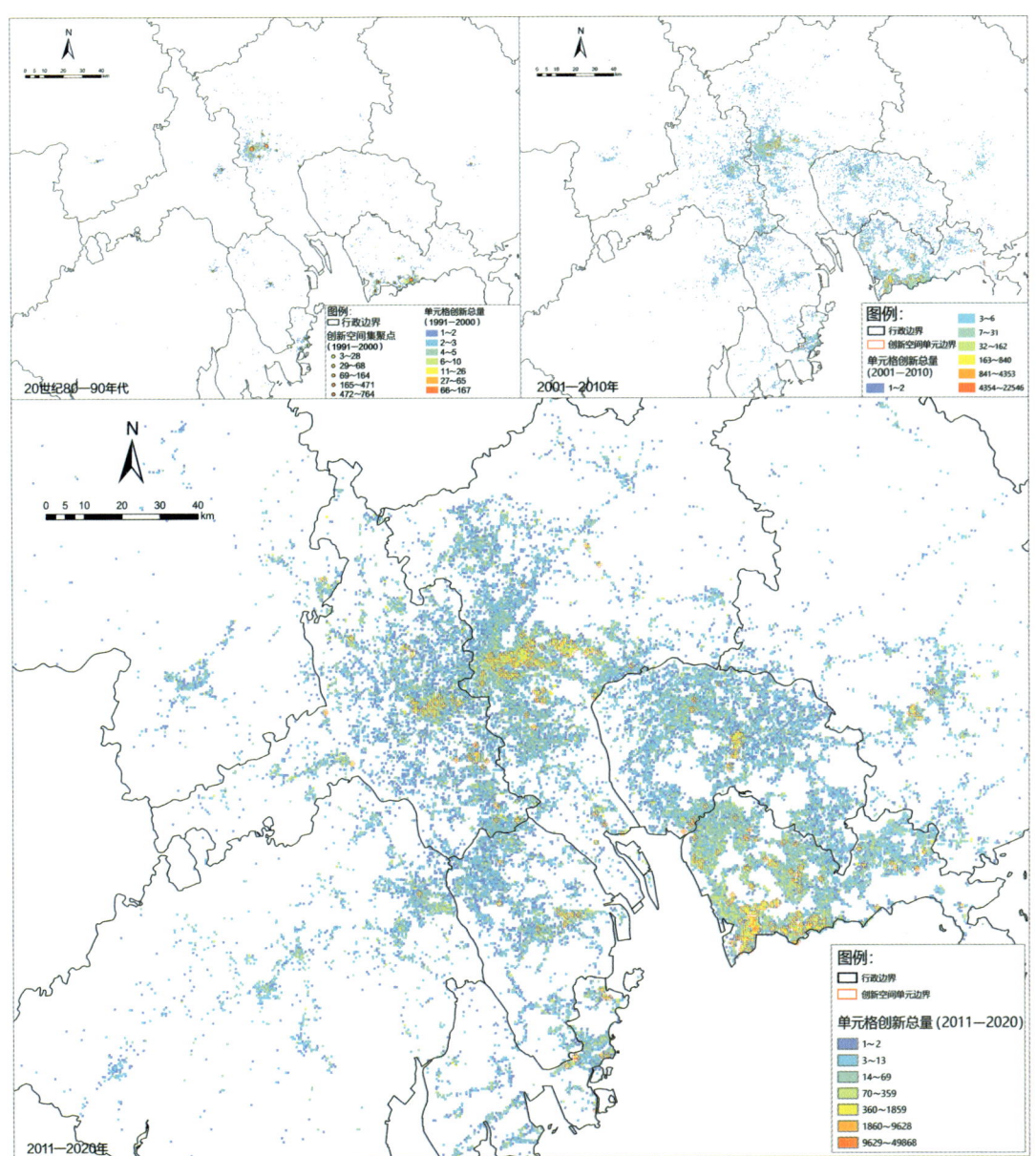

图 2-6 珠三角 2011—2020 年的创新空间格局

表 2-4 珠三角 9 市 2011—2020 年期间发明专利申请量

排名	城市	数量（万条）	排名	城市	数量（万条）
1	深圳	55.31	6	中山	4.10
2	广州	28.68	7	惠州	3.62
3	东莞	14.34	8	江门	2.74
4	佛山	13.60	9	肇庆	0.95
5	珠海	5.89	总计		123.35

表 2-5　广州、深圳 2011—2020 年期间发明专利申请量前 10 名

排名	广州	数量（条）	排名	深圳	数量（条）
1	华南理工大学	22 496	1	华为	50 572
2	南方电网	15 634	2	中兴	32 842
3	广东工业大学	11 788	3	腾讯	26 964
4	中山大学	8618	4	富士康	14 350
5	华南农业大学	5150	5	平安集团	12 202
6	视源电子	3476	6	华星光电	11 721
7	暨南大学	3056	7	努比亚	10 257
8	华南师范大学	2992	8	比亚迪	8417
9	广州大学	2592	9	深圳先进技术研究院	6729
10	广汽集团	1791	10	深圳大学	5773
	小计	77 563		小计	179 827
	全市总计	286 818		全市总计	55 3045
	占全市比例	27.04%		占全市比例	32.52%

间结构是一致的，如图 2-7、图 2-8（袁奇峰等，2019）。不过二者内在的机理是不同的，深圳都市圈的创新网络以企业间合作为主，广佛都市区的创新网络则以校企合作、国企总部与子公司的联合为主。

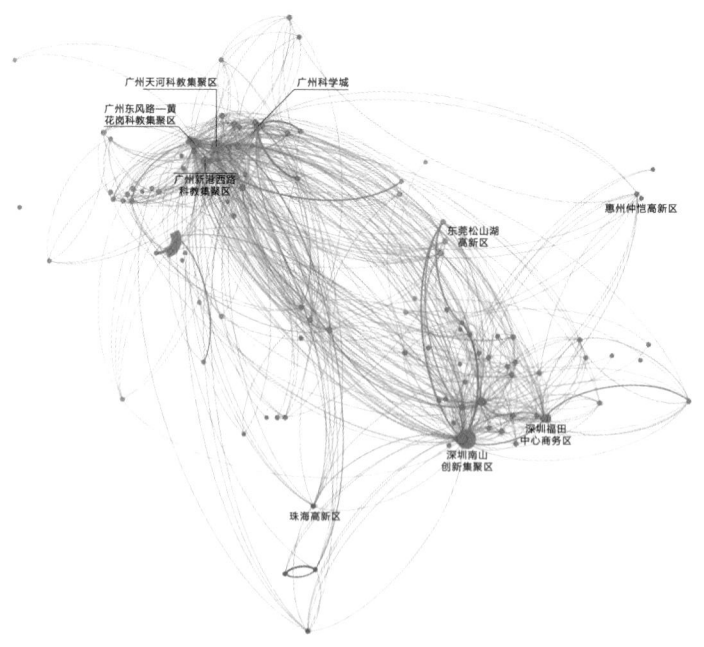

图 2-7　珠三角 2011—2020 年发明专利合作的拓扑网络

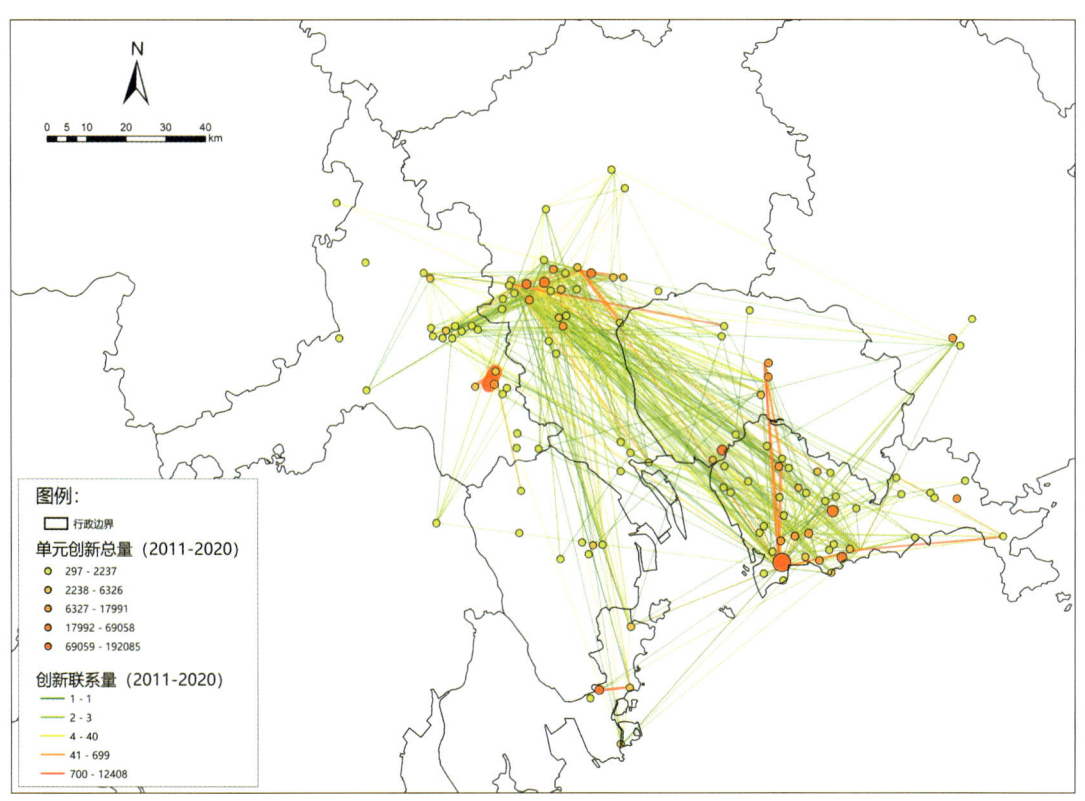

图 2-8 珠三角 2011—2020 年发明专利合作的空间网络

4. 珠三角的"创新空间单元"特征

在珠三角 9 市中,创新空间单元最多且范围面积最大的城市是深圳,其创新空间单元范围面积仅为城市建成区范围的 13.04%,创新总量占整个城市的 77.01%;广州的创新空间单元范围面积占城市建成区范围的 6.85%,创新总量占整个城市的 57.98%;在深圳、广州之后,依次是东莞、佛山、珠海,见表 2-6。

表 2-6 珠三角 9 市"创新空间单元"面积及创新总量一览表

排名	城市	"创新空间单元"总面积（km²）	占全市建成区比例（%）	"创新空间单元"创新总量（万条）	占全市比例（%）
1	深圳	125.25	13.04	42.62	77.01
2	广州	90.75	6.85	17.40	57.98
3	东莞	19.75	1.65	7.71	25.71
4	佛山	39.25	24.34	5.54	40.73
5	珠海	11.50	7.52	4.03	68.45
6	中山	9.50	6.43	0.82	19.97
7	惠州	7.00	2.45	1.27	34.90
8	江门	1.25	0.79	0.17	6.15
9	肇庆	1.00	0.79	0.06	6.37

在深圳都市圈，南山创新集聚区以中兴、腾讯等为龙头，龙岗坂雪片区以华为为龙头，福田中心商务区以平安集团为龙头，发明专利申请量位列深圳"创新空间单元"前三、珠三角前十。从网络中心度来看，南山创新集聚区、南山大学城、福田中心商务区排名位列珠三角前十名，如图2-9。

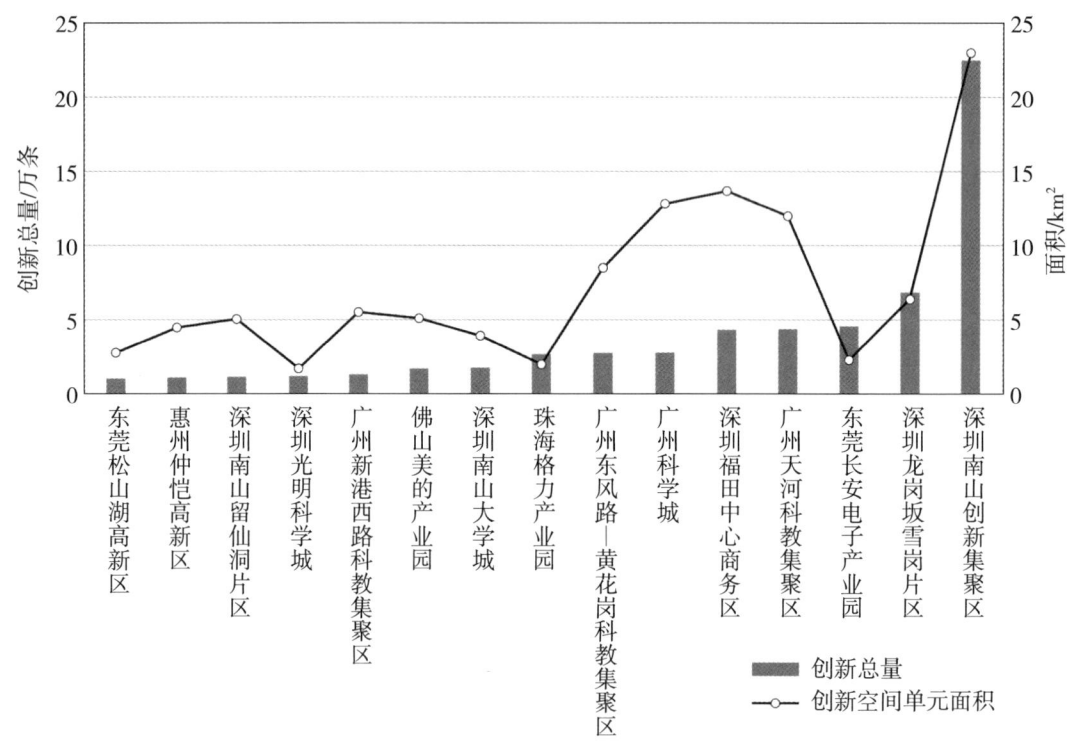

图2-9 珠三角"创新空间单元"创新总量与面积统计图

在广佛都市区，天河五山科教集聚区、广州科学城、东风路—黄花岗科教集聚区，这三个"创新空间单元"发明专利申请数量排名前列。而从网络中心度来看，天河五山科教集聚区、东风路—黄花岗科教集聚区、海珠新港西路科教集聚区、广州科学城位列珠三角前十，如图2-9。

2.2.3 广佛都市区的创新空间特征

1. 空间集聚特征："一区多核多点"

广佛都市区包括广州和佛山两市，是我国最早推动同城化的地区，也是我国首个"双万亿"GDP的都市区。广佛两市地域相连、历史相承、文化同源、产业协同互补，在地理相邻、市场驱动、政府助力等多重因素作用下，逐渐形成一体化的都市区。广佛都市区不仅是生产组织一体化的典型区域，也是创新要素高频互动的创新区域。利用2011—2020年间的发明专利申请数据，广佛两市共计有发明专利申请42.28万条，对广佛都市区进行"创新空间单元"识别，共识别出58个"创新空间单元"，如图2-10。

这 58 个创新空间单元以仅占广佛两市 1.4% 的用地，却集聚了两市 67.1% 的专利成果和 43.7% 的创新主体，地均创新强度高达 2072.9 人次/km²。其中地均创新强度最高为 23 777 人次/km²，即十年间该单元每平方千米用地上的创新主体共参与了 23 777 条发明专利申请。总体来看，广佛都市区的创新空间呈现"一区多核多点"的格局，如图 2 – 10。

"一区"是指创新集聚核心区，即广州中心城区连绵成片的创新集聚区，具体是以广州环城高速为界，以中山路—黄埔大道、环市东路—中山大道西、新港西路为轴线，呈现东西向的空间格局。"多核"包括广州科学城创新极核、广州大学城创新极核、南沙中心城区创新极核、禅城中心城区创新极核、顺德北滘创新极核。"多点"是指外围点状分布的"创新空间单元"，沿着广州绕城高速分布，如白云区的民营科技园、广州开发区西区、南沙咨询科技园、南沙珠江工业园、南海狮山大学城与软件园、三水中心科技工业园等。

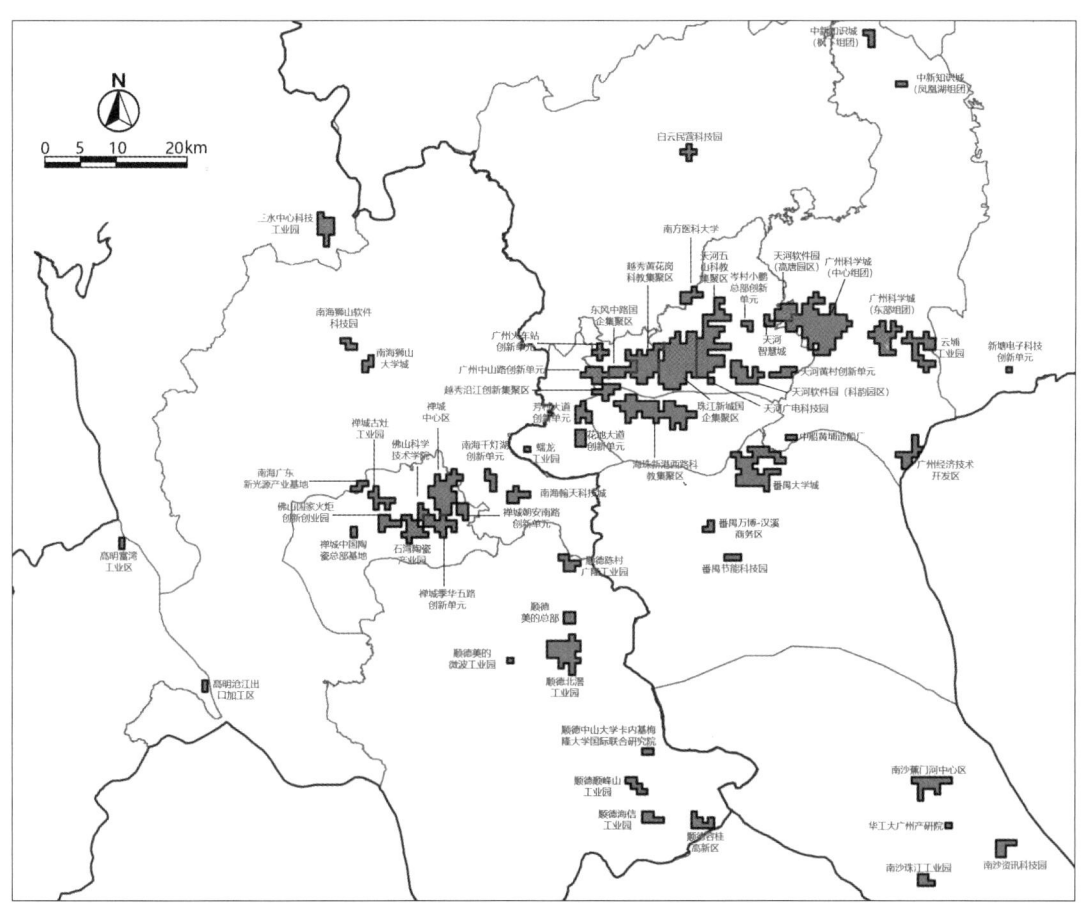

图 2 – 10 广佛都市区的"创新空间单元"

2. 空间网络特征："鱼骨放射状"

在广佛两市 42.28 万条发明专利申请中，合作申请的数量为 5.45 万条，其中都市区内的合作联系 4.02 万条，去除无地址信息的联系后，共获得 3.90 万条合作联系。在 3.90 万条合作联系中，合作双方在不同"创新空间单元"的合作共 2.26 万条，占 58.0%；合作双方在同一"创新空间单元"的合作共0.88万条，占22.6%；其中一方在"创新空间单元"，另一方不在"创新空间单元"内的合作占11.7%；合作联系的双方均不在"创新空间单元"内的仅占7.7%。由此可见，广佛都市区内的发明专利申请合作联系主要发生在不同"创新空间单元"之间以及同一"创新空间单元"内部。

以58个"创新空间单元"为节点，对广州都市区创新的空间网络进行刻画，可知呈现"鱼骨放射状"的空间结构特征，如图2-11、图2-12。一方面，形成串联广州中心城区、广州开发区、佛山中心城区的创新联系中轴；另一方面，以中轴为骨架，形成与外围创新极核、极点的放射状联系。其中有如下几个典型的单元网络模式。

广州五山科教集聚区、海珠新港西路科教集聚区、越秀黄花岗科教集聚区是典型的科教主导型创新空间单元，表现出明显的联系广但平均联系强度相对较低的特征。以创新空间单元中心度最高的五山科教集聚区为例，其与40个不同的单元均有联系，占所有创新空间单元的75.47%，但平均合作联系强度仅有45.10人次。

广州科学城以创新创业为主导，集聚大量的科技型中小企业，单元内创新主体多且类型丰富，形成多元的创新合作联系，兼具联系范围广和联系强度高的特征。如广州科学城（中心组团）创新空间单元中心度高达31，平均合作联系强度为155.88人次，其与广州开发区西区、云埔工业园、珠江新城、五山科教集聚区等创新单元均有高频的合作联系。

另一个典型是顺德北滘工业园，以龙头企业为主导，呈现出联系广度低，但与部分创新空间单元有着高频合作联系。以龙头企业美的为例，其创新网络主要是在美的集团内各分公司，各生产部门间的高频合作。

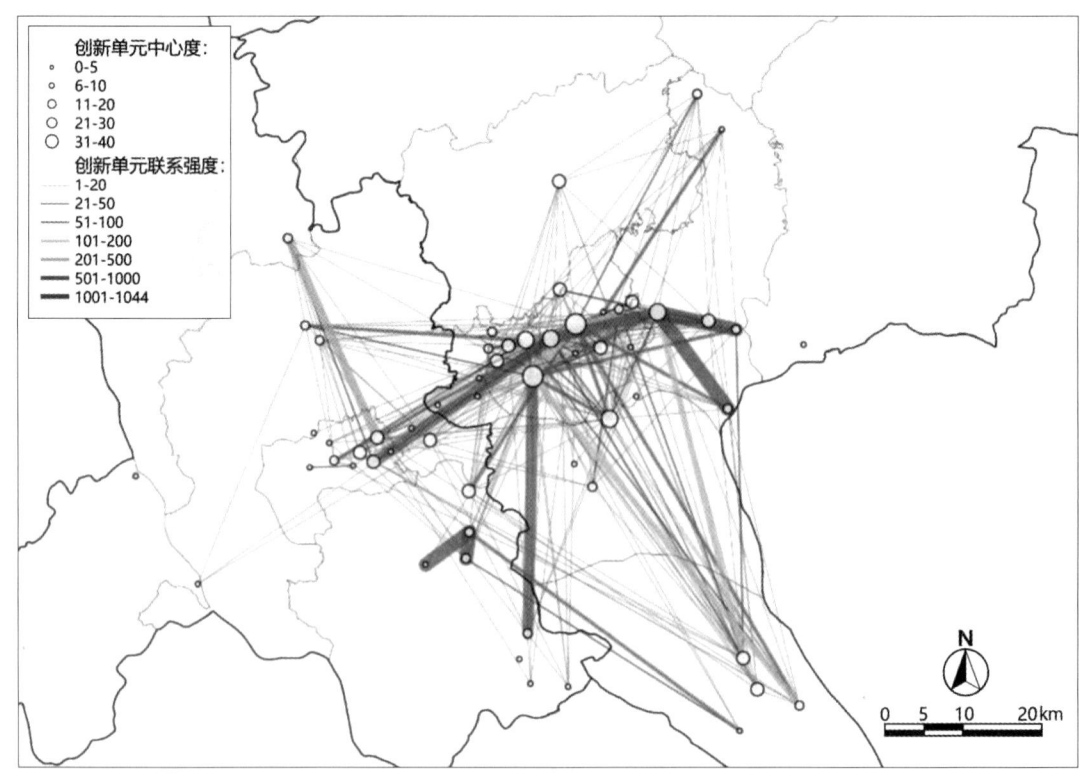

图2-11 广佛都市区的创新网络空间结构："鱼骨放射状"

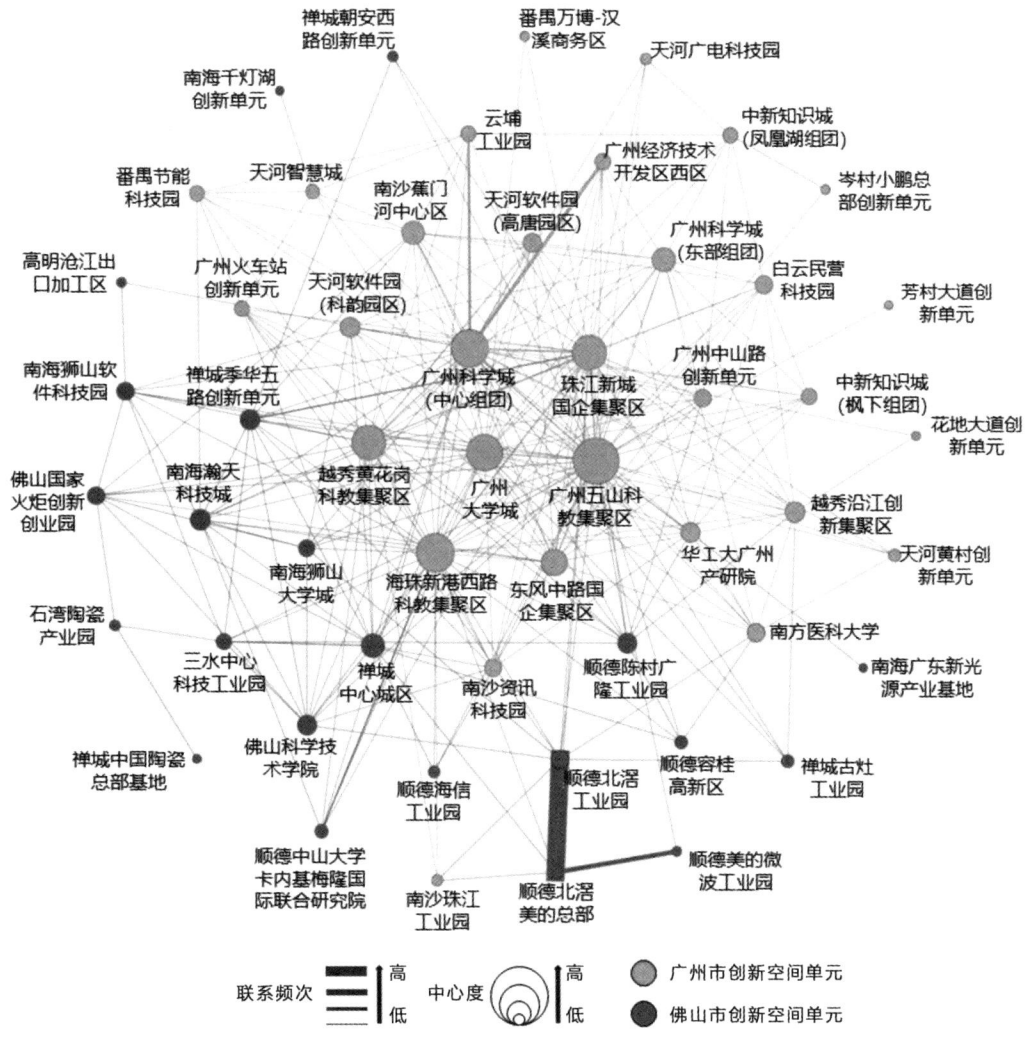

图 2-12　广佛都市区的创新网络拓扑结构

2.2.4　深圳都市圈的创新空间特征

深圳都市圈主要包括深圳、东莞和惠州三个城市。利用 2011—2020 年间的发明申请专利数据得到深圳都市圈共计有发明专利 51.59 万条，对深圳都市圈的"创新空间单元"进行识别，共识别出 54 个"创新空间单元"。深圳都市圈以 6.2% 的建设用地，集聚了三城 67.8% 的发明专利申请和 58.3% 的创新主体，地均创新强度达到 3394 人次/km²，总体形成"两区多点"的格局。

"两区"是创新集聚核心区，一是深圳南山创新集聚区，包括南山高新区、大学城、蛇口工业区等；二是福田创新集聚区，包括福田中心商务区、华侨城等。"多点"包括深圳光明科学城、深圳龙岗坂雪岗片区、东莞松山湖高新区、东莞长安镇电子产业园、惠州仲恺高新区等，如图 2-13。由此构成了以深圳南山创新集聚区为中心的放射网络，联系最密切的是深圳南山创新集聚区—深圳光明科学城—东莞松山湖高新区，如图 2-14。

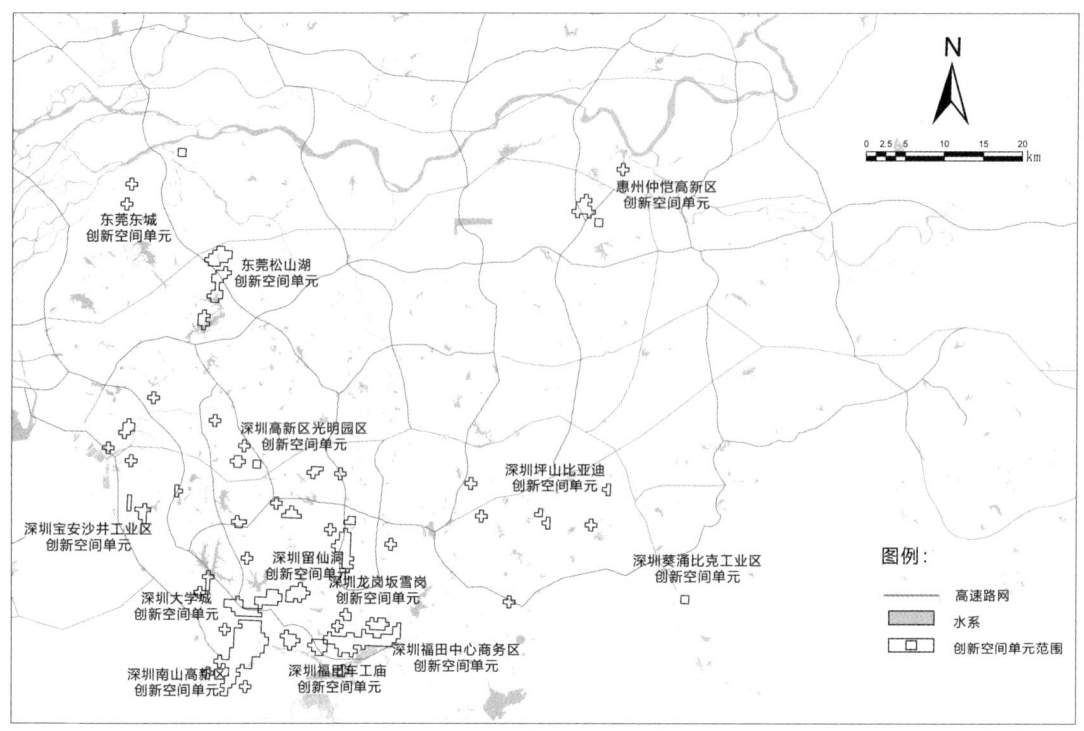

图2-13 深圳都市圈的"创新空间单元"

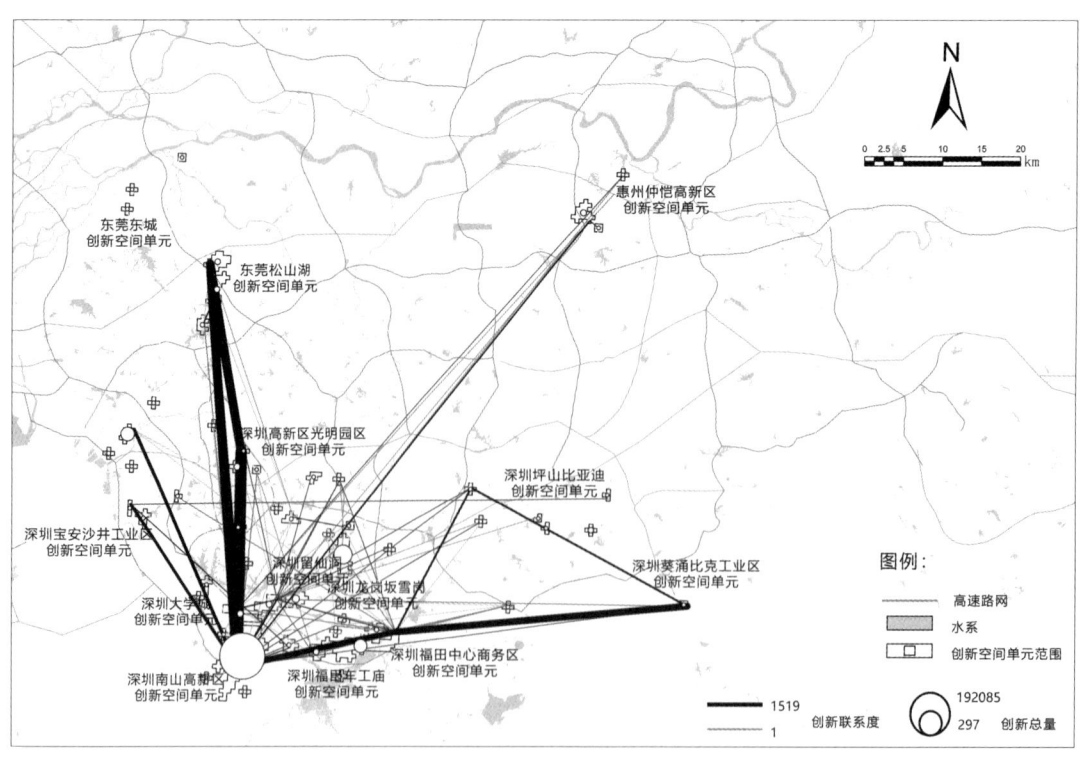

图2-14 深圳都市圈的创新网络空间结构

2.3 "创新空间单元"的类型与模式

2.3.1 产业集群类型：五类

集群（cluster）概念最早由波特提出，认为集群有利于创新，进而推升国家/区域竞争力（迈克尔·波特，2007）。波特的集群理论与马歇尔提出的产业区理论，以及意大利学者提出的意大利式产业区、新产业区理论异曲同工（苗长虹，2004）。以此为源头兴起产业集群的研究（王缉慈，2010）。借鉴其研究成果，基于集群特征，可将珠三角创新空间分为五类：即马歇尔式、轮轴式、卫星平台式、国家力量依赖式、混合式（如图2-15）。

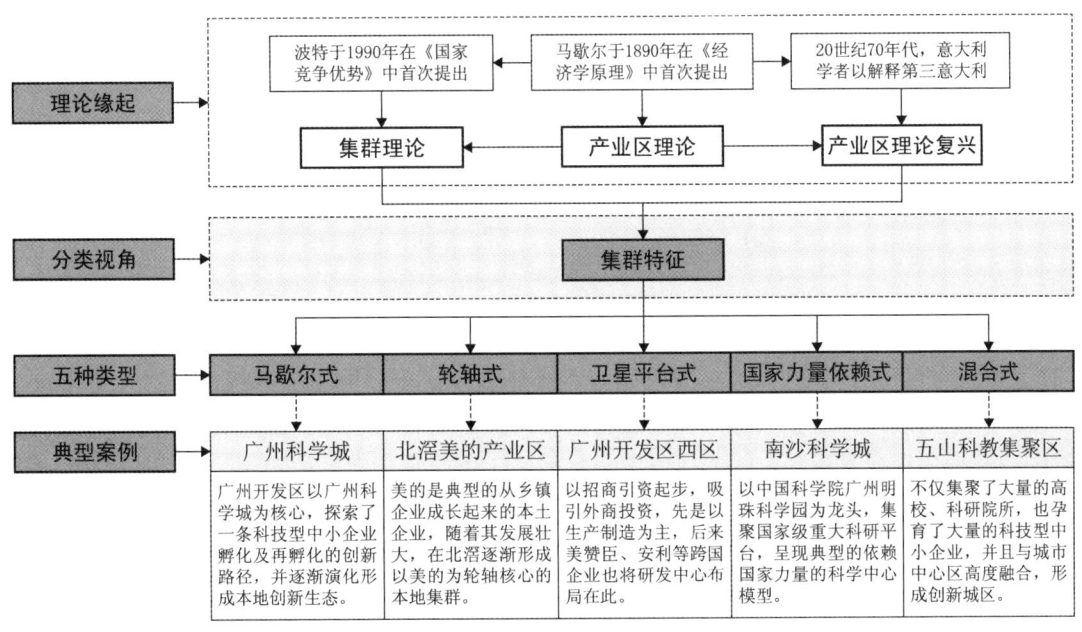

图2-15 基于产业集群的珠三角"创新空间单元"类型

马歇尔式产业区的特征是，中小企业密集分布在产业集聚区范围内，并形成密切的正式与非正式的本地协作网络。广州科学城是典型案例，集聚了2716个创新主体，在58个创新空间单元中排名第一。这些创新主体主要是内生孵化的科技型中小企业，视源电子2011—2020年的发明专利申请数量在广州排名第六，威创视讯、金发科技、京信通信也都位列前二十名。此外中国科学院广州生物医药与健康研究院等科研院所，以及南方电网等大型国有企业的研究院、子公司落户广州科学城，它们也是专利申请的大户。

轮轴式产业区是指以一个轴心企业为核心，如佛山的美的、珠海的格力、东莞的OPPO和VIVO、惠州的TCL等，集聚它的子公司、上下游产业链企业以及衍生企业形成的集聚区。以美的所在的顺德北滘工业园为例，如图2-16，在顺德北滘工业园中集聚了美的集团的制冷设备、电热电器、生活电器、洗涤电器、白色家电创新中心等多个子公司和研发中心，同时围绕美的集团，在北滘工业园中集聚了众多的上下游零配件以及同行业企业。此外，从美的离职的员工通过创业也孵化出了一些企业，如顺德北滘工业园的云米科技公司，其创始人陈小平原为美的集团生活电器事业部技术副总经理，2014年辞职创业，从事净水器、冰箱等智能家电生产。

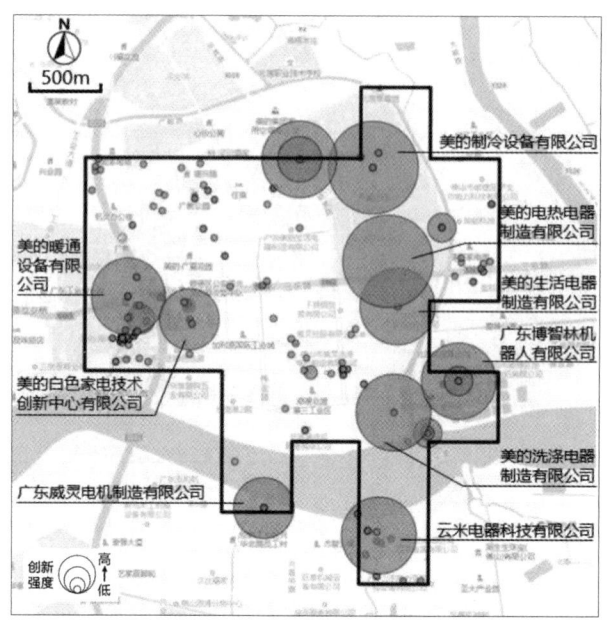

图 2-16 顺德北滘工业园的创新主体构成

传统的卫星平台式产业区是指跨国企业等外来投资建设分支工厂形成的产业集聚区，是生产制造基地而不是创新区。但是随着这些跨国企业嵌入本地的深入，它们也会布局研发中心进来，形成卫星平台式的研发中心集聚区。以广州开发区的西区为例，以招商引资起步，先是以生产制造为主，随后美赞臣、安利等跨国企业也逐步将研发中心布局进来。

政府力量依赖式产业区是指大型政府投资或有政府背景的研究机构（如军事基地、国防工厂、武器研究室、大学等）或其分支机构集聚区。广州南沙科学城以中国科学院广州明珠科学园为龙头，集聚国家级重大科研平台，包括广东空天科技研究院、广东智能无人系统研究院、广州软件应用技术研究院、广州物联网研究院，呈现典型的依赖国家力量的科学中心模型。

混合式是指兼具上述四种类型产业区的多个特征的产业集聚区，以天河五山创新集聚区为例，如图2-17。一方面集聚了华南理工大学、华南师范大学、华南农业大学、暨南大学等众多高校，以及中国科学院广州能源研究所、中国科学院广州化学研究所等众多科研院所，它们都是广州发明专利申请量名列前茅的主体；另一方面，还有众多的中小企业，如校企、科研院所附属企业或改制企业，高校教师、毕业生以及科研院所的科研人员创办的企业，以及因产业链、交通便利、生活配套完善等因素集聚的企业。这些中小企业广泛分布在产业园、产业楼宇中。这些产业载体主要有几个来源，一是政府主导的原广州天河高新区（1991年设立的国家级高新区）、天河软件园建设的产业载体，如天河科贸园等；二是各高校、科研院所的科技园等，如广州能源研究所的能源大楼等；三是市场开发的写字楼，如保利中宇广场等；还有一些村集体物业与工业园，如长湴大学堂创新园、元岗智汇创意园等。

第 2 章 珠三角的创新发展与创新空间

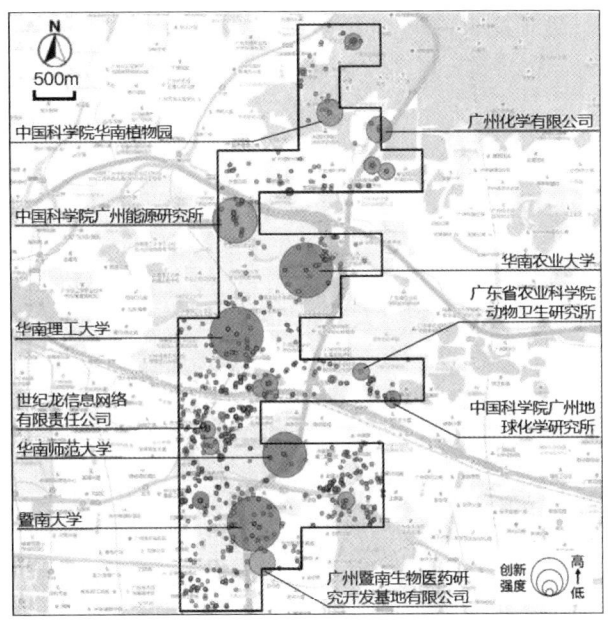

图 2-17 天河五山创新集聚区的创新主体构成

2.3.2 创新系统模式：三型

创新系统理论、"三螺旋"创新模型等理论认为"官、产、学、研、创"是五大要素，如图 2-18，一种理想的模式是以大学、科研机构为源头的"政府扶持、科技成果转化"，但是在珠三角，这样的路径并不鲜明，而以企业为主体、以市场为导向的创新才是最为活跃、最具价值的创新路径。在珠三角，"创新空间单元"的创新系统模式总体上有如下三种。

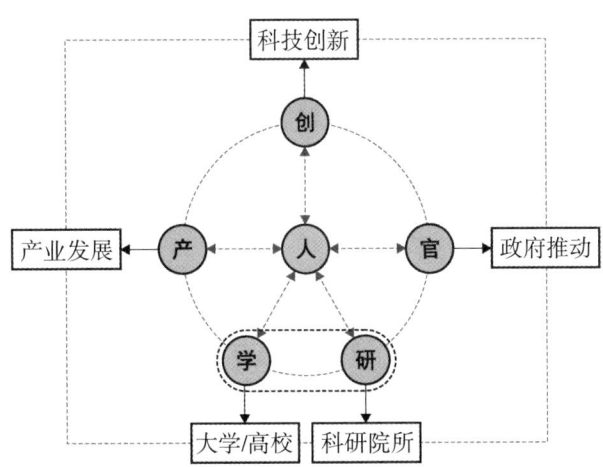

图 2-18 创新系统的五要素

模式一：政府培育、创新创业。政府划定政策性产业空间，营造良好的营商环境，实施特别的产业政策、创新政策，同时引领创新空间供给与建设，吸引科技人才创新创业，孵化科技型中小企业，逐渐成长的本地企业形成本地化的产业集群，衍生形成本地化的创新创业生态，由此形成创新集聚区。深圳南山创新集聚区、广州科学城都是这样的创新发展路径。

模式二：产业先行、创新升级。其中又有两种路径，一是外源型产业集聚带来研发中心的进入，政府以政策优惠、廉价土地等成本要素吸引外资企业集聚，随着嵌入本地的深入，这些跨国企业也会布局研发中心，形成一定的本地创新，如广州开发区的西区；二是以"三来一补"企业、乡镇企业发展起步，先是实现了产业的发展，在发展壮大过程中不断寻求创新升级，如顺德北滘工业园、东莞长安镇电子产业园。

模式三：科教引领、创新集聚。在大学、科研院所集聚地也容易形成创新集聚区。一是教师、研究人员、毕业生等创新创业；二是大学、科研院改制或附属企业的发展；三是政府也往往邻近科教区布局科技园区、创新园区，扶持创新创业，而随着这些企业的集聚，进而会带来上下游产业链企业的集聚，如此形成创新集聚区，如广州五山科教集聚区、广州东风路—黄花岗科教集聚区。

2.4 小结：政策性产业园区是政府可为的创新空间

改革开放以来，珠三角承接全球产业转移，先是成就了"世界工厂"，而后本地创新逐步发育，进一步嵌入到全球产业体系、创新网络之中。一方面，向全球学习，为全球生产；另一方面，民营企业合法地位的确立，建构了产权保障，是本地企业发展起来的根本基础。此外，2008年的高新技术企业税收优惠政策进一步加速了企业创新的发展，由此孕育了"本地嗡鸣"。总体来看，珠三角经历了"从全球到地方，再到全球"的产业发展路径，以及"引进、消化、吸收、再创新"的创新发展路径，正逐步从"世界工厂"走向"创新湾区"，创新发展成效显著。

在空间上，珠三角经历了从"点状创新"走向"区域创新"的巨变，从广深两极走向两个都市区（广佛都市区、深圳都市圈）格局。近年来，创新活动出现显著的区域化、网络化特征。从发明专利申请数量来看，广州以高校、科研院所以及大型国有企业为主导，同时也看到本地企业的崛起；深圳则以本地企业为主导，同时高校、科研院所引进或建设带来的创新产出也逐渐显现；佛山、东莞、珠海、惠州则呈现龙头企业独大的特征；中山、江门、惠州则分布均衡，未出现独大的龙头型主体。

基于产业集群、创新系统进行分析，珠三角"创新空间单元"的类型与模式可总结为"五类三型"，政府以政策性产业园区推动创新是其中的重要路径。深圳南山创新集聚区以深圳高新区起步；广州天河高新区是五山科教集聚区早期创新发展的重要建设，现在也包含有天河软件园区等；广州开发区的广州科学城更是典型代表，是本书后文重点阐述的对象。

第3章 广州开发区的科创转型成效

本章主要是对广州开发区科创转型成效进行评估,借鉴了创新地理研究中的测度方法和指标构建研究成果,针对其科技创新成效展开了与珠江三角洲国家级开发区和广州市11个行政辖区的对比,并对广州市科技创新空间进行了刻画和测度。本章选取了科技创新投入、科技创新产出、科技创新主体和科技创新载体4类当前科技创新测度的共识性指标分别进行了单一指标对比、基于熵值法的综合评价对比。

研究表明,广州开发区的科技创新经历了从低水平到高水平、从落后到追赶的过程,在珠三角国家级开发区中仅次于深圳高新区但远优于其他开发区;在广州11个市辖区中位列第二,已逐步追上甚至在部分指标上超越了常年独占鳌头的天河区;其中,广州科学城自二次创业启动建设以来,科技创新极核效应越来越显著,已成为与天河中心区比肩的另一极点。最终结论认为广州开发区已经成功实现了科技创新转型,成为区域科技创新的高地。

3.1 广州开发区概况

广州开发区于1984年设立,是国务院批准成立的第一批国家级经开区。一方面,为弥补国有企业转制对地方财政造成的影响,地方政府需要寻求新的经济发展动能;另一方面,外资企业在珠三角地区逐步由沿海城市向内陆城镇深入,成为地方政府招商引资的对象。而要吸引高质量的外资企业也需要建立"园区"化的"超自主体制"。广州开发区以独立工业园区起步,逐步扩张演化形成当前"政区合一"的行政区——黄埔区(图3-1)。具体发展历程如下:

1984年,广州市政府从当时的黄埔区南岗镇划出9.6平方千米土地(西区、大耗洲岛),交给广州经济技术开发区开发。到1992年,西区的可开发建设用地已经严重不足,广州开发区分别于1992年、1993年向东区、永和片区扩张。东区分为南片、北片、西片、笔岗村片四个组团,共19平方千米。永和区是广州开发区与增城县(现增城区)按比例分成合作开发的土地,用地面积15.88平方千米。

1998年,广州经开区与广州高新区合署办公,广州科学城划归广州开发区开发,用地面积约23平方千米。2000年,东区设立广州出口加工区;2001年广州市政府委托广州开发区开发建设广州国际生物岛,面积为1.83平方千米;2002年,广州保税区管委会并入广州开发区管委会。由此广州开发区形成了广州经开区、广州高新区、广州出口加工区、广州保税区四区合一的管理体制。

在广州开发区基础上从白云区、黄埔区、增城市划出部分街镇、村庄成立了萝岗区,行政区面积为393.22平方千米(不含生物岛),下辖夏港街道(核心为西区)、东区街道(核心为东区)、联和街道(核心为广州科学城)、萝岗街道(核心为萝岗新城)、永和街

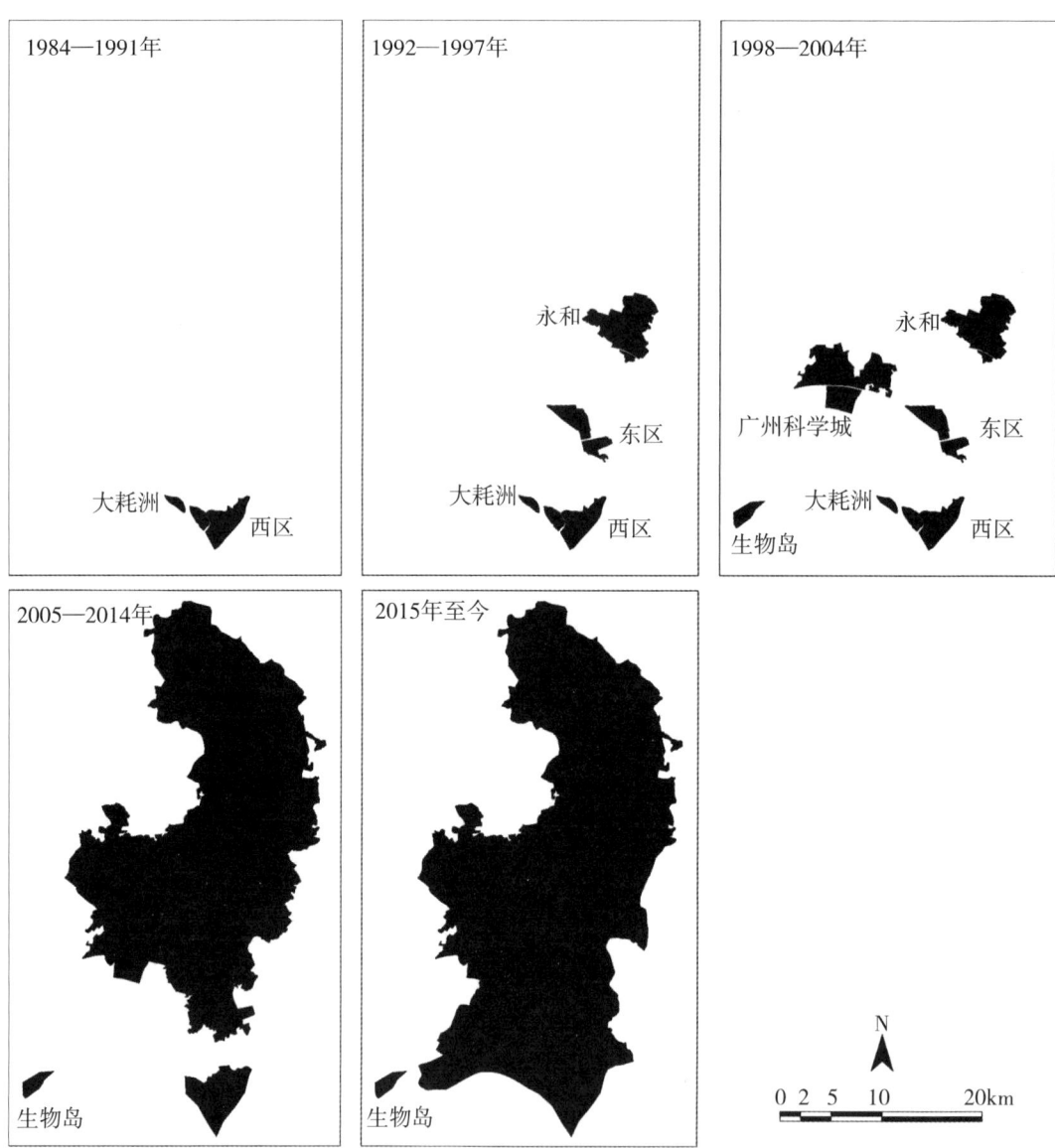

图3-1 广州开发区辖区范围的变迁

道（核心为永和区）以及九龙镇（核心为中新知识城）6个街镇。广州开发区与萝岗区实行政区合一管理体制。

2015年，萝岗区与黄埔区合并成立了新的黄埔区，行政区面积484.17平方千米。后经过多次的街道区划调整，目前下辖有黄埔街道、鱼珠街道、红山街道、大沙街道、文冲街道、穗东街道、南岗街道、云埔街道、长洲街道、夏港街道、萝岗街道、长岭街道、联和街道、永和街道、新龙街道、龙湖街道、九佛街道17个街道。自此，广州开发区与黄埔区实行深度融合的管理体制。2021年，黄埔区地区生产总值4158.37亿元，其中第二产业增加值2468.16亿元、第三产业增加值1685.50亿元；财税总收入1454.91亿元，一般公共预算收入206.82亿元。

3.2 珠江三角洲国家级开发区的对比

3.2.1 珠三角的国家级开发区

截至目前，珠三角共有国家级经济技术开发区 5 个、国家级高新技术产业开发区 9 个（表 3-1）。

表 3-1 珠三角国家级经开区、高新区一览表

开发区分类	名称	批准时间
国家级经济技术开发区	广州经济技术开发区	1984.12
	广州南沙经济技术开发区	1993.05
	惠州大亚湾经济技术开发区	
	增城经济技术开发区	2010.03
	珠海经济技术开发区	2012.03
国家级高新技术产业开发区	广州高新技术产业开发区	1991.03
	深圳高新技术产业开发区	
	中山火炬高新技术产业开发区	
	珠海高新技术产业开发区	1992.11
	佛山高新技术产业开发区	
	惠州仲恺高新技术产业开发区	
	东莞松山湖高新技术产业开发区	2010.09
	肇庆高新技术产业开发区	
	江门高新技术产业开发区	2010.10

资料来源：《中国开发区审核公告目录》（2018 版）。

3.2.1.1 珠三角的国家级经济技术开发区

我国的 219 个国家级经开区的设立分四个阶段。

第一阶段（1984—1989 年）：在沿海城市先行开放战略下，设立了 15 个沿海城市经开区。其中珠三角地区只有广州开发区是第一批设立的。

第二阶段（1992—1994 年）：在邓小平南方谈话精神推动下，设立了 21 个国家级经开区，以沿海省份城市为主。其中，珠三角地区有 1993 年 5 月批准设立的广州南沙经开区、惠州大亚湾经开区。

第三阶段（2000—2002 年）：在西部大开发和中部崛起战略推动下，设立了 18 个国家级经开区，以中西部省会城市为主。

第四阶段（2009—2018 年）：通过省级经开区升级认定了 164 个国家级经开区，以三四线城市为主。其中，珠三角地区有 2010 年 3 月批准升级的广州增城经开区、2012 年 3 月批准升级的珠海经开区。

我国及珠三角地区国家级经济开发区发展历程如图 3-2 所示。

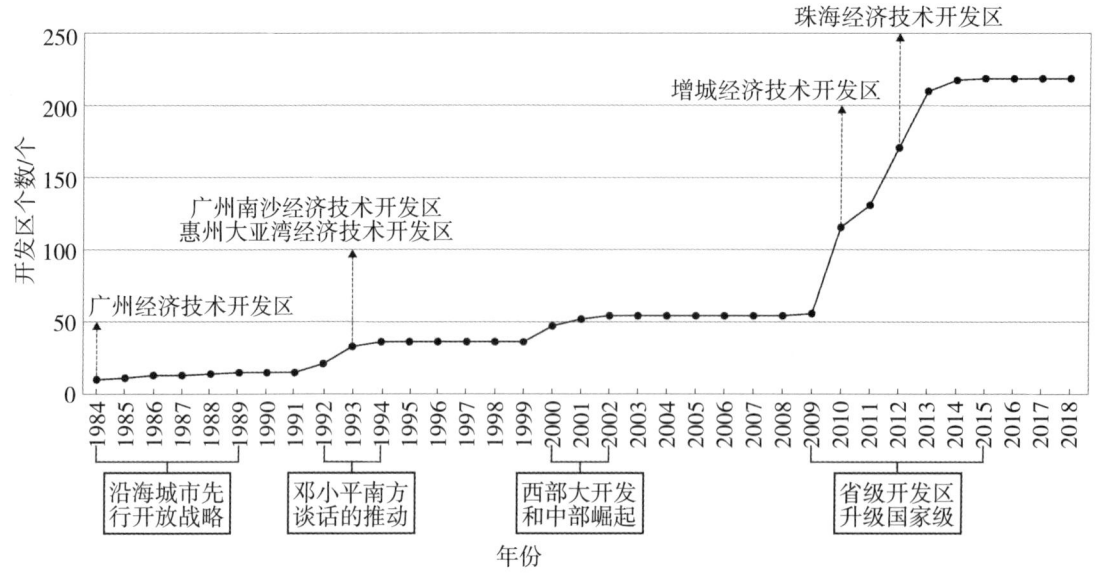

图 3-2 我国及珠三角国家级经开区发展历程
(资料来源：《中国开发区审核公告目录》2018 版)

3.2.1.2 珠三角的国家级高新技术开发区

我国分别于 1988 年、1991—1992 年、1993—2008 年及 2009—2018 年分四个阶段设立了 156 个国家级高新区。我国及珠三角国家级高新区发展历程如图 3-3 所示。

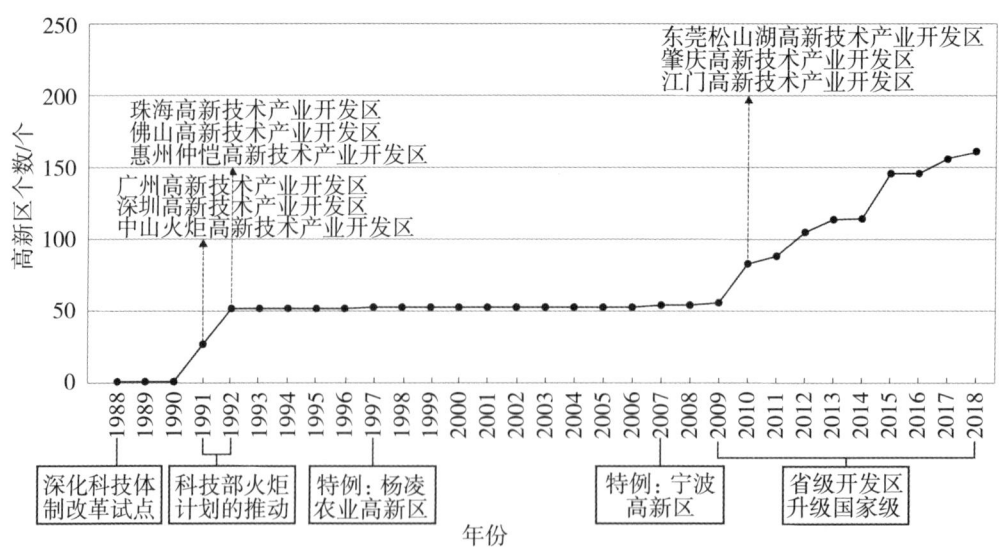

图 3-3 我国及珠三角国家级高新区发展历程
(资料来源：《中国开发区审核公告目录》2018 版)

第一阶段（1988 年）：国务院做出了《关于深化科技体制改革若干问题的决定》，提出鼓励在智力密集型地区兴办高新区，发展高新技术产业。同年批准成立了我国第一个国家级高新区——北京新技术产业开发试验区（1999 年更名为"中关村科技园区"）。同年

8月，为全面促进高新技术产业发展，国务院批准实施发展中国高新技术产业的指导性计划——火炬计划，明确把创办高新区、高新技术创业服务中心作为国家火炬计划的重要组成部分。在国家政策引导下，各地纷纷试点探索创办高新区。

第二阶段（1991—1992年）：在科技部火炬计划的推动下，先后有近100个城市要求批准建立高新区。在这种形势下，国务院于1991年3月下发《关于批准国家高新区和有关政策规定的通知》，在全国37个城市自发兴办的高新区基础上正式批准建立了广州、深圳、天津滨海、上海张江等26个国家级高新区，同时制定了一整套国家级高新区优惠政策。1992年11月，国务院又批准了青岛、苏州、无锡、常州等城市的申请，建立了25个国家级高新区。其中，珠三角有1991年3月批准设立的广州高新区、深圳高新区、中山火炬高新区，以及1992年11月批准设立的珠海高新区、佛山高新区、惠州仲恺高新区。

第三阶段（1993—2008年）：在此期间，国家级高新区没有大规模扩张，仅批准设立了杨凌农业高新技术产业示范区、宁波省级高新区升级为国家高新区。1997年，为推动农业高新技术产业的发展，在北方农业科技、教育实力最为密集的陕西杨凌批准建立国家级农业高新区。2007年，针对"浙江省是东南沿海地区唯一的只有一家国家高新区（杭州高新区）的省份，宁波是全国唯一没有国家高新区的副省级城市"的情况，批准了宁波省级高新区升级为国家级高新区。

第四阶段（2009—2018年）：2008年11月，国务院批准了启动省级开发区升级为国家级开发区的工作，2009—2018年期间共有102个省级高新区升级为国家级高新区，主要为中西部城市、三四线城市的高新区，包括昆山、芜湖、银川、江阴、马鞍山慈湖等高新区。其中，珠三角地区包括2010年9月批准升级的东莞松山湖高新区、肇庆高新区，以及2010年11月批准升级的江门高新区。

3.2.2 基于单一指标的对比

从科技创新投入、科技创新产出、科技创新主体三个方面，选取企业R&D经费支出、企业技术收入、高新技术企业数量三个单一指标，对珠三角国家级开发区进行对比分析。数据主要来源于《中国火炬统计年鉴》以及各开发区国民经济和社会发展统计报告等。

企业R&D经费支出是指企业全年用于内部开展R&D活动的实际支出；企业技术收入是指企业全年用于技术转让、技术承包、技术咨询与服务、技术入股、中试产品收入以及接受外单位委托的科研收入等。经数据收集整理，企业R&D经费支出、企业技术收入获取到有效数据跨度为2007—2019年，高新技术企业数量获取到有效数据跨度为2013—2019年。

经对比分析可知，珠三角总体上呈现出广州开发区和深圳高新区两家独强、交替领先的特征，二者的各项单一指标均远高于其他珠三角国家级开发区。

从企业R&D经费支出来看，广州开发区从2007年的70.35亿元增加到2019年的408.57亿元，深圳高新区从2007年的73.13亿元增加到2019年的875.13亿元（图3-4）。企业R&D经费包括研究与实验活动中的耗材费用、研发人员的薪酬及社会福利费用、设备购置及维护费用、产品中试的制造与测试费用、研发成果论证与评审费用、知识产权申请与注册费用、外包或委外研发支付的费用、研发人员培训费用等，直观反映高新区企业在科技创新上的资金投入量。

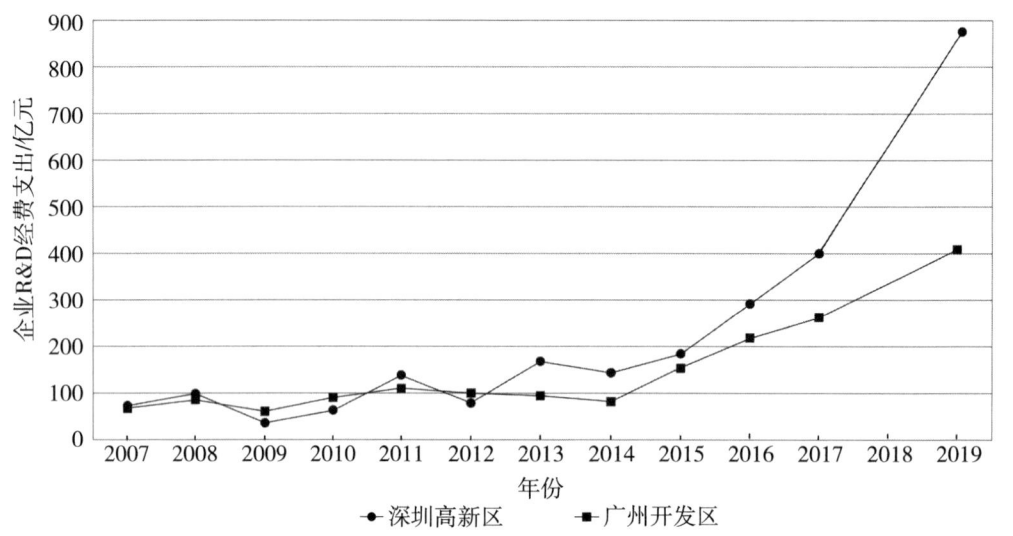

图 3-4　广州开发区和深圳高新区企业 R&D 经费支出统计分析

从企业技术收入来看，广州开发区从 2007 年的 205.42 亿元增加到 2019 年的 1599.38 亿元，深圳高新区从 2007 年的 10.56 亿元增加到 2019 年的 4081.47 亿元（图 3-5）。

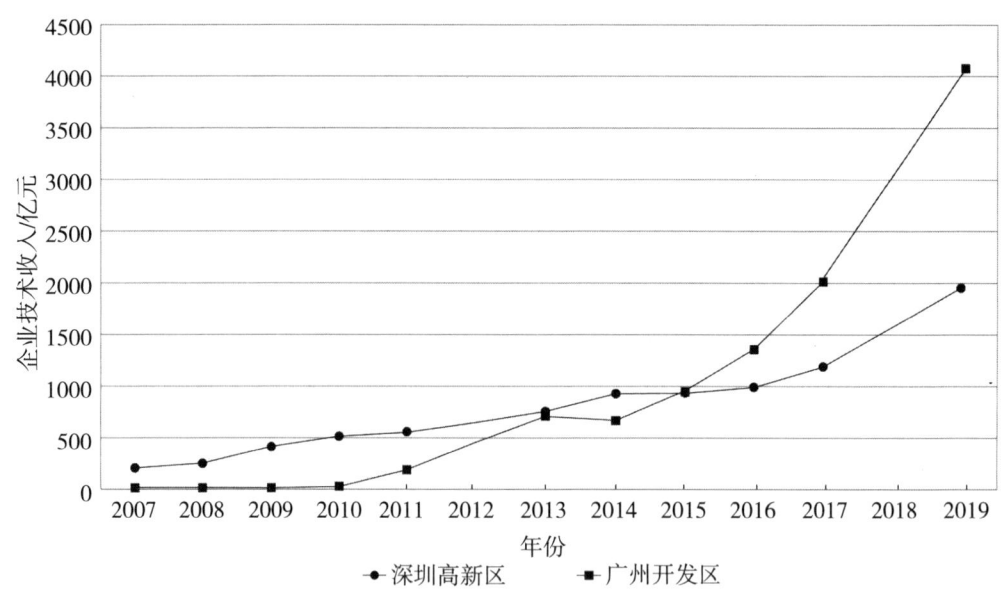

图 3-5　广州开发区和深圳高新区企业技术收入统计分析

从高新技术企业数量来看，广州开发区从 2013 年的 885 家增加到 2019 年的 3599 家，深圳高新区从 2013 年的 657 家增加到 2019 年的 4348 家（图 3-6）。根据《高新技术企业认定管理办法》，高新技术企业是指在《国家重点支持的高新技术领域》内，持续进行研究开发与技术成果转化，形成企业核心自主知识产权，并以此为基础开展经营活动，在中国境内（不包括港、澳、台地区）注册的居民企业。因此，高新技术企业数量能够直接地反映科技创新主体的集聚程度。

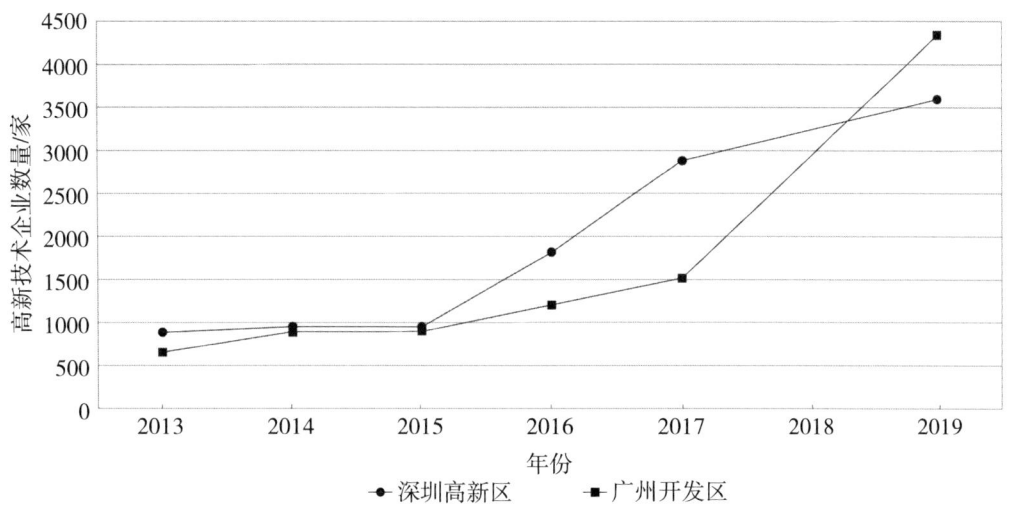

图 3-6 广州和深圳国家级开发区高新技术企业数量统计分析

3.2.3 基于综合评价的对比

本书通过构建综合评价指标,对珠三角 9 个国家级高新区科技创新成效进行综合评价的对比分析。

3.2.3.1 科技创新成效综合评价指标构建

在遵循指标体系设计科学性、全面性和可操作性的原则下,在范柏乃(2003)、肖永红(2012)等的研究以及科技部《国家高新区创新能力评价指标体系》①的基础上,从科技创新投入、科技创新产出、科技创新主体三个方面选取 12 个指标构建综合评价体系(表 3-2)。

表 3-2 珠三角国家级高新区科技创新成效综合评价指标

标准层	指标层	单位	变量
科技创新投入	科技活动经费内部支出	千元	X_1
	R&D 经费内部支出	千元	X_2
	R&D 人员全时当量	人/年	X_3
科技创新产出	专利申请量	件	X_4
	企业技术收入	千元	X_5
	企业工业总产值	千元	X_6
	企业净利润	千元	X_7
	企业上缴税费	千元	X_8
科技创新主体	高新技术企业数量	个	X_9
	科技活动人员数量	人	X_{10}
	大专学历以上人口数量	人	X_{11}
	留学归国人员数量	人	X_{12}

---

① 中华人民共和国科技部. 国家高新区创新能力评价指标体系(2013)[EB/OL]. 2013-11-29. http://www.most.gov.cn/zxgz/cxdc/cxdczbtx/201311/t20131129_110668.html.

科技创新投入是指用于科技创新活动的各类资金和人力投入，选取科技活动经费内部支出、R&D 经费内部支出、R&D 人员全时当量来表征。科技创新产出是指通过科技创新活动所产生的各种形式的成果，包括直接产出与间接产出，选取专利申请量、企业技术收入、企业工业总产值、企业净利润、企业上缴税费来表征。科技创新主体是指具有科技创新能力并实际从事科技创新活动的人或组织，选取高新技术企业数量、科技活动人员数量、大专学历以上人口数量、留学归国人员数量来表征。由此构建了 3 个标准层、12 个指标层的综合评价指标体系。

3.2.3.2 基于熵值法的综合评价方法构建

假设珠三角有 n 家国家级高新区，设计 m 个评价指标，x_{ij} 表示第 i 家高新区的第 j 个评价指标值（$i=1, 2, 3, \cdots, n$；$j=1, 2, 3, \cdots, m$）。

（1）数据无量纲化处理。目前常用的方法包括线性比例法、极值法、标准化法、向量规范法，本书选择极值法作为无量纲化处理的方法。极值法的特点是将指标数值全部转化为 0~1 区间内。为了使数据处理有意义，需将无量纲化后的指标全部平移一个最小单位值，以满足运算要求。本书所用指标都是正向指标，因此极值法计算公式如下：

$$x'_{ij} = \frac{x_{ij} - m_j}{M_j - m_j}$$

（2）计算第 j 个指标下，第 i 家高新区的特征比重或贡献度，公式如下：

$$p_{ij} = \frac{x'_{ij}}{\sum_{i=1}^{n} x_{ij}}$$

（3）熵值计算，计算第 j 项指标的熵值，公式如下：

$$e_j = -\frac{1}{\ln n} \sum_{i=1}^{n} p_{ij} \ln(p_{ij}), \ 0 \leq e_j \leq 1$$

（4）差异性系数计算，公式如下：

$$g_j = 1 - e_j$$

（5）确定评价指标的权重，公式如下：

$$w_j = \frac{g_j}{\sum_{i=1}^{m} g_j}, \ j=1,2,3,\cdots,m$$

（6）综合得分计算，公式如下：

$$S_i = \sum_{j=1}^{m} w_j \times p_{ij}$$

3.2.3.3 综合评价结果

通过《中国火炬统计年鉴》以及各开发区国民经济和社会发展统计报告等获取 2019 年珠三角 9 个国家级高新区的指标数据，运用上述方法进行分值计算，综合得分 S 越大表明其科技创新成效越高，反之则越低。从综合得分平均值来看，珠三角国家级高新区科技创新成效综合评价得分平均值为 0.2204，只有深圳高新区和广州开发区高于平均水平；从得分排名来看，无论是综合得分排名还是科技创新主体、科技创新投入、科技创新产出分项得分排名,深圳高新区和广州开发区均处于第一、第二的排位。由此可知深圳高新区和广州开发区是珠三角科技创新成效最优的开发区(表3-3、表3-4)。

表3-3 珠三角国家级高新区科技创新成效综合评价分值表

指标	广州	深圳	珠海	佛山	江门	肇庆	惠州	东莞	中山
X_1	0.0584	0.0711	0.0142	0.0276	0.0052	0.0000	0.0044	0.0029	0.0055
X_2	0.0495	0.0836	0.0129	0.0159	0.0023	0.0000	0.0050	0.0050	0.0031
X_3	0.0471	0.0750	0.0088	0.0133	0.0000	0.0068	0.0068	0.0052	0.0034
X_4	0.0362	0.0362	0.0016	0.0003	0.0000	0.0000	0.0000	0.0000	0.0000
X_5	0.0405	0.0935	0.0093	0.0096	0.0014	0.0000	0.0042	0.0129	0.0016
X_6	0.0398	0.0879	0.0095	0.0068	0.0005	0.0077	0.0028	0.0143	0.0000
X_7	0.0438	0.0788	0.0163	0.0121	0.0026	0.0000	0.0052	0.0070	0.0026
X_8	0.0328	0.0504	0.0085	0.0170	0.0029	0.0000	0.0077	0.0236	0.0042
X_9	0.0664	0.1386	0.0039	0.0060	0.0001	0.0000	0.0042	0.0013	0.0007
X_{10}	0.0399	0.0513	0.0118	0.0163	0.0027	0.0000	0.0072	0.0221	0.0043
X_{11}	0.0379	0.0896	0.0120	0.0166	0.0018	0.0000	0.0051	0.0048	0.0018
X_{12}	0.0504	0.0658	0.0144	0.0175	0.0021	0.0000	0.0073	0.0102	0.0035
总分值	0.5428	0.9217	0.1233	0.1592	0.0217	0.0146	0.0600	0.1092	0.0309

表3-4 珠三角国家级高新区科技创新成效综合评价结果

	综合得分		科技创新投入		科技创新产出		科技创新主体	
	分值	排名	分值	排名	分值	排名	分值	排名
深圳	0.9217	1	0.22962	1	0.3467	1	0.3453	1
广州	0.5428	2	0.15499	2	0.1932	2	0.1946	2
佛山	0.1592	3	0.05682	3	0.0459	4	0.0565	3
珠海	0.1233	4	0.03583	4	0.0453	5	0.0422	4
东莞	0.1092	5	0.01301	6	0.0579	3	0.0383	5
惠州	0.0600	6	0.01622	5	0.0199	6	0.0239	6
中山	0.0309	7	0.01202	7	0.0084	7	0.0104	7
江门	0.0217	8	0.00749	8	0.0075	9	0.0067	8
肇庆	0.0146	9	0.00685	9	0.0077	8	0.0000	9

综上所述,与珠三角其他国家级开发区相比,深圳高新区和广州开发区科技创新成效最优,二者综合评价得分、各单一指标均远高于珠三角其他国家级开发区。基于2019年

的数据分析可知，无论是综合评价得分排名还是科技创新投入、科技创新产出、科技创新主体三个标准层的评价得分排名，深圳高新区和广州开发区均处于第一、第二的排位。从历年高新技术企业数量、企业R&D支出、企业技术收入单一指标来看，广州开发区曾一度领先，近年深圳高新区提升迅速并实现反超。

3.3 广州市行政辖区之间的对比

3.3.1 基于单一指标的对比

本小节分别从科技创新产出、科技创新主体、科技创新投入三个方面出发，选取专利申请量、高新技术产品生产企业数量、R&D经费支出三个单一指标，对广州市的11个行政辖区进行对比分析。

专利申请量是指专利机构受理技术发明申请专利的数量，是发明专利、实用新型专利、外观设计专利的申请量之和，用以反映科技创新产出的程度。

高新技术产品是指符合国家和省高新技术重点范围、技术领域和产品参考目录的产品，由省一级科技部门进行认定。广东省2019年高新技术产品认定标准为产品及其发挥核心支持作用的技术且属于《国家重点支持的高新技术领域》（国科发火〔2016〕32号文）规定的范围，或产品属于《中国高新技术产品目录（2006年）》《中国高新技术产品出口目录（2006年）》《鼓励进口技术和产品目录（2017年版）》规定的范围，以高新技术产品生产企业数量代表科技创新主体。

R&D经费支出指统计年度内全社会实际用于基础研究、应用研究和试验发展的经费支出，以此表征科技创新投入。

在分析方法上，由于跨越年代较长，指标数据的绝对数变化巨大，如广州专利申请量从2002年的6188条增长到2019年的177 191条，因此通过指标数据的"行政辖区占全市总量比例"来分析。在数据获取上，主要来源于历年的广州统计年鉴、各区统计年鉴、人口普查数据以及广州市政府数据统一开放平台、"开放广东"政府数据统一开放平台。

3.3.1.1 基于专利申请量的分析

经过数据收集整理，获取到的有效数据跨度为2002—2019年，其中广州开发区获取到2005年成立萝岗之后的数据，基于此进行对比分析。

从专利申请量的增长情况来看，广州市专利申请量从2002年的6188条增长到2019年的177 191条，其中广州开发区专利申请量从2005年的256条增长到2019年的27 315条。从各行政辖区专利申请量占广州市总量的比例来看，天河区独占鳌头，尽管占比从2002年的23.09%缓慢下降至2019年的18.37%，但仍然是专利申请占广州市比例最大的行政辖区，而广州开发区的专利申请量增长最为迅猛，占广州市比例从2005年的2.33%逐渐攀升至2019年的15.42%。从2018年专利申请的绝对数来看，专利申请量2万条以上的有天河区、广州开发区、番禺区三个行政辖区，广州开发区专利申请量为29 203条，仅次于排名第一的天河区，而广州开发区专利拥有量为267.67条/万人，远高于排名第二的天河区（187.25 条/万人）（图 3-7、表 3-5）。

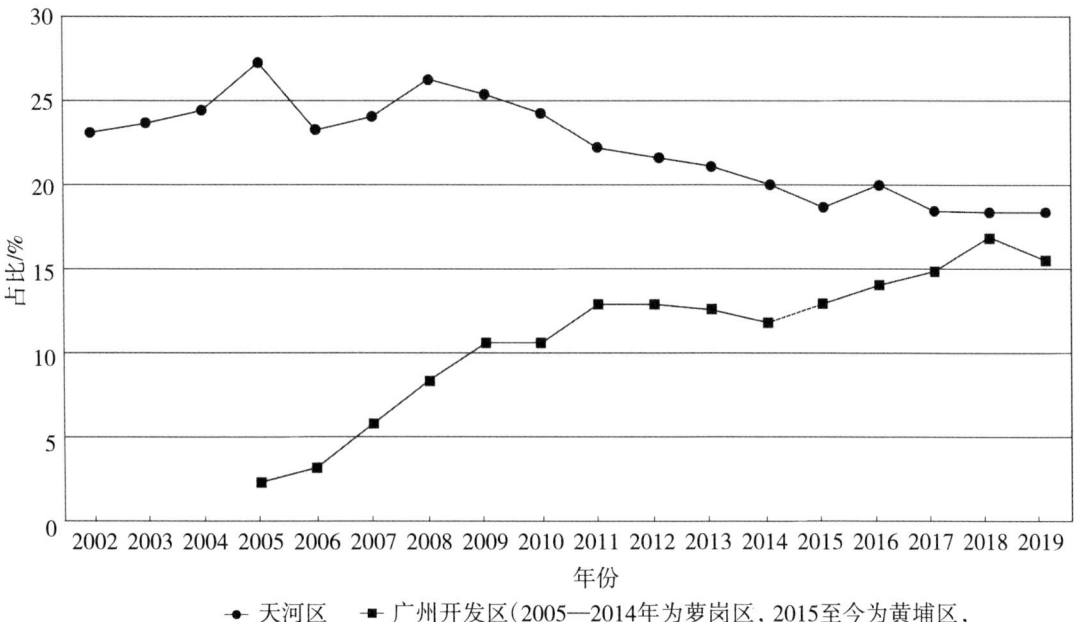

图 3-7 21 世纪以来广州天河区与开发区专利申请量占全市比例统计分析

（资料来源："开放广东"政府数据统一开放平台）

表 3-5 广州市行政辖区 2018 年专利申请量分级统计

分级	市辖区	专利申请量/条	每万人专利拥有量/条
2 万条以上	天河区	31 793	187.25
	广州开发区（黄埔区）	29 203	267.67
	番禺区	27 315	158.87
1 万~2 万条	越秀区	19 010	163.34
	白云区	18 144	70.53
	花都区	13 287	123.54
	海珠区	10 535	63.35
1 万条以下	南沙区	9875	136.21
	荔湾区	6712	70.65
	增城区	5324	44.43
	从化区	1888	29.40

资料来源：各区统计年鉴。

3.3.1.2 基于高新技术产品生产企业数量的分析

经过数据收集整理，获取到的有效数据跨度为 1995—2019 年，基于此进行对比分析。广州市高新技术产品生产企业数量从 1995 年的 127 家增长到 2019 年的 2889 家，其中广州开发区高新技术产品生产企业数量从 1995 年的 10 家增长到 2019 年的 724 家。

从各行政辖区高新技术产品生产企业数量占广州市总量的比例来看，天河区从独占鳌头逐步被广州开发区赶超，广州开发区占广州市的比例从 1995 年的 7.87% 波动上升至 2019 年的 25.06%，相比较而言，天河区占广州市的比例从 1995 年的 21.26% 波动下降至 2019 年的 17.90%。

从高新技术产品生产企业数量的绝对数来看，2019 年数量在 300 家以上的有天河区、广州开发区、番禺区三个行政辖区，其中广州开发区有 724 家、天河区 517 家、番禺区 372 家，占广州全市比例分别为 25.06%、17.90%、12.88%，其中广州开发区在广州市排名第一（图 3-8、表 3-6）。

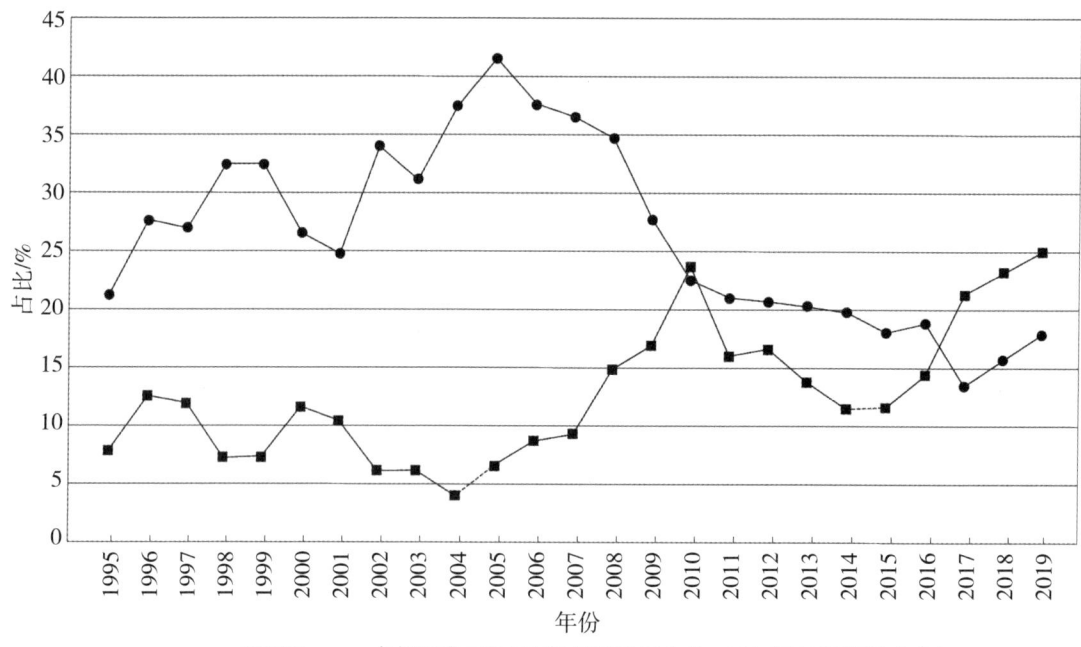

图 3-8　1995 年以来天河区和广州开发区高新技术产品生产企业占广州市比例统计分析

（资料来源：《广州统计年鉴》）

表 3-6　广州市行政辖区 2019 年高新技术产品生产企业数量分级统计

分级	市辖区	高新技术产品生产企业数量/家	高新技术产品生产企业数量占广州市比例/%
300 家以上	广州开发区（黄埔区）	724	25.06
	天河区	517	17.90
	番禺区	372	12.88

续表

分级	市辖区	高新技术产品生产企业数量/家	高新技术产品生产企业数量占广州市比例/%
100～300家	白云区	300	10.38
	花都区	287	9.93
	南沙区	195	6.75
	增城区	163	5.64
	越秀区	107	3.70
	从化区	104	3.60
100家以下	海珠区	88	3.05
	荔湾区	32	1.11

资料来源：《广州统计年鉴》。

3.3.1.3 基于R&D经费支出的分析

经过数据收集整理，获取到的有效数据跨度为2001—2019年，基于此进行对比分析。

从历年数据来看，广州开发区R&D经费支出从2001年的0.76亿元增长至2019年的153.42亿元，广州开发区R&D经费支出占全区生产总值比重从2001年的0.44%上升至2019年的4.38%（图3-9）。

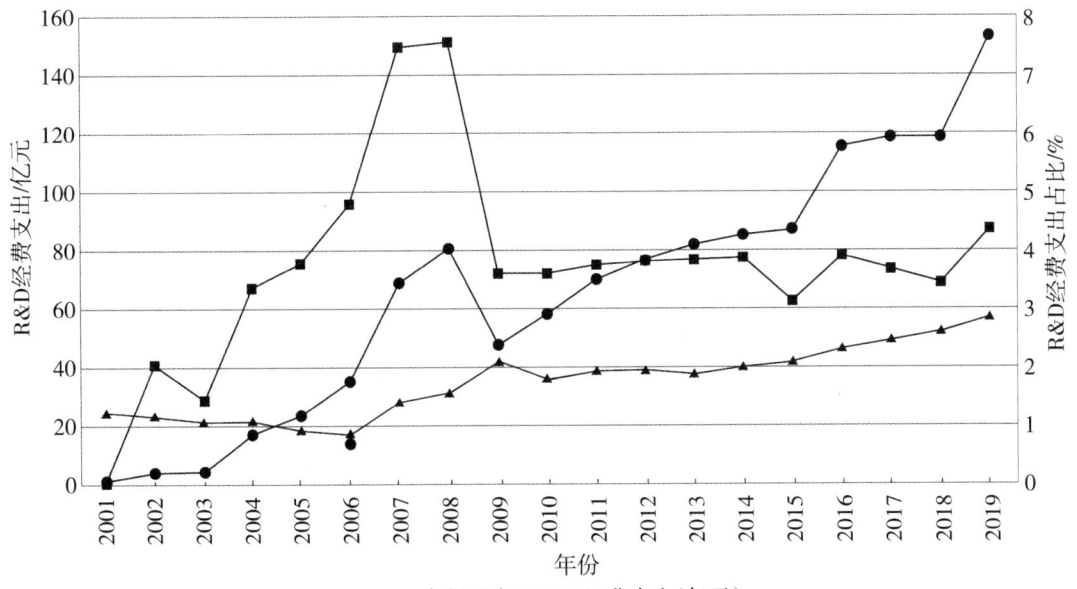

图3-9 21世纪以来广州开发区R&D经费支出统计分析

（资料来源：《广州统计年鉴》《广州开发区历年发展公报》）

从 2019 年 R&D 经费支出来看,广州市 R&D 经费支出排名前三名的行政辖区为天河区、广州开发区、海珠区,分别为 173.32 亿元、153.42 亿元、69.79 亿元,广州开发区仅次于天河区,远高于海珠区。

从 2019 年 R&D 经费支出占比来看,广州开发区 R&D 经费支出占全区地区生产总值的比重为 4.38%,广州市 R&D 经费支出占全市地区生产总值的比重为 2.87%,天河区 R&D 经费支出占全区地区生产总值的比重为 3.43%,广州开发区高出广州市平均水平 1.51%,高出天河区 0.95%。

3.3.2 基于综合评价的对比

3.3.2.1 科技创新成效综合评价指标构建

在遵循指标体系设计科学性、全面性和可操作性的原则下,从科技创新主体、科技创新载体、科技创新投入、科技创新产出四个方面选取 12 个指标构建综合评价体系(表 3-7)。

表 3-7 广州市行政辖区科技创新能力综合评价指标

标准层	指标层	单位	变量	数据来源
科技创新主体	"独角兽"创新企业数量	家	X_1	广州科技创新企业协会①
	科技小巨人企业数量	家	X_2	"开放广东"政府数据统一开放平台
	高新技术企业数量	家	X_3	《广州城市创新指数报告 2020》
	高新技术产品企业数量	家	X_4	《广州统计年鉴》
	广州"人才绿卡"持有人数	人	X_5	《广州人才白皮书》
科技创新载体	科技企业孵化器数量	家	X_6	广州科技企业孵化器协会②
	众创空间数量	家	X_7	
科技创新投入	R&D 经费内部支出	亿元	X_8	《广州统计年鉴》
	研发强度	%	X_9	
科技创新产出	专利申请量	件	X_{10}	"开放广东"政府数据统一开放平台
	高新技术产品总产值	万元	X_{11}	《广州统计年鉴》
	高新技术产品实现利税总额	万元	X_{12}	

科技创新主体是指具有科技创新能力并实际从事科技创新活动的人或社会组织,选取科技小巨人企业数量、高新技术产品企业数量、高新技术企业数量、广州"人才绿卡"持有人数来表征。

科技创新载体选取科技企业孵化器数量、众创空间数量来表征。

科技创新投入是指用于科技创新活动的各类资金及人力投入,选取 R&D 经费内部支出、研发强度(R&D 经费内部支出占地区生产总值的比重)来表征。

科技创新产出是指通过科技创新活动所产生的各种形式的成果,选取专利申请量、高

---

① 广州市科技创新企业协会. 关于公布 2019 发现广州"独角兽"创新企业榜单的通知[EB/OL]. 2019-12-27. https://mp.weixin.qq.com/s/Fpj1GdCp4JAI4H6ROztT42A(广州市科技创新企业协会官方微信公众号).
② 广州科技企业孵化器协会官网——孵化载体清单 http://www.gsbia.org.cn/fhztqd。

新技术产品总产值、高新技术产品实现利税总额、工业生产总值来表征。

3.3.2.2 基于熵值法的综合评价方法构建

假设广州市有 n 个行政辖区，设计 m 个评价指标，x_{ij} 表示第 i 个市辖区的第 j 个评价指标值（$i = 1, 2, 3, \cdots, n$；$j = 1, 2, 3, \cdots, m$）。

（1）数据无量纲化处理。同样用极值法作为无量钢化处理的方法。计算公式如下：

$$x'_{ij} = \frac{x_{ij} - m_j}{M_j - m_j}$$

（2）计算第 j 个指标下，第 i 个市辖区的特征比重或贡献度，计算公式如下：

$$p_{ij} = \frac{x'_{ij}}{\sum_{i=1}^{n} x_{ij}}$$

（3）熵值计算，计算第 j 项指标的熵值，公式如下：

$$e_j = -\frac{1}{\ln n} \sum_{i=1}^{n} p_{ij} \ln(p_{ij}), 0 \leq e_j \leq 1$$

（4）差异性系数计算，公式如下：

$$g_j = 1 - e_j$$

（5）确定评价指标的权重，公式如下：

$$w_j = \frac{g_j}{\sum_{i=1}^{m} g_j}, j = 1, 2, 3, \cdots, m$$

（6）综合得分计算，公式如下：

$$S_i = \sum_{j=1}^{m} w_j \times p_{ij}$$

3.3.2.3 综合评价结果

运用上述方法进行分值计算，综合得分 S 越大表明其科技创新成效越高，反之则越低。从综合得分的平均值来看，广州市 11 个行政辖区科技创新成效综合评价得分平均为 0.3573，天河区、广州开发区、番禺区高于平均水平；从综合得分排名来看，天河区和广州开发区分别为第一、第二名，且远高于其他 9 个区；从标准层分项得分来看，科技创新主体、科技创新载体方面天河区排名第一，广州开发区紧随其后排名第二，科技创新投入、科技创新产出方面广州开发区则高于天河区排名第一。由此可知，天河区和广州开发区是广州市科技创新成效最强的地区（表 3-8、表 3-9）。

表 3-8 广州市行政辖区科技创新能力综合评价分值

指标	荔湾	越秀	海珠	天河	白云	黄埔	番禺	花都	南沙	从化	增城
X_1	0.0118	0.0176	0.0470	0.1292	0.0059	0.0881	0.0176	0.0000	0.0235	0.0000	0.0000
X_2	0.0015	0.0129	0.0184	0.1163	0.0285	0.0399	0.0526	0.0133	0.0025	0.0000	0.0021
X_3	0.0031	0.0126	0.0140	0.0789	0.0240	0.0450	0.0427	0.0139	0.0095	0.0000	0.0077
X_4	0.0000	0.0071	0.0053	0.0460	0.0254	0.0656	0.0322	0.0242	0.0155	0.0068	0.0124
X_5	0.0056	0.0189	0.0376	0.0631	0.0163	0.0348	0.0380	0.0053	0.0310	0.0000	0.0042

续表

指标	荔湾	越秀	海珠	天河	白云	黄埔	番禺	花都	南沙	从化	增城
X_6	0.0177	0.0118	0.0300	0.0577	0.0147	0.0494	0.0230	0.0124	0.0065	0.0000	0.0088
X_7	0.0051	0.0000	0.0365	0.1176	0.0233	0.0497	0.0142	0.0112	0.0051	0.0051	0.0051
X_8	0.0022	0.0244	0.0288	0.0771	0.0126	0.0678	0.0218	0.0133	0.0199	0.0000	0.0068
X_9	0.0000	0.0096	0.0303	0.0281	0.0054	0.0398	0.0184	0.0147	0.0229	0.0139	0.0134
X_{10}	0.0062	0.0244	0.0143	0.0476	0.0304	0.0394	0.0415	0.0158	0.0135	0.0000	0.0085
X_{11}	0.0015	0.0000	0.0015	0.0202	0.0118	0.1133	0.0260	0.0432	0.0407	0.0034	0.0160
X_{12}	0.0116	0.0008	0.0026	0.0316	0.0151	0.0838	0.0587	0.0354	0.0938	0.0000	0.0119
总分值	0.0662	0.1402	0.2662	0.8134	0.2134	0.7167	0.3867	0.2026	0.2843	0.0293	0.0970

表 3-9 广州市行政辖区科技创新能力综合评价结果

	综合得分		科技创新主体		科技创新载体		科技创新投入		科技创新产出	
	分值	排名	分值	排名	分值	排名	分值	排名	分值	排名
天河	0.8134	1	0.1292	1	0.1753	1	0.1052	2	0.0994	4
广州开发区黄埔	0.7167	2	0.0881	2	0.0991	2	0.1076	1	0.2365	1
番禺	0.3867	3	0.0176	5	0.0372	5	0.0402	5	0.1262	3
南沙	0.2843	4	0.0235	4	0.0116	10	0.0428	4	0.1480	2
海珠	0.2662	5	0.0470	3	0.0665	3	0.0591	3	0.0183	10
白云	0.2134	6	0.0059	8	0.0381	4	0.0181	9	0.0572	6
花都	0.2026	7	0.0000	9	0.0235	6	0.0280	7	0.0944	5
越秀	0.1402	8	0.0176	6	0.0118	9	0.0341	6	0.0252	8
增城	0.0970	9	0.0000	10	0.0139	8	0.0202	8	0.0364	7
荔湾	0.0662	10	0.0118	7	0.0227	7	0.0022	11	0.0193	9
从化	0.0293	11	0.0000	11	0.0051	11	0.0139	10	0.0034	11

综上所述，与广州市其他行政辖区相比，广州开发区的科技创新经历了从低水平到高水平、从落后到追赶及反超的过程，甚至在部分指标上反超了常年独占鳌头的天河区。从综合评价得分来看，广州开发区仅次于天河区排名第二；从各单一指标来看，在专利申请量、R&D 经费支出指标上，广州开发区仅次于天河区，而在每万人专利拥有量、高新技术产品生产企业数量、R&D 经费支出占 GDP 比重指标上，广州开发区已经超越了天河区，排名在广州 11 个行政辖区位列第一名。

3.4 广州市科技创新空间的刻画分析

关于城市科技创新空间的刻画，现有研究已进行了诸多探索，实现了技术路径的突破，主要可分为指标选择与数据获取、地理编码与数据库构建、空间分析与空间刻画三步。

第一，从指标选择与数据获取来看，现有文献已经探讨了使用专利落点数据、论文落点数据、高新技术企业分布数据来表征科技创新空间；

第二，从地理编码与数据库构建来看，当前主要探索形成了基于邮编编码、基于地址编码两条技术路径；

第三，从空间分析和空间刻画来看，主要利用 Arc GIS 软件进行空间计量与可视化分析。

3.4.1 基于专利落点的空间刻画分析

3.4.1.1 数据获取与方法构建

利用发明专利申请数据，提出基于"创新空间单元"的城市创新空间分析方法，具体方法如下。

第一步，利用自编程序从"国家知识产权局政务服务平台"数据库获取地址在广州市的发明专利申请数据，时间跨度为 2000—2020 年。

第二步，利用高德地图 API，通过"地址"字段获取经纬度坐标为专利数据赋值 GCJ-02 地理坐标，通过坐标转换为专利数据赋值 WGS-1984 地理坐标，通过坐标投影为专利数据赋值 WGS-1984 平面坐标。利用 Arc GIS 软件与广州市行政区边界数据叠合，形成 WGS-1984 平面坐标系的广州专利落点地理数据库。

第三步，将广州市域划分为 500m×500m 空间网格，将发明专利申请转为空间落点，链接网格进行计数，视作网格创新强度。采用中位数断点，将高于中位数的判定为显著集聚区，而低于中位数的视作不显著集聚区，辅助以高新技术企业、孵化器及众创空间落点等进行分析，再结合行政边界、产业园区边界等进行人工校正，识别出"创新空间单元"（图 3-10）。

3.4.1.2 广州市专利落点分布的空间特征

广州市共识别出 53 个"创新空间单元"，以约 10% 的建设用地集聚了约 75% 的发明专利申请，主要集中在天河区、广州开发区（黄埔区）、荔湾区等，可分为创新集聚区、创新片区、外围创新点三个等级，进一步可细分为 9 种类型，分别为科教引领型、创业孵化型、商务办公型、科教片区、连片园区、商务片区、独立主体、独立园区、TOD 节点。最为集中的 7 个创新集聚区分别是五山—石牌科教创新区、广州科学城创新区、天河—越秀东商务中心区、新港西路科教创新区、广州大学城科教创新区、黄花岗—东风中路科教创新区、越秀—荔湾商务办公集中区（表 3-10）。图 3-11 为广州市创新强度排前 20 的"创新空间单元"统计情况。图 3-12 为广州市 53 个"创新空间单元"的三个等级的分布情况。图 3-13 为广州市 53 个"创新空间单元"的 9 种类型的分布情况。

一是围绕高校、科研院所集聚区形成 4 个科教引领型创新集聚区。一方面就近创业、附属企业等会在周边形成一定的溢出，另一方面政府也往往邻近科教区布局科技园，扶持创新创业。而广州的四个高校、科研院所集聚区，除大学城外，其他三个都位于中心城区，形成融合发展的创新城区，其中五山—石牌科教创新区最为集聚。

二是城市东进与开发区扩区相向而行，形成另外 3 个创新集聚区。从 20 世纪 90 年代开始，广州先是在东风路—中山路及环市东沿线形成商务办公区，后又形成天河北、珠江新城商务办公区，写字楼宇承载大量企业，其中诸多的国有企业是专利贡献大户，由此形成了两个商务办公型创新集聚区,其中天河—越秀东商务办公区最为集聚。而广州开发区于1998年建设广州科学城,推动创新转型的"二次创业",以科技型中小企业孵化为路径,成为广州唯一的创业孵化型创新集聚区。

表 3-10 广州市"创新空间单元"分级分类

等级	类型	特征	典型代表
创新集聚区	科教引领型	高校、科研院所集聚,形成一定溢出,政府也邻近布局科技园,除大学城的三个都位于中心城区,形成融合发展的创新城区	五山—石牌科教创新区 黄花岗—东风中路科教创新区 新港西路科教创新区 广州大学城科教创新区
	创业孵化型	以大量的孵化器、加速器、科技园为载体,通过创业孵化培育大量的科技型中小企业	广州科学城创新区
	商务办公型	写字楼宇承载大量企业,广州的特点是,诸多国有企业分布其中,是创新贡献大户	天河—越秀东商务中心区 越秀—荔湾商务办公集聚区
创新片区	科教片区	独立的高校、科研院所集中片区	南沙岛尖科研片区
	连片园区	连片的科技园、创意园,有政府划设,也有村级产业园	棠下产业园片区 黄村—珠吉产业园片区
	商务片区	边缘城区的独立商务办公区	南村万博商务办公区
外围创新点	独立主体	城市边缘独立的龙头企业、大学等	广东好太太科技
	独立园区	城市边缘独立的科技园、创意园	天安节能科技园
	TOD节点	围绕TOD开发的商务办公节点	万胜围TOD节点

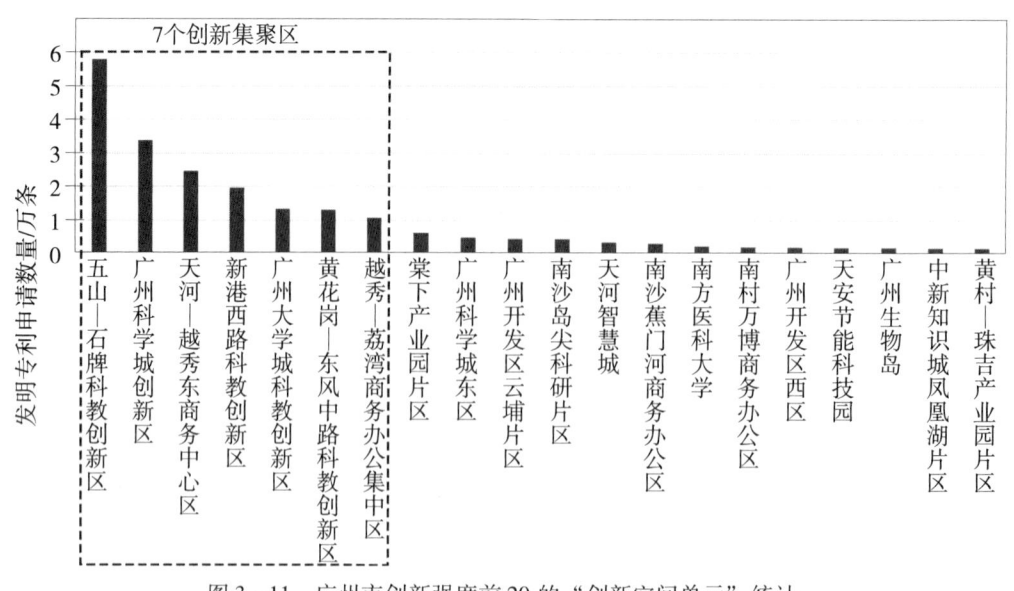

图 3-11 广州市创新强度前20的"创新空间单元"统计

第3章 广州开发区的科创转型成效

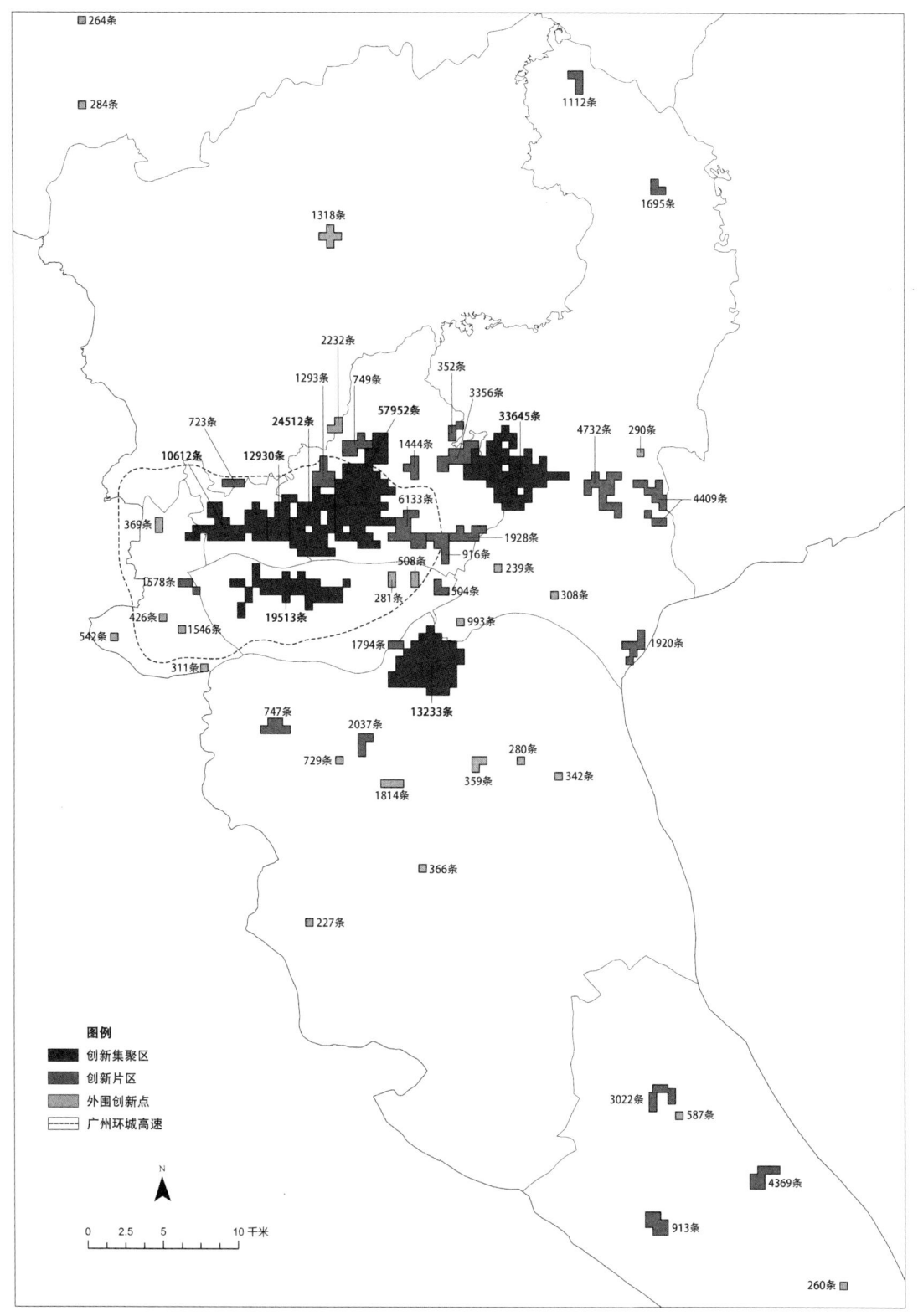

图 3-12 广州市 53 个 "创新空间单元" 的三个等级

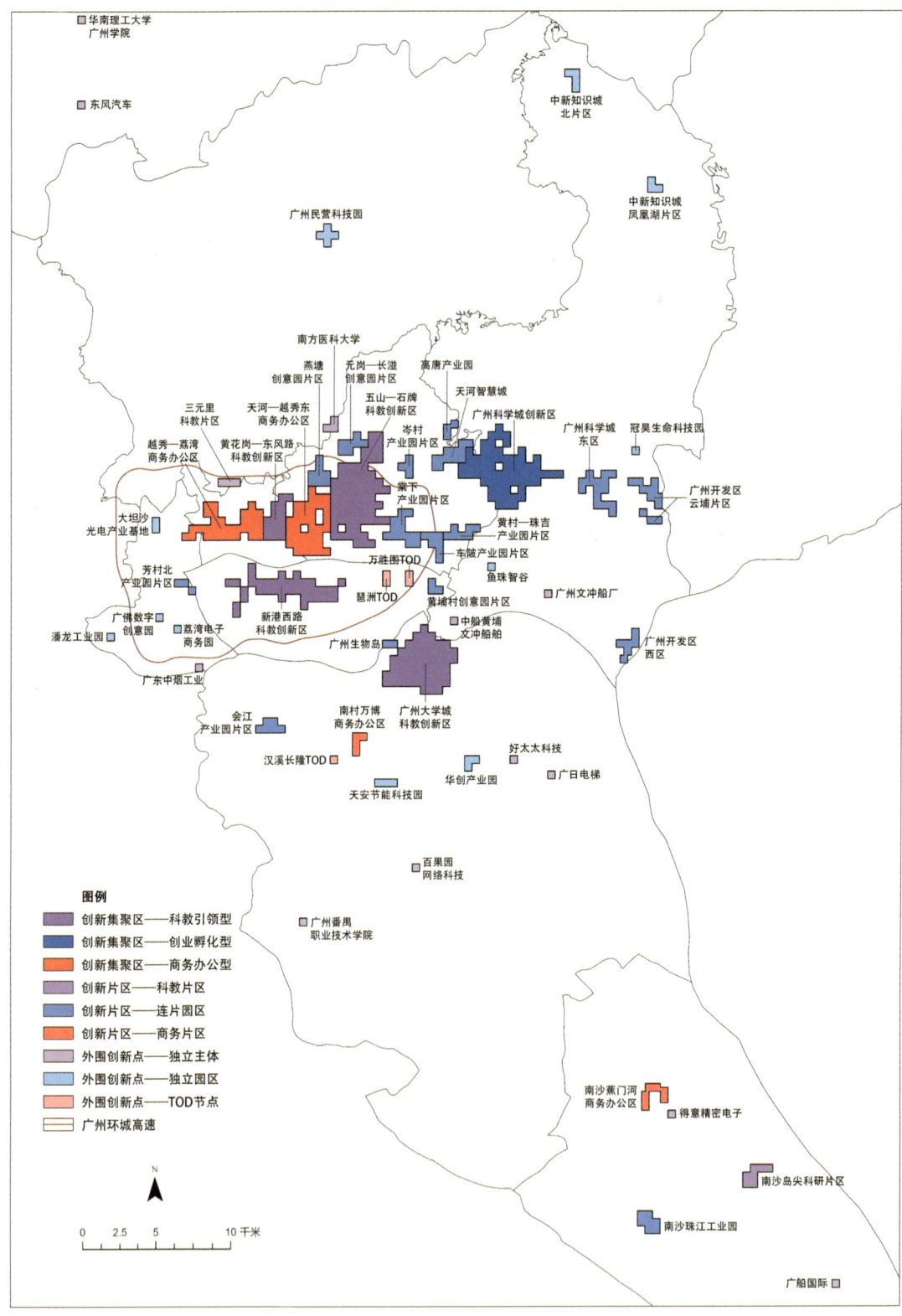

图 3-13 广州市 53 个"创新空间单元"的 9 种类型

3.4.2 基于高新技术企业落点的空间刻画分析

3.4.2.1 数据获取与方法构建

本节基于高新技术企业落点对广州市科技创新空间进行刻画,包括数据获取、地理编码、空间分析三个步骤。第一步,通过"广东省科学技术厅科技数据发布应用平台"获取广州市高新技术企业名录,共计7437条。第二步,通过高德地图API进行地理编码为高新技术企业赋值GCJ-02地理坐标,通过坐标转换为高新技术企业赋值WGS-1984地理坐标,通过坐标投影为高新技术企业赋值WGS-1984平面坐标,利用Arc GIS软件与广州市行政区边界等数据进行叠合,形成WGS-1984平面坐标系的广州高新技术企业落点的地理数据库。第三步,利用Arc GIS软件进行空间网格计数分析,直观地反映广州市高新技术企业的空间分布特征(图3-14)。

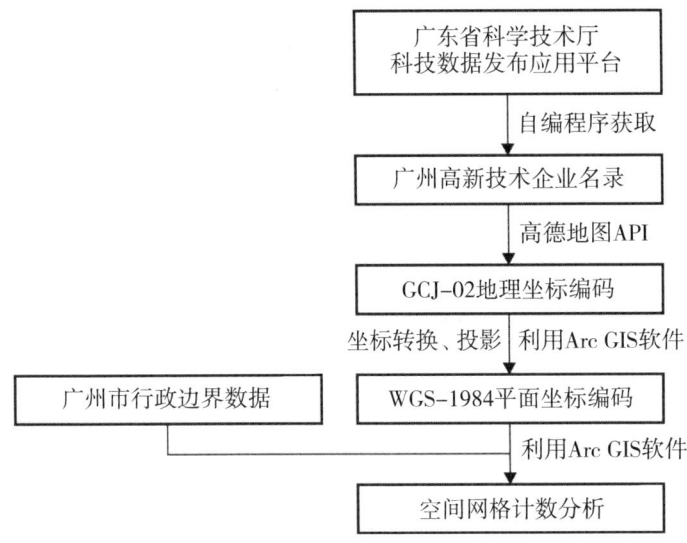

图3-14 广州市高新技术企业空间分布刻画方法构建

3.4.2.2 广州高新技术企业的空间分布特征

从广州市域网格中高新技术企业数量统计分析来看,单个网格中的高新技术企业数量最多为207家,位于广州科学城,单个网格中高新技术企业数量超过30家的网格共计49个,仅占有高新技术企业的网格数量的1.91%,可知广州高新技术企业分布呈现高度集聚特征。

从高新技术企业聚集区域来看,主要聚集在如下区域:第一是天河区的天河北—珠江新城地区、岗顶—石牌地区、天河软件园(科韵园区)、天河软件园(高唐园区)等地区;第二是广州开发区的广州科学城片区;第三是越秀区的黄花岗地区;第四是海珠区的客村周边地区(图3-15)。

总体上可以鲜明地看出,广州开发区是广州市高新技术企业集中的主要行政区,在西区形成了一个集聚点,更鲜明的是在广州科学城片区形成高度集聚区。

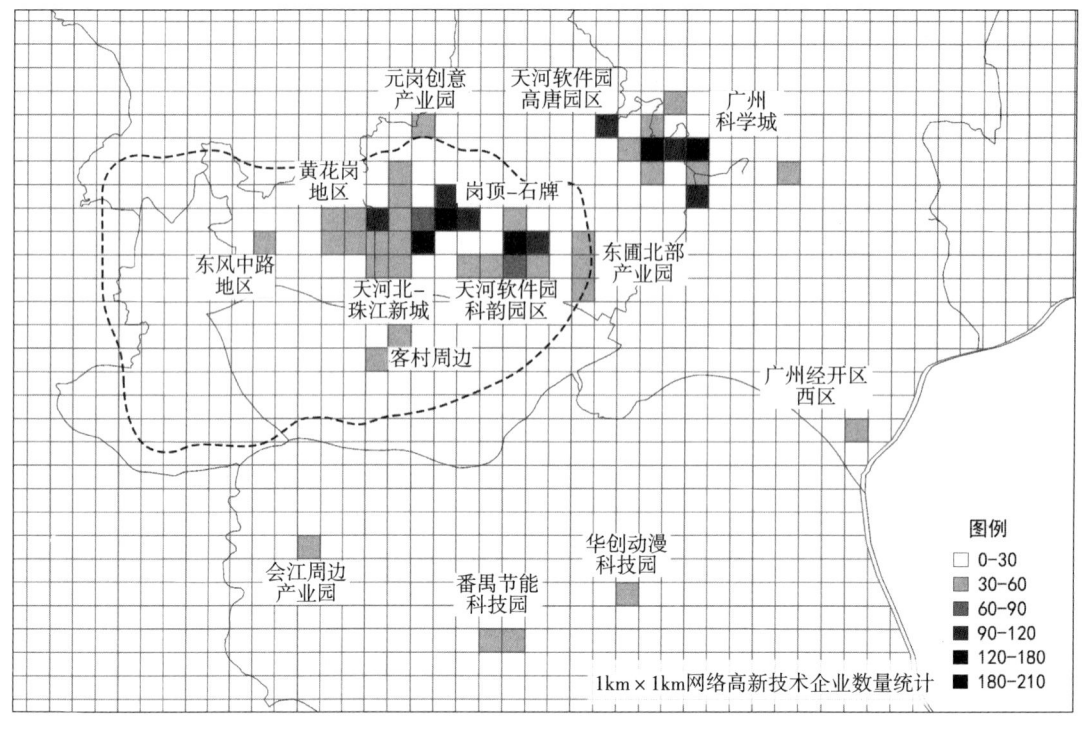

图 3-15 广州市高新技术企业空间集聚特征

3.4.3 基于孵化载体落点的空间刻画分析

3.4.3.1 数据获取与方法构建

本节基于孵化载体对广州市科技创新空间再次进行分析,本节所称孵化载体包括指经认定的科技企业孵化器、众创空间。

根据科技部制定的《科技企业孵化器管理办法》[①],科技企业孵化器、众创空间是指以促进科技成果转化,培育科技企业和企业家精神为宗旨,提供物理空间、共享设施和专业化服务的科技创业服务机构,是国家创新体系的重要组成部分、创新创业人才的培养基地、大众创新创业的支撑平台。基于孵化载体对广州市科技创新空间的刻画包括数据获取、地理编码、空间分析三个步骤(图 3-16)。

第一步,通过广州科技企业孵化器协会官方网站获取广州市科技企业孵化器、众创空间名录,共获取科技企业孵化器数据 405 条、众创空间数据 294 条,数据为截至 2020 年 12 月 31 日的统计。第二步,通过高德地图 API 为孵化载体赋值 GCJ-02 地理坐标,通过坐标转换为孵化载体赋值 WGS-1984 地理坐标,通过坐标投影为孵化载体赋值 WGS-1984 平面坐标,利用 Arc GIS 软件与广州市行政边界数据进行叠合,形成 WGS-1984 平面坐标系的广州市孵化载体地理数据库。第三步,利用 Arc GIS 软件对孵化载体落点数据进行核密度分析。

---

① 中华人民共和国科技部. 科技企业孵化器管理办法 [EB/OL]. 2018-12-26. http://www.chinatorch.gov.cn/fhq/zcfg/201812/1af51c0712754169854515146c7f721c.shtml.

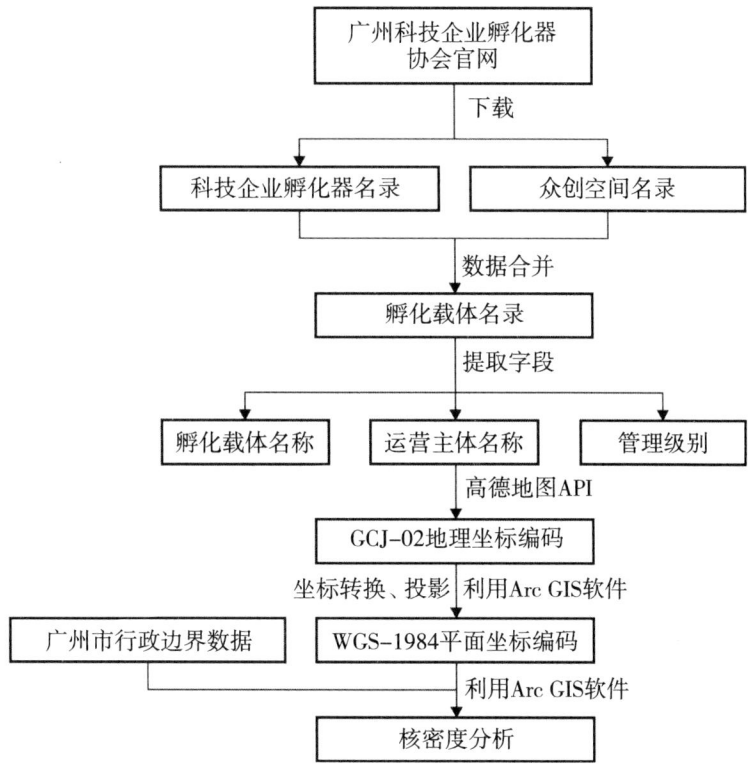

图 3-16　广州市孵化载体空间分布刻画方法构建

3.4.3.2　广州市孵化载体的发展历程

自 1991 年广州成立第一个孵化载体——广州市高新技术创业服务中心，孵化载体的数量逐年增长，截至 2020 年 12 月 31 日，在广州科技企业孵化协会登记备案的科技企业孵化器有 405 家、众创空间有 294 家，共计 699 家。在过去 30 多年的发展历程中，不同阶段孵化载体数量增长速度、建设主体差异显著。总体上可以分为三个发展阶段：1991—1999 年起步阶段、2000—2009 年稳步发展阶段、2010—2019 年爆发增长阶段（图 3-17）。

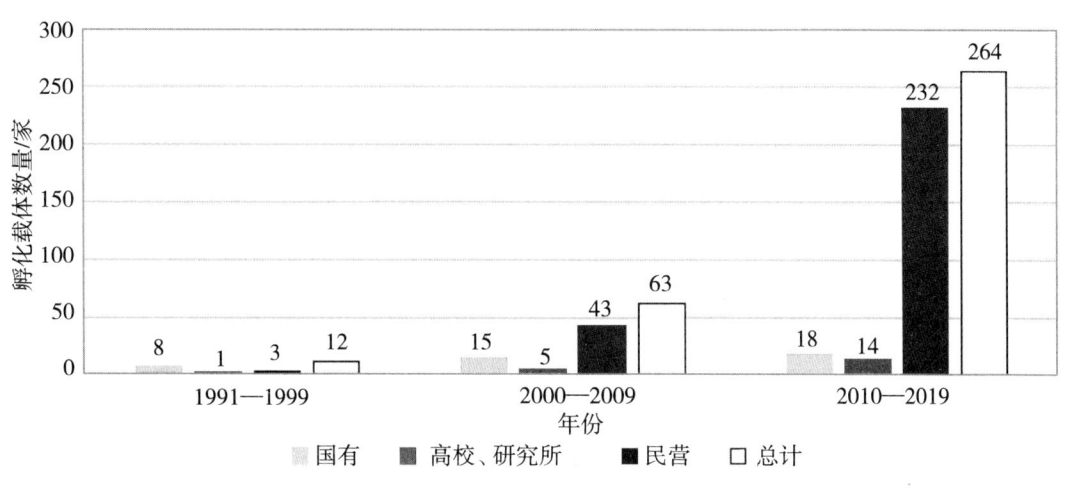

图 3-17　广州市孵化载体发展历程分析

第一，1991—1999年是发展起步阶段，成立的孵化载体数量较少，主要由政府主导建设，最初以政府成立的事业单位为主，广州于1991年成立了第一家孵化载体——广州市高新技术创业服务中心。

第二，2000—2009年是稳步发展阶段，孵化载体数量逐步增加，但增速较缓慢。在该阶段，除政府主导的事业单位、国有背景的孵化载体以外，大学、科研院所、民营企业等也纷纷投资建设孵化载体，运营主体逐渐实现多元化。其中，民营孵化载体增加了40家，国有孵化器增加7家，高校与科研院所背景的孵化器增加4家，民营孵化载体已经逐渐成为多数。

第三，2010—2019年是快速发展阶段，孵化载体数量呈爆发式增长，年均增长率达到84.18%。特别是在2014年国家提出"大众创业、万众创新"之后，广州制定实施了"孵化器倍增计划"①，提出实现孵化载体数量、面积和孵化企业的倍增，在政府政策和资金的支持下，广州孵化载体数量实现了快速增长。其中民营孵化器增长最为快速，占比约87.88%。

3.4.3.3 广州市孵化载体的空间分布特征

通过广州市各行政辖区孵化载体数量统计分析可知，广州市孵化载体主要聚集在天河区、广州开发区、海珠区，科技企业孵化器和众创空间数量均排名前三。三区集中了广州一半以上的科技企业孵化器，分别为99家、85家、52家，数量占广州总数的比例达到58.27%；三区也集中了广州一半以上的众创空间，分别为117家、50家、37家，数量占广州总数的比例达69.39%。而老城区和城市边缘区则相对较少，荔湾区拥有科技企业孵化器和众创空间分别为31家、6家，越秀区拥有科技企业孵化器和众创空间分别为21家、1家，城市边缘的行政区则呈现出越远离中心城区孵化载体数量越少的特征（图3-18）。

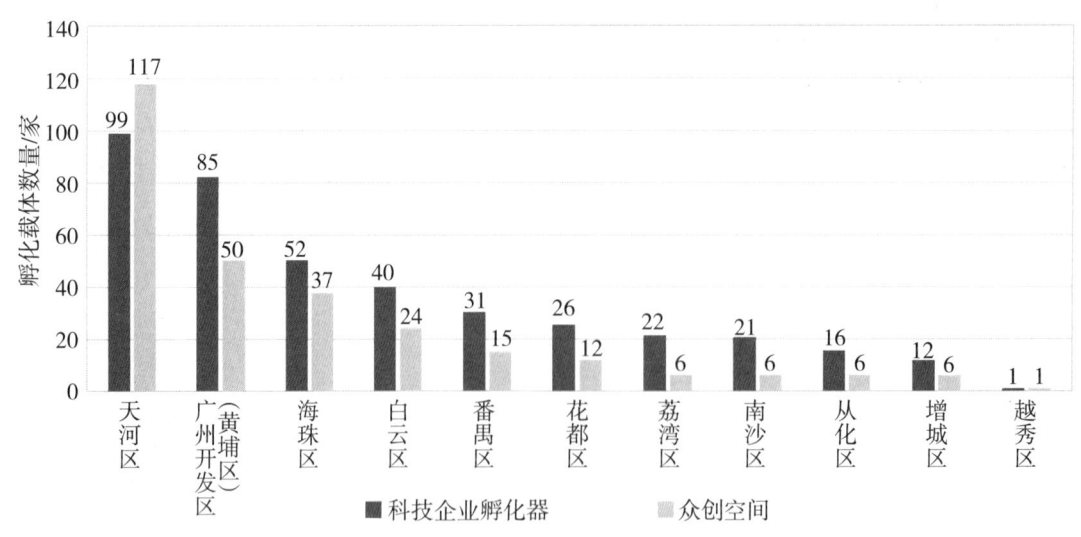

图3-18 广州市各行政辖区孵化载体数量统计分析

---

① 广州市政府常务会议于2014年9月2日审议通过了《广州市促进科技企业孵化器发展实施意见》和《广州市科技企业孵化器倍增计划实施方案》，明确广州将实施科技企业孵化器倍增计划，实现孵化器数量、面积和孵化企业的倍增。

利用 Arc GIS 软件对广州市孵化载体分布进行核密度分析可知，其空间分布可划分为高度聚集区、次级聚集区、零散分布区三个等级（图 3-19）：

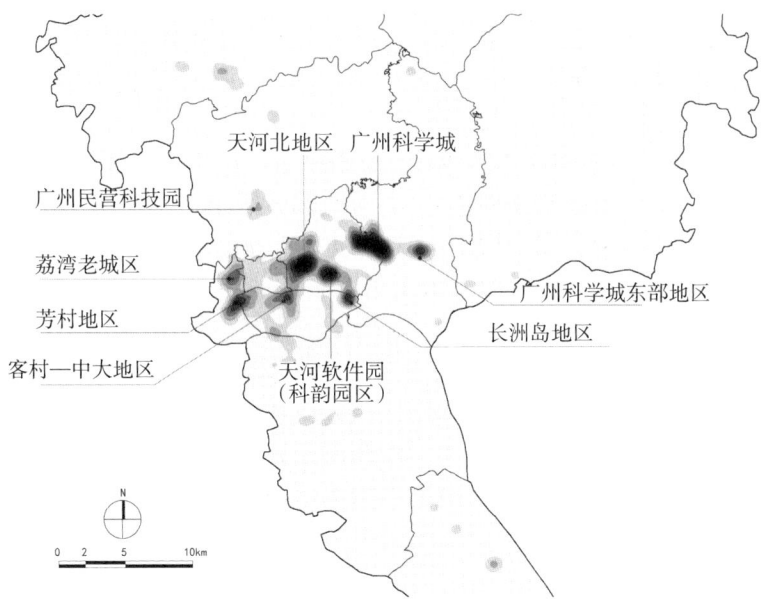

图 3-19　广州市孵化载体空间分布特征

第一，高度聚集区共有 2 处，主要集中在天河北地区、广州科学城地区；

第二，次级聚集区共有 7 处，主要集中在荔湾老城区、芳村地区、客村—中山大学地区、天河软件园（科韵园区）地区、广州科学城东部地区（广州开发区科技企业加速器及周边）、长洲岛地区、广州民营科技园；

第三，零散分布区主要是花都区、番禺区及南沙区等城区。

综上所述，本节分别从科技创新产出、科技创新主体、科技创新载体三个方面选取了专利落点、高新技术企业落点、孵化载体落点为指标，对广州市科技创新空间进行刻画。经分析可知：在广州开发区，广州科学城的科技创新极核效应快速崛起，已经成为与天河中心区比肩的另一极点：

其一，从广州市专利落点的空间分布来看，广州科学城自 21 世纪初开始开发以来，专利落点的空间集聚特征越来越明显，特别是去除高校和科研院所的因素，单从企业专利产出来看，广州科学城是广州市企业专利落点最为集聚的区域；

其二，从广州市高新技术企业的空间分布来看，单个网格高新技术企业数量最多为 207 家，位于广州科学城；

其三，从广州市孵化载体的空间分布来看，广州科学城是广州市孵化载体集聚程度最高等级的区域。

3.5　小结：广州开发区实现了科技创新转型

根据以上对广州开发区科技创新成效进行分析评估，可以得出"广州开发区实现了向区域科技创新高地的转型"的结论。

第一,从珠三角14个国家级开发区对比分析来看,深圳高新区和广州开发区的科技创新成效最优,无论是综合评价得分还是科技创新主体、科技创新投入、科技创新产出分项评价得分,抑或是高新技术企业数量、企业R&D支出、企业技术收入等单项指标,深圳高新区和广州开发区均处于第一、第二的排位,且分值、数值均远高于珠三角其他国家级开发区。

第二,从广州市11个行政辖区之间的对比分析来看,广州开发区的科技创新呈现从低水平到高水平、从落后到追赶反超的过程,甚至在部分指标上反超常年独占鳌头的天河区。在综合评价得分和专利申请量、R&D经费支出等指标上,广州开发区仅次于天河区排名第二,而在万人专利拥有量、R&D经费支出占GDP比重等指标上,广州开发区则超过天河区排名第一。

第三,基于专利落点、高新技术企业落点、孵化载体落点的空间刻画分析显示,在广州开发区,广州科学城的科技创新崛起快速、极核效应越来越显著,若去除高校、科研院所专利产出的因素,单从企业专利产出来看,广州科学城科技创新产出的极核效应则更加显著,已经成为与天河中心区比肩的另一极点,形成"天河中心区+广州科学城"双中心格局。

第4章 广州经济技术开发区成为工业高地

开发区是我国改革开放以来设立的政策性产业空间，一种产业政策特区。设立之初主要是利用国际产业转移的机会，以较低的生产成本和外资优惠政策大力招商引资、发展工业，形成以外源型工业企业集聚的工业园区为特征的发展路径，称为开发区的一次创业（石兴平，2005）。

这主要得益于我国的改革开放以及全球产业转移的宏观环境。

当前研究认为全球共出现了五次产业转移：第一次是19世纪中叶由英国向美国等转移；第二次是20世纪50—60年代由美国向战后经济恢复期的日本、德国等转移；第三次是20世纪70年代由美国、日本、德国等向亚洲"四小龙"和部分拉美国家转移；第四次是20世纪80—90年代至21世纪初由欧美日等发达国家及亚洲"四小龙"等新兴工业国家/地区向我国转移（冯梅，2009）。

4.1 广州开发区的一次创业

由于我国的改革开放是由点到面、由浅入深逐步推进的，以经济特区、沿海城市、开发区为点逐步向中西部内陆推进。在2001年我国加入世贸组织之后，我国对外开放才从有限地域、有限领域的开放逐步转变为全方位的开放。因此广州开发区设立之初即得益于改革开放政策的区域不平衡，因为其特殊地位而成为利用外资、引进国外技术和管理经验、进出口贸易等的试验区、排头兵。而针对外资的优惠政策则是开发区一次创业的核心动力。

1984年，国务院又颁布《关于经济特区和沿海14个港口城市减征、免征企业所得税和工商统一税的暂行规定》，明确了以"15%企业所得税（其他地区税率是33%）、两（年）免（征）三（年）减半（征收）"为核心的外资优惠政策，即沿海14个港口城市经济技术开发区内的外资企业按15%征收企业所得税，经营期在10年以上的按"两免三减半"征收。

1991年《中华人民共和国外商投资企业和外国企业所得税法》出台之后，"两免三减半"税收优惠政策不再限定范围（即经济特区、经开区范围内），但对经开区继续实行15%企业所得税优惠政策。这项针对经开区内的外资企业税收优惠政策直到2008年《中华人民共和国企业所得税法》实施才消失。而各地方为了推动开发区发展，又通过减免地方所得税、廉价的土地供应等加码开发区的外资优惠。

开发区一次创业得益于20世纪80—90年代向我国的全球性产业转移（王兴平等，2018）。因此开发区一次创业的基本内涵在开发区研究中具有普遍共识（罗小龙等，2011），即以外源集聚为核心的外延式发展，是我国开发区发展的最初路径，路径形成后一直延续至今并成为开发区发展最重要的路径。具体来看就是"吸引外资+滚动开发",李耀尧(2013)将其归纳为:开发区设立—土地征收+七通一平(生地变熟地)—优惠政策+吸引外资—产业发展带来财税收入增长—土地滚动开发建设—优化投资环境+持续吸引外资—经济跳跃式增长。

广州开发区的一次创业始于1984年,形成了"项目是生命线,招商引资是重中之重""开发一片、建成一片、收益一片""腾出办公室也要上项目"的精神;利用外资优惠政策进行招商引资,以吸引跨国公司投资,大力发展工业,进而推动产业的集聚发展,实现了从西区、东区到永和区的滚动扩张。这种以外源集聚为核心的外延式发展路径一直延续至今,始终是发展的最重要路径和发展思路的最高共识①(图4-1)。

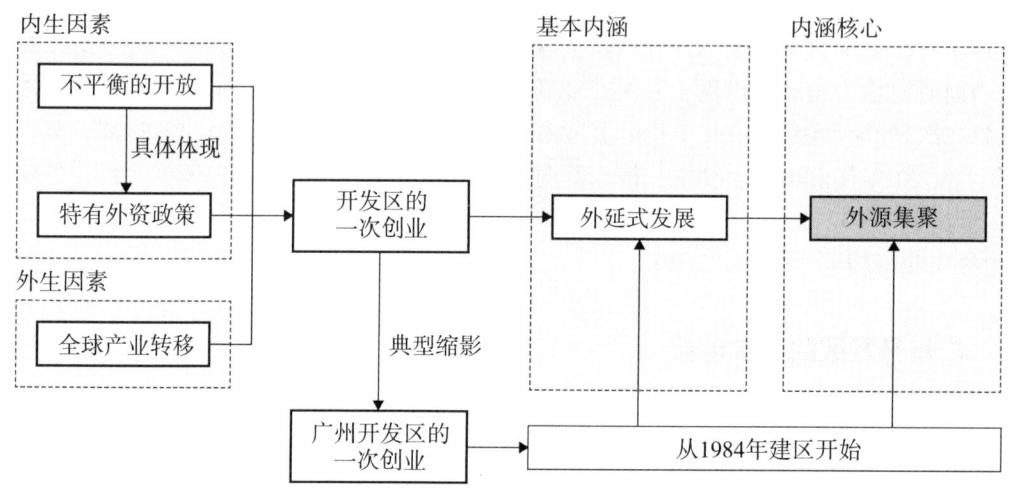

图4-1 开发区一次创业内涵及广州开发区一次创业缘起

从广州开发区统计数据分析来看,外商投资始终是广州开发区发展的关键推动力。从历年增长情况看,合同利用外资额从1985年的0.17亿美元增长到2018年的41.45亿美元;实际利用外资额从1985年的0.12亿美元增长到2018年的22.47亿美元。从2020年的数据来看,合同利用外资44.43亿美元、实际利用外资25.47亿美元,实际利用外资创历史新高,连续二十多年位居广州第一,连续五年(2016—2020年)位居全国国家级经开区前三。

4.2 外源型工业企业的集聚

4.2.1 用足优惠政策招商引资

在2008年之前,广州开发区作为第一批国家级经开区,从一开始就享受以15%税率、"两免三减半"的企业所得税优惠为代表的外资优惠政策。同时广州开发区还加码提出了地方所得税的外资优惠政策(如1994年出台的《广州经济技术开发区条例》),规定"对

---

① 广州开发区政策研究室. 开发区精神——广州开发区思想轨迹[M]. 广州:广东人民出版社,2015。

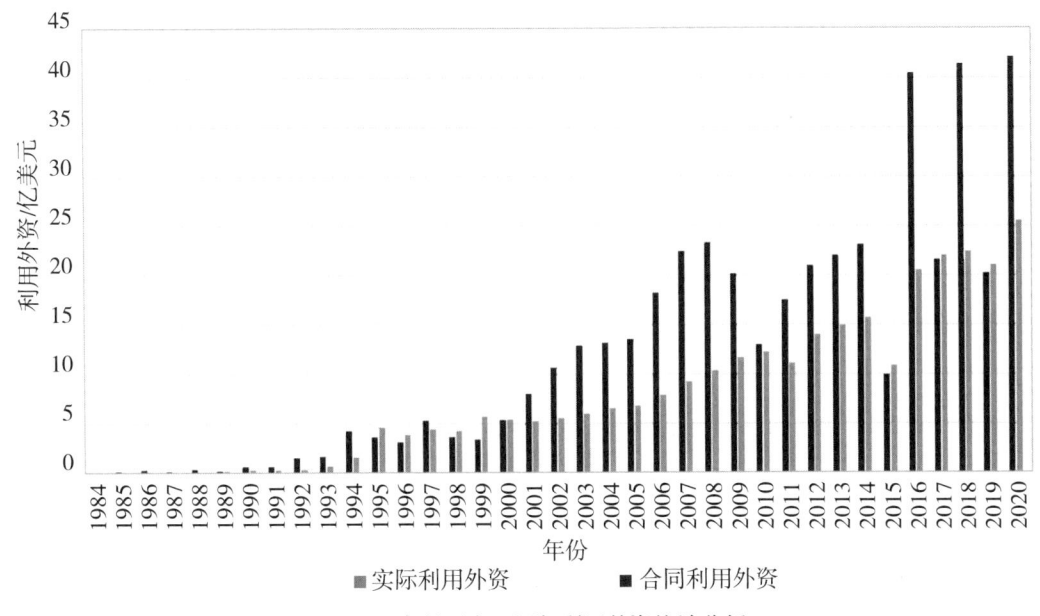

图 4-2 广州开发区历年利用外资统计分析

（资料来源：广州开发区统计年鉴）

广州开发区内的外商投资企业需要给予减征免征地方企业所得税的，由广州开发区管委会按照有关规定办理"。此外，广州开发区还通过外资引进过程中的弹性让利等加大吸引外资的政策力度，这些优惠政策促进了外商投资的持续增长（图4-2）。

在2008年国家的优惠政策取消后，广州开发区又出台了落户奖励、经营贡献奖励等奖励政策继续吸引外资。

广州开发区2017年整合各种产业政策，出台"黄金10条"以促进招商引资，例如关于项目落户奖的规定：对新设立外资企业，实缴注册资本达到1000万美元以上（仅限世界500强企业投资）、2000万美元以上、1亿美元以上的企业，经认定分别给予500万元、800万元、1000万元奖励；关于经营贡献奖的规定：当年营业收入10亿元以上或对本区地方经济发展贡献前50强的企业，按照其当年对本区地方经济发展贡献的15%予以奖励，最高不超过5000万元等。

广州开发区在招商引资中逐渐形成"管委会+区属国企+民营招商公司"的一套完整组织体系（图4-3）。广州开发区管委会是全区的招商统领，包括对重大项目亲自招商、统筹管理全区招商工作的职能。

区属国企是最主要的组织依托，与广州开发区管委会的关系经历了从政企一体到政企分离的演变，从无限责任制公司转变为有限责任制公司，招商行为的性质从政府行为的延伸转向强调企业收益回报的市场经营行为。

民营招商公司是有力补充，多数民营招商公司为国企改制溢出的产物，天然具有两大优势：携带了与政府的非正式网络基础、对广州开发区发展思路和产业政策等非常熟悉。而"一揽子"专业服务和"擦边球"性质的解决方案又显示出市场的灵活性，使之成为广州开发区管委会和区属国企以外的有力补充。

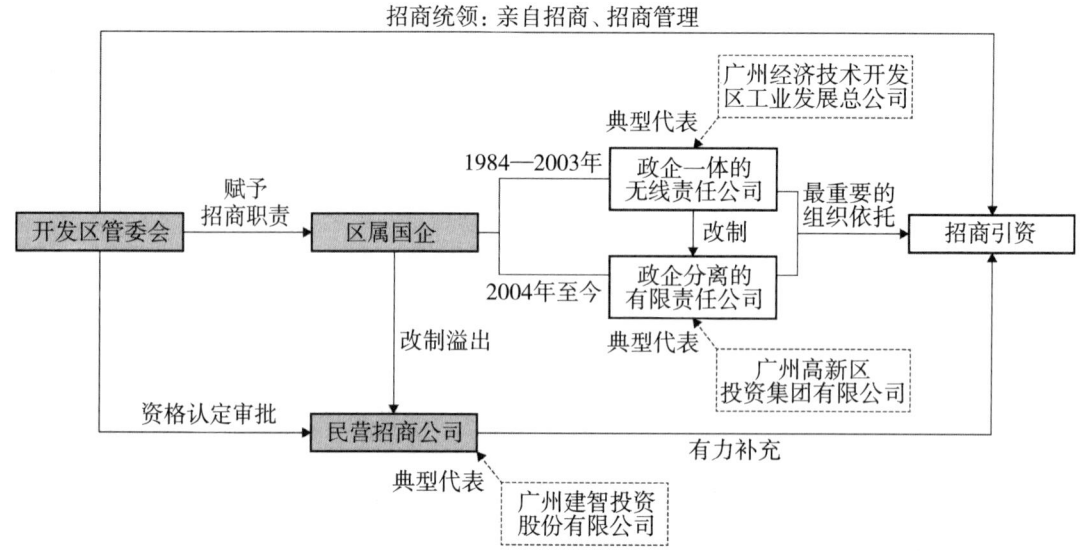

图 4-3 广州开发区招商引资的组织模式

4.2.1.1 管委会 + 区属国企的招商路径（1984 年至 21 世纪初政企一体时期）

广州开发区在成立之初，为了有效推动开发区的发展，成立了工总、商总、建总三大总公司，此后随着开发功能增加的需要，众多区属国企应运而生，在 1984 年至 21 世纪初区属国企实行政企一体的体制，代表广州开发区管委会招商引资是区属国企的重要职责（图 4-4）。

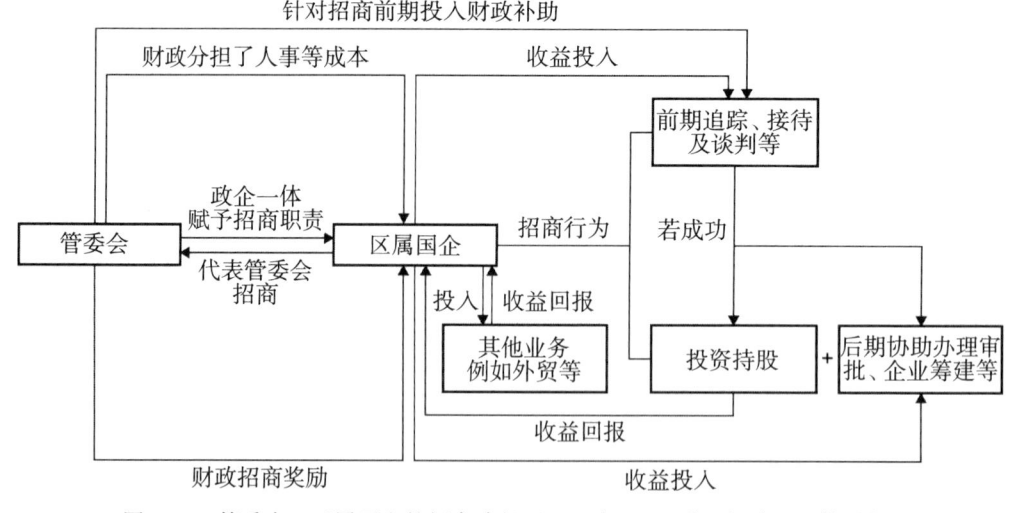

图 4-4 管委会 + 区属国企的招商路径（1984 年至 21 世纪初政企一体时期）

以工总 1994 年引入日本住友电工株式会社（以下简称"住友电工"）投资住电钢线制品（广州）有限公司为例①：

第一是追踪招商信息。工总于 1993 年底得知住友电工有意在华南地区投资高强度钢

---

① 王德业. 招商引资实务 [M]. 广州：中山大学出版社，1998.

筋项目，工总引进部主动联系住友商社的广州事务所，由此与住友电工取得了联系。

第二是接待考察。取得联系后，工总多次陪同外商在广州开发区实地考察，并向外商提供政策、法律咨询等。

第三是商务谈判、出资参股。工总于1994年初与住友电工签署了合资意向书，并在之后的三个月内完成了合资合同、合资章程、技术转让合同等的谈判和签约。

第四是协助办理审批程序。住友电工委托工总代办前期手续，包括项目报批，领取项目批文、批准证书、营业执照，刻制公司印鉴，办理海关备案等。

第五是协助企业筹建。工总派专人协助项目筹建，腾出办公室作为项目筹建处，积极与规划、市政、供电、供水、电信等部门协调解决项目用地、道路、用电、用水、通信等问题，还向外商推荐实力雄厚的设计单位、建设监理公司、工程监理公司等助其完成厂房建设。

第六是协助销售产品。工总指定下属企业采购住电钢线的钢筋，并派专人协助进行产品推销，帮助外商解决投产初期的产品销售困境。

4.2.1.2 管委会+区属国企的招商路径（21世纪政企分离以来）

2003年后，广州开发区的区属国企陆续开始政企分离改制，工总、商总、建总分别于2004年、2006年、2003年改制为集团有限公司，其他区属国企也逐步改制为有限公司（图4-5）。

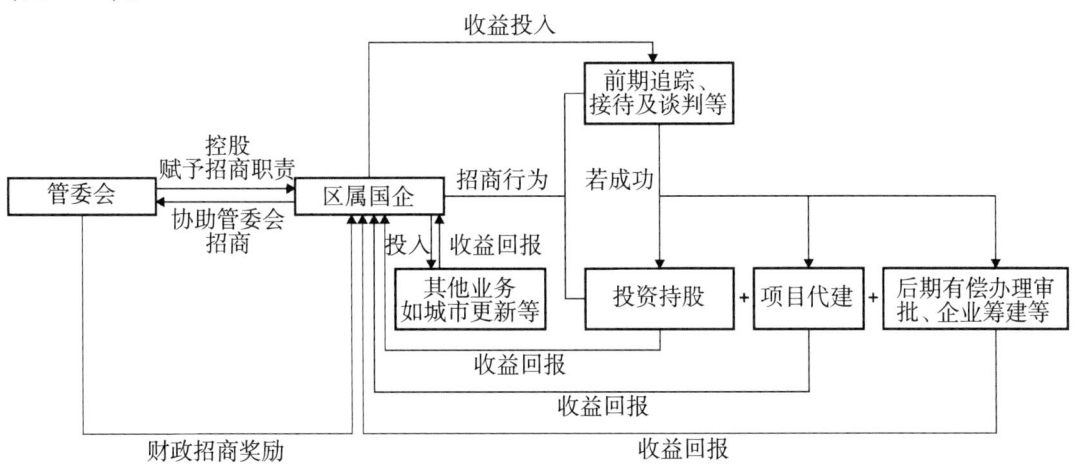

图4-5 管委会+区属国企的招商路径（21世纪政企分离以来）

改制后的区属国企从代表管委会转为协助管委会，转向以市场经营为导向，强调招商引资获得收益回报，其招商行为主要包括投资参股、项目代建、园区招商、有偿服务等。以科学城（广州）投资集团有限公司（以下简称"科学城投资集团"）为例，最初是2003年由建总改制而来，近年协助管委会引进了LG化学偏光片、兴森科技半导体封装等项目。

在协助管委会引进LG化学偏光片项目中，科学城投资集团承接了生产厂房的代建，广州开发区招商部门负责人介绍，"为了配合企业建设进度，由国企代建LG化学偏光片的生产厂房，与国企合作相当于给企业吃了颗'定心丸'，增加了政府方招商谈判的筹码，而项目带来的较高投资回报率，对国企而言亦是双赢"。

而在协助管委会引进兴森科技半导体封装项目中,科学城集团与深圳市兴森快捷电路科技股份有限公司、国家集成电路产业投资基金股份有限公司、广州兴森众城企业管理合伙企业成立合资企业。

4.2.1.3 管委会+民营招商公司的招商路径(21世纪以来)

目前,广州开发区有近二十家民营招商公司,形成了管委会+民营招商公司的招商引资模式(图4-6)。

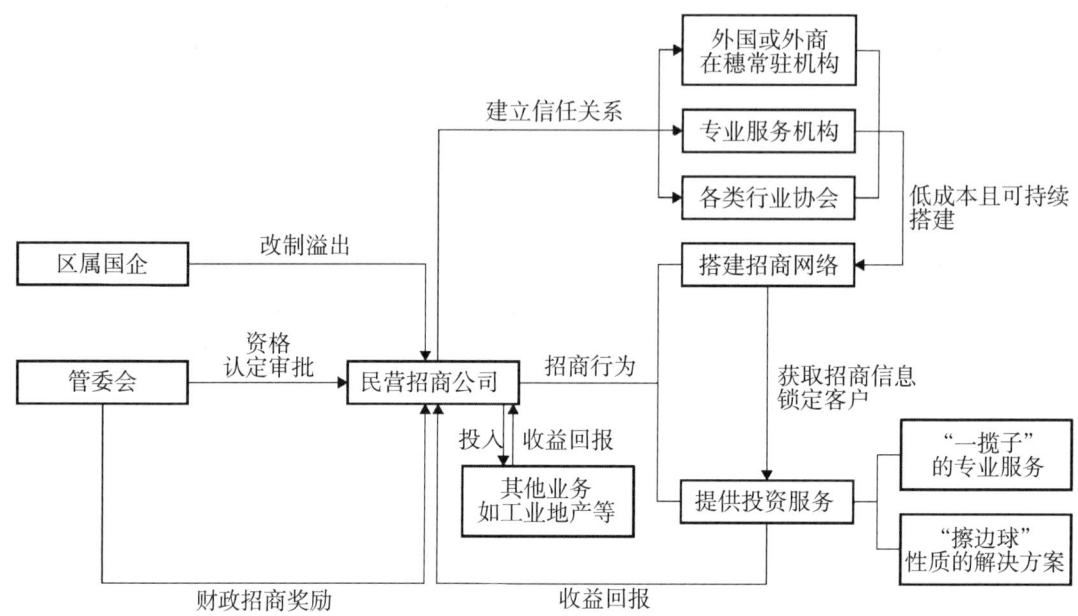

图4-6 管委会+民营招商公司的招商路径(21世纪以来)

广州建智投资股份有限公司是广州开发区最早的民营招商公司之一,从招商起步,逐步构建起以招商引资和投资咨询为核心,包括餐厅管理、团体配餐、人力资源管理、物业管理、工程建设及咨询、工业废弃物处理及利用、工业地产、股权投资等的建智控股集团(以下简称"建智")。

建智是区属国企溢出的产物,其创始人原为广州开发区建设发展集团(即原"建总")投资合作部部长,体制内的出身天然携带了与政府的非正式网络基础。另外,广州开发区管委会鼓励民营招商公司的发展,将民营招商公司纳入招商单位引资奖励体系中,投资促进局对招商单位资格进行认定审批,获批资格认定的招商单位均可享受招商引资奖励,在项目满足条件(项目类型不同所需条件各异)后一年内申领招商奖励,建智即为其中之一,形成了与政府的正式网络关系。

建智经过多年的探索,逐步形成了一套完整招商模式。

第一,充分利用本地资源搭建低成本、可持续招商网络。充分利用与投资活动相关的一切经济组织,包括外国或外商在穗常设机构(外国使领馆、外国商会等)、外资专业服务机构(如外资地产行、律师事务所、会计师事务所、外资银行等)以及各类型行业协会,与这些组织或机构建立起长期稳定的信任关系,由此网络关系搭建招商网络,相较于频繁出境、境外设立代表处等具有低成本、可持续的优点。如宝洁第二工厂的引入。建智最初从仲量联行等机构了解到"某世界500强的外资日化厂正在选址"的信息，通过多方验证推断出是宝洁，建智及时与宝洁高层接触，最终成功将项目落户广州开发区知识城。

第二，提供投资服务，建智形成"一揽子"的专业服务模式，在实操中也提供"擦边球"性质的解决方案。项目在投资过程中涉及的问题众多，包括项目选址、公司设立、厂房建设、环保评估、人力资源、员工餐饮等多个方面，以及工商、税务、环保、规划、土地等众多政府部门和法律、财会、税务等各种专业。常规而言，不同的问题需要找不同的部门或者专业机构，导致在项目投资落地过程中大大增加了成本，建智则针对此"痛点"提供"一揽子"的专业服务。此外，建智作为常年扎根于广州开发区的民营招商公司，熟悉广州开发区的发展思路、产业政策等，以及具有与政府的正式或非正式网络关系，在实操中也提供一些"擦边球"性质的解决方案，协助投资企业获取政策红利以降低成本。如百事立顿（广州）饮料有限公司，通过将贸易公司变更为生产型企业使其享受到了广告宣传费的税收减免政策红利。

4.2.2　集聚四类外源型产业

在20世纪80—90年代，招商引资主要集中在食品和饮料制造业、化学制品制造业，还包括金属及非金属材料制品业、木材制品及家具制造业等领域；20世纪90年代末至今，招商引资主要集中在电子及通信设备制造业、汽车制造业等领域。

4.2.2.1　具代表性的外源型企业

20世纪80—90年代，广州开发区的外源集聚主要为食品和饮料制造业、化学制品制造业、金属及非金属材料制品业、木材制品及家具制造业等工业企业，其中尤以前两类产业最为集中（图4-7）。

食品和饮料制造业的代表性企业包括喜乐食品（1986年）、广州麦芽（1987年）、百事中国（1988年）、箭牌糖果（1989年）、国际香料（1990年）、统一食品（1994年）、康师傅（1994年、1995年分两次投资）、旺旺食品（1995年、1997年分两次投资）等。

化学制品制造业的代表性企业包括宝洁（1988年、1990年、1992年、1995年分多次进行投资）、高露洁（1991年）、安利日用品（1992年）、立邦涂料（1992年）、仙妮蕾德（1993年）、安美特化学（1997年）等。

金属及非金属材料制品业的代表性企业包括美特容器（1985年）、美罗钢格板（1987年）、太平洋马口铁（1994年）、住电钢线制品（1994年）、豪雅光学（1995年）、卡尔蔡司光学（1995年）、金源行金属（2004年）等。

木材制品及家具制造业的代表性企业包括南洋合板工业（1987年）、永丰余纸业（1990年）、舒尔物德包装（1996年）等。

20世纪90年代末以来，广州开发区的外源集聚主要为电子及通信设备制造业、汽车制造业等工业企业。电子及通信设备制造业主要包括电子大厂系列和平板显示系列，电子大厂系列如松下电子材料（1997年）、建兴光电（2000年）、旭丽电子（2000年）、捷普

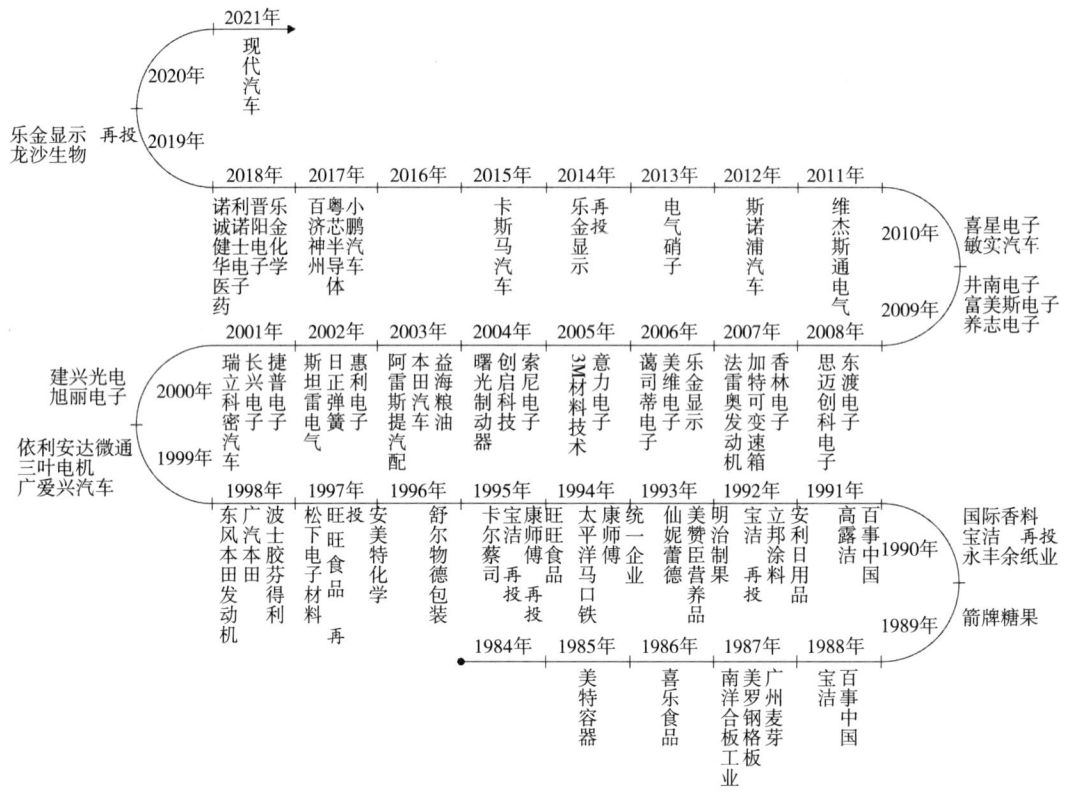

图 4-7 广州开发区历年入驻的代表性外源型工业企业一览

电子（2001年）、长兴电子（2001年）、惠利电子（2003年）、索尼电子（2004年）等；平板显示系列以乐金显示（2006年、2014年、2019年分三次投资）为核心，及上下游企业香林电子（2007年）、井南电子（2009年）、喜星电子（2010年、2018年分两次进行投资）、电气硝子（2013年）、乐金化学（2018年）等。

汽车制造业的代表性企业包括昭和汽车零部件（1994年）、加达利汽车电子（1995年）、广汽本田（1998年投资，2015年因行政区划调整纳入广州开发区）、三叶电机（1999年）、日正弹簧（2002年）、艾帕克汽车配件（2002年）、斯坦雷电气（2002年）、本田汽车（2003年）、阿雷斯提汽车配件（2003年）、曙光制动器（2004年）、加特可自动变速箱（2007年）、法雷奥发动机冷却（2007年）、敏实汽车（2010年）、斯诺普汽车（2012年）、卡斯马汽车（2015年）等传统汽车制造业企业，近年来也引入了新能源汽车领域的小鹏汽车（2017年）、宝能汽车（2017年）、现代汽车氢燃料电池系统项目（2021年）等。

4.2.2.2 技术要素自低向高升级

从近十年来（2007—2018年）的工业总产值统计数据来看，食品和饮料制造业从2007年的186.65亿元增长为2018年的477.03亿元，化学制品制造业从2007年的563.11亿元增长为2018年的781.48亿元，电子及通信设备制造业从2007年的460.05亿元增长为2018年的1717.00亿元，汽车制造业从2007年的162.02亿元增长为2018年的1659.12亿元。2018年，这四类产业总计4634.63亿元（图4-8）。

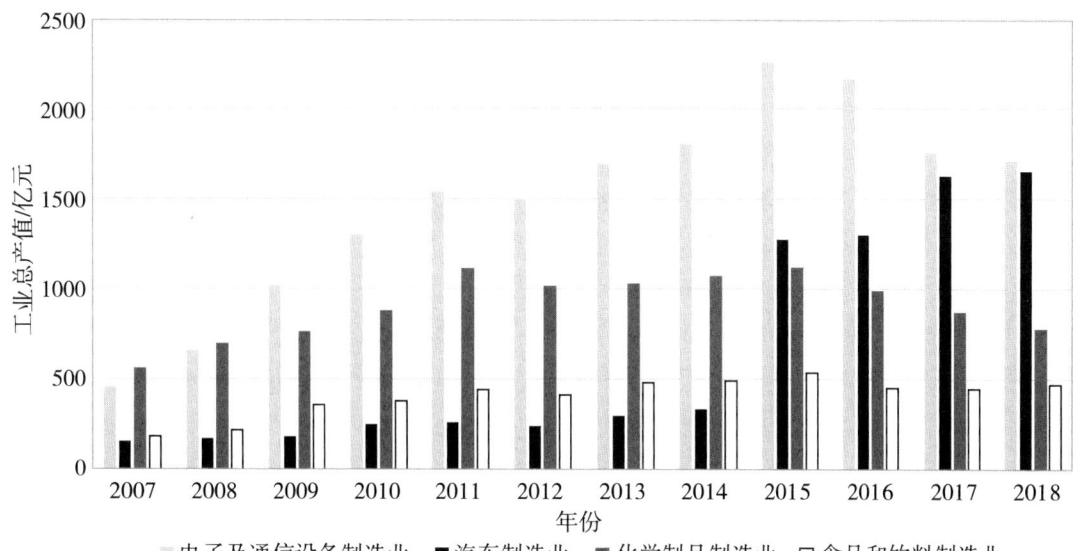

图 4-8 广州开发区四大外源型产业工业总产值统计分析

(资料来源：广州开发区统计年鉴)

从近十年来（2007—2018 年）食品和饮料制造业、化学制品制造业、电子及通信设备制造业、汽车制造业四类外源型产业工业总产值占全区的比例来看，四者的工业总产值占全区工业总产值的比例始终都保持在 60% 以上。其中，电子及通信设备制造业、汽车制造业工业总产值占全区比例逐年上升，2018 年占比分别为 25.37% 和 24.52%；而食品和饮料制造业、化学制品制造业工业总产值占全区比例逐年下降，2018 年占比分别为 7.05% 和 11.55%。总体上呈现从低技术要素向高技术要素的升级特征（图 4-9）。

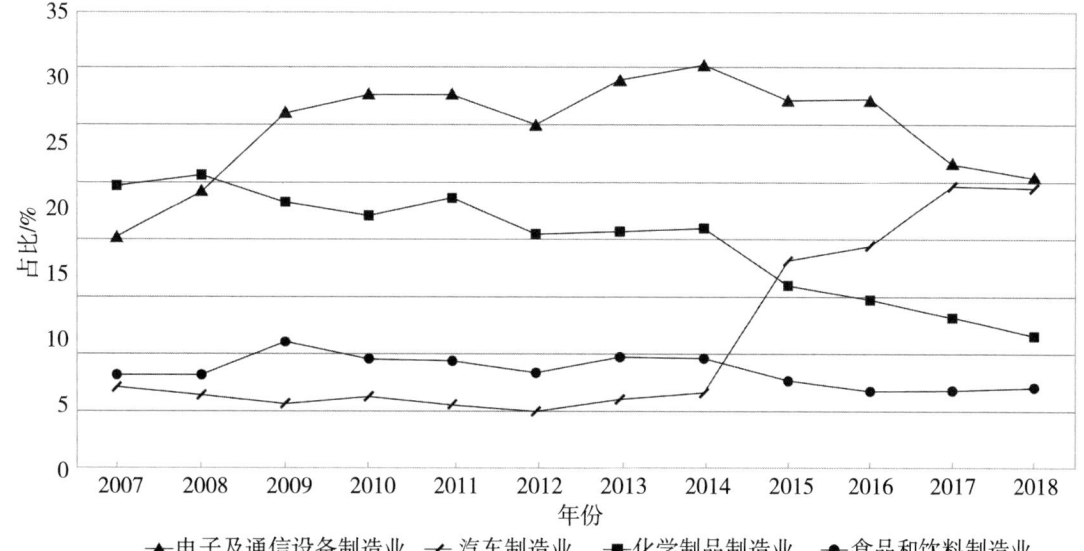

图 4-9 广州开发区四大外源型产业工业总产值占全区比例的统计分析

(资料来源：广州开发区统计年鉴)

4.2.3 产业形态呈现典型卫星平台式特征

经过调查发现,广州开发区的外源型工业企业集聚,在产业形态上呈现典型的卫星平台式特征。其一是经典卫星平台式,如宝洁日化等多数外源型工业企业呈现该特征;其二是轮轴卫星平台式,兼具有卫星平台式和轮轴式产业区的特征,以乐金显示(LGD)为轮轴核心的平面显示集群显然就是"产业链招商"的成果。

4.2.3.1 卫星平台式和轮轴式产业区

Markusen A(1996)基于对比的视角最早系统地建构了多类型产业区模型,提出产业区具有马歇尔产业区(或称意大利式产业区、新产业区,Marshallian industrial districts)、卫星平台式产业区(satellite platforms industrial districts)、轮轴式产业区(hub-and-spoke industrial districts)、国家力量依赖式产业区(state-anchored industrial districts)四种类型,并构建论述了四类产业区的基本模型和特征。

以 Markusen A 的研究为基础,结合其他学者对于卫星平台式、轮轴式产业区的研究,如 Park S O 等(1995)对韩国卫星平台式产业区的研究、Coe N M(2001)对温哥华电影产业卫星平台—马歇尔式特征的研究、Scott A(1992)对美国南加州产业区中轮轴大企业作用的研究、Gray M 等(1996)对美国西雅图轮轴式产业区的研究、赵建吉等(2018)对奇瑞汽车集群的轮轴式特征的研究,本书将卫星平台式产业区、轮轴式产业区的基本模型以及特征归纳如下。

1. 卫星平台式产业区的基本模型

依照 Markusen A 的定义,卫星平台式产业区是指跨国公司在其他地区设立分厂的集聚,典型特征是无本地产业联系。具体呈现如下特征(图 4-10):

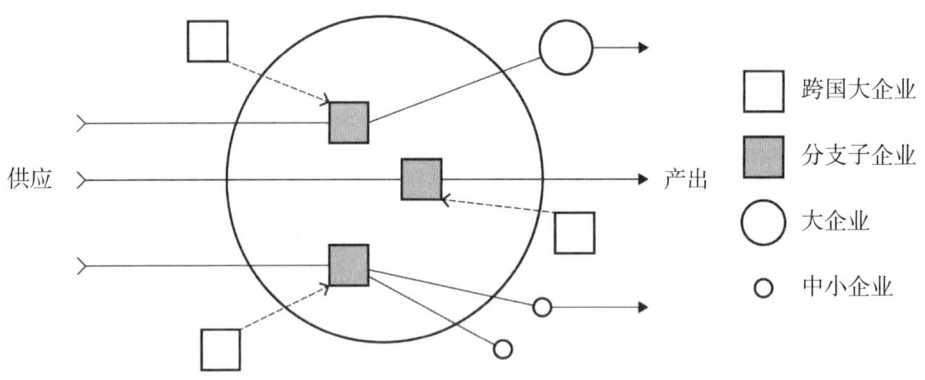

图 4-10 卫星平台式产业区的基本模型

(资料来源:根据 Markusen A. Sticky places in slippery space: A typology of industrial districts [J]. Economic Geography, 1996, 72(3): 293-313. 改绘)

①产业构架由大型、外部、头部企业主导;②规模经济效益中等偏高;③各平台企业间产业联系度低;④关键的投资来自外部决策;⑤缺乏与本地供应商的长期联系;⑥与外部企业特别是母公司高度联系;⑦本地同类企业之间的合作(通过合作分担风险、稳定市场、分享创新)程度低;⑧劳动力是在外部,工人根植于企业而非地区;⑨资金、技术、

商业服务主要通过外部提供；⑩地方政府在提供基础设施方面以及管理、培训、营销、技术或财政帮助方面有强大的作用等。

2. 轮轴式产业区的基本模型

依照 Markusen A 的定义，轮轴式产业区的基本模型是：一些关键企业充当区域经济锚定或枢纽的角色，供应商和相关主体像车轮轮辐一样分布在周围。具体呈现如下特征（图4-11）：

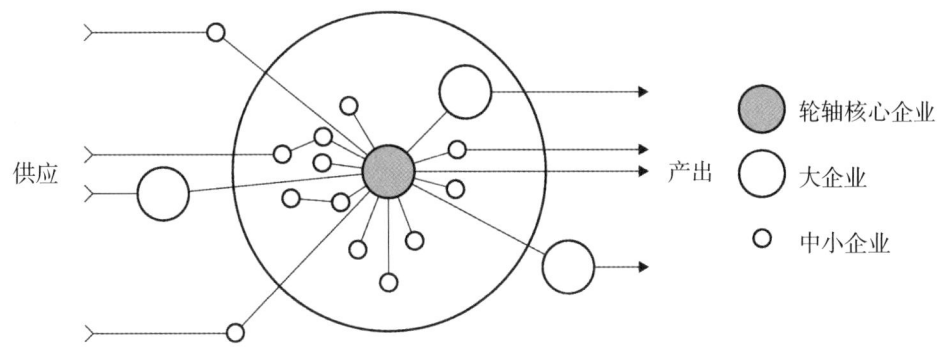

图4-11 轮轴式产业区的基本模型

（资料来源：根据 Markusen A. Sticky places in slippery space: A typology of industrial districts [J]. Economic Geography, 1996, 72 (3): 293-313. 改绘）

①产业构架由一个或几个由供应商包围的、垂直整合的大型公司主导；②轮轴核心企业非本地嵌入，与地区外的供应商有实质性的联系；③规模经济效应相对明显；④轮轴核心企业和供应商之间存在大量区内贸易，二者之间建立了长期供应合同和协议；⑤与本地及外部企业建立了高度的合作和联系；⑥蓝领工人比例高，劳动力流入率高、流出率低；⑦国家、省以及地方政府将其作为核心产业进行监管和促进，发挥了强有力的作用；⑧长期增长前景取决于轴心企业的前景。

4.2.3.2 经典卫星平台式——宝洁日化

1. 发展历程

广州宝洁有限公司（以下简称"宝洁日化"）是广州开发区最具代表性的外源型工业企业之一（图4-12），于1988年由美国 P&G 公司（Procter & Gamble Company，简称 P&G）、香港和记黄埔（中国）有限公司、广州肥皂厂、广州开发区建设进出口公司共同投资成立。

由美国宝洁公司提供技术和管理经验，广州肥皂厂（持有20%的股权）负责劳动力和提供当地市场经验，广州开发区建设进出口公司（持有5%的股权）负责新建厂房，香港和记黄埔（中国）有限公司则协助产品出口创汇。

宝洁日化自1988年第一次投资成立广州宝洁有限公司以来，分别于1990年第二次投资成立广州宝洁纸品有限公司、1992年第三次投资成立广州宝洁洗涤用品有限公司、1995年第四次投资成立了宝洁口腔产品有限公司。在20世纪90年代末至21世纪初，宝洁日化通过收购合资方股权逐渐实现了外资独资，并将在广州开发区的多个子公司整合为广州宝洁公司。

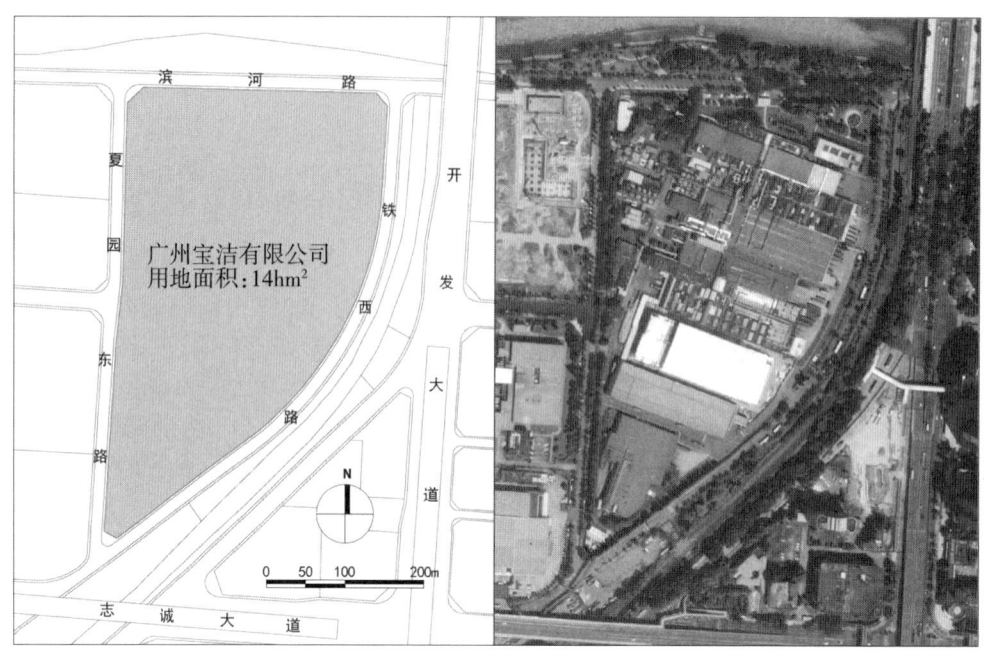

图4-12 宝洁日化在广州开发区西区的工厂

宝洁日化是广州开发区成立早期引进的最大、最典型外资企业之一,主要生产和销售洗发液、护发品、护肤品、香皂等多个类别几十种规格的产品。宝洁日化进入广州开发区后发展快速,在20世纪90年代中期,宝洁日化一度占据国内市场超过60%的份额,同时也成为广州开发区第一纳税大户,其纳税额也一度占广州开发区税收收入的一半。从1994年的数据来看,宝洁日化纳税2.7亿元,占广州开发区全年税收收入的46.15%。[①]

2. 上下游产业链

以宝洁日化的洗发水产业链为例来看,可分为材料供应、产品生产、成品分仓、输给客户4个环节(江蓉,2002)(图4-13)。

第一,材料供应主要包括原材料和包装材料,其中:原材料主要有表面活性剂、香精油、染色剂、珠光剂、有机成分等,共有150余种,分别来自60多个供应商,除了少量的原材料(如用于清洁起泡的表面活性剂)来源于国内供应商以外,主要的原材料都从宝洁公司全球指定的供应商处进口;包装材料主要有塑料瓶、盖、标签、软包装薄、软管、纸箱等,共有200余种,分别来自全球20多个供应商,相对于原材料,90%以上的包装材料供应商来源于国内供应商(表4-1)。

江蓉(2002年)的硕士论文研究详细统计了宝洁公司洗发水原材料的供应商,在30种原材料中,三分之二的供应商来自于国外,三分之一的供应商来自于国内,这充分反映了宝洁公司依赖全球的供应链特征。

---

① 广州市萝岗区政协"广州经济技术开发区专辑"编委会. 开拓者的记忆——广州经济技术开发区1984—1994 [M]. 广州:广州出版社,2009.

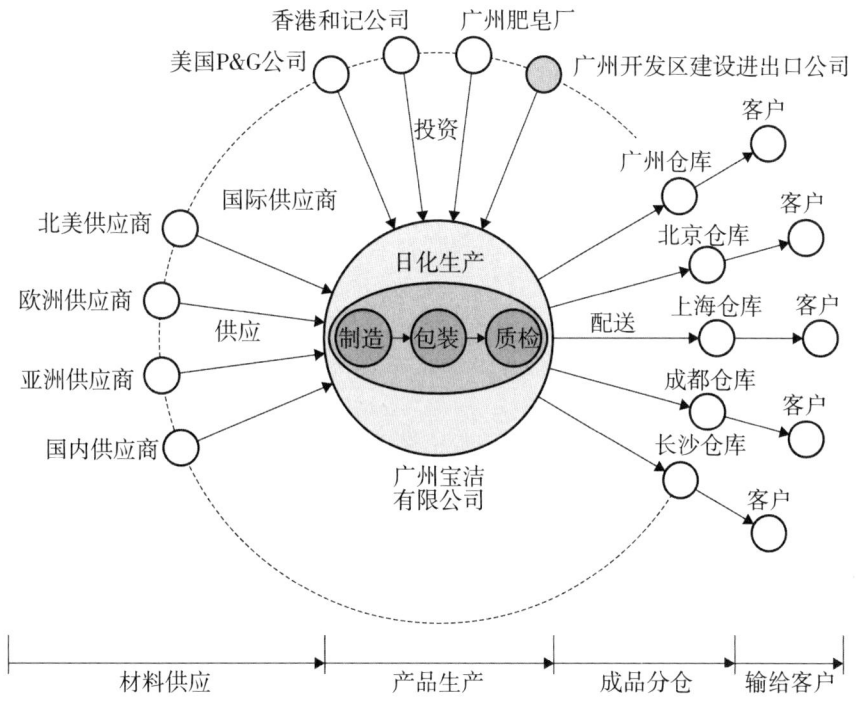

图 4-13 宝洁日化的产业链解析

（资料来源：江蓉. 案例：中国宝洁公司黄埔工厂 [D]. 广州：暨南大学，2000. 改绘）

表 4-1 宝洁日化的洗发水原材料一览表

材料编码	是否进口	材料编码	是否进口	材料编码	是否进口
10045142	是	13000590	是	10045437	否
10053095	否	10047833	是	10047866	是
10047990	是	13084737	是	10047705	是
10079550	是	10048070	否	10048221	否
10079313	是	10101941	是	10047352	是
10043410	是	10048108	否	10047710	否
10047920	否	11614151	是	10045240	是
10055502	是	10045052	否	10057401	是
11515445	是	10045220	是	10047356	是
13014120	是	10052361	否	10051029	是

注：根据江蓉. 案例：中国宝洁公司黄埔工厂 [D]. 广州：暨南大学，2002. 数据整理。

第二，产品生产由制造和包装两个阶段组成，制造是原材料在物理搅拌下经过一定时间的化学反应生成洗发水的半成品（WIP），包装是将制造车间生产完成并储放在储缸里的半成品（WIP）经过包装生产线的灌装、拧盖及成箱工艺产出最终产品。

第三是成品分仓，洗发水产品在广州开发区的工厂生产完毕、经过质量检测合格后，被运往宝洁日化全国的货品仓库：广州、北京、上海、长沙、成都等，然后按照地理分区供应客户。

第四是输给客户，客户订单处理部根据客户的订单数量和时间通知仓库调货，客户可以从最近的仓库拿到所需要的产品，客户签收后完成交易。

3. 宝洁日化是经典卫星平台式

宝洁日化是跨国公司的分支企业，资本、技术及管理经验等核心要素均来源于美国母公司。

从上下游产业链来看，上游材料供应来源于宝洁的全球指定供应商，没有与本地企业产生密切的供应关系，下游客户群体分布于全国，呈现两头都在广州开发区外的特征。

从空间要素来看，广州开发区管委会供给了完成"七通一平"基础设施建设的"熟地"，提供了土地要素，并通过区属国企——广州开发区建设进出口公司完成了厂房的建设，为宝洁日化提供空间支撑和保障。

从劳动力要素来看，劳动力来源是区域外部迁入的流动人口。

从市场要素来看，国内改革开放的大环境提供了广阔的市场，其产品销售至全国各地（图4-14）。

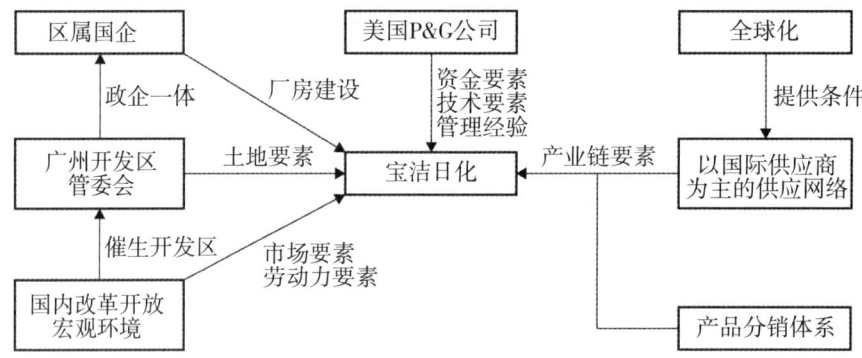

图4-14 宝洁日化的卫星平台式特征分析

4.2.3.3 轮轴卫星平台式——乐金显示（LGD）集群

1. 发展历程

乐金显示（LGD）在广州开发区的投资经历了从液晶显示（LCD）模组生产到液晶显示（LCD）面板生产再到有机电激光显示（OLED）面板生产的升级过程，三次投资分别成立了乐金显示（广州）有限公司、乐金显示（中国）有限公司、乐金显示光电科技（中国）有限公司。形成了净用地面积达72.36公顷的大型生产基地，位于广州科学城东部组团，西至开达路、南至开泰路、东面和北面以新阳东路为界（图4-15）。

乐金显示（LGD）在广州开发区的第一次投资为2006年落户、2008年投产的液晶显示（LCD）模组项目。2006年5月，广州开发区与LG Philips LCD（由韩国LG与荷兰Royal Philips Electronics于1999年投资成立的合资公司，Royal Philips Electronics于2008年退出，更名为LG Display即乐金显示）签订合作协议，投资成立了乐金显示（广州）有限公司，是乐金显示（LGD）在我国投资成立的第二家液晶显示（LCD）模组生产厂，于2008年正式投产。

第二次投资为2012年落户、2014年投产的液晶显示（LCD）面板项目。乐金显示（LGD）于2012年5月在广州开发区成立了合资公司——乐金显示（中国）有限公司，投

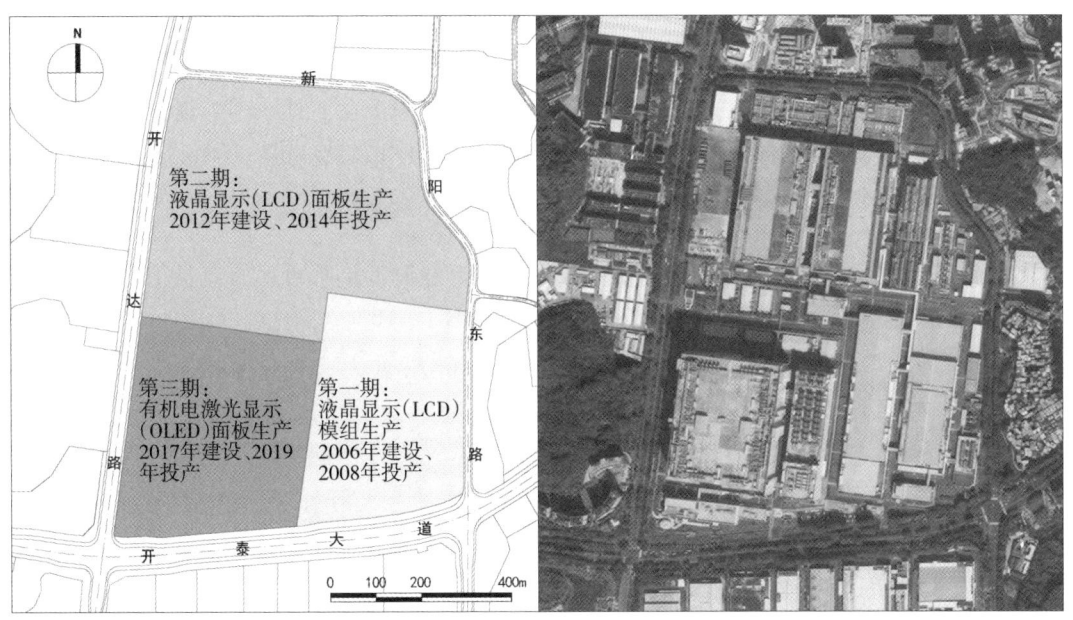

图 4-15 乐金显示（LGD）三次投资的空间布局

资了液晶显示（LCD）面板项目，成为乐金显示（LGD）的首个海外液晶面板生产基地，并于 2014 年正式投产。在此之前，乐金显示（LGD）的液晶显示（LCD）面板一直在韩国本土进行生产，再由韩国本土出口到世界各地。

第三次投资为 2017 年落户、2019 年投产的有机电激光显示（OLED）面板项目。乐金显示（LGD）于 2017 年 10 月在广州开发区的第三次投资，成立了合资公司——乐金显示光电科技（中国）有限公司，从事有机电激光显示（OLED）面板的生产，并于 2019 年正式投产（表 4-2）。

表 4-2 乐金显示（LGD）的三次投资历程与方式

投资时间	投产时间	投资业务	投资方式
2006 年	2008 年	液晶显示（LCD）模组生产	母公司独资
2012 年	2014 年	液晶显示（LCD）面板生产	合资：母公司持股 70%、区属国企持股 20%、下游公司持股 10%
2017 年	2019 年	有机电激光显示（OLED）面板生产	合资：母公司持股 70%、区属国企持股 30%

2. 以乐金显示（LGD）为轮轴核心的集群——轮轴卫星平台式

乐金显示（LGD）的首要属性是外资企业，母公司韩国 LG 集团是技术、资本及管理经验等要素的直接来源。

从产业链要素来看，乐金显示（LGD）落户广州开发区带来了众多协力企业的投资落户，形成了一个封闭的轮轴式供应链。如乐金化学（乐金化学［广州］信息电子材料有限公司）供应偏光片、井南电子（广州井南电子有限公司）和智水电子（广州智水电子有限公司）供应印刷电路板、新谱电子（新谱［广州］电子有限公司）和喜星电子（喜星电子［广州］有限公司）供应背光模组、富美斯电子（富美斯［广州］电子有限公司）供应金属冲压部件、大成气体（大成［广州］气体有限公司）供应工业气体、养志电子（广州养志电子有限公司）供应注塑件、济旭包装（广州济旭包装有限公司）供应包装材料等。

从空间要素来看，广州开发区管委会提供完成"七通一平"基础设施建设的"熟地"，为乐金显示（LGD）及其配套厂投资提供空间保障。

乐金显示（LGD）及随迁配套企业的集聚区别于经典卫星平台式，兼具卫星平台式和轮轴式产业区的特征，本书称为轮轴卫星平台式（图4-16）。

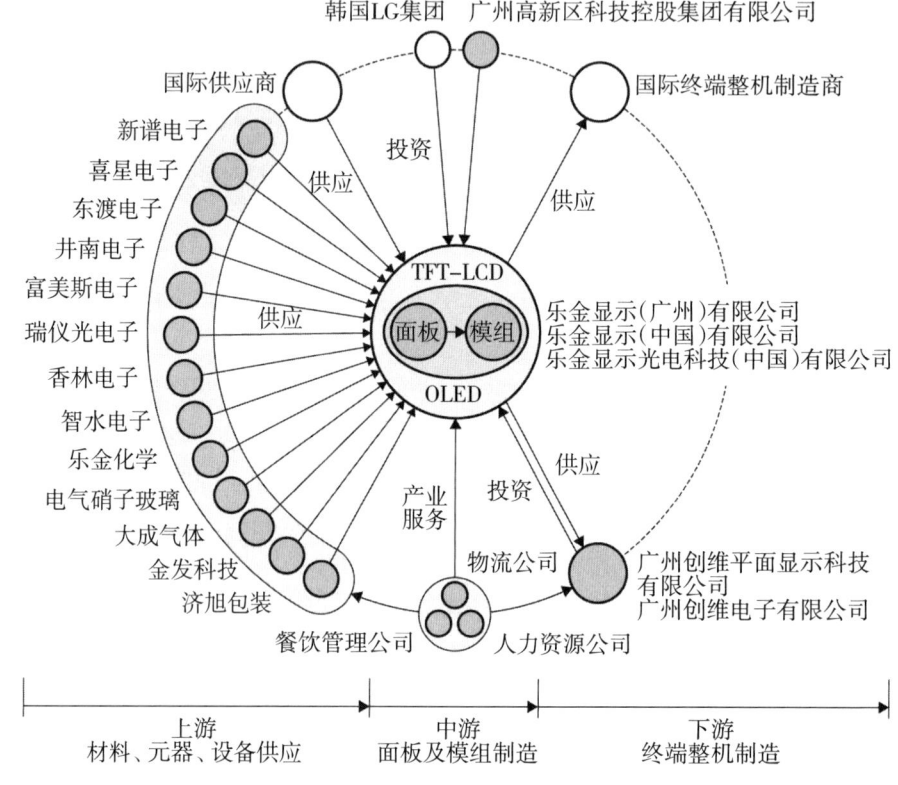

图4-16 广州开发区乐金显示（LGD）集群产业链解析

4.3 工业园区的滚动扩张

4.3.1 产业格局：从日用品到高新技术产品

数据来源与测度方法：

第一步，通过"企查查"高级检索，以地区为"黄埔区（广州开发区）"、企业类型为"外商投资企业＋港澳台投资企业"、行业分类为"制造业"、登记状态为"在业"进行检索，共获取符合条件企业775家，人工逐一辨识，去除空壳公司，由此获取广州开发区外源型工业企业名录及基本信息，共计423家。

第二步，通过高德地图API获取企业落点的GCJ-02地理坐标数据，通过坐标纠偏转化为WGS-84地理坐标数据，通过Arc GIS软件进行坐标投影转化为WGS-84平面坐标数据，叠加广州开发区行政边界数据后完成数据库构建。

第三步，利用Arc GIS软件进行核密度分析，可视化表达广州开发区外源型工业企业的空间分布特征（图4-17、图4-18）。

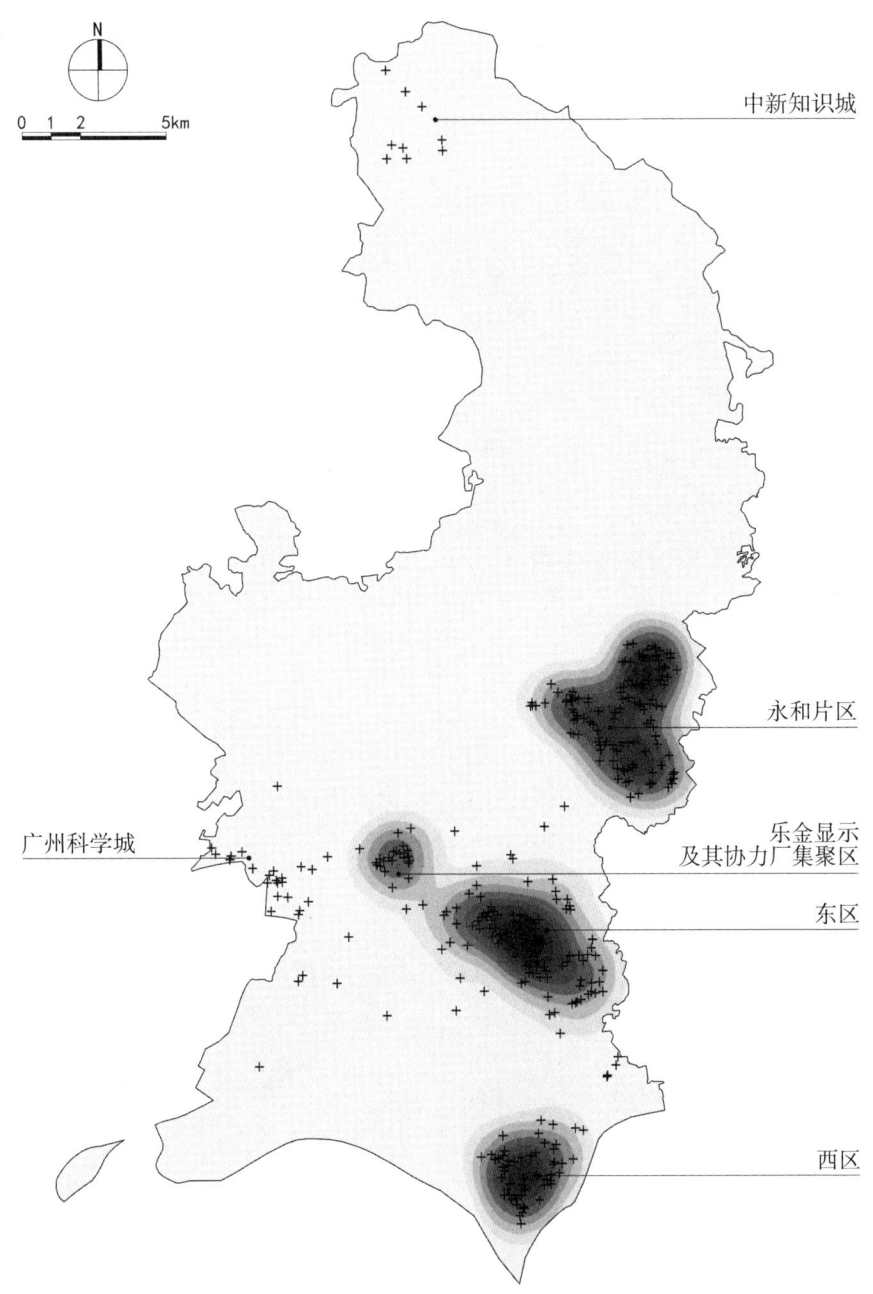

图4-17 广州开发区外源型工业企业空间分布特征

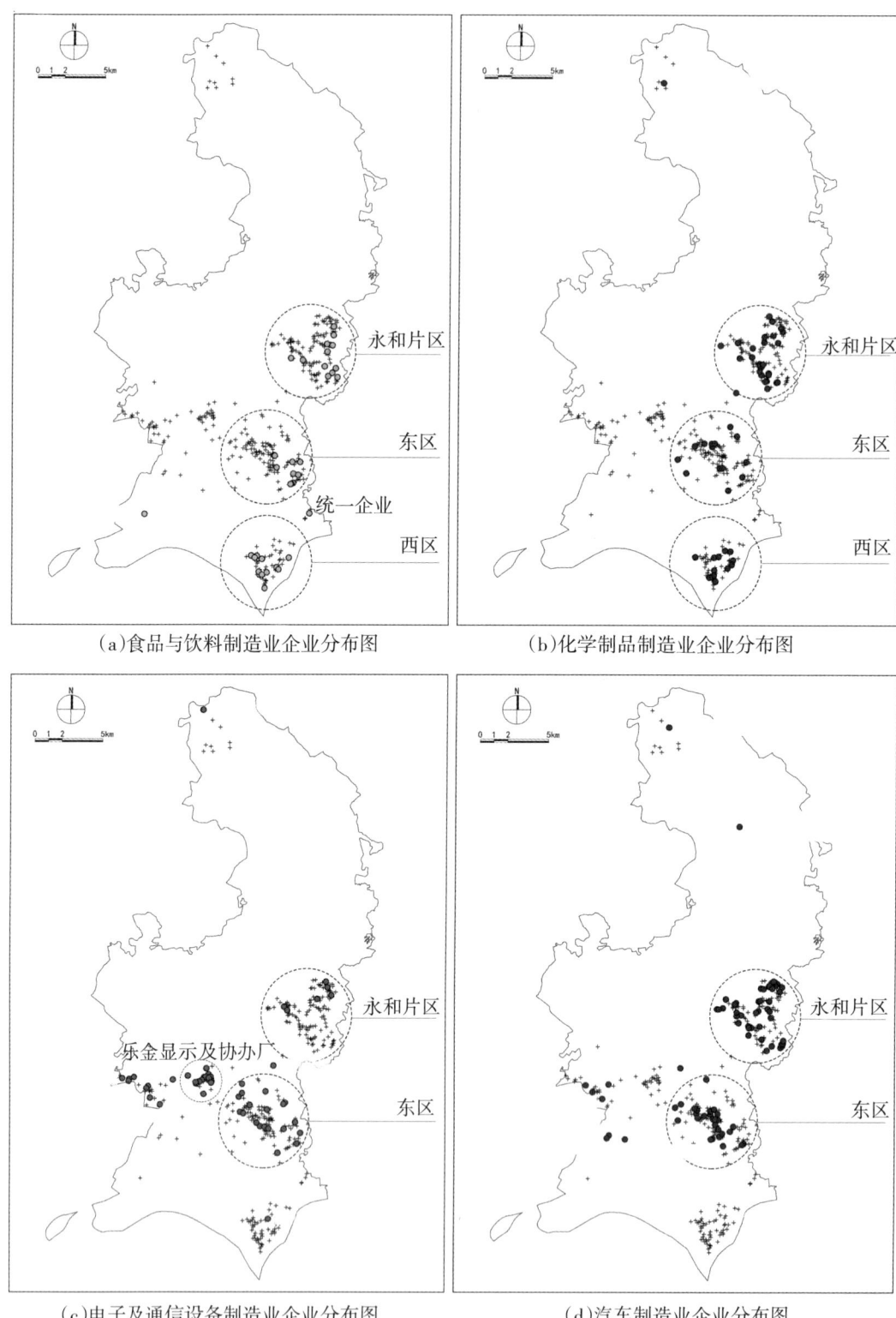

图4-18 广州开发区四类外源型产业空间分布特征

西区是广州开发区最早开发的片区，至20世纪90年代中期已经基本开发完毕，主要集聚了广州开发区早期招商引入的化学制品制造业、食品与饮料制造业。化学制品制造业的代表性企业如宝洁日化、高露洁、安利日用品、国际香料、陶氏化学等，食品与饮料制造业的代表性企业如箭牌糖果、美赞臣营养品、益海粮油、百事中国、味可美食品、明治雪糕、李锦记食品等。

东区自1992年开始开发，主要集聚了电子及通信设备制造业、汽车制造业。电子及通信设备制造业的代表性企业如捷普电子、长兴电子材料、松下电子材料、飞登电子等，汽车制造业的代表性企业如昭和汽车零部件、法雷奥发动机冷却、恩梯恩裕隆传动系统、广爱兴汽车零部件、寿藤汽车配件等。同时，东区也集聚了一些食品与饮料制造业、化学制品制造业企业。食品与饮料制造业以康师傅系列（顶益食品、顶津食品、顶津饮品、顶园食品）、南桥食品等为代表，化学制品制造业以立邦涂料、佐登妮丝美容化妆品为代表。

永和区自1993年开始开发，主要集聚了汽车制造业、化学制品制造业、食品与饮料制造业。汽车制造业代表性企业如丸顺汽车配件、铭祥汽车零部件、敏实汽车零部件等，化学制品制造业的代表性企业如安美特化学、迪爱生油墨、贝格工业涂料、波士胶芬得利黏合剂等，食品与饮料制造业代表性企业如玛氏箭牌糖果（永和工厂）、百事饮料、益力多乳品、南国思念食品等。同时，永和区也集聚了一些电子及通信设备制造业企业，如喜星电子（永和工厂）、晋阳电子等。

此外，广州科学城也集聚了一些外源性工业企业，西部组团集聚了光宝电子等电子及通信设备制造业企业，东部组团集聚了乐金显示（LGD）及其协力企业，南部组团集聚了尼得科智动、达一电装等汽车制造业企业。

4.3.2 区位条件：城市边缘工业区位

1984年，国务院同意在广州设立经济技术开发区后，广州市迅速开展了选址工作。开发区的选址远离老城区，是考虑工业区位和开发区管理的结果，一是工业园区需要有便利的交通，西区可以充分利用105国道、紧邻黄埔港、靠近中国香港；二是为了避免给城市带来污染；三是方便划界管理，当时国务院对开发区选址有一条重要原则，即一定要有明确的地域，西区北面以横滘河为界、南面是珠江和东江的交汇点，界限非常明确（李梅贤等，1991）。

1984年获批的《广州城市总体规划（1981—2000年）》已经将广州开发区纳入总体布局。城市发展沿珠江北岸向东至黄埔区，规划布局旧城组团、天河组团、黄埔组团三个组团。其中，黄埔组团的发展思路是结合广州经济技术开发区，大力发展先进的工业技术、港口转口贸易、仓库等设施。

应该是广州开发区的选址拉动了第14版广州总规（1984年获批）选择向东发展、布局黄埔组团。广州开发区自启动建设以来发展快速，到20世纪90年代初，西区的建设用地几乎开发殆尽，广州开发区开始寻求拓区。1992年，广州开发区与白云区、黄埔区联合开发云埔工业区，短暂的联合开发后因行政管辖权不顺而分家，云埔工业区被分为三个片区，广州开发区所管辖的部分即为广州开发区东区。1993年，广州开发区与增城县（今增城区）签署了合作开发永和经济区的协议，协定由广州开发区主导开发。

从20世纪80—90年代的广州城市发展格局来看，西区、东区、永和区均处于广州市域边缘区位。广州连片建成区主要集中在老城区（当时的荔湾区、越秀区、东山区、海珠区)、天河中心区以及芳村东部地区,而广州东部地区(今广州开发区范围)尚处于散点开发的状态。西区、东区、永和区三大片区均位于当时广州市辖区(增城区于 2014 年撤县设区并入广州)的东部边缘,距离广州老城区约为 30 千米、距离天河北约为 25 千米,紧邻增城市和东莞麻涌镇(图 4 - 19)。

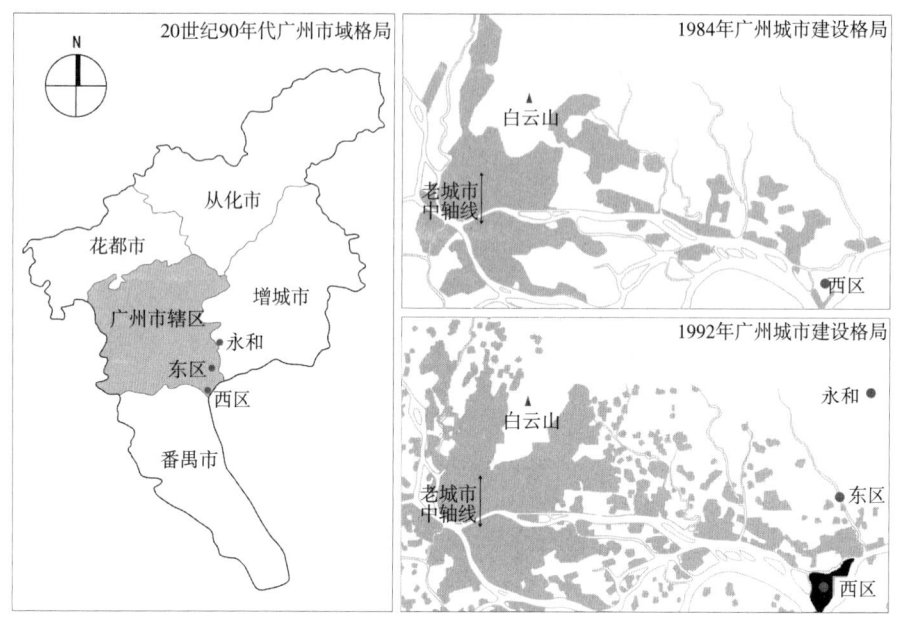

图 4 - 19　广州开发区在 20 世纪 80—90 年代的区位特征

4.3.3　空间模式:三片独立工业园区

4.3.3.1　从西区、东区到永和区

1984 年选址完成即开展了 9.6 平方千米土地的总体规划的编制,其中黄埔新港码头和大耗洲岛占有 3 平方千米、广州保税区占有 1.4 平方千米,除去这些,剩余实际可开发用地面积为 5.2 平方千米。

广州开发区启动后发展快速,到了 1992 年,西区的工业用地已经非常紧张,实际可开发的 5.2 平方千米的土地中已开发 4.5 平方千米,可利用土地所剩无几,建设用地成为当时发展的最大瓶颈。

吴少斋(曾任东宏实业公司、东区实业有限公司董事长、总经理)回忆说:"当时,开发区发展速度非常快,到了 20 世纪 90 年代,土地的压力越来越大。有一次,时任广州市副市长巢振威在新加坡参加会议,打电话说通用电气有一个项目要来发展,当时开发区只有一块不规则的三角地供考虑,结果外商不满意,到了嘴边的肉又飞走了。由此管委会下决心扩区,但是怎么扩大规模?西边土地已经没有了……不过,黄埔新港占了一部分土地,以至于开发区实际可开发土地并没有 9.6 平方千米,于是就以此为由筹划在东区置换土地。①

---

① "广州文史"之"黄埔文史"之"萝岗第一辑"之"拉开东区开发的序幕",作者为吴少斋。

第4章 广州经济技术开发区成为工业高地

广州开发区分别于1992年、1993年启动了东区、永和区的开发。首先是东区的开发，东区又分南、北两片，其中东区南片是广州开发区1992年向国务院申请置换的3平方千米土地（以黄埔新港码头和大耗洲岛占有的3平方千米土地置换），东区北片面积为4平方千米，是广州市政府委托广州开发区开发管理片区，此外还包括了笔岗村周边的"擦边球"片区。紧接着是永和区的开发，广州开发区于1993年与增城县签署了合作开发永和经济区的协议，协定由广州开发区主导开发永和区，实行留区税收七三分成，面积约为15.88平方千米（图4-20）。

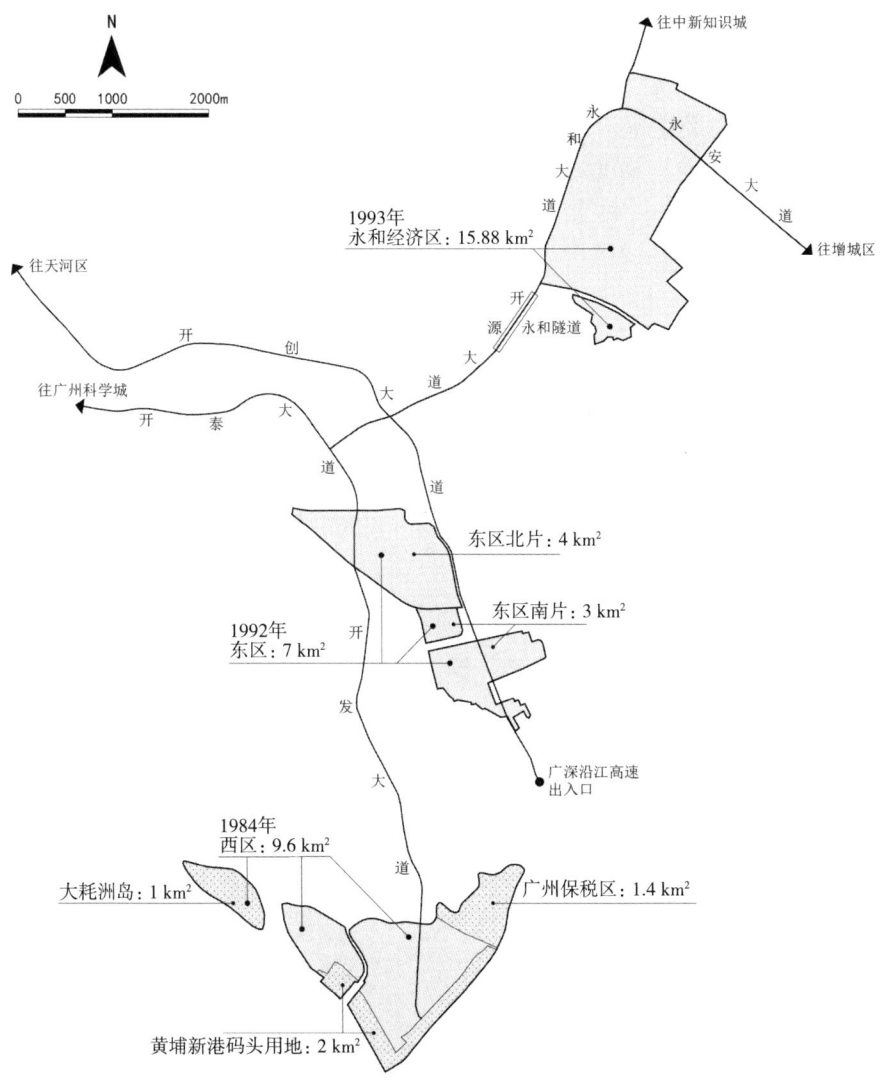

图4-20 广州开发区从西区到东区、永和的扩张过程

王廷立等回忆：1992年8月，管委会派王廷立副秘书长率领曾达雄、张家安、苏伟嘉、王江川等同志做新区选址工作。他们先后到过番禺县的化龙镇，东莞市的麻涌镇，增城县的新塘镇、沙埔镇、永和镇等地进行扩区用地的选址考察调研……最后扩区选址在了增城县的永和镇，开发区与他们合作开发永和区……11月18日，举办合作协议书签字暨

永和大道奠基仪式……合作实行留区税收七三分成，按照每亩3.9万元的征地费总包干，形成"优势互补，共同开发"模式。从此，拉开了建设永和区的序幕。①

4.3.3.2 典型的工业园区规划建设

广州开发区西区、东区、永和区的前期规划就是一个功能单一的工业园区，核心目标是招商引资、强调土地产出效益，基本上不考虑就业和居住、服务的平衡，具体表现为"工业为主+少量配套"的功能构成与用地配比。

以西区为例，西区规划范围面积为9.6平方千米，布局了港前工业区、东基工业区、西基工业区、北围工业区4个工业片区以及南围综合区。除去黄埔新港码头、大耗洲岛、原居民点等不可开发建设的用地，可建设用地为6.7平方千米（包含1992年划归广州保税区的1.4平方千米土地）。其中工业用地3.9平方千米，占可建设用地的比例达58.20%；交通及市政用地1.4平方千米，占可建设用地的比例为20.90%；居住用地、公共设施用地、绿地三项共计1.4平方千米，占可建设用地的比例为20.90%。其次，从人口规划来看，最初规划就不是以职住平衡为规划目标，规划建成后总人口规模约9万人，其中区内居住人口约5.4万人、通勤人口约3.6万人，通勤人口占总体规划人口的比例约为40%；规划到2000年，总人口规模为6万人，其中区内居住人口约3.5万人、通勤人口约2.5万人，通勤人口占总规划人口的比例约为41.67%（李梅贤，1991）（表4-3）。

表4-3 广州开发区西区总体规划用地统计一览表　　　　单位：公顷

	南围综合区	港前工业区	东基工业区	西基工业区	北围工业区	大耗洲	合计面积	比例/%
分区面积	186.23	236.86	99.22	170.49	170.4	98.13	961.33	—
原单位/居民点用地	15.39	111.09	5.82	61.73	2.51	0	196.54	—
可建设用地	170.84	125.74	93.4	108.77	167.89	0	666.64	100
其中：居住用地	50.68	0	1.10	0	24.36	0	76.14	11.42
公共设施用地	33.08	2.85	1.20	0	2.92	0	40.05	6.01
工业用地	28.74	90.75	71.73	75.64	118.10	0	384.96	57.75
对外交通用地	17.75	0	0	1.50	3.60	0	22.85	3.43
道路广场用地	31.11	25.58	13.62	20.38	9.25	0	99.94	14.99
市政设施用地	1.24	5.12	2.00	8.06	3.48	0	19.90	2.99
绿地	8.24	1.44	3.75	2.74	6.18	0	22.35	3.35
其他用地	0	0	0	0	0	98.13	98.13	14.72

资料来源：李梅贤. 广州经济技术开发区规划[M]. 北京：中国科学技术出版社，1991.

4.3.3.3 城市边缘的独立工业园区

总体来看，西区、东区、永和区的空间模式为城市边缘三片独立外源型工业园区的滚动扩张（图4-21）。

---

① "广州文史"之"黄埔文史"之"萝岗第一辑"之"永和经济区筹建过程"，作者为王廷立、张家安。

第4章 广州经济技术开发区成为工业高地

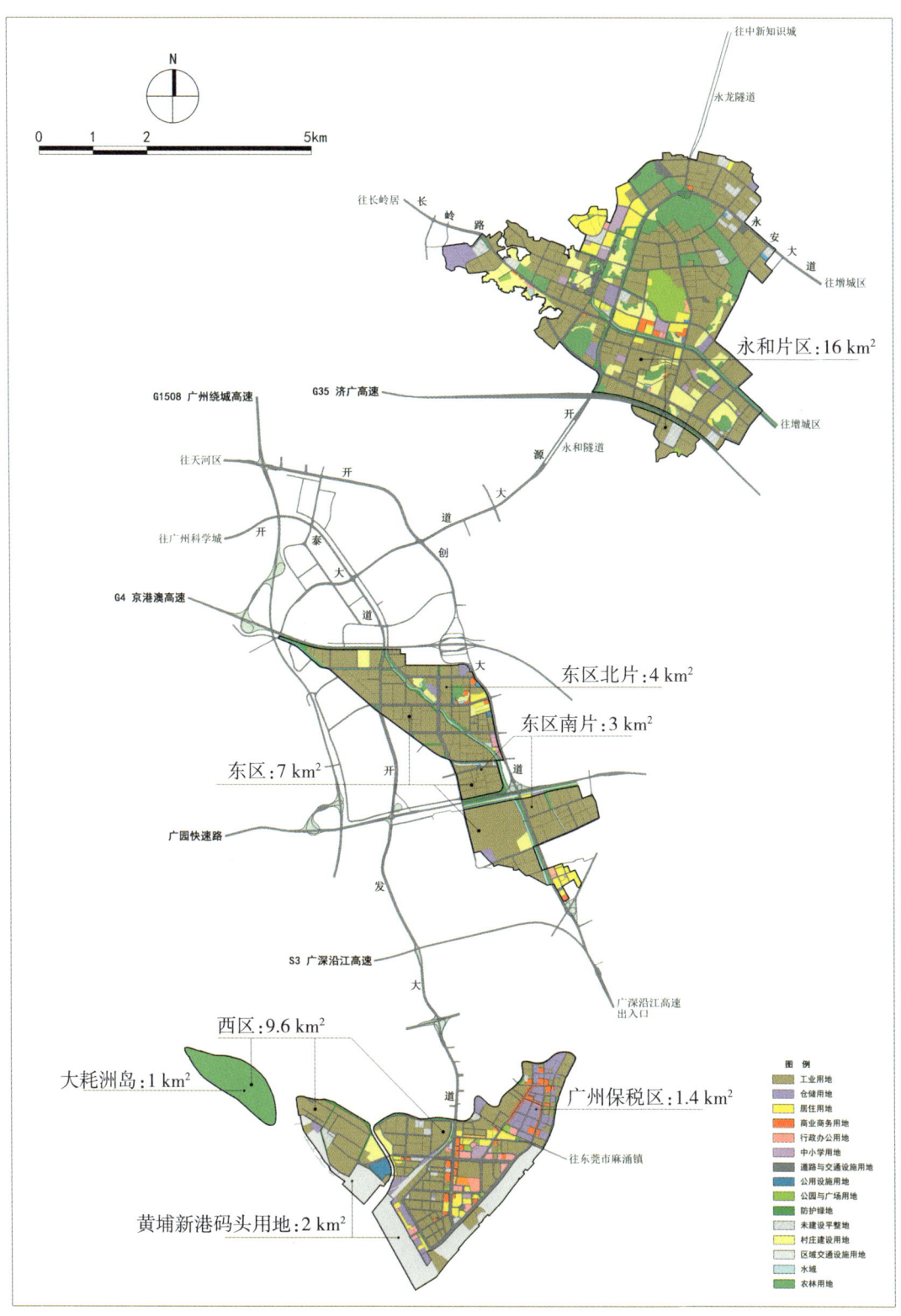

图4-21 广州开发区西区、东区、永和区土地利用现状图

从区位特征来看，位于市域边缘、远离中心城区。从开发目标来看，核心目标是承载广州开发区的一次创业，承载外源型工业企业的集聚。从开发过程来看，呈现从西区到东区、永和区的逐步滚动扩张过程，形成三片独立的工业园区。从功能构成与用地配比来看，强调招商引资、发展工业，强调土地产出效益，基本上不考虑就业和居住、服务的平衡，呈现"工业为主+少量配套"的空间特征（图4-22）。

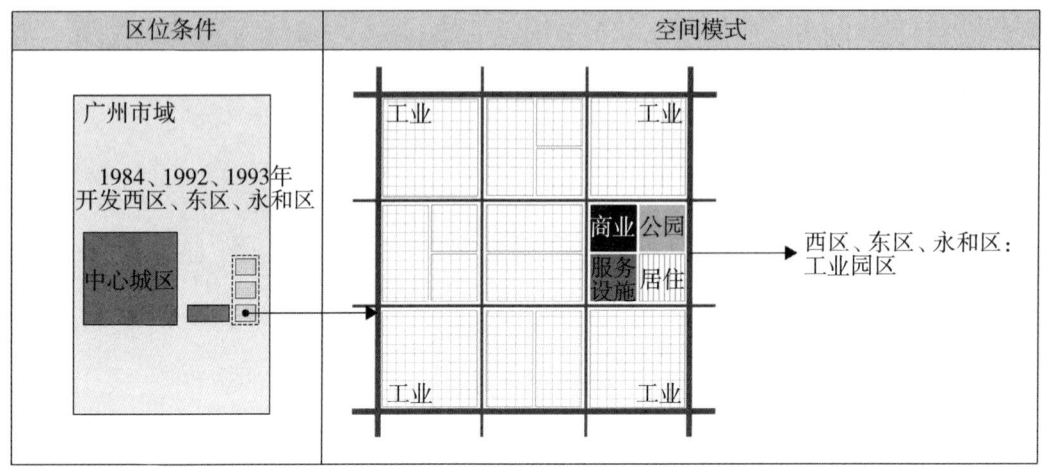

图4-22 广州开发区西区、东区、永和区的空间模式

4.3.4 支撑机制："熟地"供给、村庄提供服务

4.3.4.1 "熟地"供给是引资保障

"熟地"供给是吸引外商投资、确保外资落户的基本保障。美国捷普集团于1996年启动亚洲拓展战略并在番禺建厂，2001年捷普美国总部制定实施"捷普番禺迁厂计划"，计划关闭番禺的老厂，在广州开发区成立捷普电子（广州）有限公司，最终新厂落地于广州开发区东区北片，高效的"熟地"供给是其投资广州开发区的重要因素之一。

关于捷普电子落户广州开发区，陈仪德（曾任捷普电子企业工作代表）回忆：我区在政策优惠上为客商在选址、地价、环保、供电和完善周边环境条件作出"重量级"的承诺，特别是果断地答应建设5千米双回路供输线路（工程总额高达1006万元），为坚定捷普美国总部投资我区坚定了信心。①

4.3.4.2 村庄为工业提供配套服务

"熟地"供给的过程中涉及政府、外商、村民三类主体，形成了三者利益相互嵌入的土地供给和开发模式，衍生形成工厂与村庄共存的空间机制，20世纪80—90年代广州开发区一次创业集中时期是典型体现。

其一，政府向村民征收"生地"，完成"三通一平""七通一平"后，向投资企业

---

① 广州市萝岗区政协"广州经济技术开发区专辑"编委会. 开拓者的记忆——广州经济技术开发区1984—1994 [M]. 广州：广州出版社，2009.

供给"熟地",政府在征地中为了减少成本、提高效率选择不迁移村民、不拆迁居民点,由此为外资企业投资提供了低成本土地、高效率落地的基础,在此过程中政府的征地行为主要通过政企一体的区属国企来实现,例如开发东区时成立了东骏公司、东宏公司,开发永和片区时成立了永和公司。其二,外资企业在购地、建设厂房、开展生产后,面向政府带来了税收收入,面向村民带来了产业工人。其三,村民、村集体在放弃了原有的土地所有权、使用权后,一方面获得一次性征地补偿,另一方面村民为产业工人提供房屋租赁、生活服务等获得收入,此外村集体获得集体留用地后通过留用地开发、物业经营获得持续收入并向村民分红。(图4-23)。

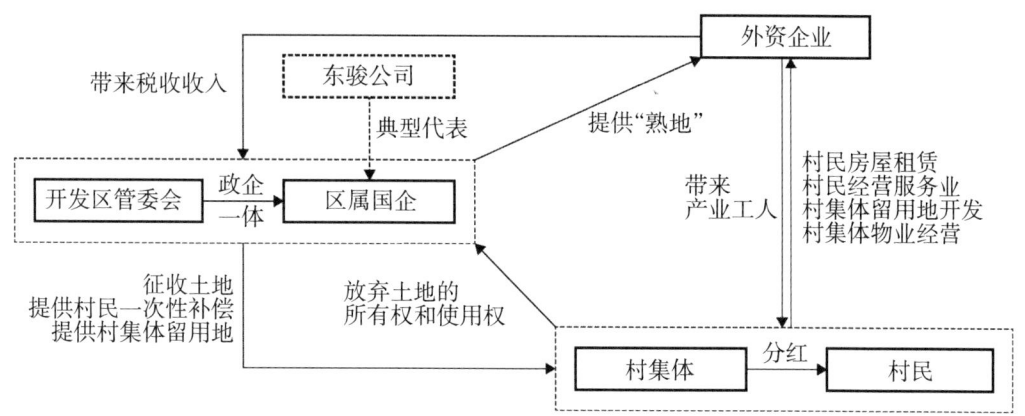

图4-23 广州开发区一次创业集中时期的土地供给和开发模式

4.4 小结:以低成本优势招商引资

广州开发区作为我国1984年首批设立的开发区,以外源集聚的一次创业起步,以低成本优势和优惠政策形成外源型工业企业集聚的发展路径成为工业高地,成为广州工业发展的主要载体,工业产值在全市的比重逐年提高。广州开发区在20世纪80—90年代的外源式发展路径在我国开发区发展中具有普遍的代表性。

用足优惠政策招商引资,形成"管委会+区属国企+民营招商公司"的招商模式。主要形成食品和饮料制造业、化学制品制造业、电子及通信设备制造业、汽车制造业四类外源型产业,这些产业呈现出典型的卫星平台式特征。进一步细分可知,存在经典卫星平台式、轮轴卫星平台式两种子形态,宝洁日化、乐金显示(LGD)集群分别是二者的典型代表。

在空间上,广州开发区从西区起步,之后又逐步扩张至东区、永和区,空间模式为城市边缘三片独立外源型工业园区的滚动扩张,广州开发区的外源型工业企业主要集聚在这三片工业园区,是一次创业的集中承载。西区、东区、永和区呈现工厂与村庄共生的土地供给和开发模式,正是这种"熟地"供给、村庄提供生活服务为外源集聚提供了低成本空间支撑机制。

第5章 广州科学城，在工业园区建设科技园区

20世纪90年代末，为应对我国扩大开放、亚洲金融危机等国内外环境的变化，开发区开始二次创业，即从外延式招商引资向内涵式科技创新转型，将招商引资、工业园区阶段的经验和积累的资本用于孵化和培育科技型中小企业，协助高新技术企业、瞪羚企业等利用资本市场迅速扩张。一批发展领先的开发区率先从工业园区向高新技术产业园区转型，开启了科创转型的历程。

1998年，广州经济技术开发区与广州高新技术产业开发区合并为广州开发区。广州开发区明确科技强区发展战略、举办首届中国留学人员广州科技交流会（以下简称"留交会"）、开办广州开发区留学人员创业园（以下简称"留创园"），开启了二次创业的历程。广州开发区在工业园区基础上开发建设了专有园区——广州科学城。作为中心城区边缘的高品质生态科技园区的广州科学城，以内生科技创新为动力、以高新技术产业为主导、以孵化载体为主要空间形式，特别注重空间品质和生态保护，成为集聚人才创新创业的空间基础。

5.1 广州开发区的二次创业

20世纪90年代末，随着我国改革开放的深入，以往只有优先开放的经济特区、国家级开发区才能享有的优惠政策，相继在沿江、沿边、内陆省会城市的开放区域实行。以2001年我国加入世界贸易组织为标志，我国对外开放由有限范围、有限地域、有限领域内的开放转变为全方位、多层次、宽领域的开放，由以试点为特征的政策性开放转变为法律框架下的制度性开放，由单方面的自我市场开放转变为我国和世贸组织成员之间的双向开放，削弱了开发区作为优先开放区域的特殊政策效应。

在全面开放背景下，开发区享有的财政、税收、土地等优惠政策相继调整。首先，1994年分税制改革后，开发区享受多年的中央财政优惠政策相继到期，其中沿海14个经开区的财政优惠政策最早于1998年到期。最早到期的政策的具体调整情况为：1996—1998年期间中央财政递减返还，即以新增财政收入中的中央财政应得部分为基数，三年内由中央财政分别按75%、50%、25%的比例递减返还。其次，第十届全国人大五次会议于2007年通过了《中华人民共和国企业所得税法》，并于2008年1月1日起正式实施。该法取消了全国企业所得税的差异税率，实行统一的25%的企业所得税率；取消了经济特区、国家级经开区内外资企业15%的所得税优惠；取消了高新技术企业15%的企业所得税优惠限定在国家级高新区的规定，实行全国统一（原规定只有在国家级高新区内的高新技术企业才享有15%的企业所得税优惠，新税法实施后，只要被认定为高新技术企业，就可享

受15%的企业所得税优惠）。自此，开发区内外的企业差异税率成为了历史。最后，20世纪90年代开始，开发区过热掀起了"圈地"热，形成了"开发区热"，全国范围内的开发区出现低水平重复建设和过度开发的现象（沈自玉，2004）。2003年2月，国土资源部（现为自然资源部）下发《关于清理各类园区用地 加强土地供应调控的紧急通知》，开始了对开发区的清理整顿工作。到2006年12月，全国各级各类开发区由6866个核减至1568个，规划面积由3.86万平方千米压缩至9949平方千米。2007年4月，国土资源部（现为自然资源部）、监察部（现为国家监察委员会）下发《关于落实工业用地招标拍卖挂牌出让制度有关问题的通知》，明确了工业用地必须要通过"招拍挂"方式出让。这些均显示了开发区土地政策的收紧。

在1997年之前，我国香港、台湾地区以及日本、韩国等亚洲发达经济体一直是我国外资的主要来源，仅1997年的投资协议金额就达到了342.2亿美元，占我国合同利用外资总金额的56.05%。亚洲金融危机导致我国外商投资规模骤然缩减，韩国三星、仁川、大宇等都相应推迟或放弃了对我国的投资计划。另外，亚洲金融危机也导致欧美在东南亚地区公司的利润率下降，进而使其对外投资能力受挫，不得不放缓投资步伐。例如，美国宝洁、摩托罗拉等公司的东南亚市场的营销利润锐减，使其不得不调整投资与经营战略（陈圣问，1999）。

1998年6月，广州市经开区与高新区合并，实行一套管理机构、两块牌子的管理体制。广州经开区与高新区的合并缘于二者面临的现实困境——广州经开区"有钱没地"、广州高新区"有地没钱"。

时任广州开发区管委会主任的王德业回忆道：

1998年初，我向市委高祀仁书记汇报工作时，讲到了开发区可用地很紧张，有项目没处安排。这时，科委主任兼高新区主任的曾诗度同志也参加了会议，他却提出他们现在有地没钱怎么办？高书记想了一会就说，你们一个有钱没地，一个有地没钱，你们合伙优势互补，发挥各自的优势。[①]

国家级高新区在制度设计之初是以科技部为主导、以促进技术创新为导向、以发展高新技术产业为目标，但是在发展初期，由于内生动力不足而普遍走上了以外源集聚为核心的外延式发展道路。所谓开发区的二次创业，就是在国际招商引资形势急剧恶化的情况下，以科技创新为动力推动开发区从外延式向内涵式发展转型。

广州开发区在1998年4月8—10日召开了二次创业发展思路研讨会。在研讨会上，樊纲提出广州开发区应该积极探索和发展高新技术、民营经济和资本运营三个新优势；刘培强认为广州开发区提出的"以经济开发养技术开发"非常好，应该抓住高科技发展主动权，站在发展制高点上；魏杰提出广州开发区目前面临工业园区、新的市区和技术创新区三种选择，最符合的还是技术创新区（葵心，1998）。会后，《广州经济技术开发区第二次创业发展纲要（1996—2005）》正式出台，确立了由经济开发向技术开发转变、大力发展

---

① 广州市萝岗区政协"广州经济技术开发区专辑"编委会. 开拓者的记忆——广州经济技术开发区1995—2005[M]. 广州：广州出版社，2009.

科学技术的目标,提出"通过发展科学技术,改善产业结构,扩大产出规模,实现产业升级"的发展思路,由此明确二次创业的思路,即科创转型。开发区二次创业内涵及广州开发区二次创业缘起如图5-1所示。

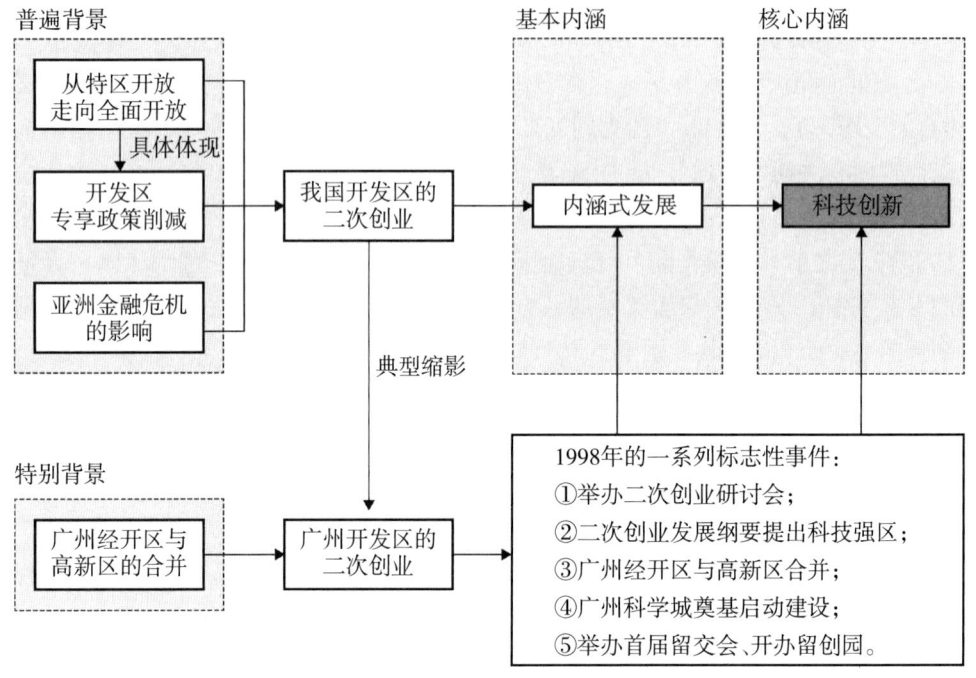

图5-1 开发区二次创业内涵及广州开发区二次创业缘起

自广州开发区二次创业至今,科技型中小企业已经发展成广州开发区科技创新的绝对主体。2018年,我国自上而下提出了"中小企业能办大事"①。截至2021年,广州开发区的科技型中小企业数量超过2万家,呈现"3个80%以上"的特点:80%以上的规上工业企业为科技型中小企业,80%以上的高新技术企业为科技型中小企业,80%以上的授权发明专利、技术创新成果和新产品来自科技型中小企业②。

科技型中小企业已经成为广州开发区经济发展的新动能,其各项经济指标占据了广州开发区的半壁江山,从2018年的统计数据来看,其工业生产总值占全区的46.65%,利润总额占全区的51.20%,营业收入占全区的59.60%,吸引从业人数占全区的59.70%③,如图5-2所示。

---

① "中小企业能办大事"是习近平总书记2018年视察广州开发区时的重要讲话。2018年10月25日,习近平总书记视察广州科学城,接见了广州开发区12家中小企业代表并亲切交谈,殷切勉励"中小企业能办大事,创新创造创业离不开中小企业",指示"要为民营企业、中小企业发展创造更好条件",充分肯定了中小企业在推动广州开发区科技创新、经济发展中的重要作用。由此,广州开发区提出打造"中小企业能办大事"先行示范区。
② 广州高新区发布. 读懂中国,广州高新区讲了三个故事 [EB/OL]. (2021-12-01). https://mp.weixin.qq.com/s/h9RVzJNMqEOjCGhimDmArA.
③ 数据来源:广州市黄埔区委员会宣传部主办的《黄埔新生活》系列杂志(共284期)之"中小企业能办大事特刊"。

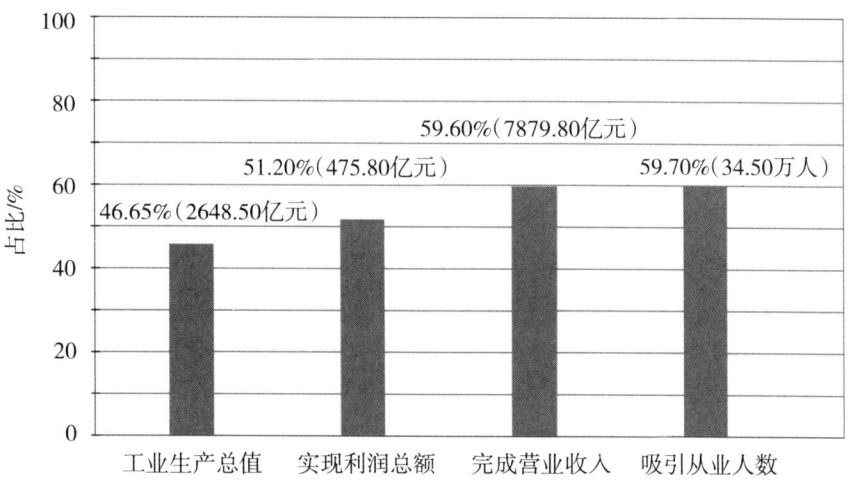

图 5-2 科技型中小企业对广州开发区科技创新、经济发展的贡献

5.2 科技型中小企业的孵化及再孵化

5.2.1 留交会推动留学人员创业

1998年,广州开发区外向型经济特征十分明显,发展主要依赖招商引资,科技创新成果、内生型科技企业几乎为零。后来,广州开发区的一批干部认识到了留学人员技术优势对广州开发区的独特价值,将推动留学人员创业视为广州开发区二次创业的重要抓手。

时任广州开发区经济发展局、计划与科技局局长的刘悦伦回忆道:

开发区单纯依靠土地政策和税收优惠政策引进外资和依赖外资的发展模式从长期来看难以为继,因为外资很多是逐水草而居,外资带来的资金、技术和人才受市场变化影响,随时可能流走。如果广州开发区不能发展具有自主知识产权的高新技术产业,想实现二次创业也会底气不足。而留学人员群体往往拥有世界前沿的科学技术,在推动广州开发区经济结构调整和产业升级要求下,留学归国人员可以在其中发挥至关重要的作用。[①]

1998年12月28日,利用国外圣诞节长假时间,首届广州留交会在广州出口商品交易会会馆举办,参会留学人员300多人,提报交流项目200多项,签订合作意向书14份。以此为开端,广州开发区持续吸纳留学人员创新创业,留学人员创业成为科技型中小企业孵化的最早、最典型路径。

刘悦伦回忆说:

彼时,颜光美、顾军、彭说龙、卢智俊等一批从海外留学回来的留学生和我聚在一起商量。大家认为,我国吸引留学人员的机制还存在很多缺陷,必须为留学生回国创业搭一座桥梁,帮助留学人员实现归国立业的梦想。我们提出了一系列的想法,第一个是成立广州留学人员创业园,第二个是发起一个留学生的千人大会。我们的想法很快形成具体的建

---

① 广州市萝岗区政协"广州经济技术开发区专辑"编委会. 开拓者的记忆——广州经济技术开发区1995—2005[M]. 广州:广州出版社,2009.

议摆在了时任广州开发区管委会主任的王德业等领导面前,开发区管委会决定办一个300人规模的留学生交流会试试看,方案上报后得到了时任广州市市长的林树森的大力支持,并决定由广州市政府主办、广州开发区承办。[①]

首届广州留交会在海内外引起强烈反响,并引起了国家有关部门的关注。到了第二届,广州留交会升级为由教育部、科技部、人事部(现为人力资源和社会保障部)、广州市共同主办,并于1999年12月在广东美术馆举办,吸引了500余名留学人员参与。此后广州留交会每年持续举办,延续至今,演变为现在的广州海交会(中国海外人才交流大会暨中国留学人员广州科技交流会)。

在推动举办留交会的同时,广州开发区决定创办留学人员创业园。广州开发区管委会划拨200万元资金作为开办费用,成立了广州留学人员创业园有限公司。公司最初租了广州开发区西区的一层旧厂房作为场地,后来把整栋厂房全部都租了下来,而这里也成了留创园最早的园区。

2001年后,广州开发区留创园转由广州开发区火炬中心管理。随着广州科学城的建设,留创园空间也逐渐转移至广州科学城内政府建设的科技企业孵化器、加速器中,主要包括广州科技创新基地、广州科学城综合研发孵化区(创新大厦和创意大厦)、广州国际企业孵化器、广州开发区科技企业加速器等。

广州开发区留创园内留学人员的创业情况如图5-3所示。到2014年,广州开发区留创园累计孵化留学人员创办企业570家、引进创办企业的留学人员782人,其中博士学历人员457人。到2019年,广州开发区留创园累计孵化毕业留学人员创办企业60多家,这些企业均已买地建厂或实现规模化生产。据广州开发区留学人员创业亲历者洁特生物创始人袁建华董事长口述,广州开发区自2000年以来,每年平均至少有200家留学人员创办企业创立。

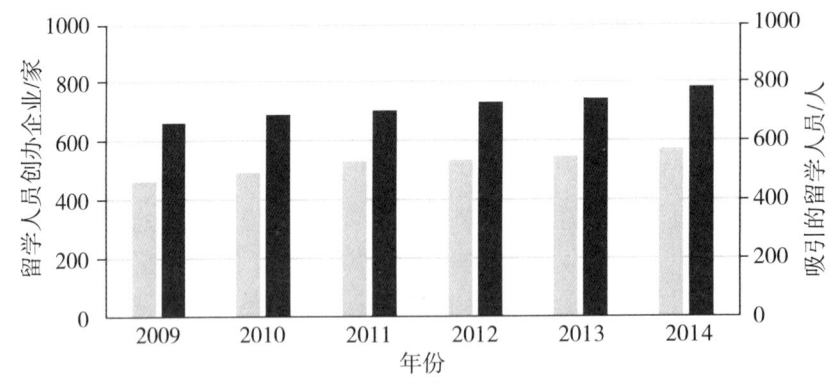

图5-3 广州开发区留创园历年累计孵化的留学人员创办企业数、吸引留学人员数

(数据来源:《萝岗年鉴》)

参加第一届广州留交会后,袁建华、陈校园在广州开发区分别创办了洁特生物、康盛

---

① 广州市萝岗区政协"广州经济技术开发区专辑"编委会. 开拓者的记忆——广州经济技术开发区1995—2005[M]. 广州:广州出版社, 2009.

生物，这两家企业如今都已经成长为上市企业。2000—2010年，许嘉森在赴美留学后于2006年归国在广州开发区创办了益善生物，袁玉宇、徐弢在赴美留学后于2008年归国在广州开发区创办了迈普再生医学，等等，这些企业如今也都已经成长为上市企业。2010年至今，刘锋于2011年创立的帝奇医药、李华鹏于2014年创立的派真生物、黄静峰于2015年创立的盛泽康华生物医药等也已孵化成功，成长为高新技术企业或专精特新企业，等等。此外，还有众多近年来创立的留学人员创办企业正在孵化。广州开发区历年留学人员创办企业典型代表名录如图5-4所示。

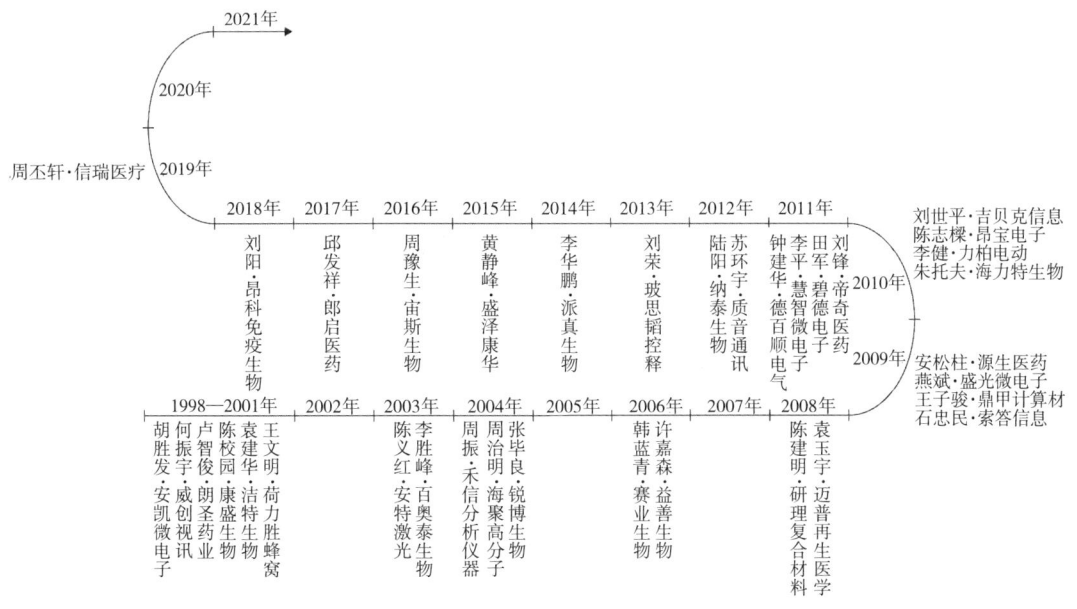

图5-4　广州开发区历年留学人员创办企业典型代表名录

5.2.2　探索形成一套创新创业政策体系

在推动留学人员归国创业取得初步成效后，广州开发区开始在更大范围扶持创新创业，逐步探索形成了一套完整的创新创业政策体系。该体系的基本框架可归纳为直接资助、间接资助、支持知识产权发展、支持孵化载体建设、支持风险投资发展5个方面，如图5-5所示。

5.2.2.1　直接资助

直接资助是指政府通过财政投入对创新创业进行无偿的资助，旨在发挥财政资金的杠杆作用，带动创新创业的发展。广州开发区主要形成了科技项目配套资助、研发费用补助、企业认定奖励和补助三种直接资助形式。

（1）科技项目配套资助。科技项目配套资助是指对获得市级以上科技部门或者其他有关部门资助的科技创新项目给予一定的配套资助。例如，《广州开发区科技发展资金管理办法（2016版）》规定，对获得国家、省、市科技部门立项资助的各类科技项目采用后补助的方式予以配套，分别给予所获上级科技部门立项资助的100%、70%、50%的资金配套，最高配套分别为500万元、300万元、100万元。

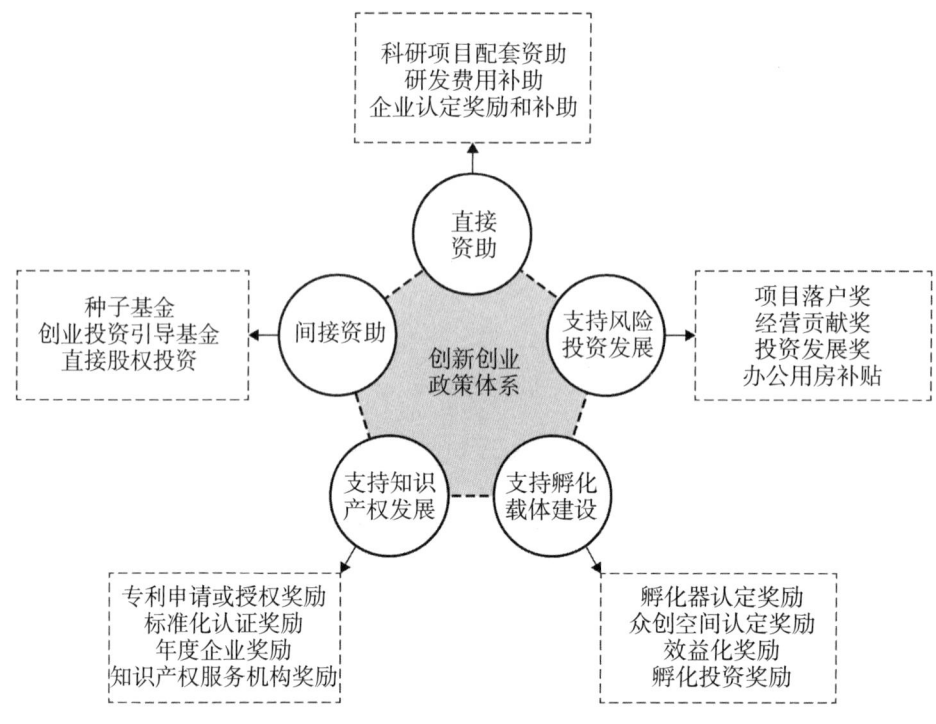

图 5-5　广州开发区创新创业政策体系的基本框架

（2）研发费用补助。研发费用补助是指根据企业上一年度研发经费额度分级进行后补助，按照广州市统一政策规定执行。广州市于 2014 年制定了《广州市企业研发经费投入后补助实施方案》，并于 2019 年进行了修订，资助对象为上一年度研发经费占主营收入的比例不低于 2% 的企业，其资助标准如下：企业上一年研发经费支出额高于 200 万元不足 500 万元的，补助 10 万元；企业上一年研发经费支出额高于 500 万元不足 1000 万元的，补助 40 万元，此后按标准逐级递增。资助经费由市区两级财政按照各 50% 的比例分担，广州开发区将其纳入"科技发展资金"中进行管理和资助。

（3）企业认定奖励和补助包括瞪羚企业资助和奖励，科技创新小巨人企业、高新技术企业认定奖励等。

①瞪羚企业资助和奖励。瞪羚企业是指成功跨越死亡谷进入爆发式高成长期的科创型企业。该概念于 20 世纪 90 年代由美国提出，"硅谷指数"将瞪羚企业数量作为重要指标之一。我国北京中关村高新区最早于 2003 年开始实施"瞪羚计划"，2010 年之后国内多个开发区出台实施支持瞪羚企业的相关政策。广州开发区于 2013 年制定实施《瞪羚企业认定扶持办法》，此后分别于 2015 年、2018 年进行修订，认定分为瞪羚企业和瞪羚培育企业两个级别，资助和奖励包括认定奖励、研发投入补助、贷款贴息支持、股权投资补贴、独角兽成长奖 5 项内容。《瞪羚企业认定扶持办法（2018 版）》规定，首次被认定为瞪羚企业的给予 5 万元奖励、连续两年被认定为瞪羚企业的给予 10 万元奖励、连续三年被认定为瞪羚企业的给予 20 万元奖励，对认定的瞪羚企业按照企业获得认定当年的可加计扣除研发费用总额的 20% 给予补助。

②科技创新小巨人企业、高新技术企业认定奖励。广州市于2015年制定了以企业成长为主线的"科技创新小微企业—科技创新小巨人企业—高新技术企业"科技企业培育战略路线,并制定和实施了《广州市科技创新小巨人企业及高新技术企业培育行动方案》,建立了市级科技创新小巨人企业库,明确了科技创新小巨人企业、高新技术企业的奖励标准。广州开发区按照广州市统一政策规定执行,对被认定为科技创新小巨人企业的给予60万元奖励,对通过高新技术企业认定的给予100万元奖励。奖励经费由市区两级财政按比例分担,广州市财政与广州开发区财政分担比例为3∶7。

5.2.2.2 间接资助

间接资助是指将财政资金通过金融手段对创新创业进行扶持。广州开发区主要形成了设立种子基金、创业投资引导基金投资以及直接股权投资等间接资助形式。

第一,设立种子基金、创业投资引导基金投资。设立种子基金、创业投资引导基金投资主要通过区属国有投资公司实现基金运作。广州开发区于2008年财政出资5亿元设立基金,注册成立广州凯得科技创业投资有限公司作为基金管理主体,广州凯得科技创业投资有限公司于2016年股份制改造后成立了广州凯得金融控股股份有限公司。该基金分为种子基金、创业投资引导基金两个部分。其中,种子基金用于创业企业的种子资本投资,项目成功后由企业投资方优先回购;创业投资引导基金用于天使投资人、创业投资公司等对区内科技型中小企业投资的跟进投资。

第二,面向高成长性企业实施直接股权投资。《广州开发区促进高新技术产业发展办法》(穗开管办〔2017〕7号)和《广州开发区进一步促进高新技术产业发展办法》(穗埔府规〔2020〕4号)提出了面向高成长性企业的直接股权投资规定。高成长性企业是指上年度营业收入5000万元以上、近两年的年增长率30%以上的企业。股权投资的最高投资额为3000万元、占股比例不超过20%、年限不超过10年。股权投资通过委托区属国企投资来实现,广州开发区金融主管部门确定受托区属国企,由受托区属国企负责代表财政,持有项目股权并行使出资人职责,负责签署投资协议、资金拨付、实施跟踪、资金回收、核销处置等事宜。

5.2.2.3 支持知识产权发展

广州开发区支持知识产权发展的政策最早可追溯到2002年制定的《广州开发区资助专利申请、维持经费管理办法》,此后不断演变修订为《广州市黄埔区 广州开发区 广州高新区知识产权专项资金管理办法》(穗埔府规〔2020〕23号)。此外,广州开发区于2017年制定和实施了《广州市黄埔区 广州开发区加强知识产权运用和保护促进办法》,即"知识产权10条"1.0版,并于2020年进一步修订为《广州市黄埔区 广州开发区 广州高新区进一步加强知识产权运用和保护促进办法》,即"知识产权10条"2.0版。

广州开发区知识产权发展扶持政策演变历程如图5-6所示。当前,广州开发区形成了针对企业、知识产权代理机构、孵化载体管理机构三类主体的一套完整资助体系。

第一,对企业知识产权创造的奖励。包括如下几个方面:①专利申请或授权奖励。如对获得国内发明专利授权的奖励9000元/件,对获得国内实用新型专利授权的奖励1000元/件,对获得国内外观设计专利授权的奖励500元/件,对获得国外发明专利授权的奖励4万元/件。②标准化认证奖励。如对获得药物临床批件的给予10万~50万元的一次性奖励,对获得新药证书的给予50万~200万元的一次性奖励,对获得计算机软件著作权登记

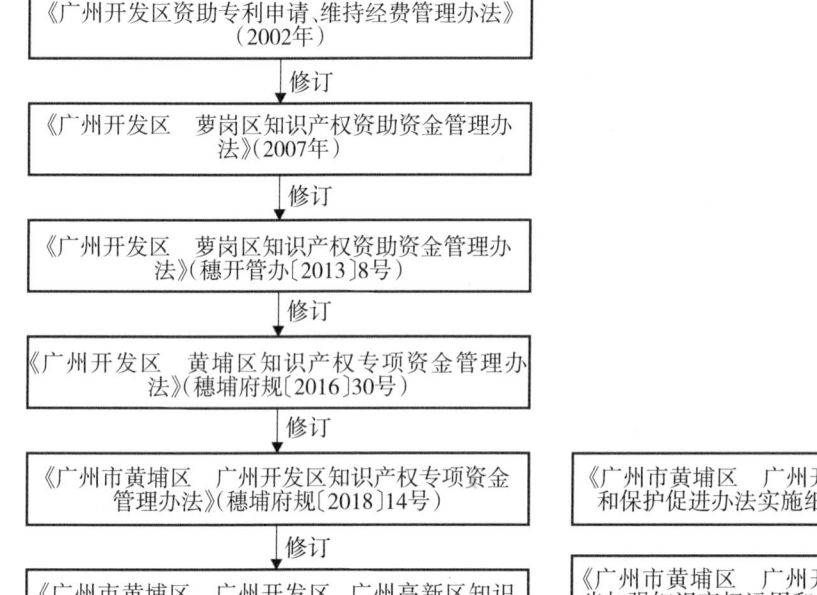

图 5-6 广州开发区知识产权发展扶持政策演变历程

证书的奖励 300 元/件，对获得其他作品著作权登记证书的奖励 150 元/件。③年度企业奖励。如对一年内发明专利申请数量排名前 20 的区内企业给予奖励，第一名奖励 30 万元，此后每名依次递减 1 万元。

第二，对知识产权服务机构的奖励。知识产权服务机构主要包括知识产权代理机构、孵化载体管理机构两类。例如，对于落户广州开发区的知识产权代理机构，其在一年内代理广州开发区内企业或个人申请专利 20 件及以上的，给予 10 万元的一次性落户奖励；对于入驻企业一年内申请发明专利 20 件以上的孵化载体，奖励孵化载体管理机构 5 万元，每新增 5 件递增 1 万元。

5.2.2.4 支持孵化载体建设

广州开发区孵化载体的建设最早可追溯到 1998 年留创园的建设，此后在广州科学城开发建设了一批国有科技企业孵化器。2013 年左右，广州开发区开始推动孵化载体多元化发展，制定和颁布了《广州开发区科技企业孵化器认定和管理办法》；2014 年，广州开发区制定和发布了《广州开发区关于加快孵化器、加速器、科技园建设发展的实施意见》，提出构建"大孵化器"集群，明确了扶持措施和标准。

2015 年，国务院办公厅发布了《关于发展众创空间推进大众创新创业的指导意见》。为落实该意见，广州开发区制定和颁布了《广州开发区创客空间认定和扶持办法》。以广州开发区制定的此三份政策文件为发端，逐渐演化形成了广州开发区当前的孵化载体扶持政策——《广州市黄埔区 广州开发区 广州高新区促进创新创业孵化器高质量发展办法》（穗埔府规〔2021〕3 号），即"孵化 10 条"。广州开发区孵化载体扶持政策演变历程如图 5-7 所示。

"孵化 10 条"对孵化载体提出了规范化、品牌化、资本化、国际化、效益化、专业化

第5章 广州科学城，在工业园区建设科技园区

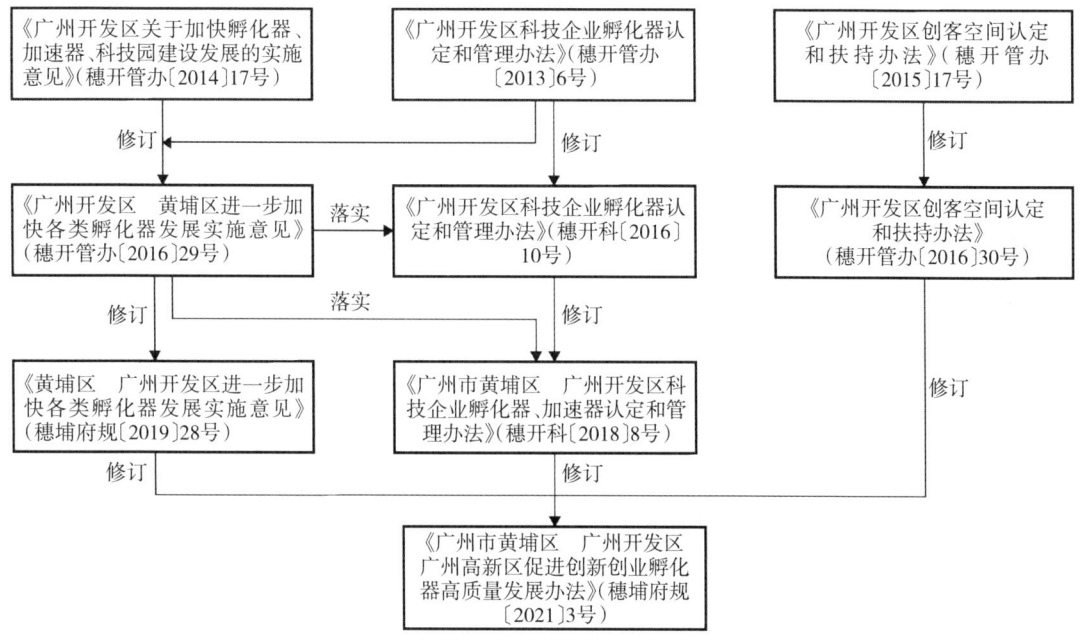

图 5-7 广州开发区孵化载体扶持政策演变历程

六个方面的扶持政策。例如，在规范化方面，对新认定的国家级、省级、市级科技企业孵化器分别给予100万元、50万元、25万元的一次性奖励，对新认定的国家级专业化众创空间、国家备案众创空间、省级众创空间分别给予25万元、20万元、10万元的一次性奖励，逐级获得认定的奖励差额部分。在效益化方面，每新增一家在境内外成功上市且被区金融主管部门纳入上市清单的科技企业，一次性给予孵化器30万元奖励；每新增一家被区科技行政主管部门认定为独角兽企业、潜在独角兽企业、瞪羚企业的，分别一次性给予孵化器30万元、20万元、10万元奖励；每新增一家首次被认定的高新技术企业，一次性给予孵化器10万元奖励。

5.2.2.5 支持风险投资发展

广州开发区于2017年制定和实施了《广州开发区促进风险投资发展办法》，即"风投10条"1.0版；于2020年进一步制定和实施了《广州开发区进一步促进风险投资发展办法》，即"风投10条"2.0版。以"风投10条"2.0版为例，该政策所扶持的风险投资机构包括股权投资企业、创业投资企业、股权投资管理企业、创业投资管理企业，设置了项目落户奖、经营贡献奖、风投精英奖、投资发展奖、以资引资奖、办公用房补贴等多种补助或奖励，并鼓励集聚发展。

例如，项目在落户奖励方面，对新设立的公司制风险投资企业，实缴注册资本达到3亿元、5亿元、10亿元、15亿元、30亿元人民币（或等值外币）的，经认定后，分别给予300万元、500万元、800万元、1000万元、2000万元奖励。

在办公用房补贴方面，对入驻广州开发区中国风险投资科学城大厦、中国风险投资知识城大厦的，连续3年按实际发生租金给予100%补贴；对在广州开发区风险投资引导集聚区内租用办公用房且自用的，连续3年按不超过中国风险投资科学城大厦租金底价的标准给予补贴；对在广州开发区购置办公用房且自用的，按购买房价的10%给予最高500万

元的一次性补贴,并给予30%的装修费用补贴,最高100万元。

5.2.3 科技型中小企业蓬勃发展

笔者通过企业深度访谈、参加企业路演以及查阅广州开发区管委会内部资料等途径,构建起广州开发区科技型中小企业访谈数据库,共计252家。以此为基础对广州开发区多元创业谱系特征进行了分析和归纳。

通过对广州开发区252家科技型中小企业样本的创新创业源头类型构成统计分析可知,留学人员创业占比为38.89%、体制内技术人员创业占比为46.83%、其他占比为14.28%,如图5-8所示。叠加空间尺度视角可以将其构成特征归纳为:留学人员创业是最早、最典型路径,广州市体制内技术人员创业是最典型路径,二者构成了最主要、最集中路径,而区内外资企业技术人员创业是特色路径,如图5-9所示。

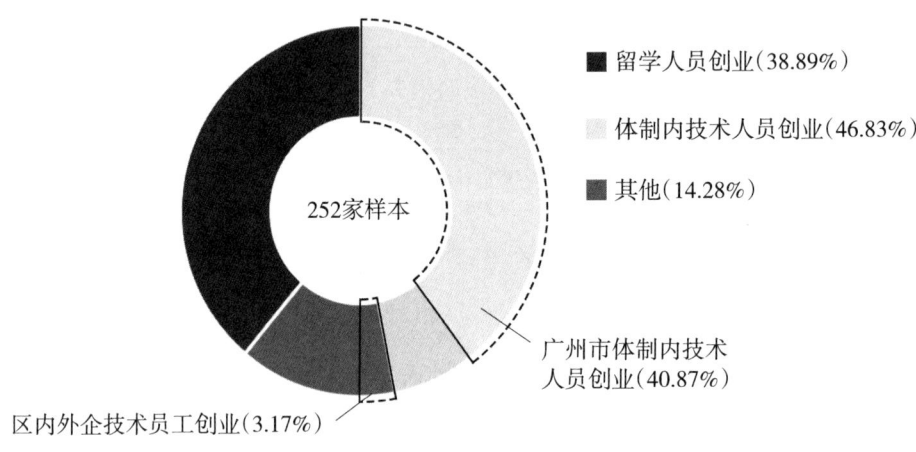

图5-8 广州开发区科技型中小企业的创新创业源头构成

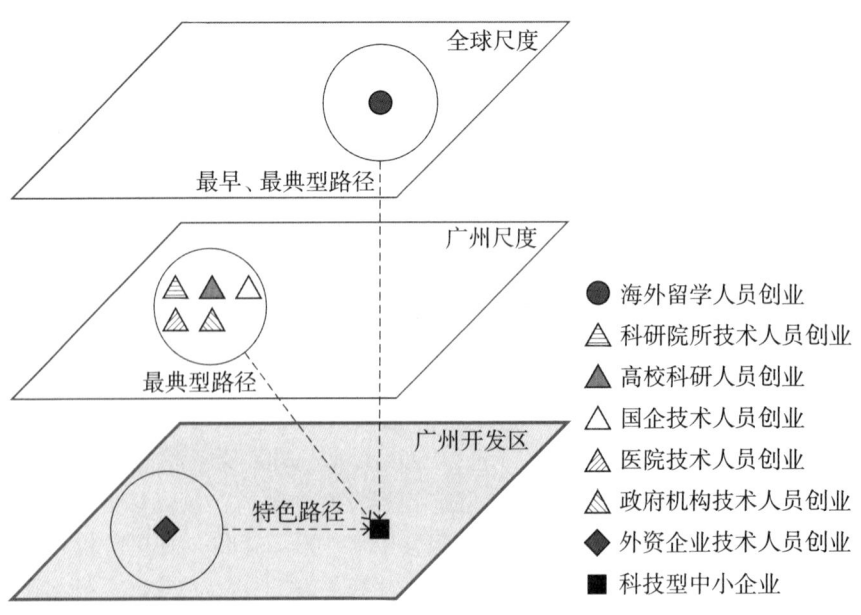

图5-9 广州开发区科技型中小企业的创新创业源头谱系

1. 广州市体制内技术人员创业

所谓体制内技术人员创业是指科研院所、高校、国有企业、医院、政府机构等科研人员或技术人员，在体制内工作累积了一定行业经验、技术优势等后独立创业，此类企业占252家样本的46.83%。其中，广州市体制内技术人员创业占252家总样本的40.87%。按照体制内的单位性质可分为五个子类型：科研院所技术人员创业、高校科研人员创业、国有企业技术人员创业、医院技术人员创业及政府机构技术人员创业。

（1）科研院所技术人员创业。如维佰生物创始人郭鹏举曾先后任广东省兽医研究所生物技术研究室主任、广东省实验动物检测所检测新技术中心主任，后于2019年在广州开发区创立了广州维佰生物科技股份有限公司，专注于动物检测技术、检测试剂盒的研产销和技术服务。

（2）高校科研人员创业。如华南理工大学环境与能源学院的程建华教授于2010年在广州开发区创立了广州潮徽生物科技有限公司，专注于个人护理品原料及添加剂的研产销和技术服务。

（3）国有企业技术人员创业。如微框科技创始人曾胜在创业前为广东交通集团的技术人员，后于2018年在广州开发区奥特朗科技园创立了广州微框科技有限公司，专注于智能魔镜的研产销。再如，九州能源有限公司创始人赵涛原为中国南方电网有限责任公司的技术人员，后于2017年在广州开发区独立创业，提供综合能源技术服务。

（4）医院技术人员创业。例如，武警广东总队医院普外科医生朱新生于2012年离职并在广州开发区创立了广东美捷威通生物科技有限公司，聚焦于长期卧床老人、病人创面预防和治疗，开发出控温控湿微真空治疗仪、智护卧床系统、防褥疮床垫等核心产品。

（5）政府机构技术人员创业。如广州欧科信息技术股份有限公司创始人熊爱武创业前在广东省国土厅任职，后于2002年"下海"创业，公司最初注册在东山区（现已并入越秀区），2014年迁至广州开发区，聚焦于地理信息技术服务。

2. 外资企业技术人员创业

广州开发区成立之后，首先开启了一次创业，形成了以外源集聚为核心的外延式发展路径。二次创业以来，广州开发区的外资企业也溢出一些技术人员创新创业，但是总体占比不高，占252家总样本的3.17%，是广州开发区科技型中小企业孵化的一条特色路径。例如，广州市锐嘉包装设备有限公司创始人丁维扬曾先后在领新达嘉（广州）包装设备有限公司、珐玛珈（广州）包装设备有限公司担任总工程师，后于2006年创办锐嘉包装设备，专注于智能称重包装设备的研产销。再如，张军从安利（中国）日用品有限公司的高级科学家踏上创业之路，于2005年成立了广州拓瑞科技有限公司，致力于日化行业和食品行业原材料产品及技术方案的研产销。除此之外，广州明珞汽车装备有限公司、广州协鸿工业机器人技术有限公司的创始人姚维兵、谢伟钢创业前分别是广汽本田汽车有限公司、东风本田发动机有限公司的工程师。

3. 其他路径的典型案例

第一，一些来自全国各地的体制内技术人员来到广州开发区创新创业。改革开放以来，珠三角作为我国经济发展的前沿，一度掀起了南下广东创业的浪潮。广州开发区开始二次创业后，也有一些来自全国各地的体制内技术人员来到广州开发区创新创业，但是总体上比例并不高，占252家总样本的5.96%。

例如，广州天禾自动化实业有限公司创始人韩德福原为中国石化长岭炼化公司的技术员工，他不甘于国企的"安逸"而南下创业，于2003年创立天禾自动化。该公司于2006年迁至广州开发区，专注于油罐自动脱水器的研产销。再如，恒力检测的创始人吴光辉原为安徽省电力科学研究院技术人员，曾被派至广州做技术转化工作，于2006年在广州开发区创立广州市恒力检测股份有限公司，从事电力相关的第三方检测服务、软硬件开发等。这样的案例还有厦门大学附属中山医院主治医师肖传兴，于2016年在广州开发区创立广州承葛生物科技有限公司，致力于肠道菌群移植的研产销。

第二是近年来推动的港澳青年创新创业。2019年2月，国务院印发《粤港澳大湾区发展规划纲要》，旨在推动粤港澳融合发展。为响应国家战略，广州开发区开始投入资源吸纳港澳人才创业。首先在政策方面，于2019年出台了《广州开发区支持港澳青年创新创业实施办法》（即港澳青创10条）、《广州开发区推进粤港澳知识产权互认互通办法》（即粤港澳知识产权互认10条）等扶持政策；其次在载体方面，搭建了粤港澳青年创新创业基地、香港青联广州创新创业基地、澳门青创部落等载体。

以澳门青创部落为例，该部落由澳门的何敬麟先生创立，广州开发区为其提供区属国企物业作为空间载体，旨在促进港澳高校科技成果转化、吸引港澳青年创新创业。澳门青年陈祥、冯文滔于2020年在澳门青创部落创立了广州神农智联农业科技发展有限公司，专注于农业产业互联网创新技术服务系统的研发，已开发出茶叶产业的防伪溯源应用及区块链金融交易平台，并在2020年第九届中国创新创业大赛（广东·广州赛区）中获得第13名，获得优秀企业奖10万元。

此外还有从代理、贸易等起家后转型为科技企业的例子，如广州市昊志机电股份有限公司创始人汤秀清从22岁就开始创业，通过做贸易累积一定资本后，开始投资产品研发，其创立的公司如今已经成为从事高精密机电核心部件研产销的高新技术企业、创业板上市企业。

广州开发区科技型中小企业的创新创业源头典型案例如图5-10所示。

正是这些形形色色的多元主体创新创业，构成了广州开发区科技型中小企业蓬勃发展的局面。

5.2.4 新型研发机构的平台孵化

根据科技部2019年印发的《关于促进新型研发机构发展的指导意见》的定义，新型研发机构是聚焦科技创新需求，主要从事科学研究、技术创新和研发服务，投资主体多元化、管理制度现代化、运行机制市场化、用人机制灵活的独立法人机构，可依法注册为科技类民办非企业单位（社会服务机构）、事业单位和企业。

近年来，广州开发区积极推动新型研发机构发展。广州市新型研发机构包括合作共建新型研发机构、省级新型研发机构和高水平创新研究院。截至2020年底，广州各市辖区新型研发机构数量如图5-11所示。

其中，广州开发区共有省级新型研发机构33家，位列广州市辖区第一名。而科技型中小企业孵化是广州开发区新型研发机构的鲜明特征，以期通过制度创新释放人才活力、推动科研成果向产业应用转移转化。

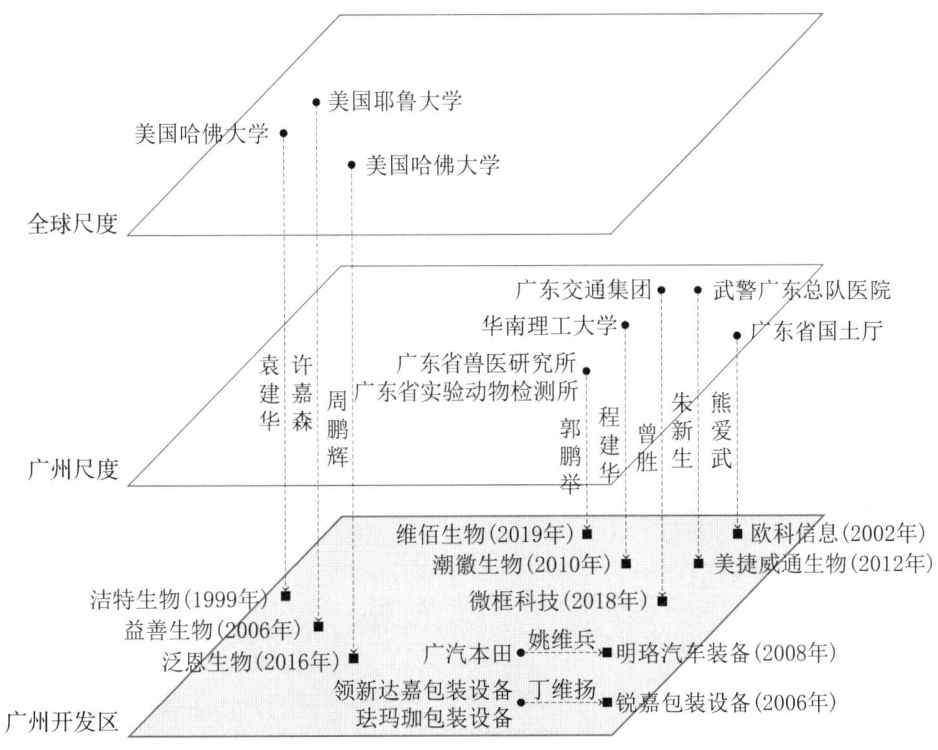

图 5-10 广州开发区科技型中小企业的创新创业源头典型案例

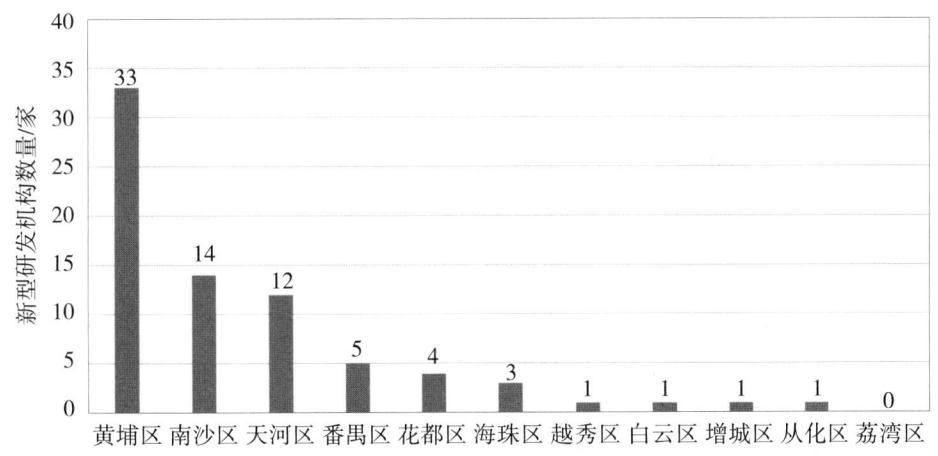

图 5-11 广州各市辖区新型研发机构数量统计图
（资料来源：广东省科学技术厅）

浙江大学华南工业技术研究院（以下简称"浙大华南工研院"）是典型案例，它以人才创办企业为核心，通过吸纳浙江大学的科研人员、教师以及校友入驻创办企业，打通了母体高校、科研院所与企业之间的组织边界，实现了技术流、资金流以人才为核心的自由流动，有效实现了科研成果向产业应用的转移转化。浙大华南工研院的运行模式如图 5-12 所示，其中，一个企业对应一个研究中心，研究中心以企业为运营实体。

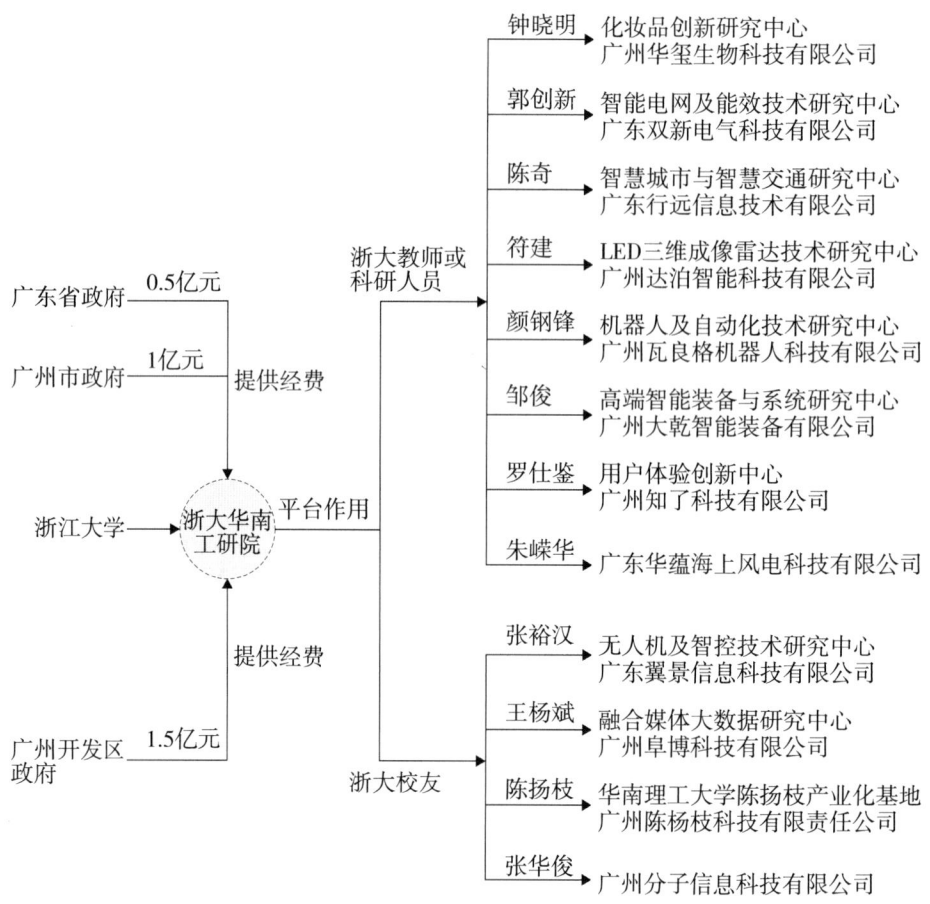

图 5-12 浙大华南工研院的运行模式

1. 机构构建的基本特征

浙大华南工研院成立于 2014 年 7 月，是由浙江大学、广东省政府、广州市政府、广州开发区管委会合作共建的省级新型研发机构，机构构建具有如下特征。

第一，机构性质为事业单位，但是企业化运营。

第二，初期由政府财政给予启动资金，广东省、广州市、广州开发区政府分别拨款 0.5 亿元、1 亿元、1.5 亿元，后续运营则要依靠市场化经营、竞争性科研经费。

第三，科技人员薪资摈除固定工资制度，采用市场薪酬制度。

第四，无上级行政主管部门，也无行政级别，由浙江大学和广州开发区管委会共同成立理事会，责任人由理事会任命。

第五，广州开发区管委会提供一定比例的启动经费支持，并提供所需的空间场地。

第六，研究院的人才及创办企业可以同等享受广州开发区的各类人才政策、创新创业政策等政策扶持。

2. 机构运营的核心模式：以人才创办企业为核心

第一，研究中心以牵头人才创办的企业为运营实体，研究院所承担的是服务平台角色，提供共享实验设备、中试车间、物业管理等科研服务、公共服务，形成一个法人平台下多个法人主体、一个牵头人才创办企业对应一个研究中心的制度框架。

第二，吸纳浙江大学的科研人员或教师入驻浙大华南工研院，允许他们不脱离体制创办企业，以释放人才活力。例如，浙江大学光电系符建教授通过停薪留职来到浙大华南工研院，他是 LED 三维成像雷达技术研究中心的牵头人才，也是广州达泊智能科技有限公司的创始人、法人，而后者是前者的运营实体。

第三，吸纳浙江大学校友入驻创办企业。例如，无人机及智控技术研究中心是由浙大校友张裕汉牵头，张裕汉曾在华为等知名企业担任研发及中高层管理职务，于 2008 年创立广东翼景信息科技有限公司，2016 年与浙大华南工研院签署合作协议后，迁入浙大华南工研院，成立无人机及智控技术研究中心。

具体从陈扬枝教授的产业化基地项目来看，在 2003—2017 年期间，陈扬枝教授在连续 3 个国家自然科学基金和其他省部级基金项目资助下，结合研究生培养完成了线齿轮从理论到制造的研发，该过程大致经历了以下三个阶段：

第一阶段是最初的关注和想法的提出。陈扬枝教授在 2003 年开始关注线齿轮的研究，线齿轮的提出是为了解决齿轮传动空间最小化的设计问题，到 2005 年探索出了线齿轮结构雏形。

第二阶段是设计理论的构建。此阶段建立了不同于传统齿轮的线齿轮设计理论体系，包括空间共轭曲线啮合方程、几何参数计算公式、线齿轮弹流润滑理论与技术基础、线齿轮减速器技术等（曹莉，2019）。

第三阶段是制造方法的实现。此阶段探索出了增材制造技术（即 3D 打印）、数控加工技术、激光烧蚀技术三种制造方法，目前成熟的制造技术是前两者。

陈扬枝教授团队的陈小平博士说：

> 我们主要做的是线齿轮……研究过程是一个循序渐进的过程，从陈老师 2003 年提出来后，有师兄师姐就沿着这个想法不断地研究……先提出线齿轮概念，然后研究怎么样把它的模型建起来，建出模型后研究制造方法，如 3D 打印、机床、洗削等。我们现在主要是 3D 打印和机床制造，再下一步就是产品……我们现在就是遇到了应用的瓶颈，为了推进线齿轮的产业化成立了这个公司（广州陈扬枝科技有限责任公司），主要做线齿轮相关的装备，比如机床、产品、减速器等。

源于陈扬枝教授为浙江大学校友的网络关系，陈扬枝教授于 2017 年在浙大华南工研院成立了产业化基地，创立广州陈扬枝科技有限责任公司为运营实体，推动线齿轮产业化，其运行模式是典型的产学研模式，如图 5-13 所示。

第一，从团队构成来看，陈扬枝教授是产业化基地的负责人，是基地运营实体——广州陈扬枝科技有限责任公司的创始人及法人；陈扬枝教授团队在线齿轮研究方向的博士研究生、硕士研究生长期入驻产业化基地开展实习实践；此外也以公司为运营主体面向社会招聘员工。形成高校学生团队、公司员工团队混合运行模式。

第二，从业务开展情况来看，公司的核心目标是实现线齿轮的产业化，但是目前还处于产业化的初步阶段。现有的产品（如微缩版的风力发电机模型）主要作为文化产品、教学产品、纪念品等，尚无法形成可观的收益。对此，公司通过开展技术服务等营利性业务，如为企业提供技术咨询、技术研发、技术解决方案等，来维持基地/公司的持续运营。目前主要承接机械技术产业相关的机电一体化产品及生产线、高精尖齿轮技术及产品、机器人技术及产品等的研究与开发，呈现出以传统的技术服务"养"线齿轮产业化的特征。

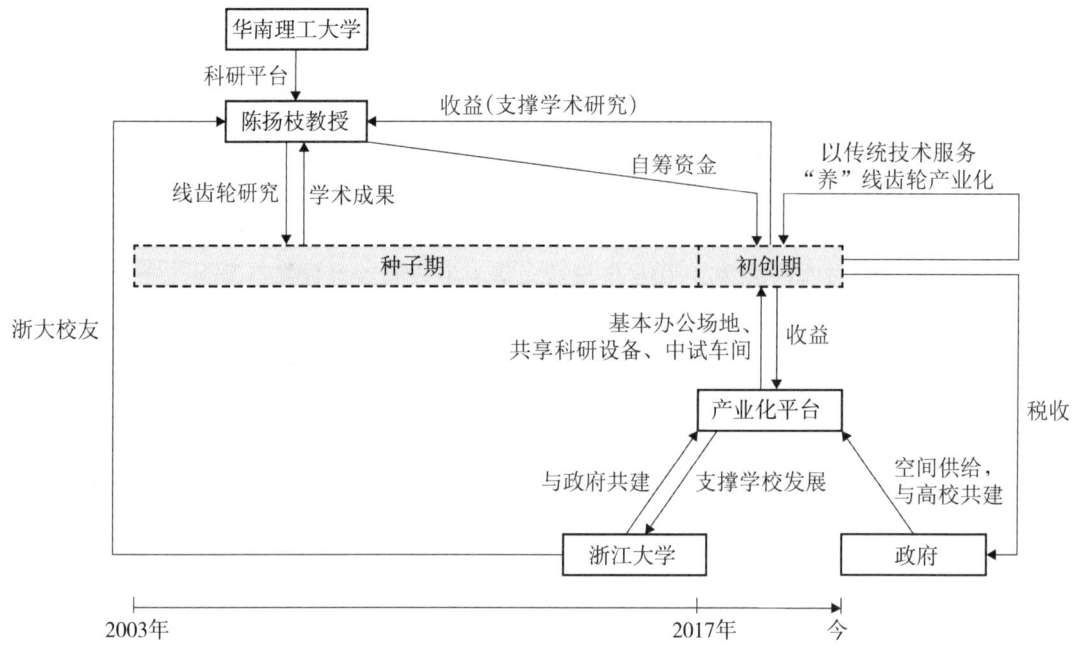

图 5-13 华南理工大学陈扬枝产业化基地成果转化及其产学研模式

第三,从产品生产来看,基本路径为制定技术参数—委外生产部件—内部总装成品,即团队内部完成产品的设计、各部件的技术参数制定,然后委托东莞、佛山的合作企业完成部件生产,最后在基地/公司完成产品总装。

第四,从运行支撑来看,浙大华南工研院提供了基本的办公场地、共享会议室、共享科研设备、中试车间等,高端研发设备则依托华南理工大学的实验室。此外,广州开发区科技企业加速器为基地/公司的学生、员工提供宿舍等基本生活服务。

陈扬枝教授团队的陈小平博士对此如此讲述:

> 目前我们还是以为企业提供技术服务、技术解决方案为主,靠近我们专业的技术服务都可以做,双管齐下,线齿轮的产品也在做,但是还是处于起步阶段……公司也专门请了员工,我们还有一些研究生在这里实习。这里(广州开发区科技企业加速器 E 区)有宿舍,差不多是学校学生和公司员工混合来做研究……这里(浙大华南工研院)有共享设备,没有的设备我们可以回学校做,学校实验室有自己的设备……

5.2.5 科技型中小企业的三条科技创新路径

笔者在和企业访谈后,对广州开发区科技型中小企业的科技创新路径进行解析,归纳出了三条路径:自主创新、模仿学习、引进创新。三者又分别包括了2~3条子路径,如图 5-14 所示。

其中,自主创新包括市场导向的自主研发、源头创新的成果转化,分别以天禾自动化、中科蓝华为典型案例;模仿学习包括模仿创新及模仿后再创新、嵌入全球网络的技术学习,分别以万德基因、达意隆包装机械为典型案例;引进创新包括引进消化吸收再创新、基于引进的集成创新、与跨国公司合作研发,分别以威创视讯、励丰文化科技和金鹏为典型案例。以下将结合典型案例对各路径进行详细阐述。

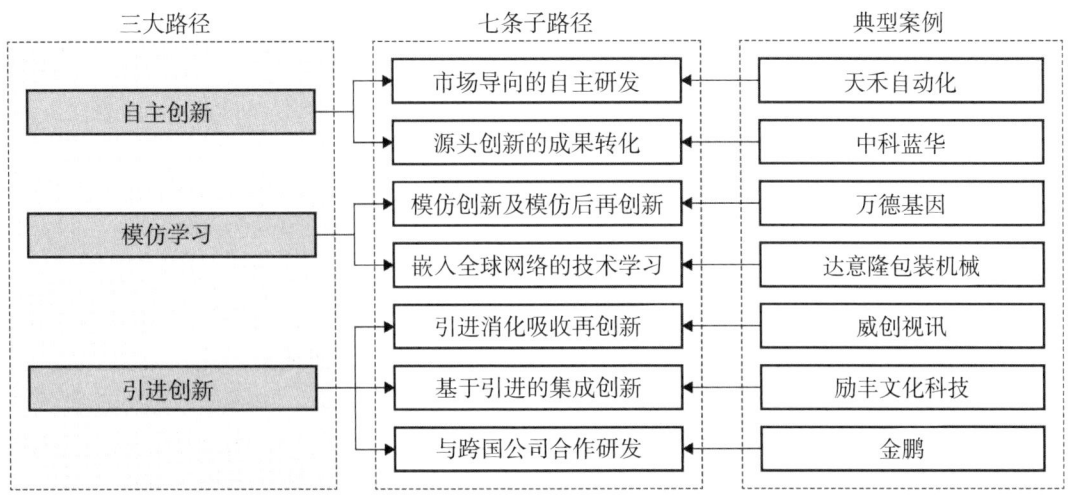

图 5-14 广州开发区科技型中小企业的科技创新路径总结

5.2.5.1 路径一：自主创新

1. 市场导向的自主研发

市场导向的自主研发是指以行业痛点为直接导向自主研发新产品、新工艺。广州天禾自动化实业有限公司（以下简称"天禾自动化"）的油罐自动脱水器的研发过程是该路径的典型。

天禾自动化创始人韩德福原为中国石化长岭炼化公司的技术员工，因不甘于国企的安逸选择"下海"，2003 年前后决定自主创业。在选择创业项目时，基于自己的行业经验，与原单位领导和朋友交流后，他发现了油罐排水的行业痛点：由于原油中含有水分，以至于储存在油罐中的各类油品（原油、汽油、柴油、污油等）均含有水分，因此生产过程中必须要将这些沉淀在油罐底部的水分排出来，传统手段是人工排放，但是由于水量的不确定，工人需一直在油罐前蹲守，等待水排放结束后关闭阀门，存在因工人自主性大而造成油品漏排、随水排出的硫化氢等有害物质的挥发，进而导致工人身体受到伤害等问题。以机器换人不仅可以解决这个行业痛点，还可以节约人工成本。以此行业痛点为导向，创始人韩德福开始自主研发油罐自动脱水器，逐步改进形成了当前成熟的产品。

关于产品研发及创业的过程，创始人韩德福如此讲述：

我原来在炼油厂的研究所工作，出来之后不知道做什么，问我们院里的领导做什么比较好。他们告诉我这是个世界难题，推荐我做这个，然后就这一个产品做了十几年。说起来是很简单，油储存在油罐里会有水，首先原油在地下就是既有油又有水，会一起采上来；其次炼油的过程中也会有水，水存到油罐里之后，就必须把它排出来。以前是人工排水，短则几个小时、长则几天。因为不知道水什么时候排完，工人要一直蹲守，而油罐都在室外，所以工人会很辛苦。同时还存在两个问题，一方面，工人自主性太大，有的人可能把阀门打开就离开了，水排完之后油也排了出来。另外一方面，油罐底下的水还会含有硫化氢等有毒气体，这些气体在排水的过程当中会挥发到空气中。有些硫化氢比较重的，工人排水都要戴着防毒面具，甚至需要两个人，一个看水、一个监护……

这个产品是我自己研发的，最早就是我带着另外一个人，自己设计电路、自己编写软件、自己设计机械结构，包括现场做实验、销售也是自己。慢慢发展起来后，各种配备和人员都增加了,现在搞技术的主要有三个人,思路都是我的,他们两个按照我的思路去做。软件原来都是我自己编的,现在年纪大了编不了了,软件我把框图画好,找软件编程的人来完成,电路也是我把原理图设计出来,然后委托朋友去做,朋友帮我把电路板做好,做好拿过来直接用。

2. 源头创新的成果转化

源头创新的成果转化是指科学研究完成源头创新后通过技术转化形成面向市场需求的新产品、新工艺。广州中科蓝华生物科技有限公司(以下简称"中科蓝华")的疟原虫抗癌疗法的开发过程是该路径的典型。

中科蓝华由中国科学院广州生物医药与健康研究院的陈小平研究团队于2013年创立,聚焦于疟原虫抗癌的相关产品开发,源于陈小平研究团队的科研成果转化。公司创始人陈小平在2008年发现了疟疾发病率高的地区癌症死亡率低的现象,并通过数据分析证实了二者呈显著负相关。此后陈小平及其团队在研究院进行了多年研究,揭开了疟原虫抗癌的作用机理:疟原虫感染激活了人体免疫系统,人体免疫系统在杀死疟原虫的同时也杀死了部分癌细胞,被杀死的癌细胞又可以激发T细胞免疫反应,从而从一个非特异性免疫反应进入到抗肿瘤的特异性免疫反应。在完成上述源头创新后,研究团队于2013年创立了中科蓝华,致力于疟原虫抗癌科研成果的技术转化。目前,该公司开发的癌症疟原虫免疫疗法已进入二期临床试验阶段。

5.2.5.2 路径二:模仿学习

1. 模仿创新及模仿后再创新

模仿创新及模仿后再创新是指通过逆向工程或针对已过专利保护期的产品进行模仿或仿制,并在模仿过程中或模仿成功后升级开发。该路径的典型代表是生物医药产业领域的仿制药开发。广州开发区集聚了众多生物医药领域的科技型中小企业,相较于研发创新药而言,开发仿制药的门槛相对较低,是生物医药领域的科技型中小企业普遍采用的一条技术路径。

以广州万德基因医学科技有限公司(以下简称"万德基因")为例,该公司的创始人是美籍华人、生物信息科学家Allen Chen,公司正在开展利用外泌体基因测序进行肿瘤早期筛查的研发。在国外,该项技术已经基本成熟,只是目前成本较高,国外很多这方面的公司都已经上市。万德基因的技术路线是典型的模仿创新、模仿后再创新,一方面是在国外技术基础上降成本,另一方面是针对中国人基因特征进行本地化。

关于产品研发过程,创始人Allen Chen如此讲述:

在美国,(利用外泌体基因测序进行肿瘤早期筛查的)技术已经成熟,只是成本在3000美元以上,现在就是要等成本下来,在国外很多这方面的公司已经上市了,所以在美国技术的基础上我们可以优化,由于种族之间的差异,具体的突变位点不太一样,但是方法学是类似的,我们做我们中国人的数据,我们中国的市场更大。参考这些上市公司产品的好处是,他们在前面带头,我们负责降成本和本地化。

2. 嵌入全球网络的技术学习

嵌入全球网络的技术学习是指嵌入全球产业网络成为跨国企业的供应商,跨国企业对其产品提出的严格要求倒逼其技术升级,不仅能得到跨国企业的技术帮助和指导,还能通过"干中学"实现技术开发和升级。广州达意隆包装机械股份有限公司(以下简称"达意隆")的技术开发和升级过程是该路径的典型。达意隆的技术创新路径如图5-15所示。

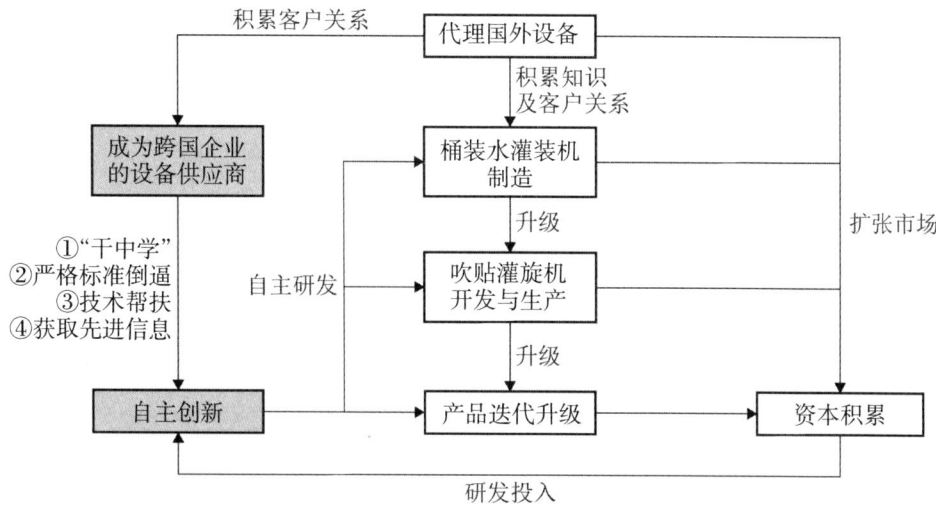

图 5-15 达意隆的技术创新路径：嵌入全球网络的技术学习

达意隆从国外设备进口代理起步，以技术简单的桶装水和小瓶水灌装机械制造为起点，逐步发展成为液态产品包装装备研产销的上市企业。在达意隆的技术开发和升级过程中，特别是在企业发展早期，嵌入全球网络的技术学习起到了关键作用。在企业发展早期，达意隆甚至不计回报寻求跨国企业客户，逐步开拓了可口可乐、百事、雀巢、达能、娃哈哈、统一、宝洁、联合利华等客户。其中，百事、娃哈哈、宝洁等都是广州开发区的外资企业。成为跨国企业供应商对达意隆的技术开发和升级起到了关键作用，其内在机理包括"干中学"、跨国公司严格标准的倒逼、跨国公司的技术帮扶、先进信息的获取、企业品牌宣传等。

关于嵌入全球网络的技术学习对达意隆技术开发与升级的积极效应，创始人张颂明这样讲述：

当时（21世纪初）是有这样一个机会，他们（跨国企业）面临成本压力，所以尝试选用一些本土化设备来降低建新厂的投资成本，当时我们在与他们接触的过程中获得了认可，他们下单了第一台设备。项目过程经历了非常长的时间，差不多两年多的时间，他们的要求是非常严格的、严谨的，我们投入的资源远远要比其他项目甚至更大项目大得多。通过做这些项目，我们得到了非常好的锻炼，同这些大公司接触，我们真的学到了很多东西。比如我们的研究人员，不是在研究室里面自己想、自己设计，有时候关着门是不知道的，很多经验可以通过做项目，从中学、从中交流，可以说有一个非常好的学习环境。

5.2.5.3 路径三：引进创新

1. 引进消化吸收再创新

引进消化吸收再创新是指在引进外部技术的基础上，通过消化吸收后，进一步进行升级开发。威创集团股份有限公司（以下简称"威创视讯"）的技术创新与发展历程是该路径的典型。威创视讯创始人何正宇创业前是香港一家代理大屏幕显示电子产品的公司的副经理，于2002年作为留学人员进入广州开发区留创园创业，创立了广东威创日新电子有限公司。公司成立初期主要代理国外产品，积累一定资本后通过其母公司成功收购了以色列一家数字显示系统公司，拥有了其全系列产品的国际尖端技术和知识产权，并在广州开发区设立研发基地和生产基地。经过消化吸收再创新，威创视讯已经发展成为大屏幕显示墙领域的上市企业。

2. 基于引进的集成创新

基于引进的集成创新是指通过开放的产品构建和企业互动来集成各种技术资源，实现集成创新。广州励丰文化科技股份有限公司（以下简称"励丰文化科技"）在市场倒逼下创立自主品牌的历程是该路径的典型。

励丰文化科技从20世纪90年代代理国外灯光音响起步。2008年，占据励丰文化科技2/3年利润的美国品牌取消了其在国内的独家代理权，在市场倒逼下，励丰文化科技开始进行转型升级，并通过集成创新路径创立了自主品牌Lemuse。从2009年开始，经过五年的研发和实验测试，励丰文化科技于2013年正式推出了自主品牌Lemuse。所有Lemuse扬声器系统的喇叭单元及零配件都是根据励丰文化科技在专业音响领域的应用经验提出设计指标，然后在全球范围内选择生产厂家进行定制生产。

关于这种基于引进的集成创新模式，创始人代旭如此讲述：

我们的技术路径是，由励丰设定研发目标，硬件的研发通过与国际研发机构合作，励丰本部主要研发核心软件。励丰采用全球集成生产模式，在全球范围内选择厂家定制生产不同部件，在广州励丰本部进行产品集成组合，如喇叭单元在意大利，扬声器箱体板材在俄罗斯，采用波罗的海桦木夹板、抗低音共振倒相风管设计、军工级聚脲弹性喷涂材料，有效降低箱体共振带来的音质缺陷。

3. 与跨国公司合作研发

广州金鹏集团有限公司（以下简称"金鹏"）的技术创新与发展历程是与跨国公司合作研发路径的典型案例。金鹏的前身是20世纪90年代电子工业部的技术攻关项目，其发展经历了三个阶段、两次转型，与跨国公司合作是其技术创新的重要路径。金鹏的技术创新路径如图5-16所示。

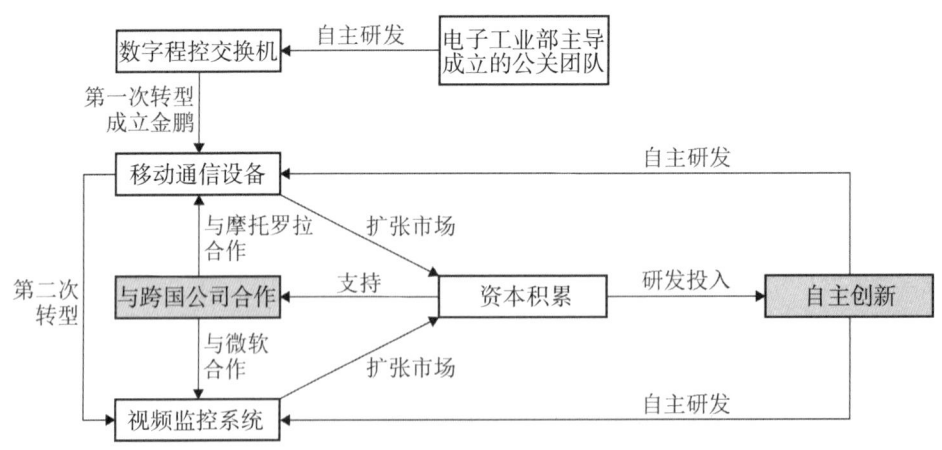

图5-16 金鹏的技术创新路径：与跨国公司合作研发

1993年初，由电子工业部主导，电子工业部五十四所（今中国电子科技集团公司第五十四研究所）和华中理工大学（今华中科技大学）合作，共同组成数字程控交换机攻关项目组，于1995年成功开发EIM-601数字程控交换机，并组建了金鹏电子信息机器有限公司,推动产品市场化。但由于研发人员依然在体制内,并未随着技术走,导致公司运行不顺,加之市场竞争激烈等原因,其开发出的产品的市场用量并不大,更没有形成规模生产。

1998 年,金鹏开始寻求转型发展,一方面理清公司体制,科技人员同技术和产品一同南下广州,在金鹏电子信息机器有限公司基础上组建了广州金鹏集团有限公司;另一方面确定了自主研发与国际合作相结合的发展路线,与摩托罗拉成立了合资公司——广州金鹏移动通信系统有限公司,引进摩托罗拉的技术,助力金鹏从固定交换机的生产转型到移动通信设备领域。

而在后来的第二次转型中,与跨国公司合作仍然是其技术创新的关键。进入 21 世纪以后,在我国移动通信技术从 2G 到 3G 的换代过程中,金鹏未跟上此步伐,逐步退出了移动通信设备领域,开始寻求第二次转型,而与微软合作是其第二次转型成功的关键。2006 年,金鹏与微软成立了合资公司——广州金微软件技术有限公司,共同进行"城域视频监控联网管理平台"的开发。在此助力下,金鹏开拓视频监控系统业务,进入了平安城市、智慧城市领域。

5.2.6 科技型中小企业成长的关键环节

一般而言,科技型中小企业的成长包括种子期、初创期、成长期和成熟期四个阶段(李金亮等,2010)。

第一阶段:种子期。种子期是发现创业项目、初步研发产品的阶段。在该阶段,企业主要是发现创业项目、突破技术原理、初步研发产品、试制产品样品等,此时由于产品尚未实现投产,企业本身几乎没有任何收入,融资难度大。

第二阶段:初创期。初创期是产品研发成功并进入试制、试销的阶段。在该阶段,产品初步研发成功并试制、试销,但技术尚不成熟,市场尚未打开,产品局限在小批量生产,企业处于亏损或微利状态。由于企业没有很好的经营业绩,因此融资难度依然很大,虽然有寻求风险投资的可能性,但通过商业银行进行债权融资的难度依然很大。

第三阶段:成长期。成长期是技术稳定、产品扩大生产和销售的阶段。在该阶段,技术已经成熟,企业开始扩大生产、扩大销售,产品逐步得到市场认同,销量开始快速成长,在市场上占有一定地位,企业开始盈利,进入良性循环,融资难度也随之下降,债券融资、股权融资均容易获得,同时也容易得到政府的扶持。

第四阶段:成熟期。成熟期是技术成熟、产品大规模生产、销售趋于稳定的阶段。企业经过一定时间的成长和扩张,技术日趋成熟,产品销量和市场占有率逐步趋于稳定,为实现可持续发展、避免进入衰退期,企业开始技术升级或开拓新领域。此时,企业在发展过程中累积的各类不动产和动产使得债权融资更易获得,同时一些企业也会通过上市进一步寻求资本市场的加持。

在科技型中小企业成长过程中,跨越"死亡谷"、实现财务可持续发展是关键。在种子期和初创期,企业由于资信度低、缺乏有效的抵押和质押资产而无法得到金融机构的认可,加之创新过程存在巨大的风险性和价值不确定性,阻碍了市场化资金途径的有效介入,造成外部资金供给的空白,因此在该阶段容易因资金不足而导致创业失败、企业"死亡",这个阶段被形象地称为"死亡谷"。科技型中小企业成长的一般规律如图 5-17 所示。

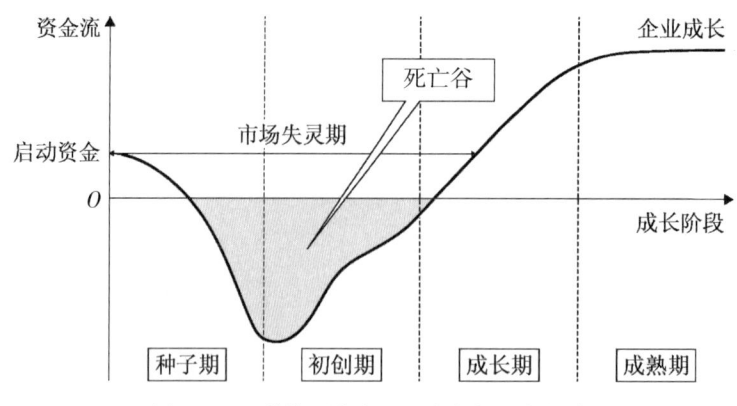

图 5-17 科技型中小企业成长的一般规律

（资料来源：李金亮，沈奎. 创新与政府［M］. 广州：广东经济出版社，2010.）

基于田野调查和企业访谈发现：在广州开发区，自我发展是基础，外部加持为重要助力。具体来看，自我发展包括自我滚动发展、以传统养创新两条具体途径，外部加持包括政府扶持加持、资本投资加持两条具体途径，如图 5-18 所示。其中，自我滚动发展是基础，以传统养创新是一条普遍存在的路径，传统类型业务让企业在种子期和初创期有了"造血"能力，以支撑新产品、新工艺的研发。在广州开发区，创业者依赖风投实现创业的案例较少，更多的是先"养活自己"，然后再实现创新。这也从一个侧面反映了广州开发区风险投资较为薄弱的现状。

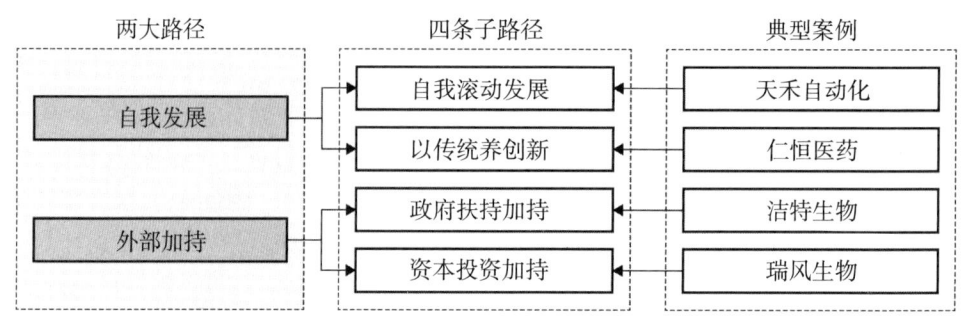

图 5-18 广州开发区科技型中小企业的企业成长路径

5.2.6.1 自我滚动发展：以天禾自动化为例

自我滚动发展是指企业在种子期和初创期主要依赖创业者的自筹资金、小批量生产销售的滚动资金来支撑跨越死亡谷，完全依赖自我滚动发展，企业成长速度相对缓慢。广州天禾自动化实业有限公司（以下简称"天禾自动化"）就是完全依靠自我滚动发展而成长起来的企业。天禾自动化的企业成长路径如图 5-19 所示。

天禾自动化于 2003 年创立，专注于油罐自动脱水器的研产销，创立以来经历了三个成长阶段：2003—2005 年是种子期，2006—2015 年是初创期，2016 年起进入快速成长期。在种子期和初创期，资金来源于创始人韩德福的自有资金、亲戚朋友的借款以及小批量生产销售的滚动资金，完全依靠自我滚动发展跨越了"死亡谷"。2016 年左右，随着产品市场的打开，企业进入快速成长期，业务量以每年翻一倍的速度增长，同时还得到了政府奖励、银行借贷等外部资金的加持和助力，主要包括广州市科技创新小巨人企业认定、高新技术企业认定的政府奖励 100 多万元、银行抵押贷款 150 万元、综合授信贷款 200 万元等。

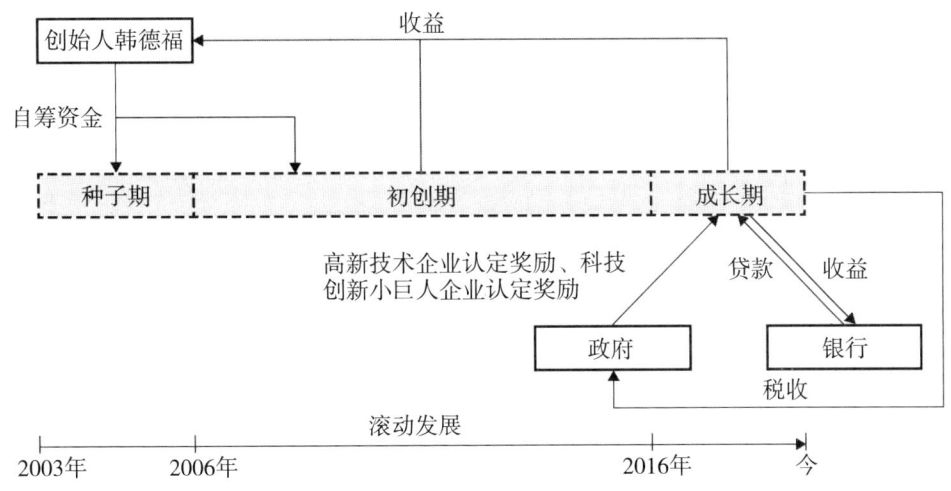

图 5-19　天禾自动化的企业成长路径：自我滚动发展

5.2.6.2　以传统养创新：以仁恒医药为例

以传统养创新是指企业在种子期和初创期通过代理、提供技术服务等传统类型业务维持可持续营收，以此来支撑新产品的研发，从而避免"死亡谷"的威胁。广州仁恒医药科技股份有限公司（以下简称"仁恒医药"）就是通过承接药品委托研发业务实现财务可持续营收，以此来支撑自我布局的眼科药品研发。

仁恒医药于 2013 年创立，发展愿景为做中国眼科药物头部企业，布局了 12 个高端品种、6 个普通品种的眼科药品研发，最终目标是成为药品上市许可持有人（Marketing Authorization Holder，MAH）。目前布局的大部分品种尚处于研发阶段，少部分品种的原料药已完成 CDE（国家药品监督管理局药品审评中心）备案登记，少部分品种的制剂还处于临床前阶段，总体上眼科药品的研发尚处于初始阶段。除了自己布局的眼科药品研发外，仁恒医药也作为一个 CRO（合同研究组织）企业来运营，承接药品委托研发业务，同时也从事进口原料药代理、进口药品注册代理等业务，通过这些传统类型业务带来可持续的营收，以此来支撑自我布局的眼科药品的研发。

从 2013 年创立后，到 2015 年仁恒医药的营业收入已达 771.53 万元，净利润为 174.9 万元。此后每年（2016—2021 年）也均为正值，且年平均营业收入为 1291.16 万元，年平均净利润为 247.86 万元。2020 年，其营业收入达到 2082.76 万元，净利润为 231.85 万元。

对于经营模式，仁恒医药副总经理邓琪如此讲述：

我们公司从成立到现在，一直都在进行对眼科药品的研发，只是说我们公司为了生存也要做一定的委外研发。委外研发产品不限于眼科产品，其他类型的药品我们也都在做研发，比如糖尿病的产品、心血管的产品，这样可以给公司带来可持续的营收状况，让公司的可持续发展力得到保证。

5.2.6.3　政府扶持加持：以洁特生物为例

政府扶持加持是指企业在种子期和初创期得到政府扶持资金的加持，从而顺利跨越

"死亡谷"。广州洁特生物过滤股份有限公司（以下简称"洁特生物"）是广州开发区第一批留学人员创办企业，是创始人袁建华在参加广州第一届留交会后来到广州开发区留创园创立的，因此在创业初期就得到了政府的关注和扶持，政府的扶持资金是企业在种子期、初创期的重要助力，如图 5-20 所示。

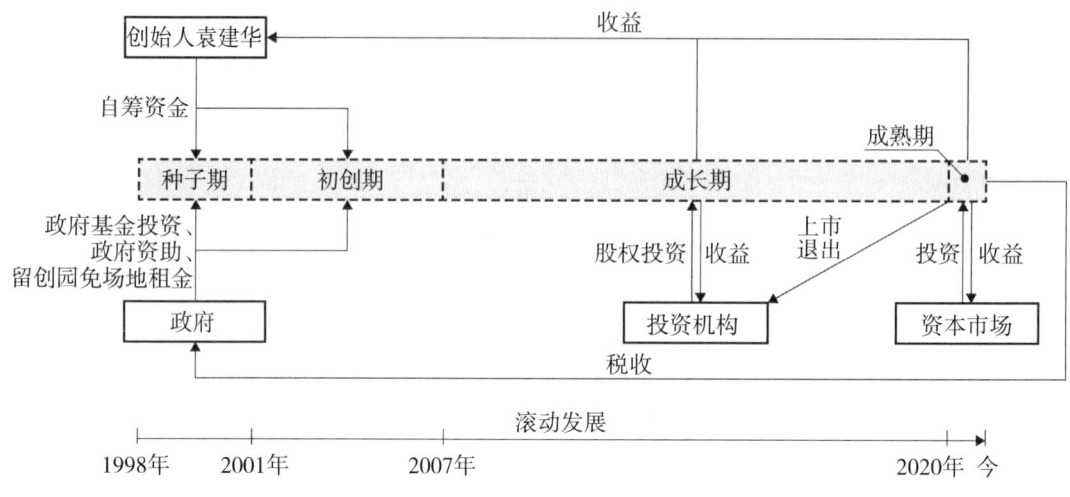

图 5-20 洁特生物的企业成长路径：政府扶持加持

洁特生物获得的政府扶持资金主要包括广州开发区科技基金扶持 100 万元、广州市留学人员创业启动资金资助 10 万元。除此之外，留创园还提供了免租金的场地等。其中，广州开发区科技基金由广州开发区管委会于 1986 年创立，每年由管委会财政划拨 600 万元，后提升到每年 800 万元，用以投资企业科技创新项目。该基金基本的使用办法是：若创业成功，则企业与管委会实行利润对半分成；若失败则基金注销，如此运行至 2003 年广州开发区科技基金改革①为止。广州市留学人员创业启动资金是依据广州市 1999 年颁布的《广州市鼓励留学人员来穗工作规定》成立的，对于符合条件的留学人员给予每人 10 万元的无偿扶持。

5.2.6.4 资本投资加持：以瑞风生物为例

资本投资加持是指企业在种子期和初创期得到了风险资本等外部投资，以支撑自身来跨越"死亡谷"。广州瑞风生物科技有限公司（以下简称"瑞风生物"）的创业就是主要依赖外部资本的投资加持。

瑞风生物创始人梁峻彬毕业于中山大学，曾任职于深圳华大基因、广东省微生物研究所，于 2012 年与合伙人联合创办安诺优达基因科技（北京）有限公司，该公司现已成长为我国基因测序行业的头部企业。梁峻彬于 2019 年来到广州开发区开始再次创业，创立了瑞风生物，聚焦于基因编辑疗法的自主研发。其中，β-地中海贫血的基因编辑疗法是其最主要的研发方向。基因编辑疗法经过近二十年的科学研究，逐渐完成了源头创新的积累，开始走向产业化阶段。瑞风生物正站在风口，是国内外基因编辑疗法研发的第一梯

---

① 广州市萝岗区政协"广州经济技术开发区专辑"编委会. 开拓者的记忆——广州经济技术开发区 1995—2005 [M]. 广州：广州出版社，2009.

队。目前，瑞风生物尚处于初创期，研发投入需求量巨大，主要依靠外部资本的投入，已经完成了两轮融资：于2020年11月完成了A轮融资，获得了博远资本、创新工场、高瓴创投、联想之星、联想控股近1亿元的投资；于2021年9月完成了A+轮融资，获得了苇渡资本、雅惠投资、元生创投、招商证券、光大控股的投资。

5.2.7 成功企业再孵化的四条典型路径

笔者在广州开发区的田野调查和企业访谈中发现，在广州开发区普遍形成了孵化成功企业再孵化的现象，主要有衍生创业、内生孵化、外延孵化、孵化器孵化四条典型路径。衍生创业是指孵化成功企业的技术人员独立创业，是正外部性效应的一种体现，如万孚生物衍生出蓝勃生物、华银健康，锐博生物衍生出表观生物，冠昊生物衍生出悦清再生医学等。内生孵化是指孵化成功企业通过内部创新进行多元拓展，如视源电子形成了放射状孵化网络结构。外延孵化是指孵化成功企业通过资本经营投资外部创业企业实现扩张发展，如达安基因形成了簇群状孵化网络结构。孵化器孵化是指孵化成功企业通过创办孵化器来再孵化新的企业，如冠昊生物孵化成功并成长为上市企业后创建了冠昊生命健康科技园等。

5.2.7.1 衍生创业：以万孚生物等为例

广州开发区孵化成功企业衍生创业的典型案例如图5-21所示。

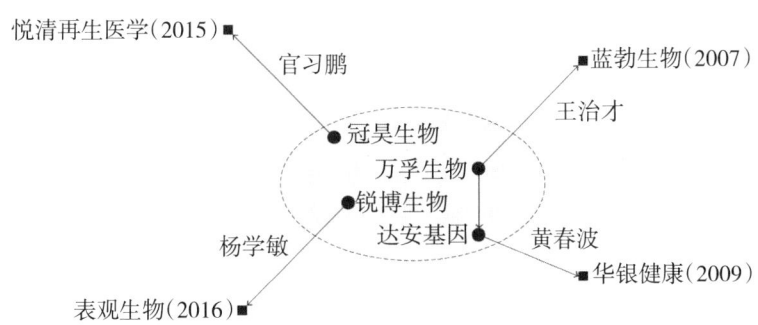

图5-21 广州开发区孵化成功企业衍生创业的典型案例

案例一：万孚生物衍生出蓝勃生物、华银健康

广州万孚生物技术股份有限公司（以下简称"万孚生物"）是由华南理工大学食品学院教师李文美创立，在广州开发区成长起来的企业。万孚生物于1992年创立，于2006年迁入广州科学城，如今已经成长为体外诊断快速检测产品研产销的上市企业、国内POCT（Point-of-care testing，现场快速检验）的龙头企业。

广州蓝勃生物科技有限公司（以下简称"蓝勃生物"）创始人王治才创业前任万孚生物仪器研发总监，于2007年独立创业，从POCT检测仪器的印刷电路板加工起步，早期主要供货于万孚生物，后来逐步升级为医用检测设备研产销的高新技术企业。广州华银健康医疗集团股份有限公司（以下简称"华银健康"）创始人黄春波是万孚生物的创始人之一，曾任万孚生物副总经理，后跳槽到达安基因临床检验中心，于2009年创办华银健康。华银健康主要提供第三方医学检测诊断技术服务。

案例二：锐博生物衍生出表观生物

广州锐博生物科技有限公司（以下简称"锐博生物"）是广州开发区孵化成功的留学人

员创办企业，创始人张必良于1988年前往美国留学，先后在福特汉姆大学、哥伦比亚大学、科罗拉多大学攻读生物化学硕士、博士学位及开展博士后研究，归国前在麻省大学医学院担任分子医学系研究室主任。21世纪初，在多次参加广州留交会后，他于2004年来到广州开发区创业，创立了锐博生物，以核酸技术为核心，为基因功能、细胞生物学及药物研究提供产品与技术服务。而广州表观生物科技有限公司（以下简称"表观生物"）的创始人杨学敏大学毕业之后就来到锐博生物任职，在锐博生物工作十余年之后，于2016年在广州开发区独立创业，创立表观生物，坚持深耕基因测序技术，提供新一代测序技术服务和试剂盒。

案例三：冠昊生物衍生出悦清再生医学

冠昊生物科技股份有限公司（以下简称"冠昊生物"）由留美团队于1999年在广州创立，几经辗转后迁至广州开发区，并在广州开发区成功成长为上市企业，主要从事再生医学材料的研产销，其典型产品是脑膜补片。广州悦清再生医学科技有限公司（以下简称"悦清再生医学"）的创始人官习鹏曾任冠昊生物研发中心主任，于2015年开始独立创业，成立悦清再生医学，聚焦于生物角膜、生物羊膜的研产销。悦清再生医学最初是在冠昊生物创办的孵化器——冠昊生命健康科技园进行孵化，后于2018年迁至广州科学城的西陇创新园。

5.2.7.2 内生孵化：以视源电子为例

广州视源电子科技股份有限公司（以下简称"视源电子"）是在广州开发区孵化成长起来的国企技术人员创办企业，孙永辉等创始人原为广州广播设备厂下属的广州乐华电子有限公司（以下简称"乐华"）的技术人员。

乐华在21世纪初因经营困境而重组，孙永辉等于2005年在广州开发区创办了视源电子。在电视机行业经验基础上，视源电子以液晶电视主控板卡业务起家，在显像管电视向液晶电视过渡的浪潮中，迅速成长为全球最大的液晶电视主控板卡供应商。视源电子在发展壮大后，一方面从液晶电视向其他家电领域拓展主控板卡业务，另一方面也逐渐探索出了一条内生孵化路径。

视源电子内生孵化的基本路径是：在公司内部征集创业计划，由公司管理层充当项目评估者的角色，对通过评估的项目创立子品牌、成立子公司。其中，希沃（seewo）、希科（XICOO）、MAXHUB是视源电子内生孵化的三个典型子品牌。

2008年，视源电子创立第一个自主品牌希沃（seewo），聚焦教育信息化，以教学交互设备、教学智能设备及数字管理平台为核心产品，并成立子公司——广州视睿电子科技有限公司。

2013年，视源电子创立自主品牌希科（XICOO），聚焦医疗信息化，以智能交互屏、智能体征采集终端及智慧病房护理整体解决方案等为核心产品，并成立子公司——广州希科医疗器械科技有限公司。

2017年，视源电子创立自主品牌MAXHUB，聚焦智能办公，以会议平板、视频会议一体机、传屏盒子及智慧办公整体解决方案等为核心产品，并成立子公司——广州视臻信息科技有限公司。此外，视源电子还内生孵化有汽车电子领域的CVIAUTO、检测领域的MAKER-RAY等。

笔者通过"企查查"平台获取了视源电子的投资网络数据，利用Ucinet 6.0软件进行网络刻画，结果呈现：视源电子的投资网络以母公司为核心呈现出放射状特征，该投资网络是其内生孵化路径的直接体现和直观反映，如图5-22所示。

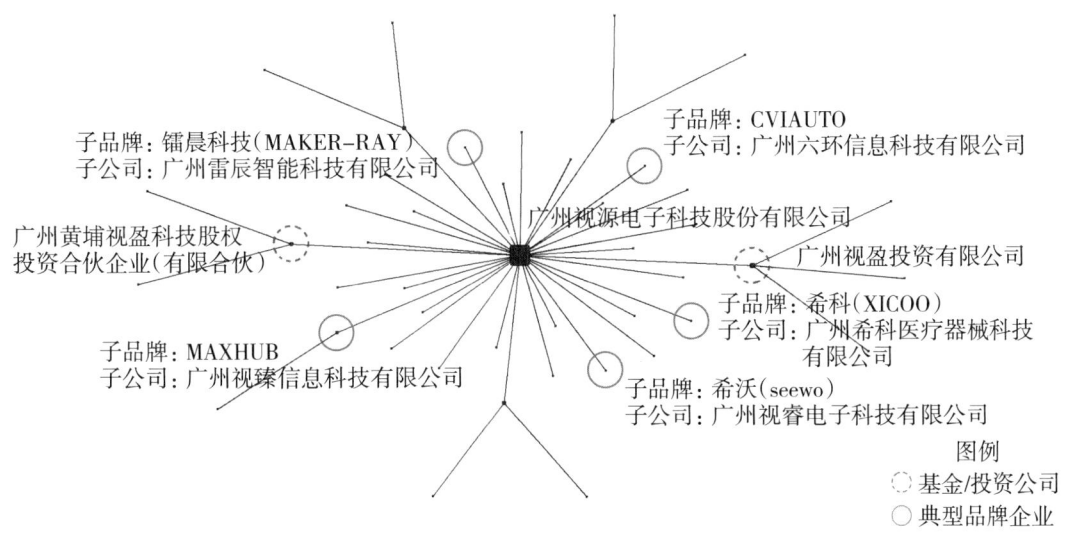

图 5-22 视源电子的内生孵化网络结构：放射状特征

5.2.7.3 外延孵化：以达安基因为例

中山大学达安基因股份有限公司（以下简称"达安基因"）是在广州开发区成长起来的代表性企业，它的前身是中山医科大学（现中山大学）校办企业。1991 年，中山医科大学将下属的三家校办企业合并为中山医科大学科技开发公司，但该公司因资金周转等问题沦为负债的空壳公司。1993 年，何蕴韶教授加入中山医科大学，学校决定将他的基因诊断项目在此平台进行转化。随着技术的突破，公司逐步扭亏为盈。2000 年前后，公司进行改制，形成"大学＋政府＋员工"的股权结构，六名骨干员工实现了持股。由此，达安基因具有国有背景和高校科研人员创业的双重属性（龙建平等，2001；梁婷等，2008）。

在后续的发展过程中，受国有背景的体制制约，达安基因逐渐形成了一条外延孵化路径。其中，2010 年的股权激励计划失败是节点性事件，也是达安基因走向外延孵化的催化剂。在 2000 年改制后，达安基因经过十余年的发展，成长迅速，公司管理层意识到公司的技术创新不能仅依靠持股的几位核心骨干，而是需要全体科研人员共同努力才能实现更大范围的创新。因此，达安基因于 2010 年决定实施股权激励计划，其中涉及的核心研发人员（包括已经成为公司高管的技术骨干）共 18 人。但是该计划在经历了长达六年多的审核批复以及多次调整修改后，最终还是于 2016 年宣布终止实施。究其原因，是国有背景的体制制约导致了该结果（毛蕴诗等，2017）。

达安基因在股权激励计划受阻后，探索形成了一条外延孵化的路径。一方面，达安基因通过外延孵化实现了对员工的"变相"激励，就是允许员工创业，母公司通过下属投资公司与创业员工成立共同持股的子公司，子公司可以使用母公司资源，通过导流把母公司资源释放出来。广州市达瑞生物技术股份有限公司（以下简称"达瑞生物"）、广州天成医疗技术股份有限公司、广州合谐医疗科技有限公司等均是典型代表。以达瑞生物为例，达安基因营销中心为达瑞生物开发客户，由达瑞生物直接和最终客户签订销售合同，达安基因则收取一定的代理费，但是为了支持达瑞生物的发展，达安基因一度不收取代理费（叶菁菁，2016）。另一方面，达安基因通过股权投资、技术授权等孵化外部创业企业，以此来实现扩张发展。在技术授权方面,广东达元绿洲食品安全科技股份有限公司(以下简称"达元绿洲")是典型案例。达元绿洲最初是一家食品贸易公司,深耕食品安全领域多年,但一直缺乏技术。达安基因将其原有的一些基因诊断的平台授权给它用于食品检测,如今达元绿洲已成功在新三板挂牌上市。

笔者通过"企查查"平台获取了达安基因的投资网络数据,利用 Ucinet 6.0 软件进行网络刻画,结果呈现:达安基因形成了以多个基金/投资公司、孵化公司为节点的簇群状投资网络,该投资网络是其外延孵化路径的直接体现和直观反映,如图 5-23 所示。

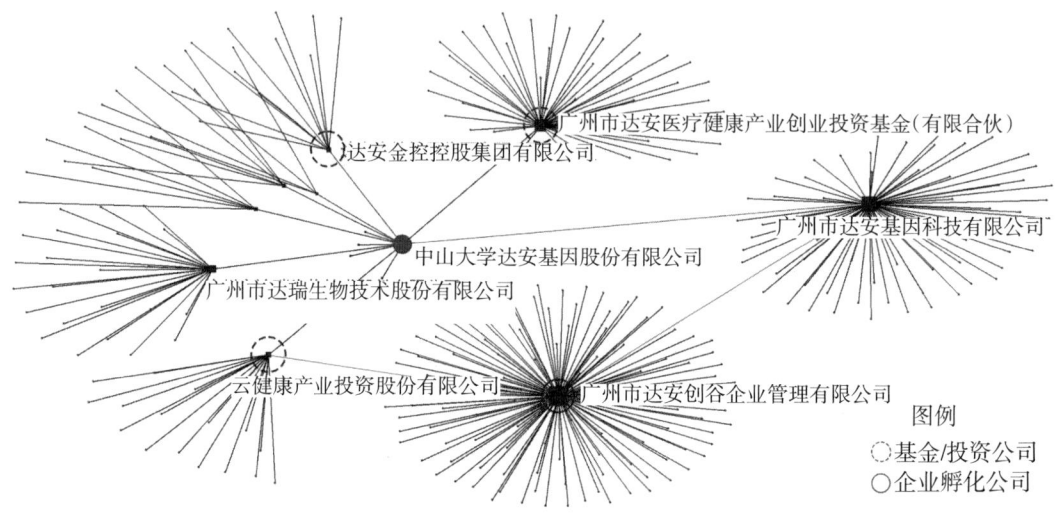

图 5-23 达安基因的外延孵化网络结构:簇群状特征

5.2.7.4 孵化器孵化:以冠昊生物等为例

广州开发区孵化成功企业孵化器孵化的典型案例如图 5-24 所示。

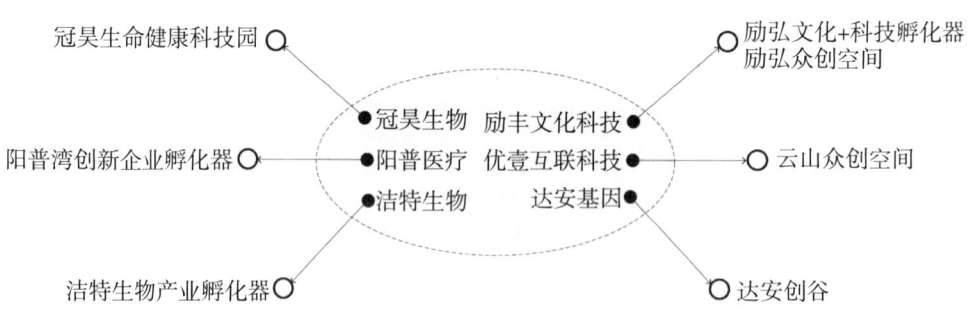

图 5-24 广州开发区孵化成功企业孵化器孵化的典型案例

冠昊生物科技股份有限公司(以下简称"冠昊生物")的创立始于几位旅美华人学者1999 年在广州的创业,经过几年的创业挫折后,冠昊生物于 2003 年进行了重组,广州开发区将其引入广州科学城的广州国际企业孵化器,经过 8 年的孵化成长,于 2011 年在创业板挂牌上市。之后,冠昊生物于 2013 年创办了冠昊生命健康科技园,走上了孵化器孵化的路径,分别于 2013 年、2017 年成立了冠昊生命健康科技园有限公司、广东昊赛科技企业孵化器有限公司，作为孵化载体的运营主体。如今，冠昊生命健康科技园已经是国家级、市级以及区级多级认定的科技企业孵化器，形成了总部园区、旗锐园区、广州开发区加速器园区三处孵化载体，共计拥有孵化场地约10.92万平方米。冠昊生物以孵化器孵化为基础探索形成了"上市公司+专业科技企业孵化器+产业基金"的孵化模式，成功孵化了吉妮欧生物、昕生医学、六顺生物、安岩仁医药、迈达康医药、宏柯源生物、柏视医疗、序科码生物等多家高新技术企业。

5.2.8 从孵化到再孵化的典型案例：以洁特生物为例

1. 洁特生物从孵化到再孵化的成长历程

洁特生物是一家生物实验室耗材领域的上市企业，核心产品是各类细胞培养器皿。其创始人袁建华的归国创业历程及洁特生物的成长历程可以分为四个阶段，如图 5-25 所示。

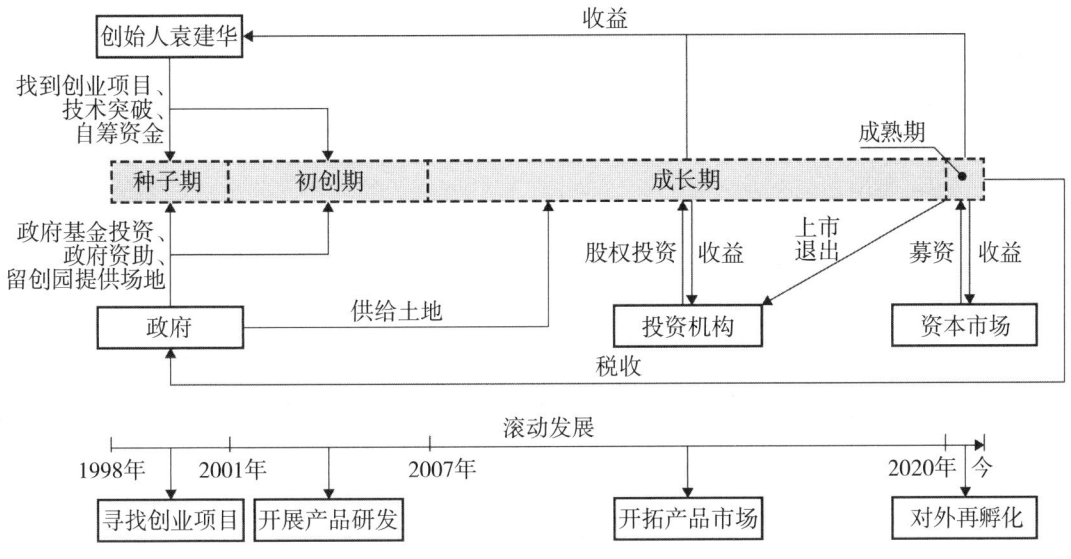

图 5-25　洁特生物从孵化到再孵化的成长历程

1998—2000 年是种子期，主要寻找创业项目。1998 年，袁建华在参加了第一届广州留交会后决定回国创业，归国前他在哈佛大学担任客座教授，从事艾滋病疫苗的研究。在创业初期，广州开发区留创园提供了 80 平方米的免费场地。袁建华选择的第一个创业项目与他的科研领域相关，即开展肝炎、艾滋病等传染病快速免疫诊断试剂和试剂盒的研发，于 1999 年成立了广州杰特免疫诊断制品有限公司。然而，第一个创业项目最终以失败告终，该公司也随之注销。

2001—2006 年是初创期，主要进行产品研发。2001 年，袁建华开始了归国后的第二个创业项目，聚焦于细胞培养器皿的研发，注册成立了广州洁特生物过滤股份有限公司。该创业项目源自袁建华对国内与美国生物实验室耗材差距的切身感知，当时美国生物实验室已经普及一次性耗材，而国内生物实验室还是采用重复使用的玻璃器皿。玻璃器皿存在因易破损而带来风险、重复使用影响实验结果等现实问题，袁建华透过该问题看到了生物实验室耗材——细胞培养器皿的市场潜力。之后，袁建华在美国搜寻技术来源，于 2001

年开始了产品研发。直至 2006 年，期间一直处于研发阶段，投入资金约 500 万元，主要来源于创始人袁建华的自筹资金。此外，作为广州开发区最早的留学人员创办企业，洁特生物在种子期和初创期就得到了政府的关注和扶持，获得了政府基金投入和政府资助。

2007—2019 年是成长期，主要是寻求企业的快速成长。在 2006 年前后，产品研发成功，洁特生物逐步进入了拓展市场、扩大生产阶段，从而进入成长期。在成长期，洁特生物进行了多次股权融资，借助资本力量快速成长：于 2011 年进行了第一次股权融资，获得海汇投资资金 3000 万元（占 24% 的股份）；于 2018 年分别引进了青城高禾、宁波久顺、天泽瑞发、广开知产四家机构的投资，合计融资 4800 万元（合计占 5.594% 的股份）。2019 年，洁特生物实现了营业收入 2.47 亿元、净利润 6600 万元。此外，洁特生物在成长期还完成了自购土地、自建园区。广州开发区于 2012 年为洁特生物提供永和区约 3 公顷的土地用以建设园区，该园区于 2014 年建设完成并启用。

2020 年洁特生物进入了成熟期，走向外延孵化、孵化器孵化。2020 年，洁特生物在科创板上市，募资 3.8 亿元。获得资本市场的加持之后，洁特生物投资成立了广州洁特创业投资管理有限公司，开始积极寻求对外投资孵化，制定了对外投资的"三梯队"战略：第一是围绕公司主业上下游产业链的投资，第二是医疗器械及耗材类的投资，第三是生物医药等其他战略性新兴产业项目的投资。与此同时，洁特生物在园区内扩建科技企业孵化器大楼，积极吸纳初创企业入驻孵化，走上了孵化器孵化的路径，并成立广州洁特孵化器管理有限公司作为运营主体。

2. 洁特生物的孵化及再孵化路径解析

第一，从创新源头来看，洁特生物是广州开发区留学人员创办企业的典型代表。

第二，从科技创新路径来看，其研发路径是市场导向下的模仿创新及模仿后再创新。创始人袁建华的第一个创业项目是其科研领域的成果转化——艾滋病、肝炎等传染病的快速免疫诊断试剂和试剂盒的开发，然而以失败告终。第二个创业项目是市场导向的生物实验室耗材项目——细胞培养器皿的开发，最终获得成功，成为洁特生物的核心产品。洁特生物的研发路径始于对美国成熟产品的模仿，在模仿创新基础上逐步实现了自主创新。

第三，从企业成长路径来看，在种子期和初创期，洁特生物的资金来源以自筹资金为主，同时政府扶持也是重要助力；在成长期和成熟期，洁特生物一方面自我滚动发展，另一方面通过股权融资助力企业快速成长，最终实现了在科创板上市。

第四，从再孵化路径来看，洁特生物上市后走上外延孵化、孵化器孵化的路径。2020 年，洁特生物在科创板上市，获得资本加持之后，洁特生物走向外延孵化、孵化器孵化的再孵化路径。

5.2.9 生物医药行业的马歇尔产业区

经田野调查发现，在科技型中小企业孵化及再孵化路径下，广州开发区逐渐形成生物医药、新一代信息技术、智能装备、新材料、节能环保等一批新兴产业。二次创业以来，这些内生培育的新兴产业不同于一次创业形成的外源型产业，而是演化形成多元本地化根植链，呈现马歇尔产业区的基本特征，同时又嵌入到全球—地方的多尺度网络之中。其中，生物医药行业尤具典型性。

如本书第 1 章所述，"马歇尔产业区"概念的提出最早可追溯到马歇尔（Marshall A）

1890年出版的《经济学原理》,马歇尔(Marshall A)基于对英国工业生产地理集聚现象的观察,提出产业区概念。二十世纪七八十年代,随着人们对"第三意大利"研究的关注,马歇尔产业区理论开始复兴(苗长虹,2002),形成了新产业区、马歇尔产业区、意大利产业区等概念。

以马库森(Markusen A)的研究为基础,结合其他学者对马歇尔产业区的研究,如Wei Yehua 等(2007)对于我国温州马歇尔产业区演化及特征的研究、Hervas – Oliver 等(2018)对于西班牙卡斯特利翁(Castellon)和意大利萨索罗(Sassuolo)两个马歇尔式瓷砖产业区的研究、Sforzi F 等(2019)对于意大利和西班牙的马歇尔产业区的对比研究、Bellandi M 等(2021)对于意大利马塞拉塔(Macerata)和费尔莫(Fermo)鞋类产业区的研究,本书将马歇尔产业区的基本模型和特征归纳成图 5 – 26。

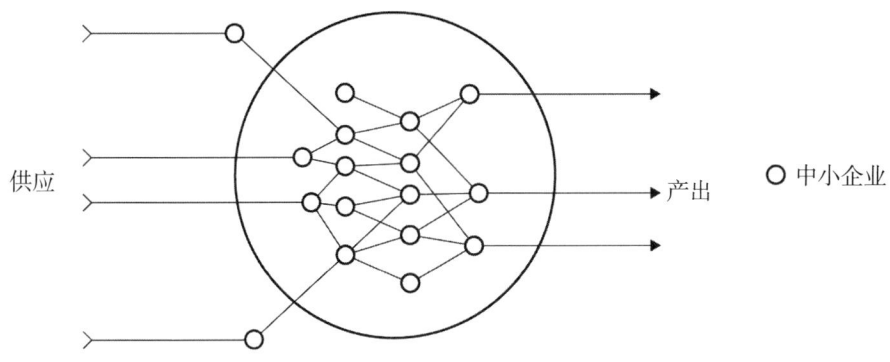

图 5 – 26 马歇尔产业区的基本模型

(资料来源:Markusen. Sticky places in slippery space:A typology of industrial districts [J]. Economic Geography,1996,72(3):293 – 313.)

马歇尔产业区的基本模型是大量的中小企业在一个区域内集聚并结成根植于本地的网络,具体呈现出如下特征:

①以本地化的中小企业为主体;
②规模经济相对较低;
③区内存在大量的供应贸易,本地买家和供应商之间形成长期合作,与区外公司的合作和联系程度较低;
④关键投资决策在本地做出;
⑤区内劳动力市场高度灵活,工人根植于地区而非公司,内部流动频繁,向外迁移率低;
⑥区内企业根植于本地;
⑦区内有专业的资金来源、技术服务及商业服务机构;
⑧区内有耐心资本(patient capita)的存在;
⑨产业效益短期可能出现波动,但增长和就业的长期前景良好(Markusen A,1996)。

广州开发区的生物医药产业经过多年的演化发展呈现出如下特征:以区内孵化的科技型中小企业为主体,在空间上高度集聚在广州科学城,一方面演化形成政策链、孵化链、合作链、交流链、融资链等多个面向的本地化根植链,呈现出马歇尔产业区基本特征,另一方面又嵌入到全球—地方的多尺度网络之中,如图 5 – 27 所示。

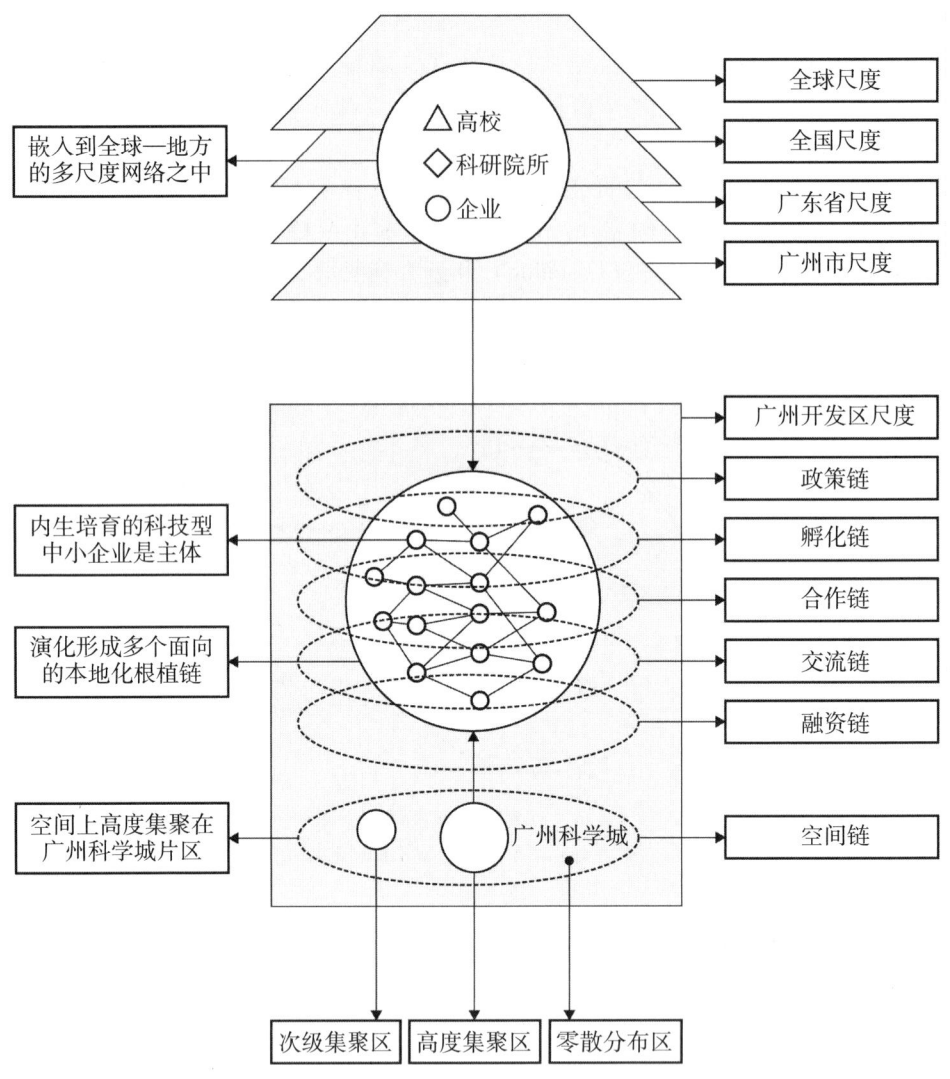

图 5-27 广州开发区生物医药产业：呈现马歇尔产业区的基本特征

5.2.9.1 生物医药行业以中小企业为主体

在二次创业之前，广州开发区并没有生物医药的产业基础，生物医药产业是二次创业以来内生孵化培育的结果，以留学人员创业为开端（在广州开发区的留学人才中约有 30% 从事生物医药产业[①]）逐步演化而来。统计分析可知，广州开发区的生物医药企业自 21 世纪初才开始逐渐涌现，其中 2016—2020 年新创立企业占到了当时企业总数的 61.57%，而注册资本在 500 万元以下的企业占 63.27%，如图 5-28 所示，这充分说明了以中小企业为主体的特征。除此之外，还产生了一大批细分领域单项冠军企业，包括铭康生物、冠昊生物、迈普生物等留学人员创办企业，以及达安基因、万孚生物等广州高校衍生企业等，如表 5-1 所示。

---

① 广州开发区投资促进局. 招商 4.0 [M]. 广州：广东高等教育出版社，2018.

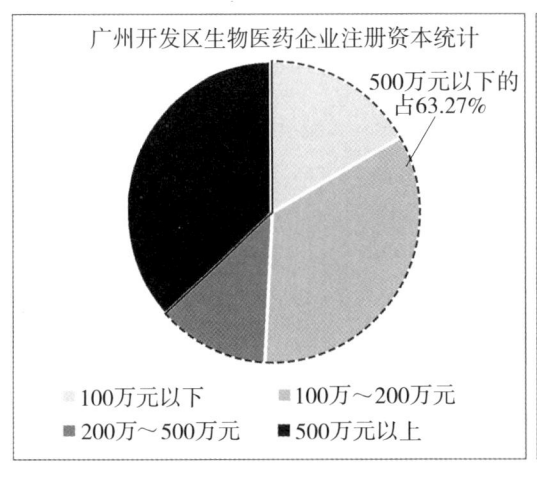 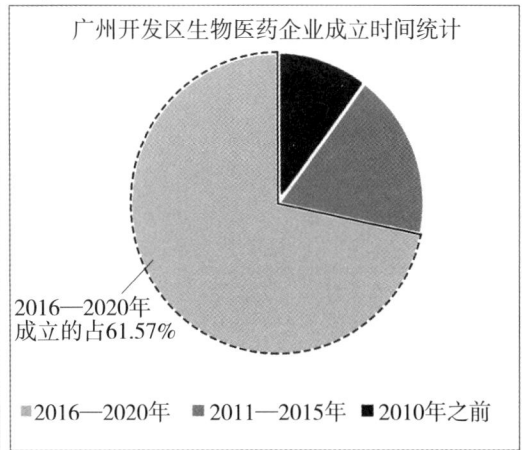

图 5-28 广州开发区生物医药企业统计分析

表 5-1 广州开发区生物医药细分领域单项冠军企业选录①

序号	企业名称	企业类型	细分领域
1	铭康生物	留学人员创业	国内首个注射用重组人 TNK 组织型纤维溶酶原激活剂（铭复乐）
2	锐博生物	留学人员创业	国内首条寡核酸 cGMP 生产线
3	冠昊生物	留学人员创业	再生功能新型生物材料及制品
4	迈普生物	留学人员创业	人工硬脑膜
5	益善生物	留学人员创业	液相芯片系列产品
6	达安基因	广州高校衍生	PCR 荧光检测试剂
7	万孚生物	广州高校衍生	体外诊断试剂
8	金域检验	广州高校衍生	第三方医学检验机构
9	赛莱拉干细胞	广州体制内衍生	首家新三板挂牌上市的干细胞企业
10	华银健康	区内孵化成功企业衍生创业	第三方医学检验机构

5.2.9.2 空间上高度集聚在广州科学城片区

广州开发区生物医药企业的空间分布可划分为高度集聚区、次级集聚区、零散分布区三个等级。高度集聚在广州科学城片区，次级集聚在广州开发区加速器、广州生物岛，零散分布在永和经济区、东区、云埔工业区、西区，如图 5-29 所示。经现场调研发现，在广州科学城，承载生物医药企业的空间主要有三种类型：

其一是广州科技创新基地、广州国际企业孵化器、广州科学城综合研发孵化区（创新大厦和创意大厦）等综合型孵化载体。

其二是华南新药创制中心、冠昊生命健康科技园等生物医药专业孵化载体。

其三是达安基因、万孚生物、迈普生物等购地自建的园区。

---

① 广州开发区投资促进局. 招商 4.0 [M]. 广州：广东高等教育出版社，2018.

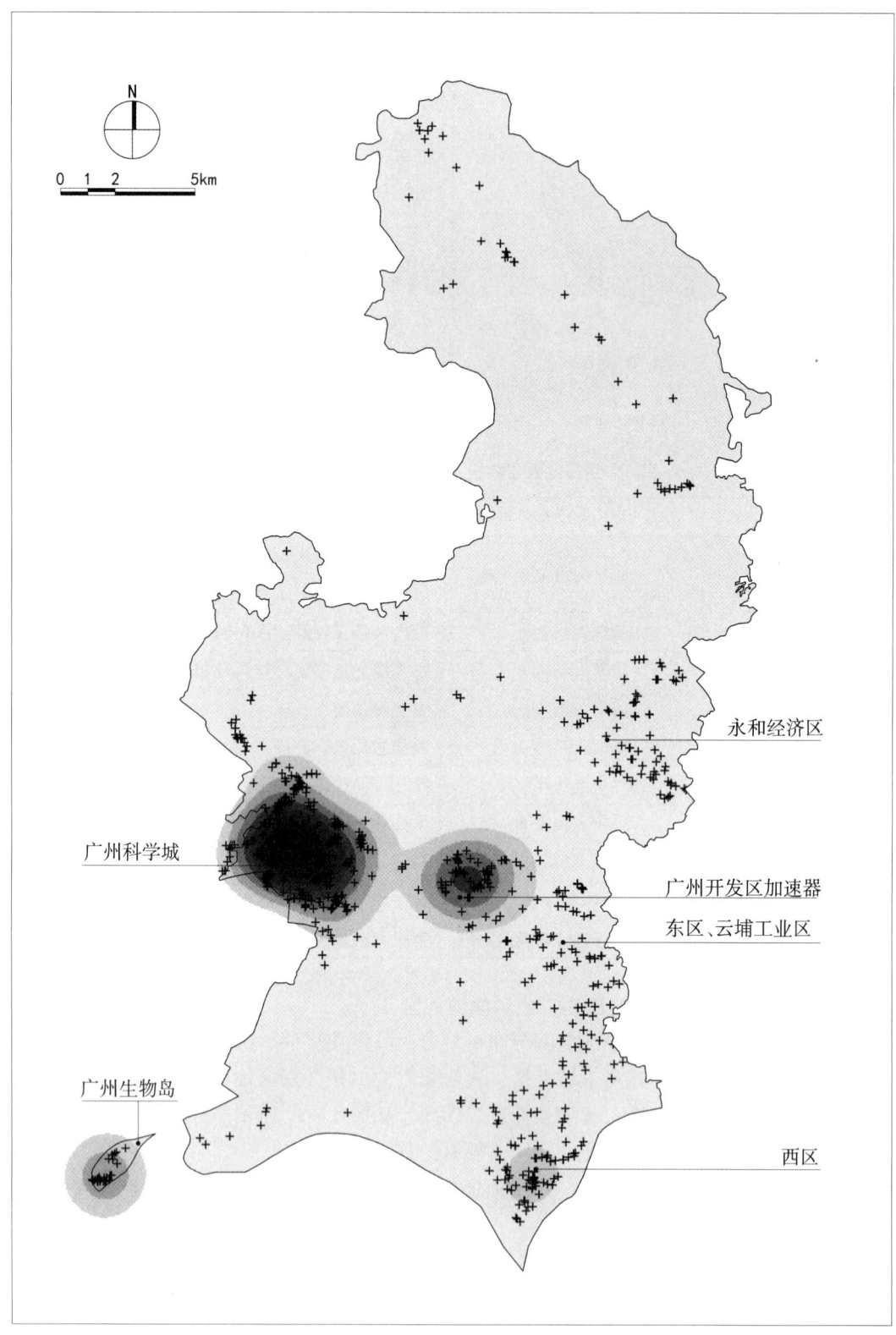

图 5-29 广州开发区生物医药企业空间分布特征图

5.2.9.3 演化形成多个面向的本地化根植链
1. 政策链

在二次创业的早期,广州开发区便将生物医药作为重点产业,以广州科学城和广州国际生物岛为核心构建广州生物产业基地。2006年10月,该基地被国家发改委批准为国家生物产业基地。

为了推动生物医药产业的发展,广州开发区在普适的创新创业政策之外,还探索制定了针对生物医药产业的专项政策,主要包括《加快IAB产业发展的实施意见》(穗开管办〔2017〕77号)及配套的《广州开发区加快生物医药产业发展实施意见细则》(穗埔科规字〔2019〕2号),还有《广州开发区促进高端生物制药产业发展办法》(穗埔府规〔2020〕5号)、《广州知识城促进生物医药产业高质量发展十条》(穗埔府规〔2021〕5号)等。

在广州开发区,普适的创新创业政策和生物医药产业专项政策共同为生物医药企业的孵化和发展构筑了政策高地、成本洼地。

2. 孵化链

在广州开发区,生物医药产业是科技型中小企业孵化及再孵化的典型体现,其逐步演化形成了多元的本地孵化链:

其一是孵化成功企业衍生创业,如本书5.2.7中讲述的万孚生物衍生出蓝勃生物、华银健康,锐博生物衍生出表观生物,冠昊生物衍生出悦清再生医学,等等。

其二是孵化成功企业外延孵化,如本书5.2.7中讲述的达安基因成功孵化出达瑞生物、天成医疗、合谐医疗等众多企业。

其三是孵化成功企业孵化器孵化,例如,本书5.2.7中讲述的冠昊生物在广州开发区孵化成功后建立了专业的生物医药孵化器——冠昊生命健康科技园,成功孵化了吉妮欧生物、昕生医学、六顺生物、安岩仁医药、迈达康医药、宏柯源生物、柏视医疗、序科码生物等多家高新技术企业。

其四,广州开发区还涌现出了众多生物医药专业孵化器,如具有政府背景的华南新药创制中心,以及一批孵化成功的生物医药企业创办的孵化器——达安创谷、冠昊生命健康科技园、阳普湾创新企业孵化器等。

3. 合作链

随着广州开发区生物医药企业的不断集聚,在地理邻近作用下,也逐渐演化形成了一定的本地合作。在田野调查中,亦发现了一些本地合作的案例。

第一个例子是广州市丹蓝生物科技有限公司(以下简称"丹蓝生物")与广州阳普医疗科技股份有限公司(以下简称"阳普医疗")、广州金域医学检验集团股份有限公司(以下简称"金域检验")的合作。丹蓝生物是留学人员在广州开发区创办的企业,同时还具有广州高校衍生企业的属性,聚焦自身抗体谱技术用于肿瘤早筛的研发,与同在广州开发区的第三方检测机构——阳普医疗、金域检验建立了研发合作关系,这是地理邻近作用带来的合作效应的体现。

第二个例子是广州蓝勃生物科技有限公司与广州万孚生物技术股份有限公司的合作。万孚生物是广州高校衍生的在广州开发区成长起来的典型企业,蓝勃生物是万孚生物的衍生创业企业,蓝勃生物创始人王治才原为万孚生物仪器研发部经理。蓝勃生物创立之后便成了万孚生物的仪器供应商,在创业早期,成为万孚生物供应商是其重要的业务来源,这也是地理邻近作用下的衍生创业、地理邻近+社会邻近带来的合作效应的典型体现。

4. 交流链

随着广州开发区生物医药企业的不断集聚,各式各样的生物医药行业面对面交流活动也应运而生,政府机构、孵化机构、行业协会等都是这些活动的推动者。

主要的交流活动包括:①"生物科技企业资本上市研讨会——行业权威大咖共探医药企业上市秘籍"活动,该活动是在广州开发区金融局的指导下,由区属国企——广州高新区科技控股集团有限公司、广州凯得金融服务集团有限公司承办的一个生物医药行业专题活动。②冠昊生命健康科技园2021年举办的"企业获得资本借力和转化的有效途径"交流会,等等。

5. 融资链

随着广州开发区生物医药企业的不断集聚,各种各样的生物医药企业专场融资路演活动也应运而生,这些活动的主办方有政府机构、孵化机构、中介机构、金融机构、行业协会等各类型主体。

一方面,政府主导开展常态化融资路演活动。以金融局为主导,以区属国企——广州凯得金融服务集团有限公司为执行主体,广州开发区建立了科技金融服务平台及路演中心——广州开发区金融服务超市,常态化举办"广州高新区科技金融路演中心'融资汇'"系列路演活动,其中有诸多生物医药专场。例如,广州高新区科技金融路演中心第43期"融资汇"就有生物医药专场,丹蓝生物、恩特纽健生物、卓越健康三家企业参加了此次路演,它们分别来自癌症早筛、医疗营养、智慧医疗三个生物医药细分领域。

另一方面,孵化载体、行业协会也会组织各类融资路演活动。例如,广东省科技企业孵化器协会主办、冠昊生命健康科技园承办了"育苗行动"系列品牌活动之"第十一期'育苗行动'生物医药行业专场暨项目路演活动",维佰生物、吉妮欧生物、万德基因、悦清再生医学四家广州开发区的生物医药企业参加了此次活动,其中维佰生物、吉妮欧生物是冠昊生命健康科技园在孵企业,而悦清再生医学是冠昊生物的衍生创业企业。

此外,聚焦生物医药领域的金融机构也会组织专题融资路演活动。例如,2021年12月14日,明德资本在广州科学城易翔科技园举办了医疗大健康专场融资沙龙。中介机构也会组织融资路演活动,例如,2021年1月14日,广州开发区科技金融服务中心举办了"IP融资汇——生物医药行业专场",有23家广州开发区的生物医药企业参加了此次路演活动。

5.2.9.4 嵌入到"全球—地方"的多尺度网络之中

广州开发区的生物医药产业一方面演化形成上述本地化根植链,另一方面又嵌入到"全球—地方"的多尺度网络之中,呈现出开放式特征。

以广州帝奇医药技术有限公司(以下简称"帝奇医药")为例,该公司是留学人员在广州开发区创办的企业,于2011年创立,2012年入驻广州科学城的广州国际企业孵化器进行孵化,2016年迁入广州国际生物岛标准产业单元。

帝奇医药专注于处方药、非处方药和保健药物的处方工艺开发和产业化,以及传统中药剂型现代化和现有西方药物(特别是专利过期药物)的更新改造。它的合作网络呈现出"全球—地方"的多尺度特征。

帝奇医药的国内合作伙伴包括广州市尺度的广州医药集团，广东省尺度的众生药业、惠州大亚制药、丽珠医药、逸舒制药、深圳海王集团等，全国尺度的哈药集团、九州通医药集团、贵州天安药业、北大高科华泰制药、威海路坦制药等，以及英国伦敦大学、法国国家研究中心、加拿大阿尔伯塔省 TC 公司等境外合作伙伴。[①]

5.3 广州科学城建设成效

5.3.1 科技型中小企业集中在广州科学城

1. 指标选取

本书选取高新技术企业、瞪羚企业来表征科技型中小企业。根据《高新技术企业认定管理办法》规定，高新技术企业是指"在《国家重点支持的高新技术领域》内，持续进行研究开发与技术成果转化，形成企业核心自主知识产权，并以此为基础开展经营活动，在中国境内（不包括港、澳、台地区）注册一年以上的居民企业"。高新技术企业有明确的认定标准和认定名录，广州开发区共计有高新技术企业 2100 家，其中 80% 以上为中小企业[②]，其空间分布特征如图 5-30 所示。

广州开发区于 2016 年开展瞪羚企业认定，根据《广州开发区瞪羚企业认定扶持办法》，瞪羚企业是指"成功跨越创业死亡谷后，商业模式得到市场认可，进入爆发式增长阶段的创新型企业，具有成长速度快、创新能力强、专业领域新及发展潜力大的特征"。截至 2020 年底，广州开发区累计认定瞪羚企业、瞪羚培育企业 1512 家次，其中 2020 年认定瞪羚企业 263 家、瞪羚培育企业 150 家。其空间分布特征如图 5-31 所示。

2. 科技型中小企业高度集聚在广州科学城

通过对高新技术企业、瞪羚企业的核密度空间分布进行分析可知，广州开发区科技型中小企业的空间分布可划分为高度集聚区、次级集聚区、零散分布区三个等级（见图 5-30、图 5-31）。经田野调查发现，这些科技型中小企业的空间分布主要有两种形式，一种是大量分布在孵化载体、产业载体之中，另外一种就是购地自建园区。

首先，科技型中小企业高度集聚在广州科学城，广州科技创新基地、广州国际企业孵化器、广东软件园、广州科学城综合研发孵化区（创新大厦和创意大厦）、华南新材料创新园、易翔科技园等孵化载体承载了大量的科技型中小企业，同时也有诸如达安基因、万孚生物、迈普生物、铭康生物等孵化成功企业购地自建园区。

其次，在广州科学城东部的广州开发区加速器周边形成了次级集聚区，广州开发区科技企业加速器、广州莱迪创新科技园、纳金科技产业园等孵化载体承载了相当数量的科技型中小企业，也有诸如倍绣生物、阳普医疗等孵化成功企业购地自建园区。

此外，广州开发区的科技型中小企业还零散分布在西区、东区、云埔工业区和永和经济区等片区。

[①] 赵逸靖. 广州生物医药集群合作创新网络动态演化研究 [D]. 广州：广州大学，2019.
[②] 广州高新区发布. 读懂中国，广州高新区讲了三个故事 [EB/OL]. (2021-12-01) [2022-9-8]. https://mp.weixin.qq.com/s/h9RVzJNMqEOjCGhimDmArA.

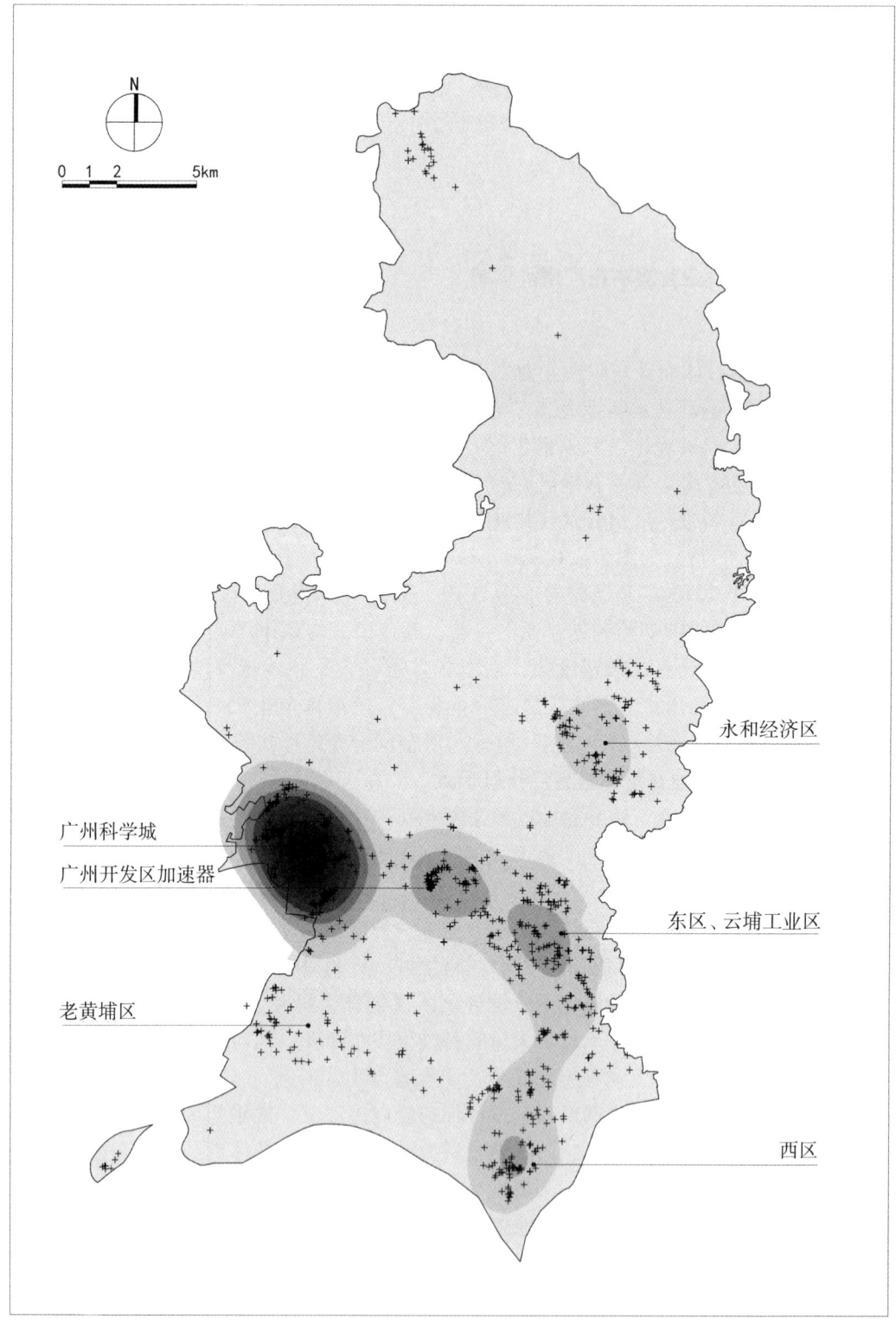

图 5-30　广州开发区高新技术企业空间分布特征图

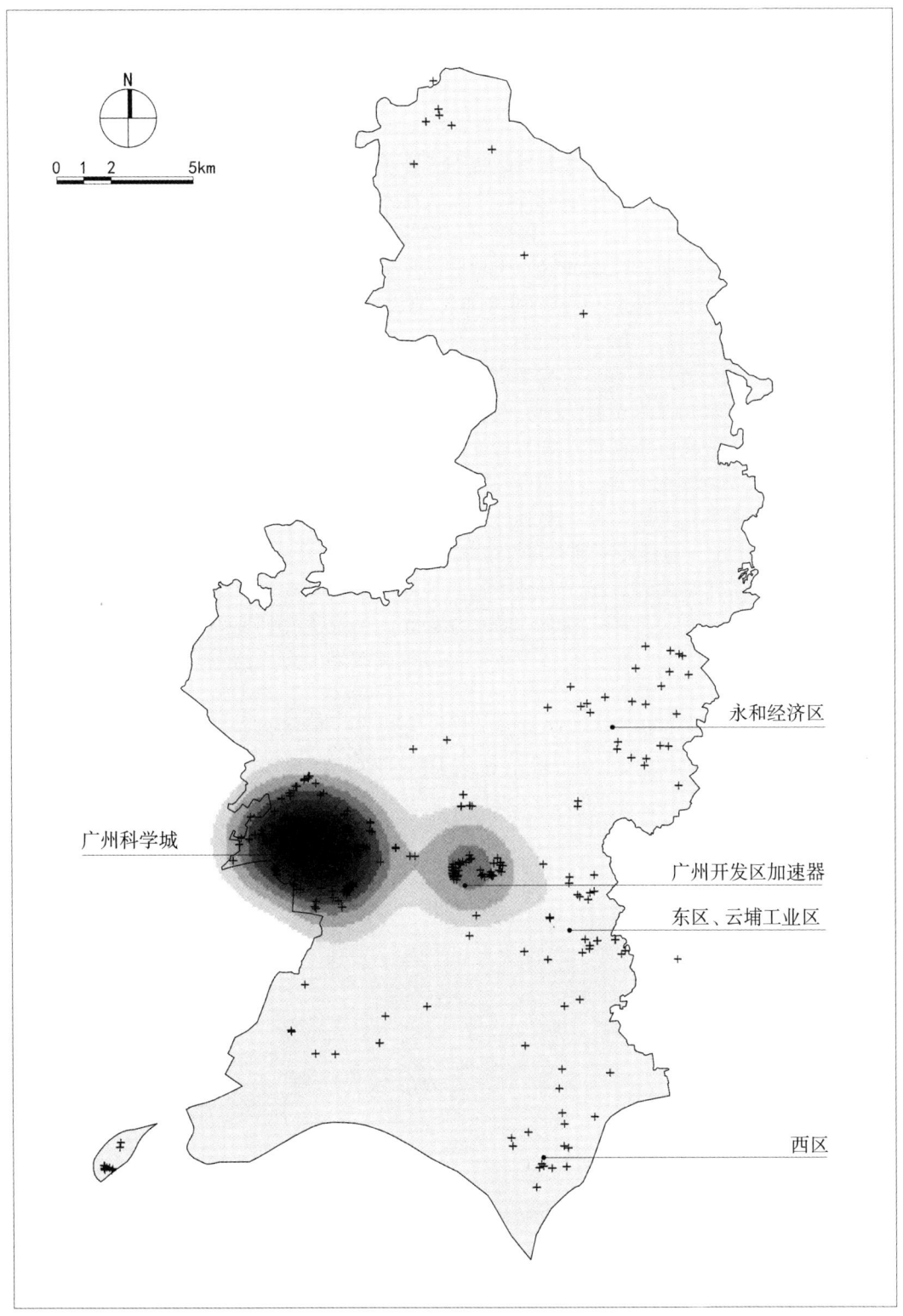

图 5-31 广州开发区瞪羚企业空间分布特征图

5.3.2 区位条件：毗邻中心城区

在 1996 年上报的广州第 15 版城市总体规划——《广州城市总体规划（1991—2010年）》中，城市发展方向为同时向东、向北规划布局城市中心区大组团、城市东翼大组团、城市北翼大组团。其中，城市东翼大组团包括大沙地综合城市副中心区、云埔工业区（以广州开发区东区为主体）、广州经济技术开发区（西区），其发展思路为"结合广州经济技术开发区的建设，大力发展工业、港口、仓库等设施，重点开发大沙地城市副中心区和云埔工业区，通过公共服务设施和就业岗位的同步建设，增强该组团的吸引力"。

1998 年左右，广州开发区开启二次创业，建设了专有园区——广州科学城。王德业（时任广州开发区管委会主任）回顾说：

> 会上（1998 年召开的广州开发区科技发展思路研讨会），我作了《全面实施"科技兴区"战略，为第二次创业再造新优势》的总结报告。在报告中，我讲述了推进科技进步在我区第二次创业中的战略地位和意义。其中重点阐述了在发展高新技术产业过程中，如何正确处理"外向带动"战略和"科技兴区"战略之间的关系，开发科学城是这两大战略的现实结合点和载体，是我们下一步的战略重点，并提出开发科学城的原则意见和要求。[①]

20 世纪 90 年代，随着天河北和珠江新城的开发建设，广州的城市发展发生了新变化，新的城市中心向东转移，构筑起"老城中轴线（越秀山镇海楼—中山纪念碑—中山纪念堂—市政府—人民公园—起义路—海珠广场—海珠桥）+新城市中轴线（燕岭—广州东站—中信大厦—天河体育中心—珠江新城中央广场—广州双塔—海心沙—广州电视台）"的中心城区格局（袁奇峰等，2019）。

从 20 世纪 90 年代开始，广州的城市发展持续东进。广州科学城选址紧邻环城高速，与广州老城区的直线距离约为 20 千米，与天河中心区的直线距离约为 14 千米。相较于一次创业开发的西区、东区、永和区，广州科学城更加靠近中心城区，如图 5-32 所示。

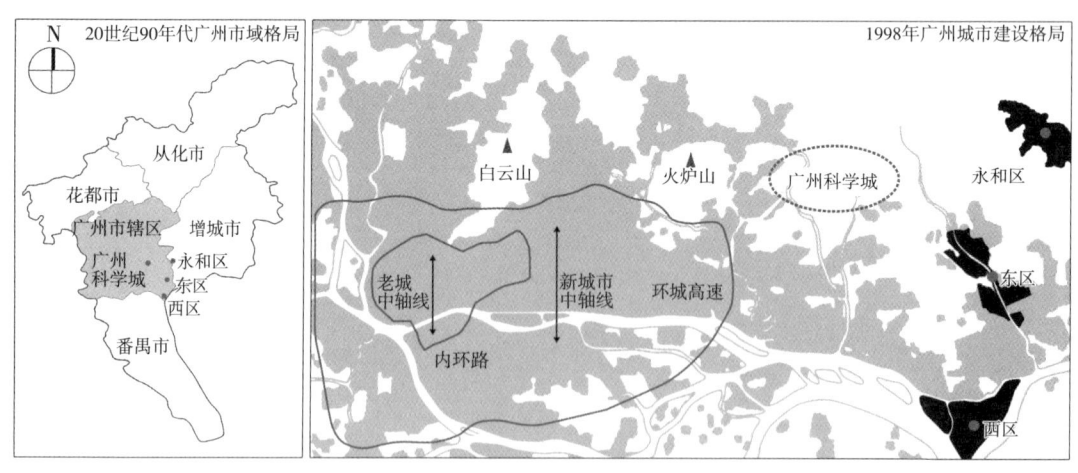

图 5-32 广州科学城开发初期的区位：毗邻中心城区

---

① 广州市萝岗区政协"广州经济技术开发区专辑"编委会. 开拓者的记忆——广州经济技术开发区 1995—2005[M]. 广州：广州出版社，2009.

而 2000 年后，随着广州城市"东进"战略的落实，以及地铁 6 号线、21 号线的开通，广州科学城与广州中心城区的时空距离进一步被压缩。这样的区位为接受广州辐射——节点效应、源头效应（如后文 7.2.2 中所述，依托中心城市带来创新创业源头）提供了区位基础。

5.3.3 空间模式：高品质科技园区

科技园区亦有高科技园区、高科技工业园区、科学园区、科学工业园区等各式不同表述，但内涵是相同的（张婷婷，2012），一般用来指代城市组团或城市片区组团尺度以科技创新为核心的高新技术产业集聚区（李靖华等，2021）。

广州科学城的空间模式显著区别于一次创业形成的西区、东区、永和区，是典型的科技园区模式：以科技创新为发展动力、发展路径为内生式发展模式、产业结构上以高新技术产业为主导、产业空间形式上以孵化载体为主体、空间环境上注重空间品质以及生态保护，是集聚人才创新创业的高品质科技园区。

5.3.3.1 规划注重空间环境品质

1992 年，广州市计委编制的《广州东南部地区发展规划大纲》提出了建设"广州通讯产业基地"的构想。1993 年，广州市科委牵头选定了天河区玉树村附近（今广州科学城南）、玉树新村东侧沈海高速南北两侧 3.7 平方千米的土地作为起步开发用地，并编制了初步规划，也就是《广州通讯产业基地规划》。1995 年，国家科委批准广州天河高新区新建广州科学城，起步区面积为 4 平方千米。1996 年，广州市科委牵头编制了《广州科学城起步区规划》。

尽管广州科学城的设想早在 1992 年就被提出，并制定了多轮规划，但一直到 1998 年都没有实质性的开发和建设，没有吸引到任何一项国际国内高新技术产业投资，这种情况引起了广州市政府的高度重视（林树森，2013）。

1998 年 12 月，广州经开区和高新区合并。为了使广州科学城的规划更富特色，反映当代高新技术企业发展的要求，创造一个良好的创新环境，市长办公室会议决定在原批准的规划基础上，对广州科学城总体规划进行重新编制（林树森，2013），从而形成了用地范围为 22.74 平方千米的规划方案，也就是《广州科学城总体规划（1998）》。

《广州科学城总体规划（1999）》将广州科学城的发展性质确定为"以高新技术产业为基础，推动科学技术研究和开发应用；以形成科学研究综合体为目标，培育创新环境，促进广州产业结构调整和经济发展；具有高质量的生态环境、完善的基础设施、高效益的投资管理软环境，以产学研为主，辅以配套少量住宅的多功能现代新型城区"（林树森，2013），如图 5-33（a）所示。这个规划于 2000 年 3 月获广州市政府批准。

此后，在 1999—2004 年期间，广州科学城又进行了一系列规划。1999 年，广州科学城首期用地控制性详细规划启动编制（见图 5-33（b））。2000 年 12 月，广州市政府组织举办了广州科学城中心区城市设计国际竞赛，美国的 SASAKI 公司、SOM 公司以及法国的 A·S 公司提供了方案。2001 年 12 月，广州市规划院对竞赛方案进行了综合和优化，完成了广州科学城中心区城市设计，形成科学城中心区"十字+一环，蓝轴+绿轴"的规划布局，注重空间品质、保护生态环境成为首要规划理念，如图 5-34 所示。2004 年，在城市设计基础上编制完成了广州科学城二期用地控制性详细规划（见图 5-33（c）），由此确定了广州科学城的基本空间格局。

(a)广州科学城1999版规划

(b)广州科学城首期控规（1999年）　　（c）广州科学城二期控规（2004年）

图 5-33　广州科学城 1999 版总规、首期控规及二期控规

图 5-34　广州科学城中心区城市设计国际竞赛咨询成果（2001 年）

（资料来源：广州市萝岗区政协"广州经济技术开发区专辑"编委会. 开拓者的记忆——广州经济技术开发区 1995—2005［M］. 广州：广州出版社，2009.）

2001 年、2004 年的控规对广州科学城的定位为：以发展新材料、新能源、环保、光机电一体化技术等高新技术产业为主，以培育创新环境为目标，具有高质量的生态环境、完善的城市基础设施和高效益的投资环境的产、学、研综合体。

2013 年，广州开发区开展了广州科学城、永和经济区、东区的控制性详细规划修编工作，其对广州科学城的定位为：国家级高新技术园区、广州东部创新与研发集聚区、生态优良且配套完善的综合城区。该修编中的广州科学城规划图如图 5-35 所示。与其他过去的控规相比较，其变化在于开始强调补强生活配套，强调以城市服务支撑科技创新。

广州科学城的规划就是要打造科技园区，承载广州高新技术产业的发展。在 20 世纪 90 年代末至 21 世纪初的一系列实施规划中，区别于过去西区、东区、永和区的工业园区模式，一开始就面向创新，树立了保护生态、环境优先的原则，以城市设计国际竞赛为技术手段，营造高品质科技园区，以集聚人才创新创业。

5.3.3.2　集聚大量科技创新孵化载体

广州科学城的发展现状可划分为中部、西北、西部、东部、南部五个组团，如图 5-36所示，主要呈现出集聚大量孵化载体、以高新技术产业为主导的两大特征。

中部组团是广州科学城的中心区，开发建设了大量的孵化载体，包括广州科学城综合研发孵化区（创新大厦和创意大厦）、广州科技创新基地、广州国际企业孵化器、东软大厦、云升科学园等。这些载体承载了大量的生物医药、新一代信息技术、新材料、节能环保、智能装备等领域的科技型中小企业。其中，生物医药、新一代信息技术领域最具代表性，这两个领域的科技型中小企业数量也最多。

西部组团主要集聚了电子及通信设备制造业、新一代信息技术等产业，包括广州科学城开发区早期引入的光宝电子、得尔塔影像（原索尼电子）、盛科电子等外资企业，以及在广州开发区孵化、成长起来的威创视讯、金鹏电子、京信通信等。同时，西部组团还集聚了广东省软件园、科学城信息大厦、科城大厦、广州芯大厦、安居宝科技园、视联科技园、TCL 文化产业园、合景科汇金谷等孵化载体。

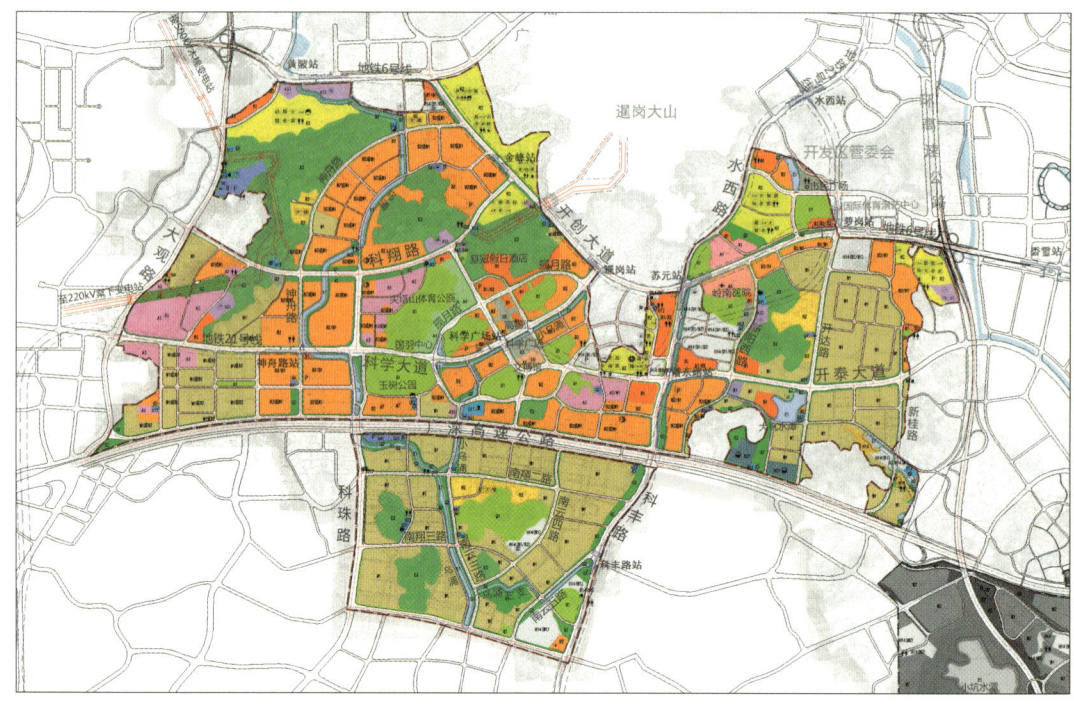

图5-35 控制性详细规划修编（2013年）中的广州科学城规划图
（资料来源：广州开发区管委会）

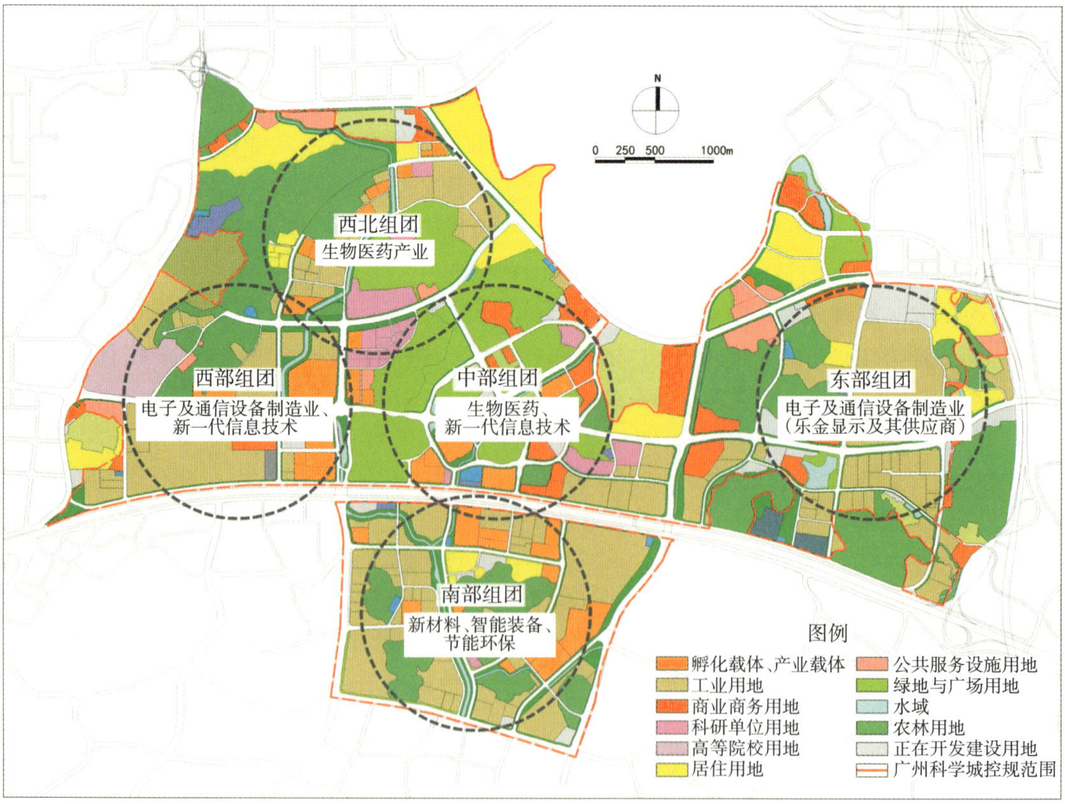

图5-36 广州科学城发展现状

南部组团主要集聚了新材料、智能装备、节能环保等产业，包括杜邦应用面材、3M材料、汉高表面、联德机械等外资企业，以及在广州开发区孵化、成长起来的金发科技、亿航智能设备、毅昌科技、高澜节能、视睿科技、海格通信、运通电子等企业。同时，南部组团还集聚了华南新材料创新园、光正科技产业园、易翔科技园、瑞粤汽车电子创新园、旗锐科技园等孵化载体。

西北组团主要是生物医药产业，诸多在广州开发区孵化成功、成长起来的企业在此购地自建园区，如康盛生物、铭康生物、朗圣药业、万孚生物、达安基因、达瑞生物、迈普再生医学等。同时，西北组团也有福珀斯创新园、优宝科技园、昊泰科技园、润慧科技园等孵化载体。

东部组团则相对独立，主要是乐金显示（LGD）及其上游协力企业、下游电视整机企业——创维集团。

5.3.3.3 与西区、东区、永和区明显不同的科技园区

广州科学城是中心城区边缘的高品质生态科技园区，以高新技术产业为主导，主要的产业空间形式是孵化载体，特别注重空间品质和生态保护，如图5-37所示。而西区、东区、永和区则是典型的注重土地产出而不注重环境品质的工业园区，它们的区别如表5-2所示。

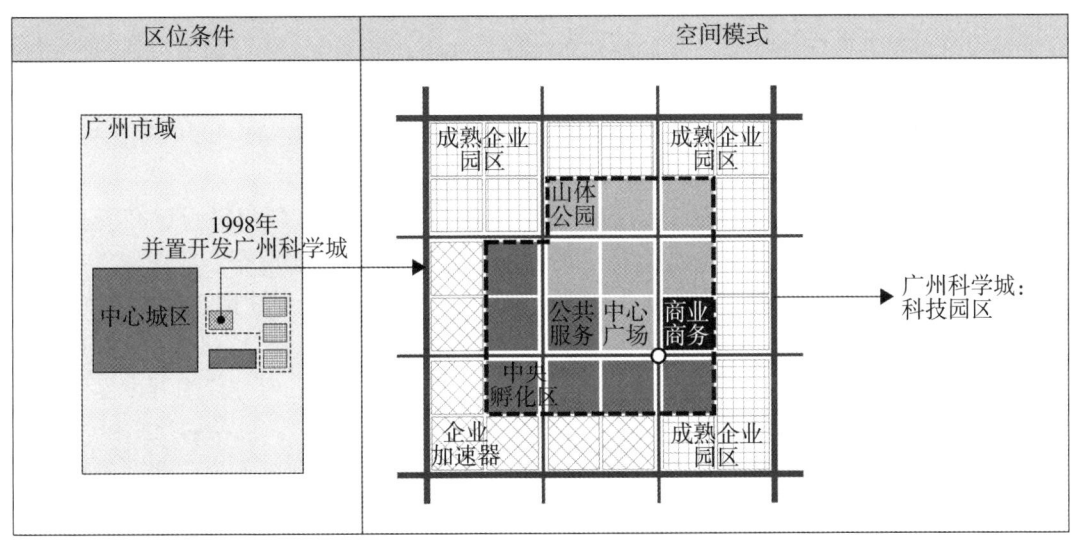

图 5-37　广州科学城的空间模式

表 5-2　广州科学城与西区、东区、永和区的对比

对比项	广州科学城	西区、东区、永和区
发展动力	以科技创新为动力	以外源集聚为动力
发展路径	内生式发展模式	外延式发展模式
产业结构	以高新技术产业为主导	以传统制造业为主导
产业空间形式	孵化载体	制造厂区
空间环境	注重空间品质和生态保护	注重土地产出而不注重环境品质
定性界定	高品质科技园区	典型的工业园区

5.3.4 支撑机制：孵化载体集群

自二次创业以来，广州开发区以广州科学城为核心集聚开发大量孵化载体，经不断演化，逐渐从单纯集聚走向集群化发展，形成了"孵化载体集群"，是集聚创新创业、孵化科技型中小企业的直接而集中的空间承载体。

早期孵化载体以政府建设为主，后来形成政府扶持、多元供给模式；在空间类型上形成了"众创空间—科技企业孵化器—科技企业加速器—写字楼园区及综合体"的孵化载体链条。与此同时，孵化载体还形成了从探索发展到有序管理、从独立个体到群体联盟、从综合孵化到专业孵化、从单一物业服务到多元孵化服务、从集聚在孵企业到专业服务机构入驻等演化机理，并逐渐形成了一个"孵化载体集群"。

5.3.4.1 孵化载体集聚在广州科学城

以科技企业孵化器、众创空间来表征孵化载体，通过 Arc GIS 软件进行核密度分析，可知广州开发区的孵化载体高度集聚在广州科学城，其空间分布特征与上文分析的广州开发区科技型中小企业的空间分布特征高度一致，如图 5-38 所示。

5.3.4.2 从政府建设到多元供给

广州开发区孵化载体的供给过程整体可以分为三个阶段。

第一阶段是在西区的探索发展阶段（20 世纪 90 年代）。1994 年，国家科协、广州市科协和广州开发区共同建立中国科协广州科技园。1998 年，广州开发区自下而上推动举办了第一届广州留交会，随后在西区开办了广州开发区留创园。二者是广州开发区对孵化载体建设的最早探索。

第二阶段是政府集中建设阶段（1998—2012 年）。1998 年，广州科学城开发正式启动，政府主导在广州科学城集中建设了一批孵化载体，包括广州国际企业孵化器、广东省软件园、广州科技创新基地、广州科学城综合研发孵化区（创新大厦和创意大厦）、广州开发区科技企业加速器等。2001 年，为了统筹管理区内的孵化载体，广州开发区在广州开发区留创园的基础上成立了广州火炬高新技术创业服务中心，负责管理广州开发区管委会投资建设的国有孵化载体。

第三阶段是政府扶持、多元供给阶段（2013 年至今）。2013 年左右，广州开发区开始推动孵化载体多元化发展，提出"构建大孵化器"战略，政府角色从投资建设向政策扶持转变。2013 年，广州开发区制定实施《广州开发区科技企业孵化器认定和管理办法》；2014 年，制定实施《广州开发区关于加快孵化器、加速器、科技园建设发展的实施意见》；2015 年，制定实施《广州开发区创客空间认定和扶持办法》。以这些扶持政策为发端，逐渐形成了政府扶持、多元供给模式，包括政府投资建设、各类社会资本投资建设、停产工厂更新改造经营、企业园区闲置物业经营、村级工业园及集体物业经营等模式。

1. 政府投资建设

首先，政府投资建设了一批孵化载体，这对广州开发区孵化载体的建设起到了先导作用。在二次创业早期，政府集中投资建设了一批孵化载体。第一是广州开发区管委会通过区属国企投资建设了广州科技创新基地、广州科学城综合研发孵化区（创新大厦和创意大厦）、广州开发区科技企业加速器，并于 2001 年成立了广州火炬高新技术创业服务中心，由其负责管理运营。第二是广州市政府与广州开发区管委会联合投资建设，由广州科技金

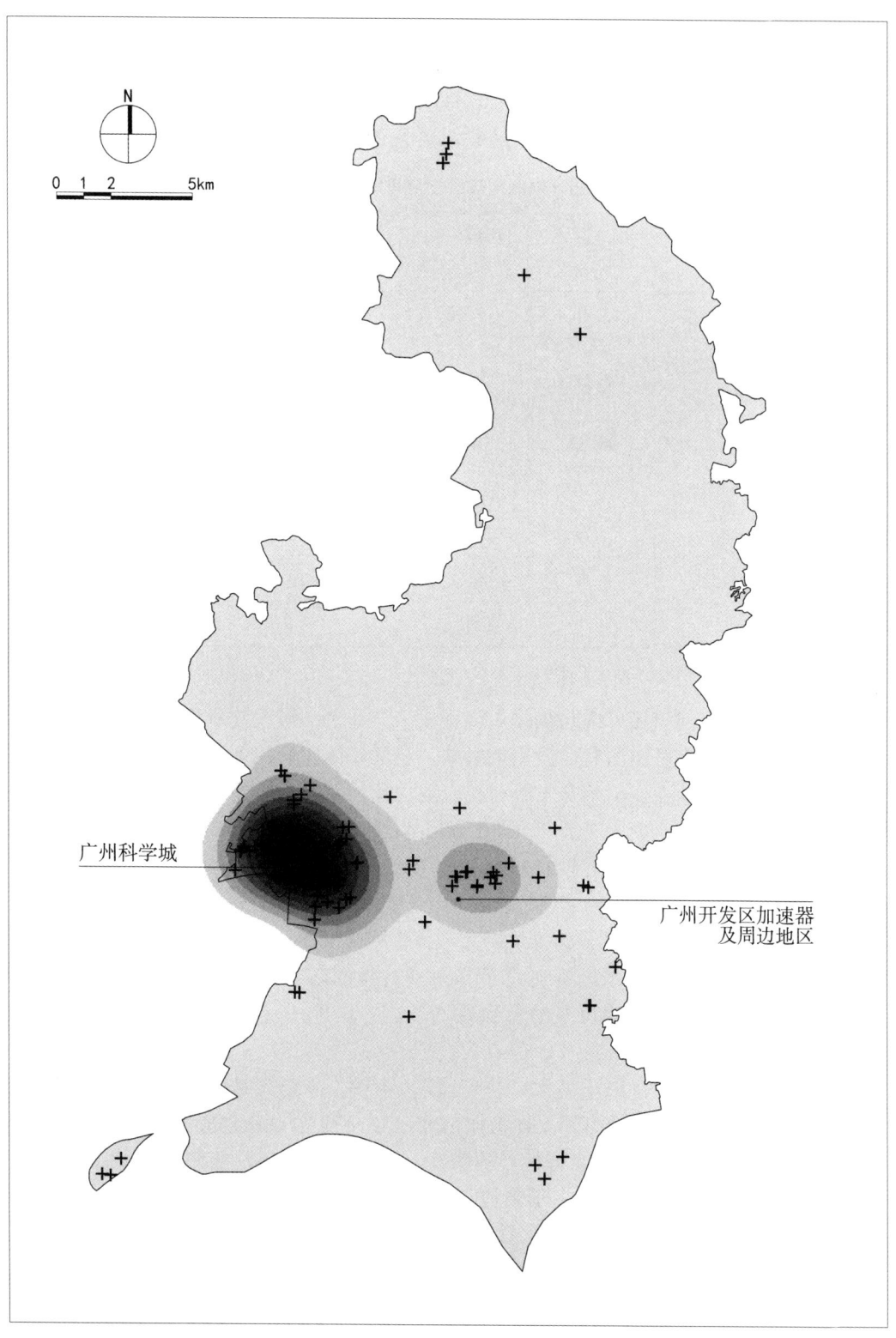

图5-38 广州开发区孵化载体的空间分布特征

融集团（市属国企）和广州开发区投资集团（区属国企）共同投资建设了广州国际企业孵化器，并共同组建了广州国际企业孵化器有限公司，由其进行运营管理。此外还有广东省政府投资建设的广东省软件园，广东省软件园由广东拓思软件科学园有限公司（省属国企）管理运营。广州开发区内政府投资建设的孵化载体如表5-3所示。

表5-3 广州开发区内政府投资建设的孵化载体一览表

孵化载体	用地面积 /hm²	建筑面积 /万 m²	管理运营机构
广州科技创新基地	3.96	8.10	广州火炬高新技术创业服务中心
广州科学城综合研发孵化区（创新大厦、创意大厦）	8.12	23.45	
广州开发区科技企业加速器	28.87	74.50	
广州国际企业孵化器	5.76	11.30	广州国际企业孵化器有限公司
广东省软件园	5.94	15.00	广东拓思软件科学园有限公司
中国科协广州科技园	3.14	6.80	中国科协广州科技园联合发展有限公司
总计	55.79	139.15	/

资料来源：广州火炬高新技术创业服务中心。

其次，政府主导建设还可以与集体土地开发结合起来，形成政府租用集体土地投资建设孵化载体模式，具有解决国有建设用地紧缺、盘活集体建设用地、规避集体土地开发的法规障碍等诸多正面效益。广州开发区科技企业加速器就是在广州开发区管委会返租的火村自留地上开发建设的，由永龙公司（今广州开发区投资控股有限公司，区属国企）投资建设，已完成全部的五期开发建设[①]。

2. 各类社会资本投资建设：以华南新材料创新园为例

2013年左右，广州开发区开始推动孵化载体多元化发展，各类社会资本开始参与孵化载体的投资建设。如产业资本投资建设了华南新材料创新园、产业地产资本投资建设了旗锐科技园、个人资本投资建设了纳金科技产业园、房地产资本投资建设了合景科汇金谷等。

以华南新材料创新园（以下简称"华新园"）为例，华新园是广州科学城最具代表性的民营孵化载体之一，由高金富恒集团有限公司（以下简称"高金富恒"）投资建设。高金富恒成立于2011年，是一家综合性产业集团，聚焦新材料、智能制造领域，旗下还有多家制造业企业、创业投资公司。华新园于2013年开始运营，园区面积约10.67公顷，建筑面积约22万平方米，园区内包含科技部认定的国家级众创空间、国家级科技企业孵化器以及广州开发区认定的首批区级科技企业加速器。华新园的平面图及实拍组图如图5-39所示。

---

① 广州开发区政策研究室. 开发区精神——广州开发区思想轨迹[M]. 广州：广东人民出版社，2015.

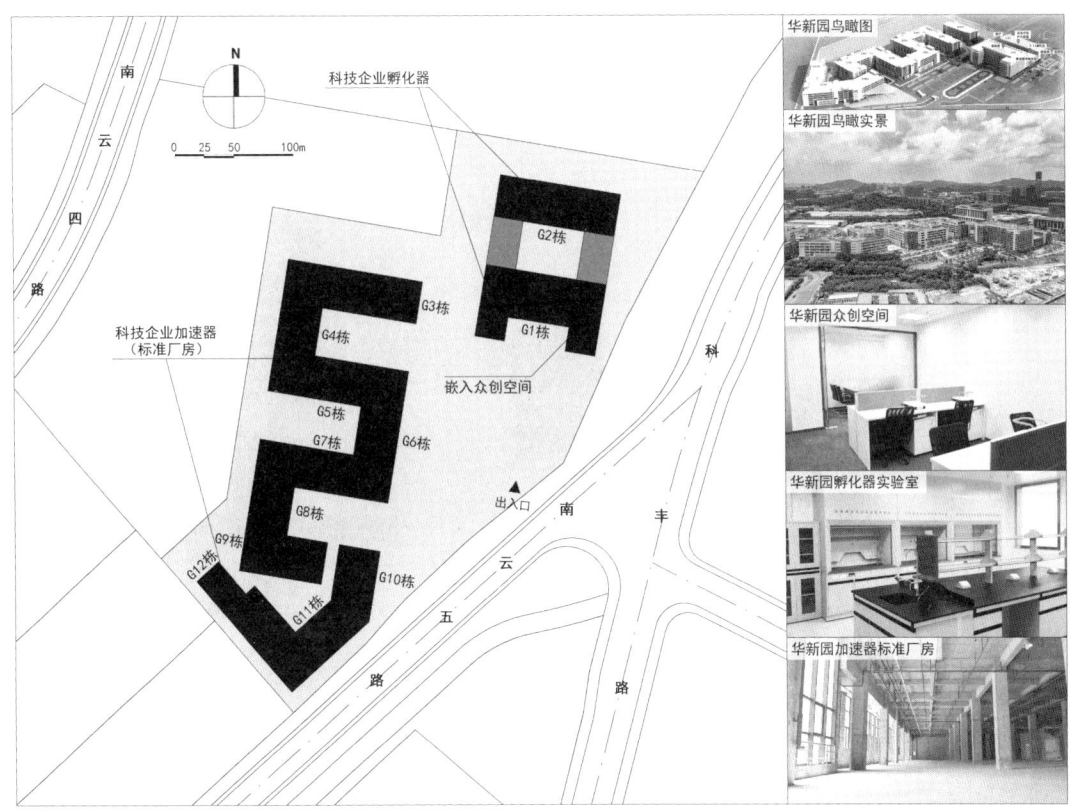

图 5-39 华新园的平面图及实拍组图
(资料来源:华南新材料创新园)

3. 停产工厂更新改造经营:以 TCL 文化产业园为例

停产工厂更新改造经营是指将停产工厂化整为零更新改造为孵化载体,以此实现停产后空置物业的再经营,如广州科学城西部组团的 TCL 文化产业园。

TCL 于 2003 年进入广州开发区,并落户广州科学城,收购了当时经营困难的乐华电视,成立了广州数码乐华科技有限公司,承接了乐华电视在广州科学城的生产基地(也就是现在的 TCL 文化产业园)。不久后,其生产线转移、生产基地停产,此后更新改造为孵化载体。园区面积约 5.3 公顷,建筑面积约 6.68 万平方米,原办公楼、研发楼改造成了孵化器(科创中心、创意中心),原大型平层厂房改造为加速器(汇创空间)。TCL 文化产业园目前是广州开发区认定的区级科技企业孵化器,其平面图及实拍组图如图 5-40 所示。广州天禾自动化实业有限公司在广东省软件园孵化后,迁至 TCL 文化产业园的汇创空间,原平层厂房恰好满足了其扩大生产的空间需求。

4. 企业园区闲置物业经营:以励丰产业园为例

企业园区闲置物业经营是指企业将自有园区闲置物业盘整后建立孵化载体,这也是广州开发区孵化载体多元供给的重要组成。例如,励丰文化科技就是通过这种方式建立了励弘文化+科技孵化器、励弘众创空间。

励丰文化科技于 2009 年在广州科学城购地自建园区,园区面积约 3 公顷,建筑面积约 4.5 万平方米。2016 年,励丰文化科技将园区内的 G 栋楼盘整后建立了孵化载体——

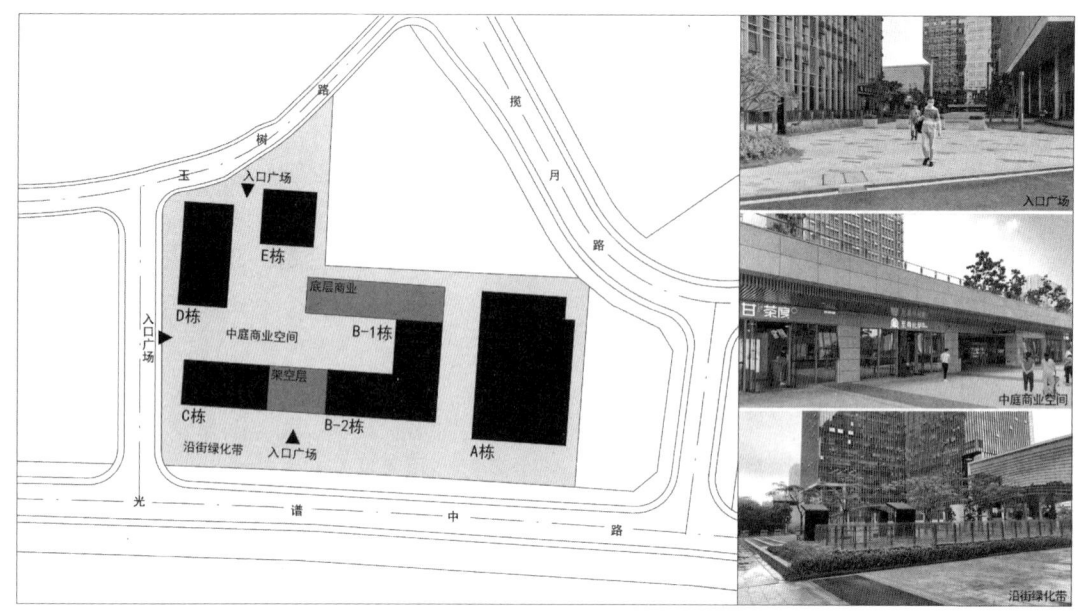

图 5-40 TCL 文化产业园的平面图及实拍组图

励弘文化+科技孵化器、励弘众创空间,建筑面积约 6500 平方米,目前已是广州开发区认定的区级科技企业孵化器、区级众创空间。励丰产业园的布局及其孵化载体组图如图 5-41 所示。除此之外,在广州开发区孵化成长起来的冠昊生物科技股份有限公司也在自有园区创立了冠昊健康生命科技园,广州洁特生物过滤股份有限公司则在自有园区建设了科技企业孵化器大楼等。

5. 村级工业园及集体物业经营:以玉树工业园为例

村级工业园及集体物业是珠三角地区普遍存在的产业空间形式,也是广州开发区孵化载体多元供给的特色构成。广州科学城西南侧玉树新村的村级工业园——玉树工业园是典型案例。

玉树工业园位于广州科学城的西南部、玉树新村的西侧,由玉树新村经联社投资兴建,属于集体所有制工业园,占地面积约 11.6 公顷,总建筑面积约 16.8 万平方米。玉树工业园于 2004 年开始建设,目前已经完成了两期的开发建设,共有 8 栋多层标准厂房、7栋集体宿舍楼及商业配套楼。建成之后一直由本村的物业管理公司——广州凤来仪置业有限公司承担运营。2016 年,玉树工业园被认定为广州开发区区级科技企业孵化器;2018年,被认定为广州开发区首批区级科技企业加速器;2019 年,由广州华南新材料创新园有限公司承接管理,植入"华新园"品牌,升级改造后更新为玉树华新园。玉树工业园的平面图及实拍组图如图 5-42 所示。

5.3.4.3 从单一类型到载体链条

广州开发区的孵化载体发展从建设科技企业孵化器起步,不断演化发展,逐渐从单一类型向载体链条演变,形成了"众创空间—科技企业孵化器—科技企业加速器—写字楼园区及综合体"的载体链条。其中,众创空间以共享为核心,嵌入其他空间是其主要供给模式,满足种子期企业对低成本空间的诉求;科技企业孵化器主要满足初创期企业研发、试

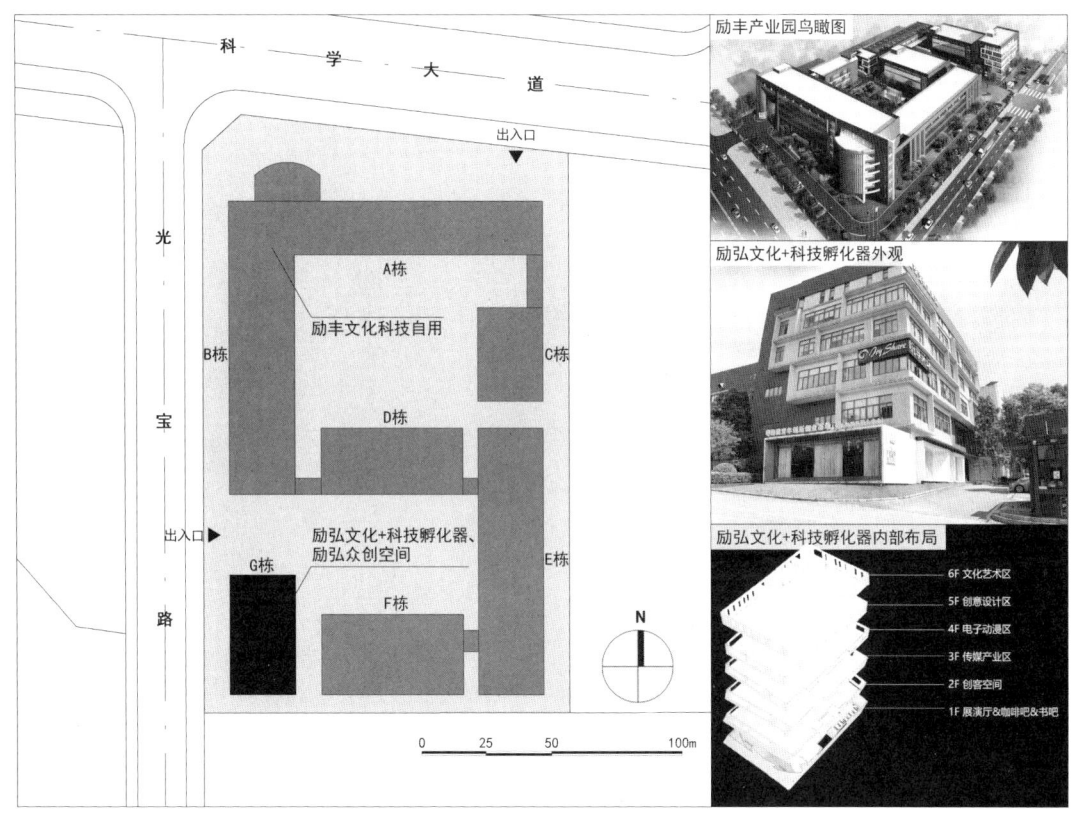

图 5-41　励丰产业园的布局及其孵化载体组图
(资料来源：励丰文化科技)

产及小批量生产的空间需求；科技企业加速器主要满足成长期企业的更大研发和批量化生产的空间需求；写字楼园区及综合体则可以满足成长期和成熟期企业总部办公的空间需求。

1. 众创空间：满足种子期企业的低成本诉求

众创空间的缘起可追溯到欧美的 DIY 文化，创客空间 (maker space) 是其最初的空间载体，是一种向成员共享各类工具以用于专业用途或兴趣爱好的社区工坊。经过多年的发展衍生出了多种模式：以 Techshop、Fablab 为代表的创客实验室模式；以 WeWork 为代表的共享办公模式；以 Y Combinator、Plug and Play 为代表的新型孵化器模式（唐凯等，2019）。

我国的众创空间是国外创客空间的"中国化"形式，表现为一场自上而下的创建热潮。科技部在考察北京、深圳、武汉、杭州、西安、成都和苏州等"双创"活动活跃的地区后，于 2015 年提出了众创空间的概念。众创空间是为大众创新创业者提供良好的工作空间、网络空间、社交空间和资源共享空间的创业服务社区，是一个低成本、便利化、全要素的开放式新型创业服务平台（项振海等，2016）。2015 年 3 月，国务院颁布《关于发展众创空间推进大众创新创业的指导意见》，引导和推动众创空间发展。之后，各地政府相继出台一系列推动众创空间发展的政策建议与实施计划。2015 年 12 月，广州市颁布《广州市支持众创空间建设发展若干办法》。

通过对广州开发区进行实地调研，发现众创空间的面积一般为 1000～3000 平方米，

图 5-42 玉树工业园的平面图及实拍组图

空间布局上以共享为核心,以开敞和自由流动为基本特征,功能上划分为办公空间、共享空间,以共享降低成本、促进交流。办公空间由各创业团队固定使用,以卡位或者小型独立隔间为基本单元;共享空间主要包括交流洽谈空间、共享会议室、项目路演空间等。

2016 年 3 月,广州开发区出台了《广州开发区创客空间认定和扶持办法》,开始引导和扶持众创空间的发展。截至 2020 年底,广州开发区共计有市级以上众创空间 50 家,其中 11 家为国家级众创空间。

通过对广州开发区进行实地调研,发现众创空间主要是嵌入、附属于其他空间,其主要的 3 种供给模式如表 5-4 所示。第一种是嵌入其他孵化载体之中,如广东软件科学园设立的 TOPS 众创空间、冠昊生命健康科技园设立的冠昊生命健康众创空间、华南新材料创新园设立的华新园众创空间等。第二种是嵌入科创型中小企业之中,即科创型中小企业将闲置办公空间盘整后改造为众创空间,如广州优壹互联科技有限公司将闲置办公空间盘整后创建了云山众创空间,由子公司广州学而优信息技术有限公司运营。第三种是嵌入第三空间之中,如莱迪创新科技园中的智汇书吧众创空间,第三空间是非正式公共聚集场所,兼具工作、休闲、交往、学习等功能,具有功能多样性、流动性、共享性和空间弹性等特点,具有发展成为众创空间的优势条件。

表 5-4 广州开发区众创空间的供给模式

类型	典型案例
嵌入其他孵化载体之中	TOPS 众创空间、华新园众创空间、广州科技园创客空间、冠昊生命健康众创空间、阳普湾创客空间、励弘众创空间、达安创谷众创空间、纳金·We 创等
嵌入科创型中小企业之中	云山众创空间、运通空间、恺创空间、鑫友智能工场、兰奥创客、粤嵌众创空间、虾米安居宝众创空间等
嵌入第三空间之中	领引书吧众创空间、智汇书吧众创空间、临风书吧众创空间等
其他	绿地国际创客空间、印象黄埔联创空间、卓业空间等

【TOPS 众创空间案例】

TOPS 众创空间由广东软件科学园在其园区内设立。广东软件科学园是广州科学城开发建设早期由广东省政府投资建设的国有孵化载体，是科技部认定的国家级科技企业孵化器，由广东拓思软件科学园有限公司（省属国企）运营管理。2014 年，广东软件科学园在其园区 A 栋二楼盘整出 2000 ㎡ 的空间创建了 TOPS 众创空间，设置有独立办公区、开放办公区、项目路演区、交流洽谈区、公共服务区、健身活动区等。

2. 科技企业孵化器：满足初创期企业研发、试产及小批量生产的空间需求

科技企业孵化器的发展起源于美国，一般认为，世界上第一家孵化器是约瑟夫·劳伦斯·曼库索（Joseph Laurence Mancuso）于 1959 年在纽约州巴达维亚市创建的巴达维亚工业中心（Batavia Incubator Center）（郭征宇，2008）。

我国第一家科技企业孵化器是 1987 年成立的武汉东湖创业服务中心。经过三十多年的发展，根据科技部火炬中心的统计数据，截至 2019 年，我国科技企业孵化器达到 5206 家，场地面积达到 1.29 万平方米，在孵企业达到 21.68 万家，累计毕业企业达到 16.09 万家。[①]

通过对广州开发区的实地调研可知，科技企业孵化器主要面向初创期企业，满足初创期企业研发、试产及小批量生产的空间需求，这些初创期企业的场地需求一般在 1000 平方米以下不等。科技企业孵化器一般由多栋孵化楼宇组成，一般是进深为 20～30 m 的多层或小高层，按照企业需求灵活分割出租。

早在 20 世纪 90 年代末，广州开发区就在西区进行了科技企业孵化器建设的初步探索。2000 年之后，随着广州科学城的开发建设，政府在广州科学城集中投资建设了一批科技企业孵化器。2013 年之后，在政府的扶持下，多元主体参与建设，大量的民营科技企业孵化器开始涌现。截至 2020 年底，广州开发区已认定区级及以上科技企业孵化器及区级科技企业孵化器试点共计 124 家，其中市级以上科技企业孵化器 26 家。[②]

【广州国际企业孵化器案例】

广州国际企业孵化器于 2000 年开始建设，已完成三期建设，第四期正在开发建设中，其位于广州科学城中心区，是广州科学城最早建设的国有科技企业孵化器之一。广州国际企业孵化器用地面积约 6 公顷，建成孵化场地面积 11.3 万平方米，由 6 栋进深为 20～30 m

---

① 数据来源：科技部火炬中心官网，http://www.chinatorch.gov.cn/.
② 数据来源：广州科技企业孵化器协会官网，http://www.gsbia.org.cn/.

的多层和小高层孵化楼宇以及一栋服务办公楼构成，建筑均以内廊式布局为主，具体空间使用可根据在孵企业的需求弹性分割和布局。同时，园区内配套有餐厅、便利店和运动场地等基本生活服务设施以及咖啡厅等交流空间。广州国际企业孵化器布局及典型单元如图5-43所示。

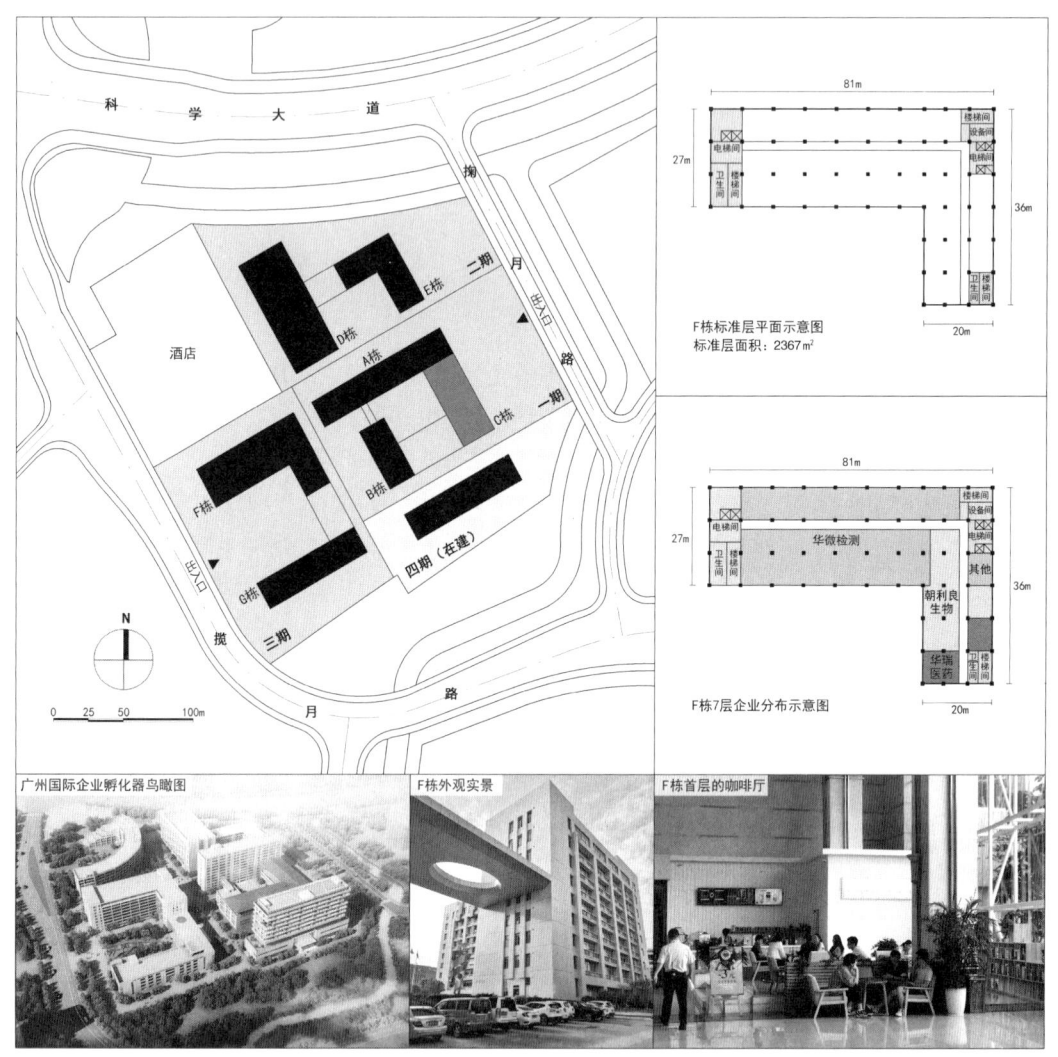

图 5-43　广州国际企业孵化器布局及典型单元

具体从 F 栋孵化楼宇来看，主楼标准层尺寸为 27 m×81 m，东侧楼的标准层尺寸为 20 m×36 m，标准层面积为 2367 平方米。再具体到 F 栋孵化楼宇的第 7 层来看，共有三家在孵企业。其中，广州市朝利良生物科技有限公司是留学人员创办企业，于 2015 年创立并入驻广州国际企业孵化器，研发及办公场地面积共计约 390 平方米，其中研发场地 339 平方米、办公场地 51 平方米。

3. 科技企业加速器：满足成长期企业更大的研发和大批量生产的空间需求

科技企业加速器区别于科技企业孵化器，主要面向成长期的企业，为成长期企业提供更大的研发和规模化生产空间（何科方等，2008；程郁等，2009），一般为 30~50 m 进深的多层标准厂房,也配套一定的服务设施和交流空间。

通过对广州开发区的实地调研可知,进入成长期的企业对于研发和生产场地有了更大规模的需求,一般在1000～10000平方米不等,但又尚无能力购地自建园区,而科技企业加速器可有效解决企业的这些空间需求。科技企业加速器一般为30～50 m进深的多层标准厂房,是一个扩大化的企业承载空间,充分考虑产业化生产的空间需求,一般配装有专用货梯,设置有货运通道和卸货区。

广州开发区在2007年左右认识到了建设科技企业加速器的必要性,并予以推动建设。一是广州开发区其时已有大规模的科技企业孵化器群,孵化场地总面积超过100万平方米,孵化企业达到上千家,且呈现加速成长之势,可以预见未来高成长性企业将大量涌现,但这些企业大多数尚无购地能力,即使部分企业有能力,在土地紧缺的条件下,空间约束也将成为瓶颈,而建设科技企业加速器可以促进创新;二是在土地紧缺的条件下,建设科技企业加速器,以标准厂房的形式承接高成长性企业,从而实现"从地面发展向空中发展"的转变,可以提高土地使用集约度[①]。

由此,广州开发区管委会适时启动了广州开发区科技企业加速器的建设,加之其他各类主体供给的标准厂房,如华南新材料创新园、玉树工业园等,广州开发区逐渐形成了科技企业加速器群。

【科技企业加速器案例】

广州开发区科技企业加速器位于广州科学城东部,用地面积约28.87万平方米,总建筑面积约74.5万平方米,分5期建设完成,第一、第二、第三期是进深为30～50 m的多层或小高层标准厂房,其充分考虑生产性功能需求,配装专用货运电梯、设置货运通道和卸货区,第四、第五期则为公寓、商业等配套服务设施。广州开发区科技企业加速器布局及标准单元组图如图5-44所示。

具体从B-1栋来看,其标准层是以9 m×9 m为基本框架的48 m×100 m标准厂房,标准层面积约4800平方米。再具体到B-1栋第8层,该层入驻的是广州达博生物制品有限公司(以下简称"达博生物")。达博生物是广州开发区早期的留学人员创办企业,在广州开发区留创园(西区)、广州国际企业孵化器孵化后,迁入广州开发区科技企业加速器,现占据B-1栋第8层一个完整标准层,分为实验室(研发实验室、质检实验室等)、产业化生产区、办公区、工程支持区(空调、净化、制水等)等。

4. 写字楼园区及综合体:满足成长期、成熟期企业的总部办公的空间需求

广州开发区的写字楼园区及综合体主要随着地铁线路的规划建设而开发,呈现典型的地铁站点TOD开发特征。例如,围绕21号线的神州路地铁站开发了合景科汇金谷、绿地广场、润慧科技园,三者分别于2009年、2013年、2019年完成了一期建设,均位于神州路地铁站800 m步行可达范围。这些写字楼园区及综合体为成长期、成熟期的科技型中小企业总部办公提供了空间,主要分为两种类型:一种是以写字楼为基本单元,采用园区式布局、实行园区式管理,功能上混合商业、公寓、酒店等商业服务设施,如合景科汇金谷、云升科学园、润慧科技园、归谷科技园等;另一种是底层为商业综合体、上盖为写字楼的商业商务综合体,如科学城商业广场、绿地广场、万达广场等。

---

① 广州开发区政策研究室. 开发区精神——广州开发区思想轨迹 [M]. 广州:广东人民出版社,2015.

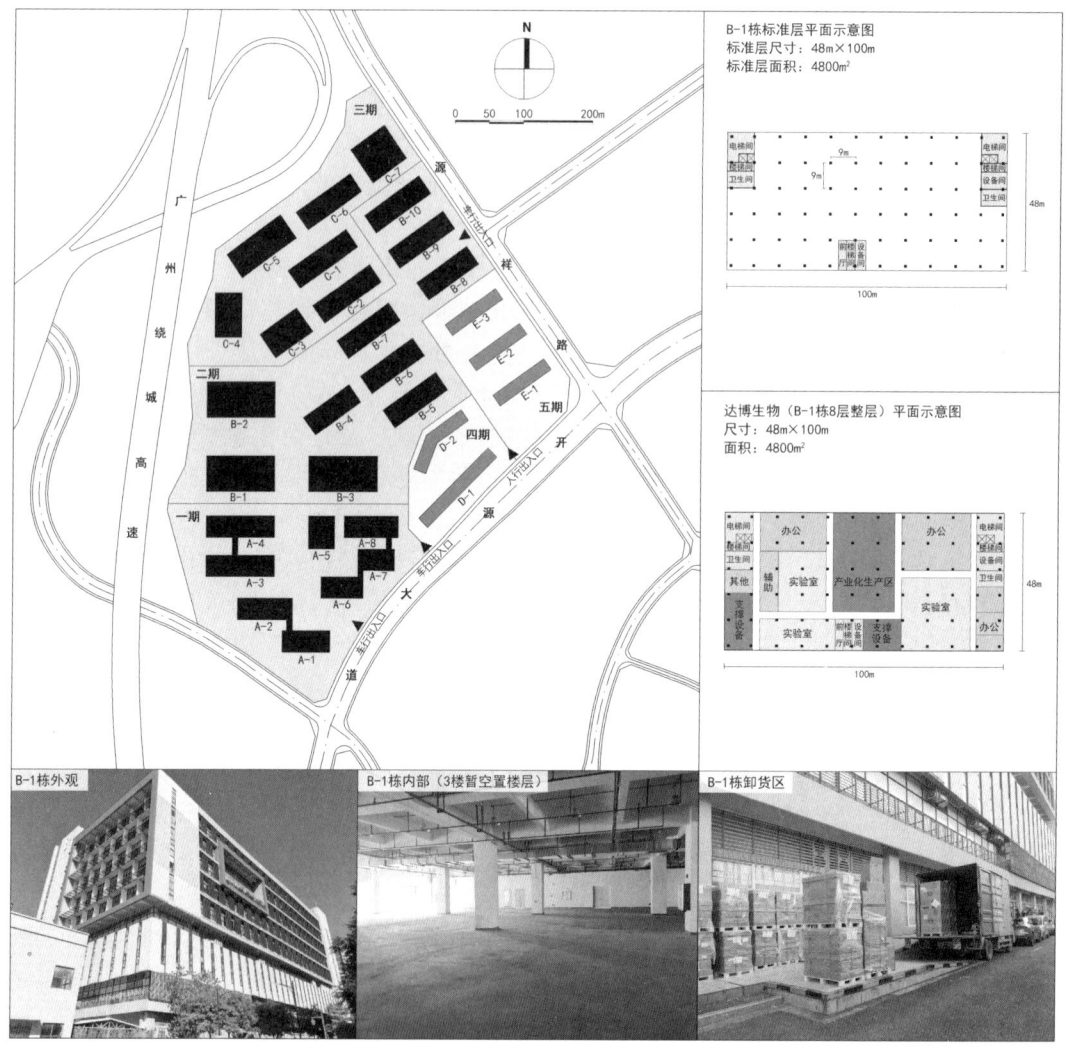

图 5-44 广州开发区科技企业加速器布局及标准单元组图

【合景科汇金谷案例】

合景科汇金谷是合景泰富集团(以下简称"合景")开发的商业地产项目,是广州开发区最早开发、最具代表性的商务写字楼园区之一,其布局及标准单元组图如图 5-45 所示。合景科汇金谷位于广州科学城科学大道北侧、科珠路西侧,毗邻地铁 21 号线神州路地铁站。用地面积为 14.86 公顷,是典型的园区式布局,内部交通以环状路网组织,东侧和南侧为园区出入口。园区以独栋式写字楼为主体,总建筑面积约 30 万平方米,由 49 栋小高层建筑构成。其中,A1-1 至 E3-2 的 45 栋建筑为 9~11 层的独栋式写字楼,标准层面积为 3200~7000 平方米;其他 4 栋为公寓楼,此外还沿街配置了底层商业。

合景科汇金谷的开发模式是合景竞地开发、分割产权出售、业主转售或转租、合景下属物业管理的模式。在土地出让条件中,没有强制要求自持物业比例,因此是可带产权出售的商业地产项目。2010 年,首批写字楼以栋为单位对外出售,之后又开放了以层为单元出售,业主以栋获得产权后又可以转租、转售。园区管理则委托给合景下属的广州市宁骏物业管理有限公司。

这些特点很好地契合了中小企业的需求：第一，以单栋或整层为单位出售很好地契合了中小企业的承受能力。2010年开始的第一轮出售以栋为单位，均价为1.15万元/平方米，每栋均价在4000万元，此后又开放了以层为单元出售，每层均价约500万元。第二，购买整栋写字楼可获得专属的独家冠名权，有利于入驻企业的个性化形象展示和需求的可识别。

例如，广东旭龙物联科技股份有限公司是一家专门从事自动识别技术和设备研产销的高新科技企业，核心产品为各类型的条码扫描仪。创业早期其是在广州科学城的玉树工业园，随着企业的成长，后将总部办公分置到合景科汇金谷，而研发和生产则继续留在玉树工业园。

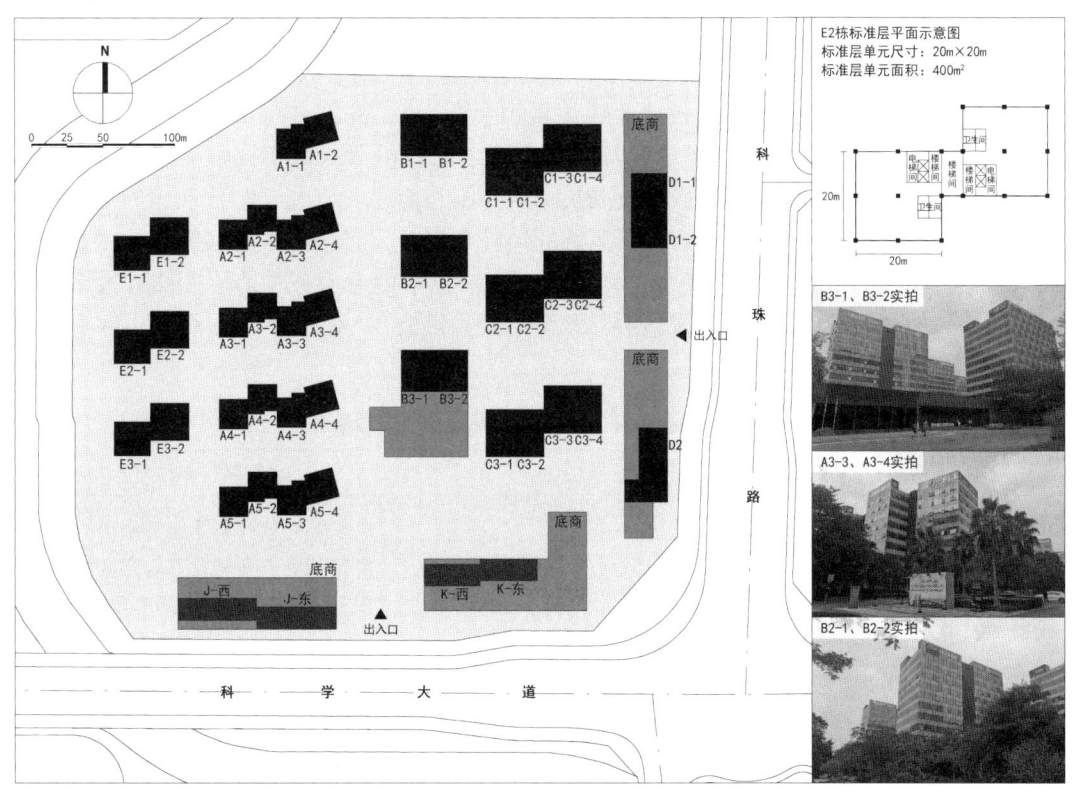

图5-45　合景科汇金谷布局及标准单元组图

5.3.4.4　从探索发展到有序管理

广州开发区的孵化载体从最初的探索发展逐渐形成了有序的管理体制，科技创新局是孵化载体的行政主管部门，而其下属的事业单位——广州火炬高新技术创业服务中心是直接管理单位。广州火炬高新技术创业服务中心于2001年设立，最初负责管理广州开发区管委会直接投资建设的孵化载体，经不断演化后成为政府与孵化载体之间的桥梁，承担政府对区内孵化载体的认定、考核、管理等工作，以及为孵化载体提供服务，广州开发区将其称为"孵化器的孵化器"。

广州火炬高新技术创业服务中心的职能主要包括如下三个方面：①对广州科学城综合

研发孵化区（创新大厦和创意大厦）、广州科技创新基地、广州开发区科技企业加速器等广州开发区管委会直接投资建设的孵化载体进行直接管理，如提供企业入驻受理、筹建服务，在孵企业场地调整、清退、离园管理以及孵化辅导等。②对区内各类孵化载体进行认定、考核、管理，包括孵化载体的认定、考核、运营绩效评价、政府资助审查以及相关统计工作等。③为区内各类孵化载体提供服务，在政府服务方面，充当政府与孵化载体之间的桥梁，为区内孵化载体提供政策信息输出与反馈、招商与项目申报对接等服务；在业务提升服务方面，对区内孵化载体进行培训指导，并组织举办沙龙、会议、考察交流等活动，以提升孵化载体的业务能力。

5.3.4.5 从独立个体到群体联盟

随着广州开发区的孵化载体数量不断增加，孵化载体逐渐从独立个体向群体联盟演化，并衍生出孵化载体协会、联盟等。

2013年，广州开发区科技企业孵化器协会成立，以广州开发区科技创新局为指导单位。协会制定了《广州开发区科技企业孵化器协会章程》，并已进行两届理事会选举，如表5-5所示。协会事实上充当了政府与孵化载体之间的桥梁，每年按季度组织4次会员交流会，交流内容包括广州开发区科技局负责人介绍和传达政府关于孵化载体的最新政策和工作目标、会员单位代表分享孵化器运营的经验和困难、实地参观考察孵化器的建设运营情况等。例如，2021年4月15日，广州火炬高新技术创业服务中心、广州开发区科技企业孵化器协会组织了"广州开发区孵化政策解读宣讲会"，对广州开发区2021年颁布的"孵化10条"进行了解读和宣导。

表5-5 广州开发区科技企业孵化器协会两届理事会一览表

届次	换届时间	理事长单位	副理事长单位
第一届	2013年8月	广州火炬高新技术创业服务中心	广东拓思软件科学园有限公司 广州国际企业孵化器有限公司 广州华南新材料创新园有限公司 广州洁特生物过滤制品有限公司
第二届	2018年7月	广州火炬高新技术创业服务中心	广东拓思软件科学园有限公司 广州国际企业孵化器有限公司 中国科协广州科技园联合发展有限公司 广州华南新材料创新园有限公司 广州瑞粤科技企业孵化器有限公司 冠昊生命健康科技园有限公司 广州视联电子有限公司

资料来源：广州开发区科技企业孵化器协会。

类似的协会/联盟还有2018年3月成立的广州开发区产业园区发展协会，该协会是由广州开发区经济和信息化局指导，并由区内9家产业园管理机构发起成立的。

5.3.4.6 从综合孵化到专业孵化

广州开发区早期建立的孵化载体均是综合孵化型，随着不断演化发展，逐渐出现了各类型专业孵化载体，如冠昊生命健康科技园、达安创谷、莱迪创新科技园、瑞博奥转化医学创新园、西陇创新园、洁特生物产业孵化器等生物医药专业孵化载体,瑞粤汽车电子创新园、易翔科技园、视联科技园等新一代信息技术专业孵化载体。

这些专业孵化载体一方面可以针对特定行业提供专业化服务,另一方面因集聚同行业企业而有利于形成相互的交流与合作,如举办各类行业交流活动、行业专场融资活动等,是孵化模式升级的典型表现。以冠昊生命健康科技园为例,其可以为在孵企业提供共享实验室、动物实验、检验检测、试剂耗材采购、实验设备租赁等生物医药专业的研发服务,并且常态化地开展生物医药专场创新创业活动,如2021年3月24日举办了第十一期"育苗行动"生物医药行业专场暨项目路演活动。

5.3.4.7 从单一物业服务到多元孵化服务

2013年之前,广州开发区的孵化载体主要为政府主导建设的国有孵化器,管理机构为广州火炬高新技术创业服务中心或组建的国有管理公司。由于受制于体制,在管理人员、物质奖励上缺乏有效的机制安排,这在一定程度上导致了国有孵化器服务输出的覆盖度不够,主要提供物业服务和一些基础服务。2013年之后,随着孵化载体类型的多元化,孵化服务也逐渐多元化,从类似"二房东"的物业服务演化为"物业+服务+资本"的多元服务,这也是孵化模式升级的典型表现。

以冠昊生命健康科技园为例,该科技园形成了"龙头上市企业+专业科技企业孵化器+产业集聚"的孵化模式,为在孵企业提供基础服务、研发服务、融资服务、产业化服务、创业活动服务5个方面的多元孵化服务,如图5-46所示。基础服务包括物业服务、代办证照、人事代理、法务代理、代理记账及财务咨询等;研发服务包括共享实验室、动物实验、检验检测、试剂耗材采购及实验设备租赁等;融资服务包括政策扶持申报、股权直接

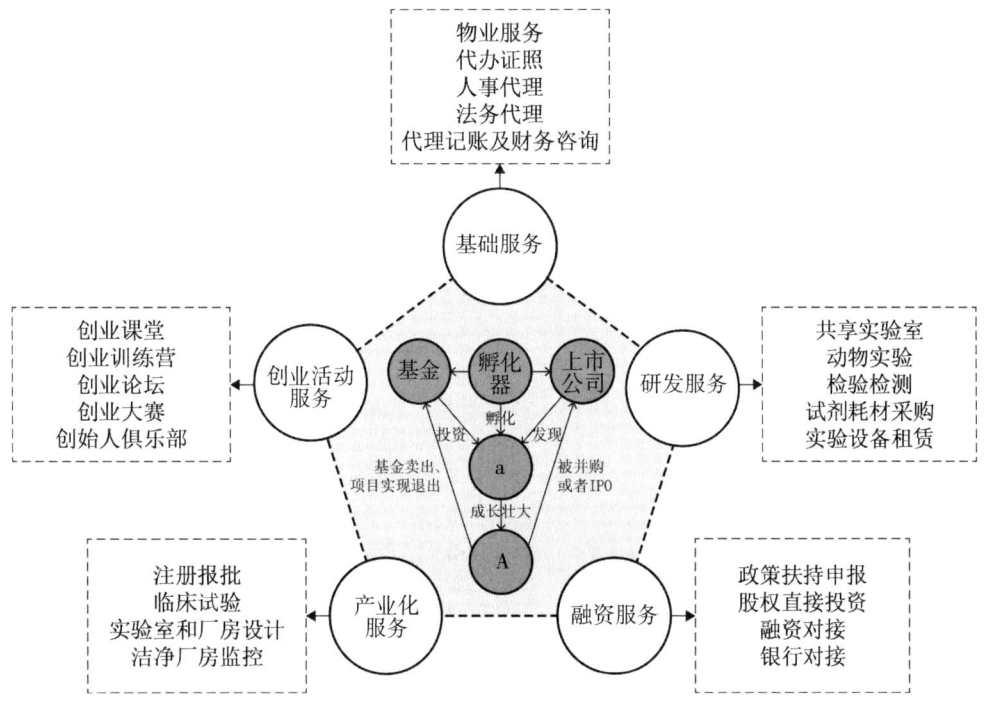

图5-46 冠昊生命健康科技园多元孵化服务体系

投资、融资对接、银行对接等；产业化服务包括注册报批、临床试验、实验室和厂房设计、洁净厂房监控等；创业活动服务包括举办创业课堂、创业训练营、创业论坛、创业大赛以及组建创始人俱乐部。

5.3.4.8 专业服务机构入驻孵化载体

早期，广州开发区的孵化载体承载对象主要以在孵的创新创业企业为主，而随着创新创业活动的不断集聚，法律服务、财税服务、知识产权服务、质量检测服务等各类专业服务机构也随之集聚于此。以广州科学城综合研发孵化区（创新大厦、创意大厦）为例，该孵化区入驻了广东广开律师事务所、广州市清如许财税咨询有限公司、广州润禾知识产权运营有限公司、广州思道知识产权服务有限公司、广州盟标质量检测技术服务有限公司等众多专业服务机构。

5.3.4.9 创新创业的专业服务商

"孵化载体集群"是集聚创新创业、孵化科技型中小企业的直接而集中的空间承载体，其支撑机制集中体现在如下两个方面：其一，形成链条化的载体系列，保障了科技型中小企业成长的空间需求；其二，以载体为空间单元形成了一个服务体系，降低了创新创业的成本。具体情况如图5-47所示。

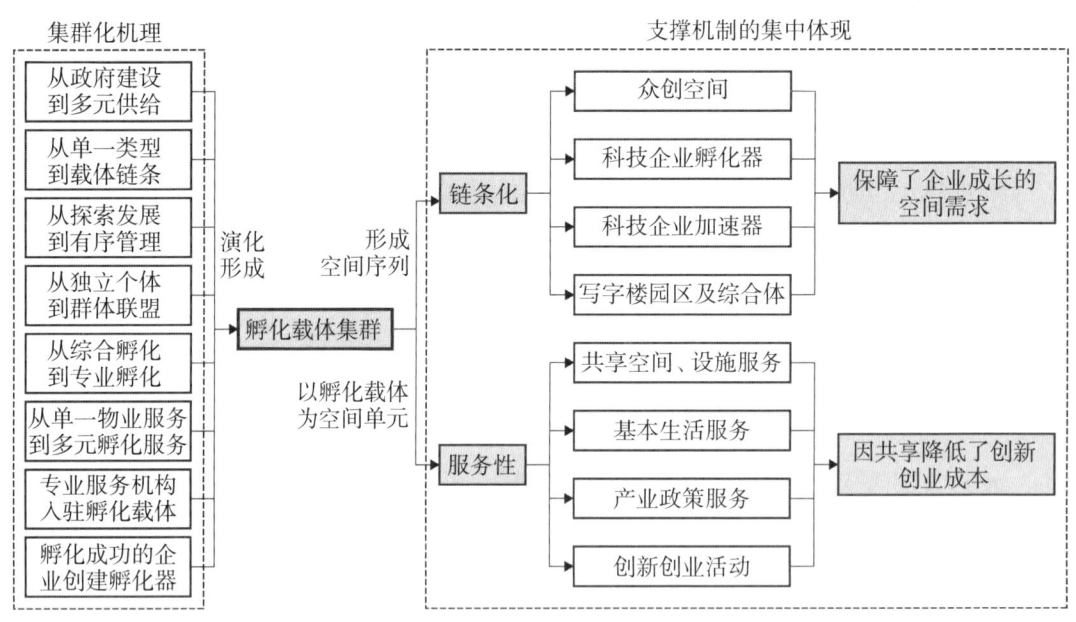

图5-47 支撑机制的集中体现：链条化、服务性

1. 形成链条化的载体系列

科技型中小企业随着企业成长而不断衍生出的对更大研发场地、大批量生产场地以及总部办公场地的需求，一方面可以通过在载体系列中不断迁移来满足该空间需求，如达博生物从广州开发区留创园到广州国际孵化器，再到广州开发区科技企业加速器的迁移；另一方面也可以通过研发与生产分置、总部与研发生产分置等功能分置来满足该空间需求，如旭龙物联的总部在合景科汇金谷，研发生产在玉树工业园。在对广州开发区进行田野调查后，发现有大量的科技型中小企业在孵化载体链条中成长的实际案例，如图5-48所示。

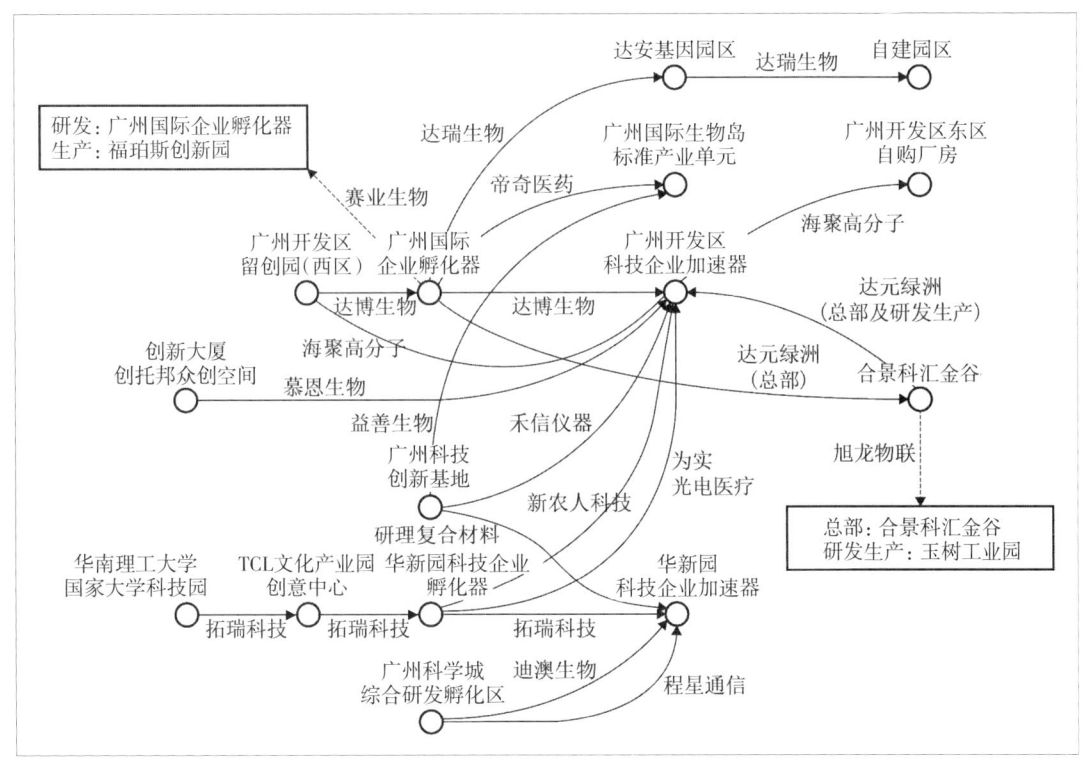

图 5-48 广州开发区载体链条中科技型中小企业成长、功能分置的典型案例

案例一：广州禾信仪器股份有限公司（以下简称"禾信仪器"）。禾信仪器是广州开发区留学人员创办企业，于 2005 年创立并入驻广州科学城的广州科技创新基地进行孵化。随着企业成长，后入驻广州开发区科技企业加速器，并于 2019 年迁至广州开发区科技企业加速器，进一步扩大了研发和生产场地，如今已经成长为质谱仪器研产销的高新技术企业、科创板上市企业。

案例二：广州慕恩生物科技有限公司（以下简称"慕恩生物"）。慕恩生物于 2015 年在广州科学城创新大厦的创托邦众创空间注册成立，是一家专注于将微生物资源商业化的高新技术企业，随着企业的成长，于 2018 年迁至广州开发区科技企业加速器。

案例三：广州市研理复合材料科技有限公司（以下简称"研理复合材料"）。研理复合材料是广州开发区留学人员创办企业，是一家专注于功能聚合物材料研发与创制的高新技术企业，于 2008 年创立并入驻广州科学城的广州科技创新基地进行孵化。随着企业成长，于 2014 年迁移到广州科学城的华南新材料创新园科技企业加速器。

案例四：广州迪澳生物科技有限公司（以下简称"迪澳生物"）。迪澳生物是中山大学衍生企业，于 2009 年创立并入驻广州科学城综合研发孵化区的创新大厦进行孵化。随着企业成长，于 2014 年迁入广州科学城的华南新材料创新园科技企业加速器。

案例五：广州程星通信科技有限公司（以下简称"程星通信"）。程星通信是广州开发区留学人员创办企业，是一家集高端通信设备研产销及服务于一体的高新技术企业，于 2011 年创立并入驻广州科学城综合研发孵化区的创意大厦进行孵化。随着企业成长，于 2015 年迁入广州科学城的华南新材料创新园科技企业加速器。

案例六：广州赛业生物科技有限公司（以下简称"赛业生物"）。赛业生物是广州开发区留学人员创办企业，于 2006 年入驻广州科学城的广州国际企业孵化器进行孵化。随着企业的成长，为满足扩大生产的需求，目前研发和办公仍在广州国际企业孵化器，生产基地则分置到广州科学城的福珀斯创新园。

2. 载体服务，降低创新创业的成本

广州开发区的"孵化载体集群"还以孵化载体为空间单元形成了一个服务体系，包括共享空间和共享设施服务、基本生活服务、产业政策服务、创新创业活动等。孵化载体内的在孵企业可以共享这些服务，从而有效降低创新创业的成本。

以华南新材料创新园为例，其一是构建了共享空间和共享设施为园内企业服务，如建设公共实验室服务平台，满足园内企业仪器设备租赁及临时场地借用的需求，通过共享降低企业购置实验设备的成本；其二是园区内设有员工餐厅、便利店、咖啡厅、饮品店等基本的生活服务配套，满足园内企业员工对工作午餐、休闲交往等的基本需求；其三是为在孵企业提供产业政策服务，一方面常态化进行产业政策宣讲，另一方面也为在园企业提供政策申请增值服务；其四是举办各类园区创新创业活动，营造良好的创新创业氛围，如一年举办一次"华交会"暨园企开放日活动，旨在促进园内企业与受邀的科研院所、投融资机构等之间的相互交流、对接及交易。

华南新材料创新园企业拓瑞科技的创始人张军先生对园区服务的作用是这样讲述的：

华新园的氛围还是很好的，他们有活动也经常邀请我参加……他们帮我们做政策的申请，我们申请高新技术企业也是他们帮我们做的，申请的规则、材料我们不是很了解，他们很专业，我们支付一定费用给他们就好了。

5.4 小结：以专有园区成功孵化再孵化科技型中小企业

广州开发区的二次创业，推动了科技型中小企业的孵化及再孵化，而区位和环境良好的广州科学城则成为科技型中小企业孵化的专有园区。

第一，广州开发区科技型中小企业的孵化始于留交会推动的留学人员创业。广州开发区于 1998 年自下而上推动举办了首届广州留交会，并配套创建了广州开发区留创园，被视为二次创业的抓手，由此推动了留学人员入驻广州开发区创业，这也是广州开发区科技型中小企业孵化的最早、最典型路径。

第二，在推动留学人员创业取得成效后，广州开发区在更大范围内扶持创新创业，逐渐形成科技型中小企业蓬勃发展的局面。探索形成了一套包含直接资助、间接资助、支持知识产权发展、支持孵化载体建设、支持风险投资发展等 5 个方面的创新创业政策体系，在此扶持下形成了多元创新创业谱系。其中，留学人员创业是最早、最典型路径，广州市体制内技术人员创业是最典型路径，二者构成了最主要、最集中路径，而区内外资企业技术人员创业则是特色路径。

第三，近年来，广州开发区推动了新型研发机构的发展，这是科技型中小企业孵化的新探索。以浙大华南工研院为例，其以人才创办企业为核心打通了母体高校、科研院所与企业之间的组织边界，实现了技术流、资金流以人才为核心的自由流动，有效实现了科研成果向产业应用的转移转化。

第四，通过对科技型中小企业的科技创新路径进行解析，可归纳出三条路径：自主创新、模仿学习、引进创新。其中，自主创新包括市场导向的自主研发、源头创新的成果转化两条子路径；模仿学习包括模仿创新及模仿后再创新、嵌入全球网络的技术学习两条子路径；引进创新包括引进消化吸收再创新、基于引进的集成创新、与跨国公司合作研发三条子路径。

第五，通过对科技型中小企业的企业成长规律进行解析，可知关键是要跨越"死亡谷"，实现财务可持续发展。其中，自我发展是基础，外部加持是重要助力。自我发展包括自我滚动发展、以传统养创新，外部加持包括政府扶持加持、资本投资加持。以传统养创新是广州开发区普遍存在的一条路径，传统类型业务让企业有了自我"造血"能力，以支撑新产品的研发。

第六，在广州开发区，孵化成功的企业还普遍形成了再孵化现象，主要形成了衍生创业、内生孵化、外延孵化、孵化器孵化四条典型路径。衍生创业是指孵化成功企业的技术人员独立创业；内生孵化是指通过内部创新多元拓展，形成内生放射状孵化网络；外延孵化是指通过资本经营投资外部创业企业实现扩张发展，形成外延簇群状孵化网络；孵化器孵化是指创办孵化器来再孵化新的企业。

第七，在科技型中小企业孵化及再孵化路径下，逐渐培育形成了生物医药等一批新兴产业，这些新兴产业以区内孵化的科技型中小企业为主体，演化形成了政策链、孵化链、合作链、交流链、融资链等多个面向的本地化根植链，呈现出马歇尔产业区的基本特征，同时又嵌入"全球—地方"的多尺度网络之中。

二次创业以来，广州开发区逐渐探索形成了一条科技型中小企业孵化及再孵化的科技创新路径。以高新技术企业、瞪羚企业为表征，对其核密度空间分布进行分析，可知广州开发区的科技型中小企业集中分布在广州科学城片区。大量孵化载体经不断演化逐渐从单纯集聚走向集群化发展，形成链条化的载体系列（众创空间—科技企业孵化器—科技企业加速器—写字楼园区及综合体），保障了科技型中小企业成长的空间需求；"孵化载体集群"还形成了一套科技型中小企业服务体系，有效降低了创新创业的成本。

第6章 广州开发区,从产业园区到创新城区

2005 年,在国家住房制度改革、城市土地财政爆发的时代,一些区位较好的开发区开始从产业园区向产业新城、新城区或创新城区转型,推动产城融合发展,以提升园区服务水平吸引人才,以土地换取设施、以土地收益补贴科创投入,这也被称为开发区的三次创业。其中,以在天津经济技术开发区、天津港保税区的基础上启动产城合一的滨海新区开发为标志。

6.1 广州开发区的三次创业

2005 年左右,一批发展领先的开发区面临产城关系失衡、土地财政激励、母城多中心化等内外环境的新变化,促使其从单一产业发展向城市并举发展转变,相关研究将此称为开发区的三次创业(罗小龙等,2015)。

其一,产城关系失衡是开发区向城区转变的内生需求。开发区在一次创业、二次创业的发展路径下,呈现出功能单一的产业园区特征,不完善的功能结构使得开发区发展具有较强的外部依赖性,需要所依附的外部提供居住、医疗、休闲等公共服务。而随着开发区经济规模、人口规模的不断扩大,其对公共服务的需求也随之增强,产城关系失衡的问题逐步凸显,进而形成了向城市并举发展转变的内生需求(邹伟勇等,2014)。

其二,土地财政激励是开发区向城区转变的内生诱因。我国 1994 年的分税制改革极大地压缩了地方政府的税收分成比例,且将当时规模还很小的土地收益划给了地方政府,由此奠定了我国土地财政的制度基础。之后随着 1998 年的住房商品化改革、2004 年的土地"招拍挂"等一系列制度变革,我国的土地财政急剧膨胀(赵燕菁,2014)。而在开发区一次创业、二次创业的发展路径下,开发区管委会为了推动产业发展,低价出让产业用地以吸引投资、培育产业,其发展逻辑是追求长期的产业税收(杨浩等,2013),由此,甚至一些开发区还出现了财政入不敷出、收支难以平衡的困境(王梦珂,2012)。有偿出让商业和居住用地以实现资本快速累积无疑成了开发区向城市并举发展转变的内在诱因(王梦珂,2012)。

其三,母城多中心化是开发区向城区转变的外生动力。改革开放以来,城市化的快速推进、城市功能在中心城区的过度集中,带来了老城区交通拥挤、公共服务设施短缺、居住矛盾突出等诸多压力。为了解决人口和经济社会活动过度密集带来的压力,我国城市特别是大城市,开始通过新城区拓展城市空间,从单中心结构转向多中心结构(周春山,2021)。而具有一定经济基础的开发区成了城市多中心化的一种空间选择,即以开发区为基础建设新城区,使之成为城市中心之一,这是开发区向城区转变的外生动力(陈红霞,2017)。

2005 年左右,广州、苏州、天津、青岛、南京和大连等城市的开发区率先提出建设新

城区的目标（柴彦威等，2008），形成了"从工业园走向产业新城""从产业园到创新城区""从产业园区到城市新区"等多种表述，基本内涵就是以产城融合为目标，从园区向城区转型。

6.1.1 广州城市"东进"提升了区位条件

广州开发区的三次创业是我国开发区三次创业的典型缩影，在上文所述的产城关系失衡、土地财政激励、母城多中心化等众多形成背景中，母城多中心化——广州城市"东进"是首要动因（陈永品，2012）。广州市历版总体规划对广州开发区的定位如表6-1所示。

表6-1 广州市历版总体规划对广州开发区的定位

时间段	规划名称	对广州开发区的定位
2000年之前	《广州城市总体规划（1981—2000年）》	工业组团
	《广州城市总体规划（1991—2010年）》	
2000年之后	《广州城市总体发展概念规划研究（2000年）》（2000年广州战略）	大沙地综合城市服务中心与广州开发区共同构成城市东翼发展区
	《广州市城市总体规划（2001—2020）》	
	《广州市城市总体规划（2011—2020）》	两个新城区之一
	《广州市城市总体规划（2017—2035）》	南部地区划入主城区
	《广州市国土空间总体规划（2018—2035）》	

改革开放以来，广州城市发展的主轴最先就是东进。20世纪80年代末，以第六次全运会为驱动，广州市政府决定在天河机场的旧址上修建天河体育中心，以此为起点拉动了城市"东进"，形成了现在的天河北地区。20世纪90年代，广州启动了珠江新城的开发建设，形成了广州新城市中轴，强化了向东部拓展的趋势。

2000年，《广州城市建设总体发展战略规划》提出了"拉开结构、建设新区、保护名城"的城市总体发展战略，确定了东部、南部为城市发展的主要方向（李萍萍等，2001），提出"以珠江新城和天河中心商务区建设拉动城市发展重心向东拓展，将旧城区的传统产业向黄埔—新塘一线迁移，重整东翼产业组团，利用港口条件，在东翼大组团形成密集的产业发展带"。在此基础上，广州于2001年编制完成了《广州市城市总体规划（2001—2010）》，将"北优、南拓、东进、西联"的"八字方针"上升为法定规划（袁奇峰，2016）。

广州城市空间大规模拓展，城市结构也跨出"云山珠水"的约束，在"山城田海"之间再造。"四区合一"的广州开发区则成为城市"东进"战略的关键棋子。受天津滨海新区体制改革的启发，2000年的广州战略规划和2005版广州总规都考虑将广州开发区从纯粹的产业开发集团转型为统筹城乡经济社会发展的行政区，建议整合黄埔区与广州开发区，形成东翼发展区。

6.1.2 萝岗区的设立推动了开发区转型

2005年，国务院批准广州市部分行政区划调整，新设立南沙区、萝岗区。其中，萝岗区是在广州开发区基础上从白云、黄埔、增城和天河划出部分街镇、村庄设立的，行政区面积拓展为393.22平方千米（不含生物岛），下辖夏港街道、东区街道、联和街道、萝岗街道、永和街道、九龙镇6个街镇。广州开发区与萝岗区实行"两块牌子，一套人马"的"政区合一"管理体制。

2005年，萝岗区（广州开发区）确立了产城融合的战略导向，落实广州城市"东进"战略，在推动产业发展的同时推动城市建设，提出"建设新城区、争当排头兵"的发展战略，推动建设"两个适宜（宜业、宜居）"城区，建设国际化生态型新城区——萝岗中心区。

萝岗中心区建设以区委、区政府、人大、政协和开发区管委会为先导，选址毗邻广州科学城，使在产业载体建设、中小型科技企业培育方面业已取得巨大成就的广州科学城获得了在城市功能配套方面拾遗补缺的机会，既推动了单纯发展产业的广州开发区向兼顾城市公共服务的产业新城的转化，又促进了广州开发区的科创转型。

2007年，广州市制定发布了《广州2020：城市总体发展战略规划》，提出"一主六副多组团"的市域空间结构，划分一个主城区和番禺、南沙、东部、北部、增城、从化六个副中心城区，萝岗中心区、黄埔中心区一起构成东部副中心城区。2012年，广州市制定公布《广州市城市总体规划（2011—2020）》草案，提出"一个都会区、两个新城区、三个副中心"的城市空间结构，其中的"两个新城区"即东部山水新城（横跨萝岗区和增城区）和南沙滨海新城。

2010年，位于萝岗区北部山地九佛片区的中新广州知识城（Sino-Singapore Guangzhou Knowledge City）开始建设，规划范围123平方千米（建设用地60平方千米），规划人口50万人，是中华人民共和国和新加坡共和国政府跨国合作项目。广东省希望将其打造为经济转型的样板、省的战略发展新平台——一座以知识经济为创新模式，汇聚高端产业与人才，经济、人文与生态高度和谐及可持续发展的城市。

2014年，经国务院同意，广州市撤销黄埔区、萝岗区，设立新的广州市黄埔区，延续实行"政区合一"的管理体制。新黄埔区（广州开发区）则相继提出建设国际化智慧创新城区、塑造现代化城市品质等发展战略。

2018年，广州市制定公布了《广州市城市总体规划（2017—2035）》草案，提出了"主城区—副中心—外围城区—新型城镇—乡村"的城镇空间体系，主城区范围包括荔湾区、越秀区、天河区、海珠区、白云区北二环高速以南地区、黄埔区九龙镇（今龙湖街道、九佛街道、新龙镇）以南的地区、番禺区光明高速以北的地区，副中心为南沙区。

2019年公布的《广州市国土空间总体规划（2018—2035）》草案，延续了2017版广州总规的思路，将广州开发区（黄埔区）南部区域定位为广州市主城区，使其城市区位属性进一步跃升。广州市总体规划对广州开发区的定位经历了六个城市副中心城区之一、两个新城区之一、纳入主城区的跃升。

6.1.3 产生科技创新与城市服务的耦合

广州开发区的三次创业及其产业发展逻辑如图6-1所示，其核心是产城融合，一方面城市支撑产业，为产业提供配套服务，缺乏"城"作支撑的"产"会后劲无力；另一方面产业推动城市发展，驱动着城市完善配套服务，缺乏"产"作推动的"城"也会发展无力，城市与产业之间相互促进、共同发展，形成"产—人—城"的互动耦合。与产城融合内在逻辑一脉相承，同时还形成了科技创新与城市服务的耦合发展，其成为科创转型的复合路径。广州开发区的三次创业及其产业发展逻辑如图6-1所示。

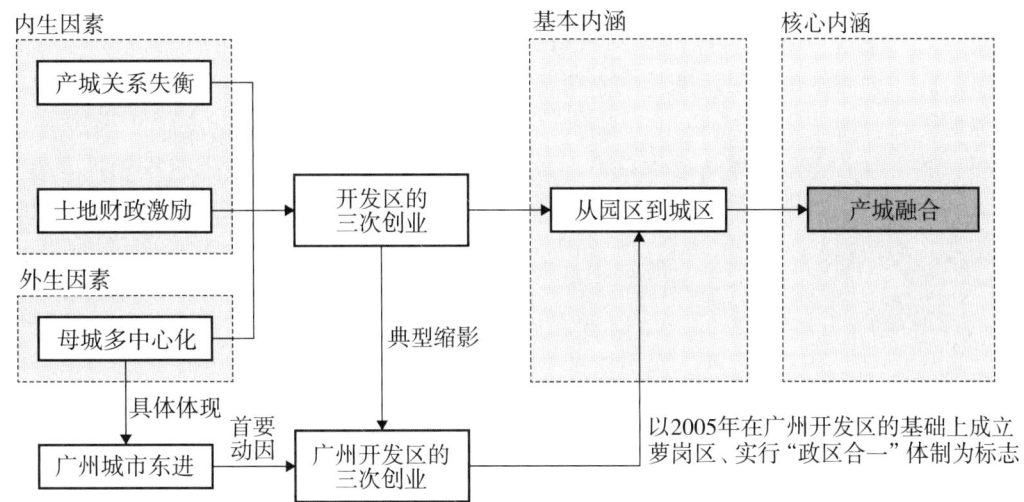

图6-1 广州开发区的三次创业及其产业发展逻辑

从广州开发区的三次产业结构演变（见图6-2）来看，1996—2005年，广州开发区的第三产业占全区生产总值的比重常年稳定在20%左右，第二产业占全区生产总值的比重常年稳定在80%左右，第二产业、工业处于绝对主导地位。2005—2020年，广州开发区的第三产业呈现稳步增长态势，第三产业占全区生产总值的比重从2005年的20.5%稳步增长至2020年的41.3%；第二产业占全区生产总值的比重从2005年的79.3%下降至2020年的58.6%，其中，工业占全区生产总值的比重从2005年的77.4%下降至2018年的59.5%。产业结构逐渐呈现出第二产业、第三产业协调发展的特征。

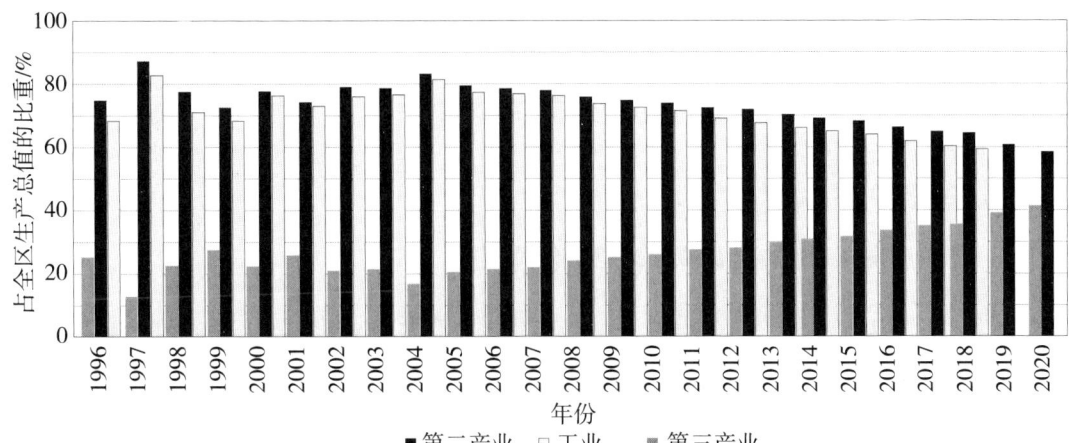

图6-2 广州开发区三次产业结构演变分析
（资料来源：《广州开发区统计年鉴》）

6.2 科技创新与城市服务的耦合发展

科技创新与城市服务耦合发展的逻辑与产城融合的逻辑一脉相承,其逻辑基础在于科技创新—人才集聚—城市服务的互动耦合,而人才集聚是互动耦合的"黏合点",如图 6-3 所示。一方面,科技创新推动产业发展,产业发展吸纳人才集聚,人才集聚带来对城市服务的需求,遵循"产兴人、人兴城""人才追随工作""乐业带动安居"的逻辑;另一方面,城市服务提升支撑人才集聚,人才集聚推动科技创新,科技创新推动产业发展,遵循"城兴人、人兴产""工作追随人才""安居带动乐业"的逻辑(解永庆等,2019;邓智团等,2020)。

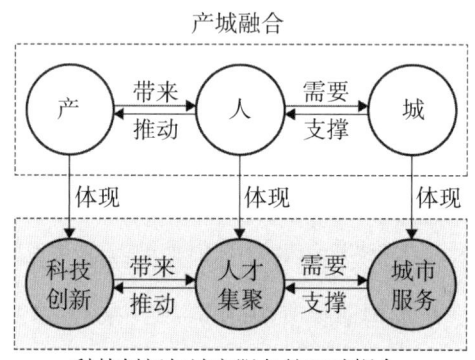

图 6-3 科技创新与城市服务互动耦合的逻辑基础

本节将通过理论、实证相结合的方式对以下三个方面进行验证分析:

第一,对广州开发区三次创业以来的人才集聚情况进行分析。结果显示:广州开发区三次创业以来,人才集聚快速跃升,人才的绝对数量快速增加,人才比例从落后于广州市平均水平到逐渐超越了广州市平均水平。

第二,对人才集聚与科技创新的互动耦合关系进行分析。一方面,人才集聚与科技创新的耦合有坚实的理论基础;另一方面,对广州开发区人才集聚与科技创新产出进行回归分析,发现二者呈现正向线性相关特征。

第三,对人才集聚与城市服务的互动耦合关系进行分析。一方面,人才集聚与城市服务的耦合有坚实的理论基础;另一方面,在广州开发区,留学人才集聚与国际学校的互动发展是这一逻辑的典型缩影。

6.2.1 广州开发区三次创业以来人才集聚快速跃升

人才划分一般根据受教育程度来界定,但除了正式教育之外,个人从工作经验和职业培训中获得的隐性知识和非正式知识也将提高个人能力。然而这种非正式的、特定的知识或能力属于人力资本的未知部分,难以准确地测度,故一般使用正式的教育层次来表征这些隐性的能力(吕拉昌等,2018)。借鉴现有相关研究,选择大专及以上(即大学专科、大学本科和研究生)人口数量、研发(R&D)人员数量两项指标来表征人才数量(刘晔等,2019)。

首先，广州开发区大专及以上人口占总人口的比例从 2005 年的 5.65% 快速增长为 2020 年的 29.86%，而广州市大专及以上人口占总人口的比例则从 2005 年的 14.50% 增长为 2020 年的 27.28%。进一步分析发现，广州有大量高校集聚，而广州开发区并没有高校在读学生，若除去高校在读学生因素的影响，广州开发区大专及以上人口占总人口的比例会更加高于广州市平均水平。具体来看，2020 年，广州约有 140 万在读大专及以上学生，"矫正"以后，广州市大专及以上人口占总人口的比例为 21.38%，而广州开发区大专及以上人口占总人口的比例为 29.86%。具体情况如表 6-2 和图 6-4 所示。

表 6-2 广州开发区与广州市大专及以上人口占总人口比例的对比分析

年份	广州开发区			广州市		
	大专及以上人口/人	总人口/人	比例/%	大专及以上人口/人	总人口/人	比例/%
2005（1%人口抽样）	295	5217	5.65	34 913	240 784	14.50
2010	51 794	373 656	13.86	2 491 688	12 701 948	19.62
2015（1%人口抽样）	2291	11 870	19.30	48 704	384 677	12.66
2020	377 614	1 264 447	29.86	5 094 467	18 676 605	27.28
2020 年"矫正"后（去除广州市约140万的在读专科、本科、研究生）				3 694 467	17 276 605	21.38

资料来源：广州市统计局。

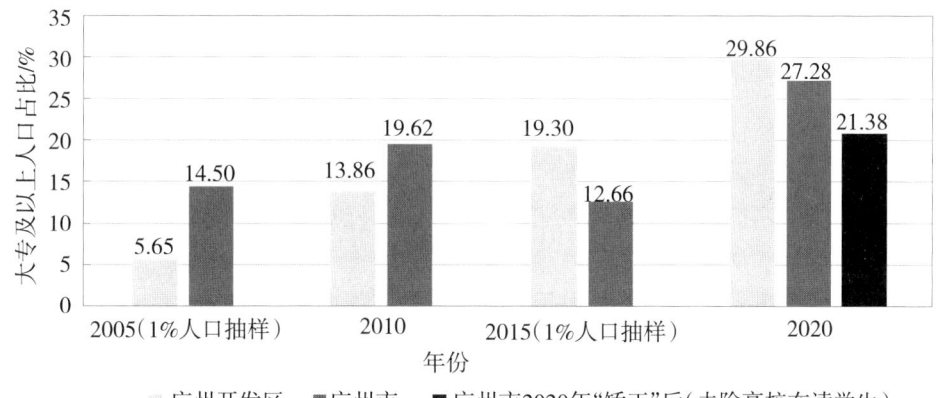

图 6-4 广州开发区与广州市大专及以上人口占总人口比例的对比分析图
（资料来源：广州市统计局）

其次，广州开发区的研发（R&D）人员数量从 2009 年的 16 943 人增长为 2019 年的 138 452 人，年均增速为 23.38%，远高于广州开发区同时期 7.41% 的年均人口增长率（其中有行政区合并因素的影响），更远高于广州市 3.93% 的年均人口增长率。广州开发区历年研发（R&D）人员数量统计图如图 6-5 所示。

通过对大专及以上人口数量、研发（R&D）人员数量两项指标进行分析，可知自三次创业以来，广州开发区的人才集聚实现了快速跃升，人才比例（大专及以上人口占总人口的比例）从落后于广州市的平均水平到逐渐超越了广州市的平均水平，研发（R&D）人员的增速也远远超过人口平均增长率。

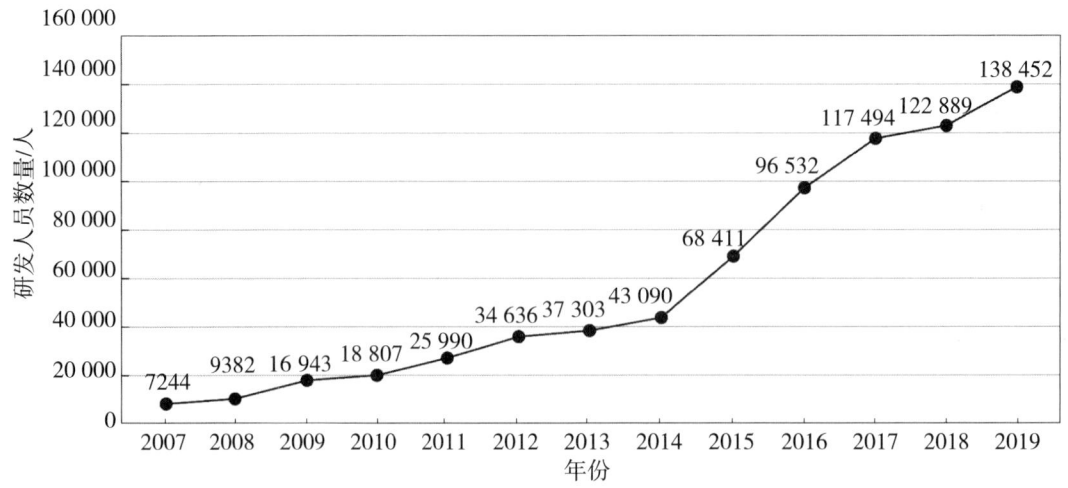

图6-5 广州开发区历年研发（R&D）人员数量统计图
（资料来源：《广州开发区统计年鉴》《中国火炬统计年鉴》）

6.2.2 人才集聚—科技创新：呈现显著的正向线性相关特征

内生增长理论、人力资本理论指出，经济增长和生产率的提高源自人力资本基础增强带来的新知识、新技术的创新发展（吕拉昌等，2018）。相关文献已经从城市尺度、省域尺度验证了人才集聚与科技创新呈现正相关特征。刘晔等以我国287个地级及以上城市为样本进行分析，以高学历人才占比、平均受教育年限来表征城市人力资本水平，以专利申请数量来表征城市科技创新产出，结果显示，人力资本水平与城市科技创新产品存在显著正相关特征。牛冲槐等采用结构方程模型对我国29个省级区域科技型人才聚集、高新技术产业聚集与区域技术创新之间的关系进行了研究，研究指出，科技型人才聚集与区域技术创新之间存在正向互动关系。

广州开发区人才集聚与科技创新的互动耦合分析图如图6-6所示。

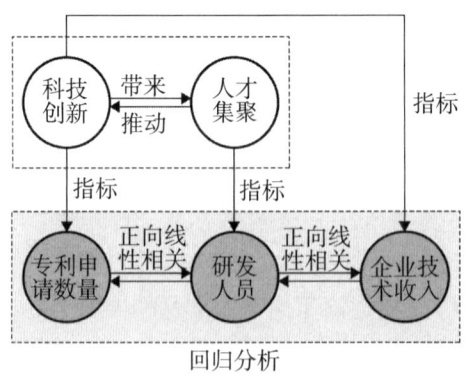

图6-6 广州开发区人才集聚与科技创新的互动耦合分析图

对广州开发区进行实证分析可知，广州开发区的人才集聚与科技创新产出呈现正向线性相关特征，具体分析过程如下。

1）指标数据选取与观察

选取研发（R&D）人员数量来表征人才数量，选取专利申请数、企业技术收入两个指标来表征科技创新产出，获取广州开发区2007—2019年的相关数据。通过观察散点图，可以初步判断广州开发区研发（R&D）人员数量与申请专利数、企业技术收入大致呈现正向线性相关特征，由此尝试通过一元线性回归予以验证。

2）基于最小二乘法的一元线性回归计算公式推导

假设有 n 个样本观察值，分别为 (x_1, y_1)，(x_2, y_2)，…，(x_n, y_n)，且该样本存在一元线性关系，其一元线性方程表达如下：

$$y = a + bx \text{（其中，} b \text{ 为回归系数）}$$

基于最小二乘法，分别求取 a 的值和 b 的值，公式如下：

$$b = \frac{\sum_{i=1}^{n}(x_i - \bar{x})(y_i - \bar{y})}{\sum_{i=1}^{n}(x_i - \bar{x})^2}$$

$$a = \bar{y} - b\bar{x}$$

通过相关系数、决定系数进行显著性校验。相关系数以 r 表示，当 $r>0$ 时，表示 y 与 x 呈现正相关；当 $r<0$ 时，表示 y 与 x 呈现负相关。决定系数以 R^2 表示，决定系数是相关系数的平方，R^2 越接近1，说明回归方程拟合度越优。一般认为，当 $R^2<0.5$ 时，表示 y 与 x 相关性弱；当 $0.5<R^2<0.7$ 时，表示 y 与 x 相关性较弱；当 $0.7<R^2<0.9$ 时，表示 y 与 x 相关性显著；当 $0.9<R^2<1$ 时，表示 y 与 x 相关性非常显著。相关系数、决定系数计算公式如下：

$$r = \frac{\sum_{i=1}^{n}(x_i - \bar{x})(y_i - \bar{y})}{\sqrt{\sum_{i=1}^{n}(x_i - \bar{x})^2 \sum_{i=1}^{n}(y_i - \bar{y})^2}}$$

$$R^2 = r^2 \text{ 或 } R^2 = \frac{\text{SSA}}{\text{SST}} = \frac{\sum_{i=1}^{n}(\hat{y_i} - \bar{y})^2}{\sum_{i=1}^{n}(y_i - \bar{y})^2}$$

3）分析结果

对广州开发区研发（R&D）人员数量与专利申请数进行一元线性回归，结果显示，决定系数 R^2 的值为0.9201，回归系数为0.2010，二者呈现非常显著的正向线性相关特征，如图6-7所示。

对广州开发区研发（R&D）人员数量与企业技术收入进行一元线性回归，结果显示，决定系数 R^2 的值为0.8862，回归系数为0.9852，二者呈现显著的正向线性相关特征，如图6-8所示。

通过这两组单一指标的回归分析，可以鲜明地得出：广州开发区的人才集聚与科技创新之间呈现显著的互动耦合关系。

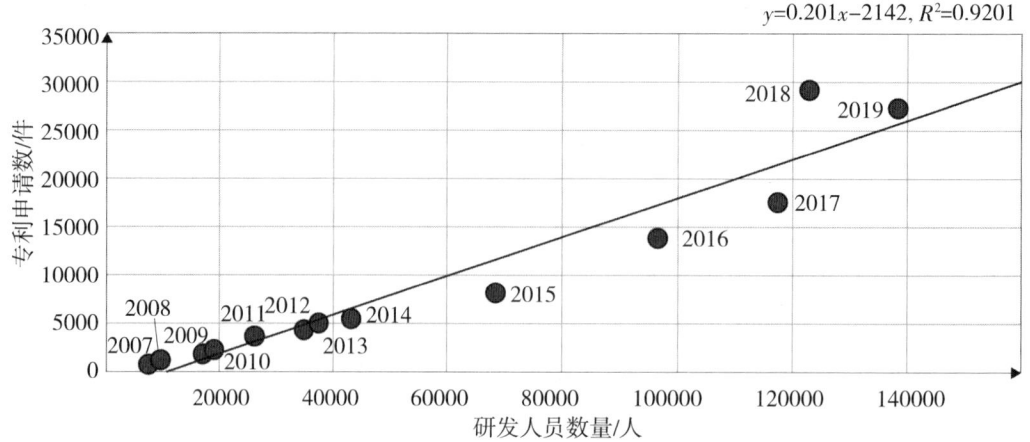

图 6-7　广州开发区研发（R&D）人员数量与专利申请数量的回归分析

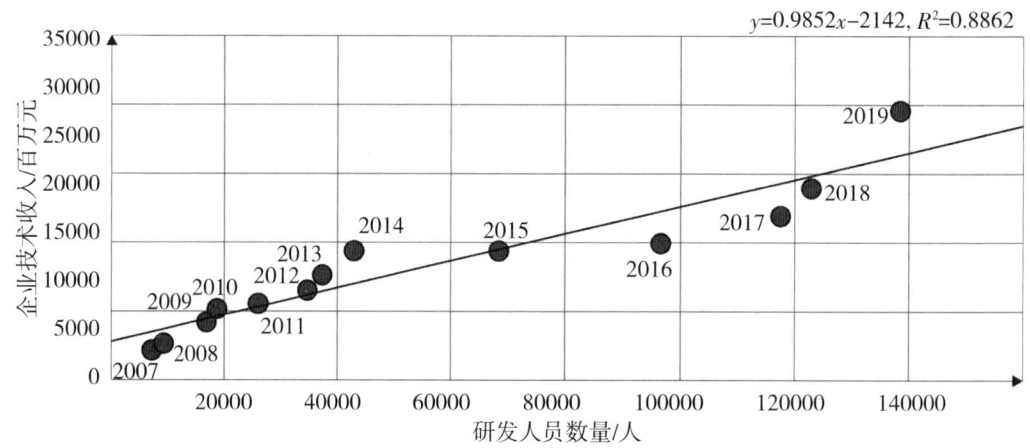

图 6-8　广州开发区研发（R&D）人员数量与企业技术收入的回归分析

6.2.3　人才集聚—城市服务：留学人才集聚与国际学校互动发展是缩影

佛罗里达（Florida R）的创意阶层理论认为，一个城市的地方品质是吸引并留住创意阶层的重要因素（佛罗里达，2010）。不同于传统流水线上的产业工人，这些创新人才更加注重生活价值与生命意义，对更高品质、更多样化的公共服务和空间环境具有强烈需求（张京祥等，2021）。

Yigitcanlar T 等的研究指出，吸引知识工作者（knowledge workers）的城市服务包括发达的零售业、定期的体育活动和音乐表演、高质量的幼儿服务、完善的私人学校教育设施、便捷的公共医疗服务设施、表演性质的艺术空间、正统的历史场所、可支付的住房、开放的第三空间等。

通过对广州开发区进行田野调查，并结合现有研究，可知人才对于城市服务设施的需求首先具有一般性，这与大众需求是一致的，即对基本的商业服务设施、公共服务设施的需求，但同时其也具有特殊性，因此可将人才集聚与城市服务的互动耦合归纳为一般性、特殊性两个层面，如图 6-9 所示。

第6章 广州开发区，从产业园区到创新城区

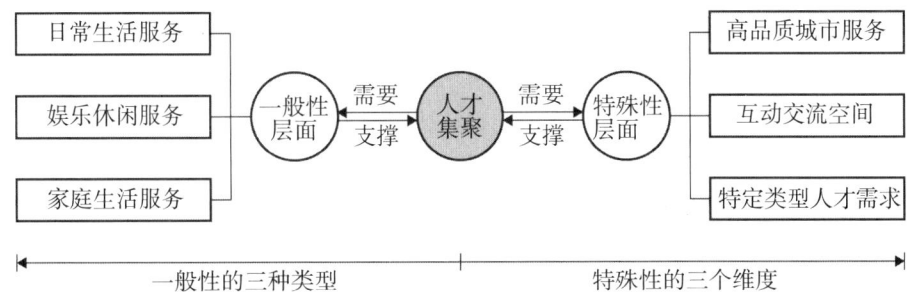

图6-9 人才集聚与城市服务互动耦合的内在结构分析

第一，创新人才首先是需要日常生活服务、娱乐休闲服务、家庭生活服务等一般性城市服务，这与其他人群是一样的。日常生活服务主要是指满足饮食、购物、出行等方面需求的便利店、超市、地铁等城市服务设施；娱乐休闲服务包括电影院、体育场馆、文化艺术场馆等；家庭生活服务主要是指满足人们教育、医疗等方面需求的服务（任俊宇，2018）。

第二，特别的是，创新人才对高品质城市服务、互动交流空间、一些特定类型设施有其特殊需求。其一是这些创新人才拥有高学历、高素质、高收入，追求高品质生活，对城市服务品质的需求相对较高（吕拉昌等，2018）；其二是经常性的互动交流对于创新人才来说至关重要，因为这是他们获取新知识、获得新信息、激发创意产生、寻求合作机会的重要途径，他们对于开放、共享的互动交流空间保有高需求（刘洁贞等，2020）；其三是一些特定类型人才可能带来特定需求，如留学归国人才、国际人才对国际社区、国际学校、国际医疗等国际化城市服务设施的需求。

1998年，作为二次创业的抓手，广州开发区自下而上举办广州留交会、开办广州开发区留创园，推动留学人员创新创业。到了2005年，广州开发区已经累计吸纳1500余名留学人员来区工作，创办企业近700家[①]。这些留学人才的集聚带来了对国际化城市服务设施的需求，最典型的就是对国际学校的需求，如图6-10所示。因此，随着三次创业以来产城融合发展的推动，广州开发区开始引入和建设国际学校，以解决留学人才子女的入学问题，这也是完善城市配套的重要举措之一[②]。

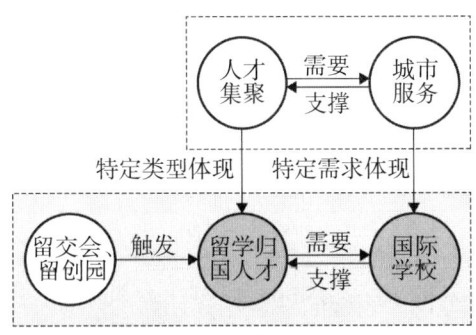

图6-10 广州开发区留学人才与国际学校互动耦合的典型案例分析

---

① 广州市萝岗区政协"广州经济技术开发区专辑"编委会. 开拓者的记忆——广州经济技术开发区1995—2005 [M]. 广州：广州出版社，2009.
② 朱秉衡. 广州开发区20年 [M]. 广州：广东人民出版社，2006.

2007年，广州开发区首所国际学校——广州科学城美国人学校投入使用。此后，广州开发区的国际学校持续发展。截至2020年底，广州开发区共有5所国际学校建成并投入使用，还有两所国际学校正在建设中，占广州国际学校数量的一半以上。而这些国际学校的建设进一步支撑了留学人才的集聚。

6.2.4 耦合程度：从低水平到高水平逐步跃升

前面三个小节主要论证了科技创新与城市服务耦合发展的逻辑基础，本小节主要是对广州开发区的科技创新与城市服务的耦合发展水平进行测度分析，考察它的耦合发展过程与耦合程度。利用耦合协调度模型，通过纵向、横向对比测度，可以看到广州开发区的科技创新与城市服务的互动耦合经历了从低水平到高水平的逐步跃升，在2005—2015年期间，二者的水平都逐年稳步提升，2015年之后二者的提升速度均显著加快。与广州市的其他市辖区相比，广州开发区属于Ⅰ类型高水平耦合区域，其耦合水平仅次于天河区。

1. 科技创新与城市服务耦合水平测度

1）指标选取

由于统一口径的连续年份数据获取难度较大，因此指标选取只能在可操作的前提下，兼顾科学性、全面性。在科技创新成效方面，选取了高新技术企业数量、引进领军人才数量、研发经费投入、专利申请数量、高新技术产品产值5个指标；在城市服务水平方面，选取了第三产业产值、第三产业占比、第三产业固定资产投资、社会消费品零售总额、地铁通行里程数5个指标。广州市行政辖区评价指标如表6-3所示。

表6-3 广州市行政辖区评价指标

标准层	指标层	单位	变量	数据来源
科技创新	高新技术企业数量	家	X_1	广州开发区统计年鉴
	引进领军人才数量	人	X_2	
	研发经费投入	亿元	X_3	
	专利申请数量	件	X_4	"开放广东"政府数据统一开放平台
	高新技术产品产值	亿元	X_5	广州市统计年鉴
城市服务	第三产业产值	亿元	Y_1	广州开发区统计年鉴
	第三产业占比	%	Y_2	
	第三产业固定资产投资	亿元	Y_3	
	社会消费品零售总额	亿元	Y_4	广州市统计年鉴
	地铁通行里程数	千米	Y_5	根据地图测量

2）科技创新、城市服务两个系统的综合评分计算

假设对n个年份进行分析，以科技创新综合评分为例，其有m个评价指标，x_{ij}表示第i个年份的第j个评价指标值（$i = 1, 2, 3, \cdots, n$；$j = 1, 2, 3, \cdots, m$）。

（1）数据无量纲化处理。同样用极值法作为无量纲化处理的方法。计算公式如下：

$$x'_{ij} = \frac{x_{ij} - m_j}{M_j - m_j}$$

(2) 计算第 i 个年份的第 j 个指标的特征比重或贡献度,公式如下:

$$p_{ij} = \frac{x'_{ij}}{\sum_{i=1}^{n} x_{ij}}$$

(3) 熵值计算。计算第 j 个指标的熵值,公式如下:

$$e_j = -\frac{1}{\ln n} \sum_{i=1}^{n} p_{ij} \ln(p_{ij}), 0 \leq e_j \leq 1$$

(4) 差异性系数计算,公式如下:

$$g_j = 1 - e_j$$

(5) 确定评价指标的权重,公式如下:

$$w_j = \frac{g_j}{\sum_{i=1}^{m} g_j}, j = 1, 2, 3, \cdots, m$$

(6) 综合得分计算,公式如下:

$$S_i = \sum_{j=1}^{m} w_j \times p_{ij}$$

由此分别计算出第 i 个年份科技创新、城市服务两个系统的综合评分。

3) 科技创新、城市服务两个系统的耦合度、耦合协调度计算

假设有 n 个行政辖区,U_{1i} 表示第 i 个年份的科技创新综合评分,U_{2i} 表示第 i 个年份的城市服务综合评分,C_i 表示第 i 个年份的耦合度,D_i 表示第 i 个年份的耦合协调度。

(1) 耦合度计算,公式如下:

$$C_i = 2\sqrt{\frac{U_{1i} U_{2i}}{(U_{1i} + U_{2i})^2}}$$

(2) 综合协调指数计算,公式如下:

$$T_i = aU_{1i} + bU_{2i}$$

其中,a 和 b 为反映两个系统重要程度的待定系数,参照相关研究,本书认为两个系统的重要程度相同,因此 a 和 b 均取值 0.5(刘雷等,2016)。

(3) 耦合协调度计算,公式如下:

$$D_i = \sqrt{C_i T_i}$$

4) 结果分析

经计算,结果如表 6-4、图 6-11 所示。

表 6-4 广州开发区科技创新与城市服务互动耦合纵向对比测度结果

年份	科技创新综合评分	城市服务综合评分	耦合度	耦合协调度
2005	0.0001	0.0001	1.0000	0.0100
2006	0.0391	0.0158	0.9053	0.1350
2007	0.0553	0.0238	0.9174	0.1905
2008	0.0640	0.0471	0.9883	0.2343

续表

年份	科技创新综合评分	城市服务综合评分	耦合度	耦合协调度
2009	0.1403	0.0724	0.9476	0.3174
2010	0.1861	0.0992	0.9526	0.3686
2011	0.2206	0.1249	0.9609	0.4074
2012	0.2656	0.1482	0.9589	0.4455
2013	0.2627	0.1938	0.9885	0.4750
2014	0.2734	0.2257	0.9954	0.4984
2015	0.3439	0.2921	0.9967	0.5629
2016	0.4973	0.4721	0.9997	0.6961
2017	0.7517	0.7610	1.0000	0.8697
2018	0.9592	0.9241	0.9998	0.9703
2019	0.9061	1.0000	0.9988	0.9757

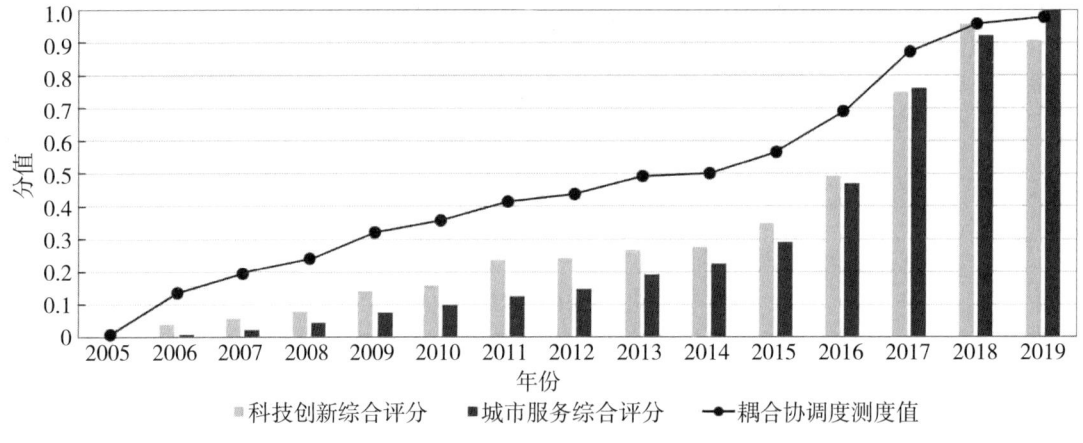

图 6-11 广州开发区科技创新与城市服务耦合程度演变

由表 6-4、图 6-11 可知,广州开发区科技创新与城市服务的综合评分总体上呈现逐年递增特征,二者的耦合度测度值始终保持在高值区间,而二者的耦合协调度测度值则从低值区间逐年递增至高值区间,可知二者的互动耦合程度经历了从低水平到高水平的逐步跃升。

具体来看,2005—2015 年期间,广州开发区的科技创新成效与城市服务水平逐年稳步提升。在 2015 年之后,广州开发区的科技创新成效与城市服务水平的跃升速度均显著加快。一方面,高新技术企业数量从 2015 年的 501 家快速增长为 2020 年的 2100 家;另一方面,随着与黄埔区的合并、产城融合的持续推进,特别是轨道交通的规划与建设,TOD 商业服务设施快速开发,苏元站的万达广场、神舟路站的绿地中央广场、香雪站的奥园广场和锐丰广场等均在 2015 年之后陆续建成营业,城市服务水平也快速提升。

2. 与广州其他市辖区横向对比的测度

1）指标选取

第一，对科技创新成效的评价沿用本书"3.2.2 基于综合评价的对比"中构建的指标体系，分别从科技创新主体、科技创新载体、科技创新投入、科技创新产出四个方面选取了12个指标。

第二，城市服务水平评价指标的选取遵循科学性、全面性、可操作性原则，分别从第三产业、商业服务、公共服务三个方面选取了12个指标。为了兼顾创新人才对特殊性层面城市服务的需求，将咖啡厅数量、国际学校数量等也纳入评价指标体系之中，如表6-5所示。

表6-5 广州市行政辖区城市服务水平评价指标

标准层	指标层	单位	变量	数据来源
第三产业	第三产业产值	亿元	X_1	广州市统计年鉴
第三产业	第三产业占比	%	X_2	广州市统计年鉴
商业服务	社会消费品零售总额	亿元	X_3	广州市第四次全国经济普查年鉴2018
商业服务	餐饮业营业收入	亿元	X_4	广州市第四次全国经济普查年鉴2018
商业服务	零售业营业收入	亿元	X_5	广州市第四次全国经济普查年鉴2018
商业服务	电影院数量	家	X_6	大众点评网
商业服务	咖啡厅数量	家	X_7	大众点评网
公共服务	地铁运营里程数	千米	X_8	根据地图测量
公共服务	每万人公园面积	公顷	X_9	广州市林业和园林局
公共服务	每万人医院床位数	张	X_{10}	广州市统计年鉴
公共服务	图书馆事业发展指数	—	X_{11}	《广州市公共图书馆事业发展指数研究》
公共服务	国际学校数量	家	X_{12}	国际教育网

2）测度计算

测度的计算过程及方法与上述"科技创新与城市服务耦合水平测度"中的计算过程及方法相同，故不再赘述，测度分析结果如表6-6、表6-7、表6-8所示。

表6-6 广州11个市辖区城市服务水平综合评价分值表

指标	荔湾	越秀	海珠	天河	白云	黄埔	番禺	花都	南沙	从化	增城
X_1	0.0121	0.0544	0.0259	0.0863	0.0298	0.0227	0.0217	0.0119	0.0139	0.0000	0.0069
X_2	0.0318	0.0507	0.0361	0.0474	0.0352	0.0000	0.0217	0.0118	0.0139	0.0159	0.0143
X_3	0.0176	0.0426	0.0358	0.0659	0.0362	0.0320	0.0411	0.0149	0.0039	0.0000	0.0106
X_4	0.1182	0.1311	0.0327	0.1296	0.0245	0.0101	0.0344	0.0113	0.0135	0.0000	0.0048
X_5	0.0142	0.0375	0.0551	0.0875	0.0507	0.0763	0.0346	0.0111	0.0022	0.0000	0.0144
X_6	0.0195	0.0149	0.0242	0.0558	0.0214	0.0390	0.0390	0.0139	0.0065	0.0000	0.0242
X_7	0.0234	0.0595	0.0629	0.0868	0.0371	0.0168	0.0511	0.0150	0.0031	0.0000	0.0090
X_8	0.0296	0.0282	0.0366	0.0620	0.0451	0.0409	0.0282	0.0070	0.0099	0.0000	0.0099

续表

指标	荔湾	越秀	海珠	天河	白云	黄埔	番禺	花都	南沙	从化	增城
X_9	0.0042	0.0836	0.0000	0.0316	0.0254	0.0580	0.0074	0.0450	0.0330	0.0092	0.0293
X_{10}	0.0365	0.1845	0.0368	0.0368	0.0338	0.0146	0.0062	0.0027	0.0000	0.0121	0.0005
X_{11}	0.0039	0.0537	0.0117	0.0233	0.0000	0.0629	0.0221	0.0216	0.0336	0.0426	0.0452
X_{12}	0.0239	0.0095	0.0143	0.0239	0.0382	0.0429	0.0286	0.0143	0.0239	0.0000	0.0191
总	0.3349	0.7502	0.3721	0.7367	0.3774	0.4163	0.3360	0.1806	0.1574	0.0799	0.1881

表6-7 广州市11个市辖区城市服务水平综合评价结果

行政区	综合得分		第三产业		商业服务		公共服务	
	分值	排名	分值	排名	分值	排名	分值	排名
越秀	0.7502	1	0.1051	2	0.2855	2	0.3596	1
天河	0.7367	2	0.1337	1	0.4255	1	0.1775	3
黄埔	0.4163	3	0.0227	9	0.1743	6	0.2193	2
白云	0.3774	4	0.0650	3	0.1699	7	0.1425	4
海珠	0.3721	5	0.0620	4	0.2106	3	0.0995	7
番禺	0.3360	6	0.0434	6	0.2002	4	0.0925	9
荔湾	0.3349	7	0.0439	5	0.1930	5	0.0980	8
增城	0.1881	8	0.0212	10	0.0629	9	0.1039	5
花都	0.1806	9	0.0237	8	0.0662	8	0.0906	10
南沙	0.1574	10	0.0278	7	0.0293	10	0.1003	6
从化	0.0799	11	0.0159	11	0.0000	11	0.0639	11

表6-8 广州市行政辖区科技创新与城市服务互动耦合横向对比测度结果

行政区	科技创新综合评分	城市服务综合评分	耦合度	耦合协调度
天河	0.8134	0.7367	0.9988	0.8798
黄埔	0.7167	0.4163	0.9642	0.7390
番禺	0.3867	0.3360	0.9975	0.6004
海珠	0.2662	0.3721	0.9861	0.5610
白云	0.2134	0.3774	0.9607	0.5327
花都	0.2026	0.1806	0.9983	0.4373
南沙	0.2843	0.1574	0.9578	0.4599
越秀	0.1402	0.7502	0.7285	0.5695
荔湾	0.0662	0.3349	0.7423	0.3858
增城	0.0970	0.1881	0.9475	0.3675
从化	0.0293	0.0799	0.8865	0.2200

3) 结果分析

从城市服务水平综合评价结果来看,广州市11个市辖区可以分为三个梯队。越秀区、天河区位于第一梯队,综合评分在 0.75 分左右,远高于其他 9 个市辖区;广州开发区(黄埔区)、白云区、海珠区、番禺区、荔湾区位于第二梯队,综合评分总体在 0.30~0.40 分之间,处于中间水平;增城区、花都区、南沙区、从化区位于第三梯队,综合评分低于 0.20 分。广州开发区(黄埔区)位于第二梯队之首,综合评分为 0.4163 分,主要得益于公共服务的高评分表现,其中图书馆事业发展指数、国际学校数量位列广州市第一,每万人公园面积仅次于越秀区,位列广州市第二。

在"十三五"期间,广州开发区公共服务水平显著提高,教育事业优先发展,新增幼儿园 55 所,新开办学校 24 所,改扩建学校 52 所,新增学位 6.3 万个,优质教育资源快速集聚。医疗卫生体系也持续升级,新建、改扩建医院 9 家,新增三级医院 5 家,升级改造社区卫生服务中心 4 家,新增医疗床位 1550 张,知识城南方医院等一批高水平医疗设施成功落地。除此之外,还打造了图书馆、文化馆总分馆体系,建成分馆 84 个,公共文化服务能力明显提高。社区治理的"黄埔经验"获全市推广,获评"最幸福城市""企业家满意度最高的城市"。

从测度结果来看,广州市 11 个市辖区的科技创新与城市服务的互动耦合程度可以分为Ⅰ类、Ⅱ类、Ⅲ类三个等级类型,如图 6-12 所示。

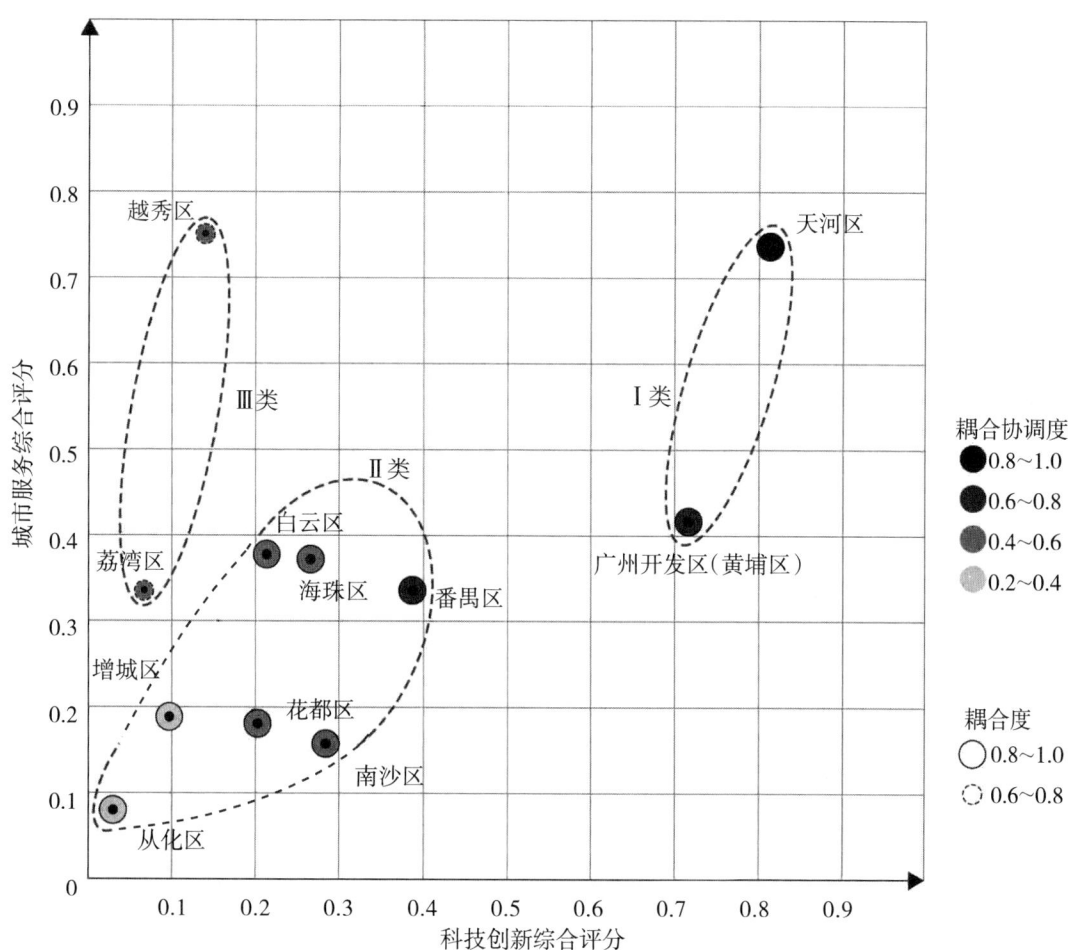

图 6-12 广州市行政辖区科技创新与城市服务耦合程度

Ⅰ类是高水平耦合区域，包括天河区、广州开发区（黄埔区），二者的科技创新成效和城市服务水平均处于中高水准，耦合度和耦合协调度测度值均处于高值区间。天河区科技创新综合评分位列第一、城市服务综合评分位列第二，呈现最高水平的互动耦合，广州开发区次之。

Ⅱ类为中低水平耦合区域，包括番禺区、海珠区、白云区、南沙区、花都区、增城区、从化区，其科技创新成效和城市服务水平均处于中低水准，耦合度测度值均处于高值区间，耦合协调度测度值均处于中低值区间。其中，从化区的科技创新、城市服务综合评分均排最后，耦合协调度测度值最低。

Ⅲ类为耦合程度较低区域，主要包括越秀区、荔湾区，二者的城市服务综合评分远高于科技创新综合评分，是耦合度数值低于0.8的行政区。

6.2.5 典型机理：双轮驱动的招才引智及创业

在广州开发区的田园调查中发现，双轮驱动的招才引智及创业是上述科技创新与城市服务耦合发展的典型机理。在2008年之前，广州开发区主要通过扶持创办企业来吸纳人才创新创业。2008年之后，随着三次创业对产城融合发展的推动，广州开发区开始制定实施各类人才政策，通过叠加保障人才生活来支撑创新创业人才集聚，由此形成双轮驱动的招才引智策略，这一转变是"科技创新—人才集聚—城市服务"逻辑的直接体现。

其中，自2008年以来实施的"领军人才计划"和自2015年以来实施的"创业英才计划"是典型代表。两项人才计划自实施以来，在吸纳人才数量、吸纳人才质量、科技创新质量上都取得了显著成效。

1．"领军人才计划"和"创业英才计划"的实施

二次创业以来，广州开发区开始积极吸纳人才创新创业。但在2008年之前，一直是单轮驱动，即以扶持创办企业为核心导向，通过税收优惠政策、政府基金奖励、供给免费空间或租金补贴、保障土地供应等扶持企业孵化和成长，以此来吸引创新创业人才的集聚。

例如，广州开发区2001年制定实施的《广州开发区鼓励在留学人员广州创业园兴办项目若干规定》，主要是针对创办企业的扶持，规定留学人员在留创园中兴办的企业可以享受如下扶持政策：经科技局审定为高新技术、技术含量高的项目，管委会给予科技扶持金奖励；管委会对进入留创园的高新技术孵化项目的厂房租金和物业管理费在一定期限内予以适当补贴；管委会对于需要生产性用地的高新技术项目，保障土地供应且可分期交付土地出让金；留学人员兴办的高新技术项目，经认定后可以优先推荐给广州市高新技术产业发展风险投资机构以争取各类专项资金或基金的扶持。

2008年之后，广州开发区管委会开始制定实施各类人才政策，通过叠加保障人才生活来支撑创新创业人才集聚。即通过保障人才居住、子女入学、文化体育、医疗保健等生活需求来支撑创新创业人才集聚，形成第二个驱动轮，如图6-13所示。这一转变直接反映了"科技创新—人才集聚—城市服务"的发展逻辑，是科技创新与城市服务互动耦合的典型机理。

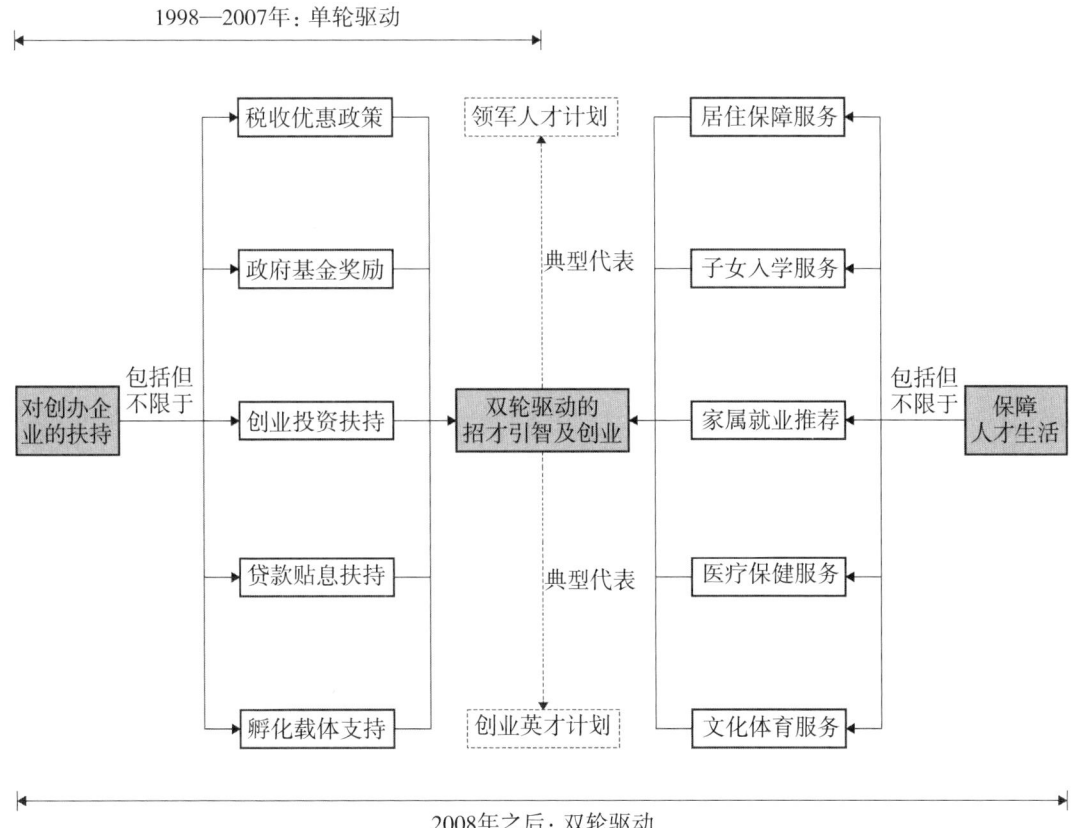

图 6-13　广州开发区双轮驱动的招才引智及创业分析

其中，自 2008 年以来实施的"领军人才计划"以及自 2016 年以来实施的"创业英才计划"是典型代表。例如，2008 年实施的《广州开发区吸引科技领军人才实施办法》，一方面，对科技领军人才创办的企业，提出项目启动资金扶持、项目配套资金扶持、创业投资扶持、项目贷款贴息扶持、创业补贴扶持、孵化载体支持等扶持政策；另一方面，对认定的领军人才，提出居住环境服务（安排免租公寓、提供一次性购房补贴等）、子女入学服务、本人及家属入户补贴、家属就业推荐、交通补贴服务、医疗保健服务（区内定点医院优先医疗服务、参照机关事业单位公费医疗等）、文化体育服务（区内定点运动健身场所免费）、个人荣誉认证等生活保障服务。

此后，广州开发区不断制定和实施各类人才政策，逐渐演化形成了领军人才、创业英才、海外尖端人才、"黄埔人才"四个系列的人才政策，如图 6-14 所示。

2. "领军人才计划"和"创业英才计划"的成效

广州开发区"领军人才计划"和"创业英才计划"自实施以来，在吸纳人才数量、吸纳人才质量、科技创新质量上都取得了显著成效。

第一，从吸纳人才数量上来看，自 2008 年实施"领军人才计划"以来，至 2020 年共引进领军人才 172 人；自 2016 年实施"创业英才计划"以来，至 2020 年共引进创业英才 181 人。广州开发区历年领军人才、创业英才人数如图 6-15 所示。

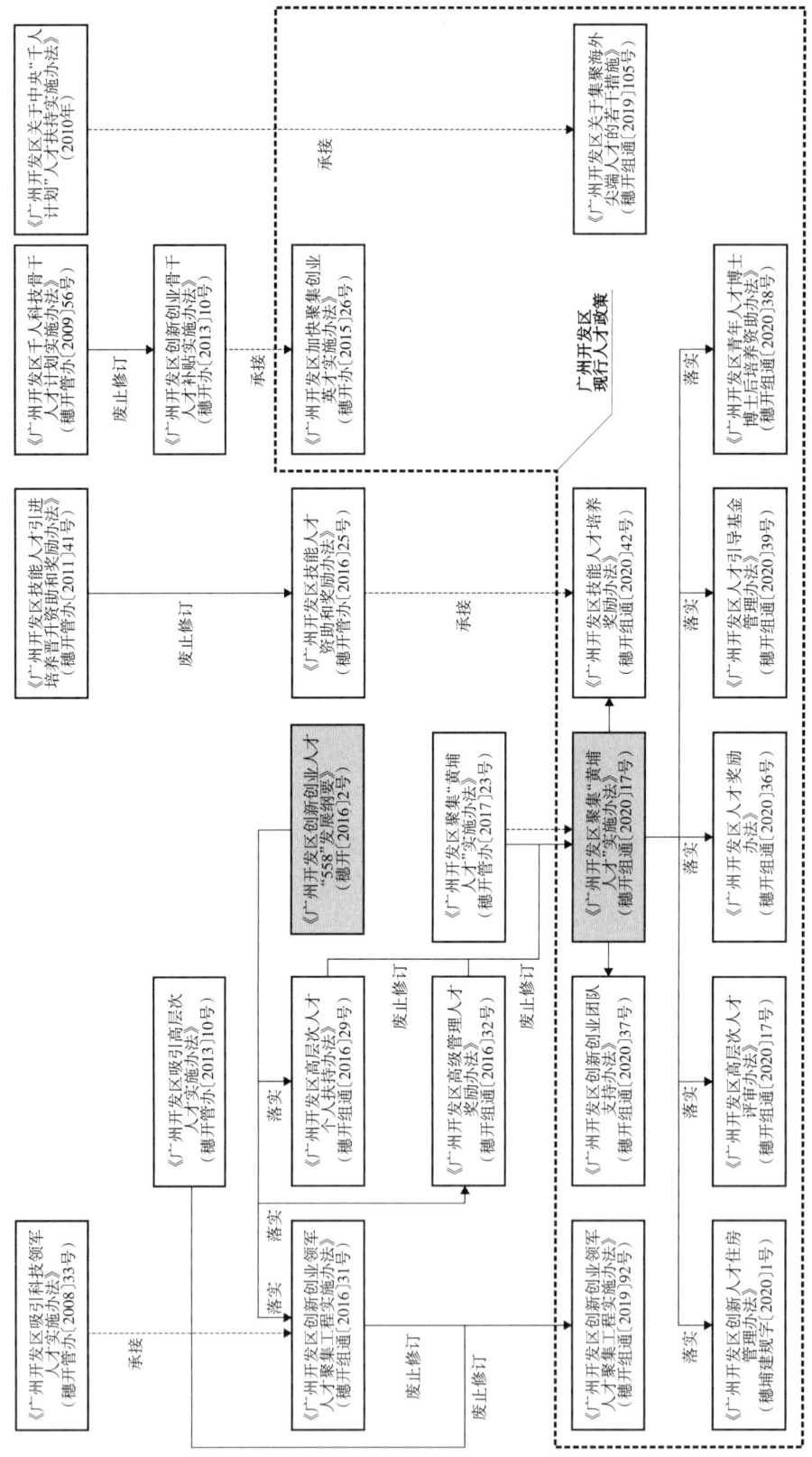

图6—14 广州开发区人才政策演变
(资料来源：广州开发区政策研究室)

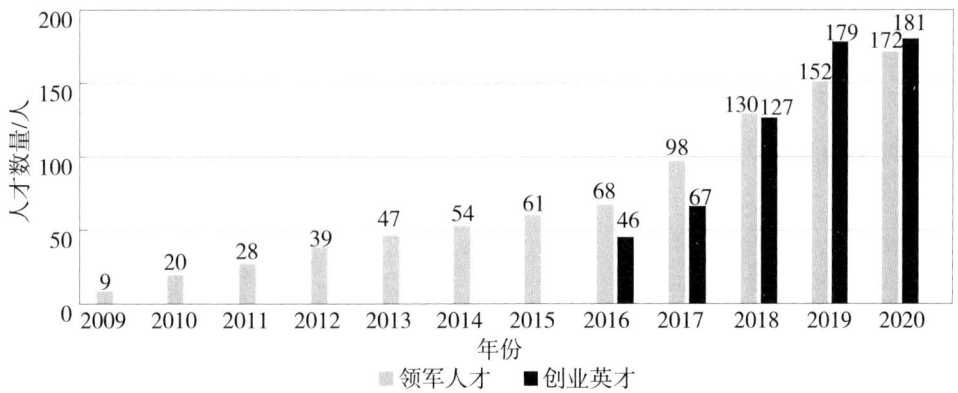

图 6-15 广州开发区历年领军人才、创业英才人数统计分析图

（数据来源：《广州开发区统计年鉴》）

第二，从吸纳人才质量上来看，"领军人才计划"和"创业英才计划"吸纳的主要是高层次人才。通过对从《广州开发区统计年鉴》以及《创新驱动——广州开发区领军人才》第Ⅰ、Ⅱ辑中获取的 126 名广州开发区领军人才的信息进行统计分析，可知在这 126 名领军人才中，博士以上学历人才的占比为 93%，有海外经历的人才的占比为 76%，引入前为企业高管、教授或研究员的占比为 92%，如图 6-16 所示。

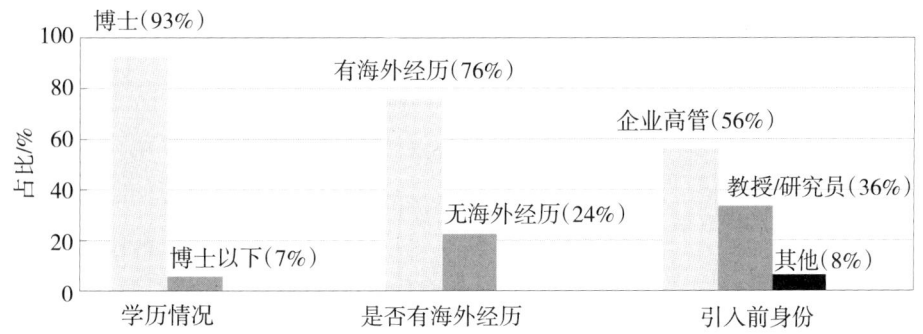

图 6-16 广州开发区历年领军人才构成分析

（资料来源：《广州开发区年鉴》和《创新驱动——广州开发区领军人才》第Ⅰ、Ⅱ辑）

第三，从科技创新质量上来看，"领军人才计划"和"创业英才计划"的实施带来了大量的源头创新方面的成果转化、前沿技术的自主研发，相较于模仿创新、集成创新等呈现出高水平特征。

【典型案例一】

梁纯教授是广州开发区吸纳的领军人才、优秀人才（A 类），于 2017 年在广州开发区与合伙人联合创立了恩康药业科技（广州）有限公司（以下简称"恩康药业"），以此为平台进行科研成果转化。

梁纯教授于 1982 年获中山大学化学学士学位，于 1988 年获美国迈阿密大学化学硕士学位，于 1993 年获美国布朗大学生物学博士学位，于 1993—1998 年在著名的美国冷泉港研究所从事博士后研究，于 1998 年加入香港科技大学，长年致力于 DNA 复制、细胞周期和癌症机理的研究。

梁纯教授经过多年的研究，发现了以DNA复制起始蛋白为靶标的抗癌机制，也就是通过抑制DNA复制起始蛋白使癌细胞增殖进入不可逆的死亡。他于2017年在广州开发区与合伙人联合创立恩康药业，以此为平台进行以DNA复制起始蛋白为靶标的全新抗癌药物研发。经过自主研发，他们从天然产物中筛选出了代号为EN002的药物。通过临床前的体外实验、裸鼠体内实验，证明了EN002可以在对正常细胞损伤较小的情况下使癌细胞凋亡，并且具有广谱抗癌的特性。该药物已经于2021年6月完成新药临床试验申报。

【典型案例二】

梁峻彬博士是广州开发区吸纳的创业英才，于2019年在广州开发区创立了广州瑞风生物科技有限公司（以下简称"瑞风生物"），聚焦于基因编辑疗法的自主研发。

梁峻彬博士毕业于中山大学，曾任职于深圳华大基因、广东省微生物研究所，于2012年与合伙人联合创办安诺优达基因（已成长为我国基因测序行业的头部企业），后于2019年来到广州开发区开始再次创业，聚焦于基因编辑疗法的自主研发。

基因编辑疗法经过近二十年的科学研究，逐渐完成了源头创新的积累并走向产业化阶段。瑞风生物正站在风口的前沿，是国内外基因编辑疗法研发的第一梯队。瑞风生物布局了血液系统、眼科遗传疾病以及肿瘤领域等多条管线，其中β-地中海贫血的基因编辑疗法进展最快，目前处于临床前试验阶段，已申请专利9项。

6.3 从产业园区到创新城区

广州开发区三次创业以来，城市规划的目标导向就是园区入城、产城融合。在全区规划层面，主要是布局新城、整合片区；在新城规划层面，从补强配套走向产城创协同，甚至是先城后产、先城后创。而由于开发区的区位条件改变，其最终由工业园区转变为产业新城，再进化为创新城区。

6.3.1 区位向城区跃升

广州开发区"政区合一"以来，区位条件从园区区位（城市边缘工业园区、中心城区边缘科技园区）向城区区位（城市副中心城区、两个新城区之一、纳入主城区）质变，推动产城融合从园区向城区转型升级。

第一，从广州市域空间格局来看。自21世纪以来，广州城市区域化加速推进。2000年，番禺和花都撤市设区；2005年，撤销东山区和芳村区，新设立南沙区和萝岗区；2014—2015年，增城和从化撤市设区，萝岗区和黄埔区合并为新黄埔区，广州市区面积由原来的1443.6平方千米扩展至7434.4平方千米，扩大了近五倍之多。广州通过"设区"将治理尺度上移，统筹了辖区的空间配置权，重构了空间格局，使得原来独立的县城、开发区演化为城市功能区（班鹏飞等，2018）。其中，广州开发区经历了两次行政划调整：①2005年，在广州开发区基础上成立了萝岗区；②2015年，萝岗区和黄埔区合并为新的黄埔区。正是在广州城市区域化进程中，广州开发区实现了从园区向城区的转型升级。

第二,从广州城市建设格局来看。21世纪以来,广州城市建设持续东进,以广州开发区为主体的东部地区逐渐与中心城区绵延为一体;同时,广州开发区南部区域的广州科学城、萝岗新城、东区及云埔工业区几大板块也绵延为一体。正因如此,在《广州市城市总体规划(2017—2035)》和《广州市国土空间总体规划(2018—2035)》中,广州开发区南部区域被划入主城区范围。加之 2016 年之后,地铁 6 号线、21 号线陆续开通,大大缩短了广州开发区与中心城区之间的时空距离。在此过程中,广州开发区的区位条件逐渐从园区区位向城区区位嬗变,如图6-17 所示。

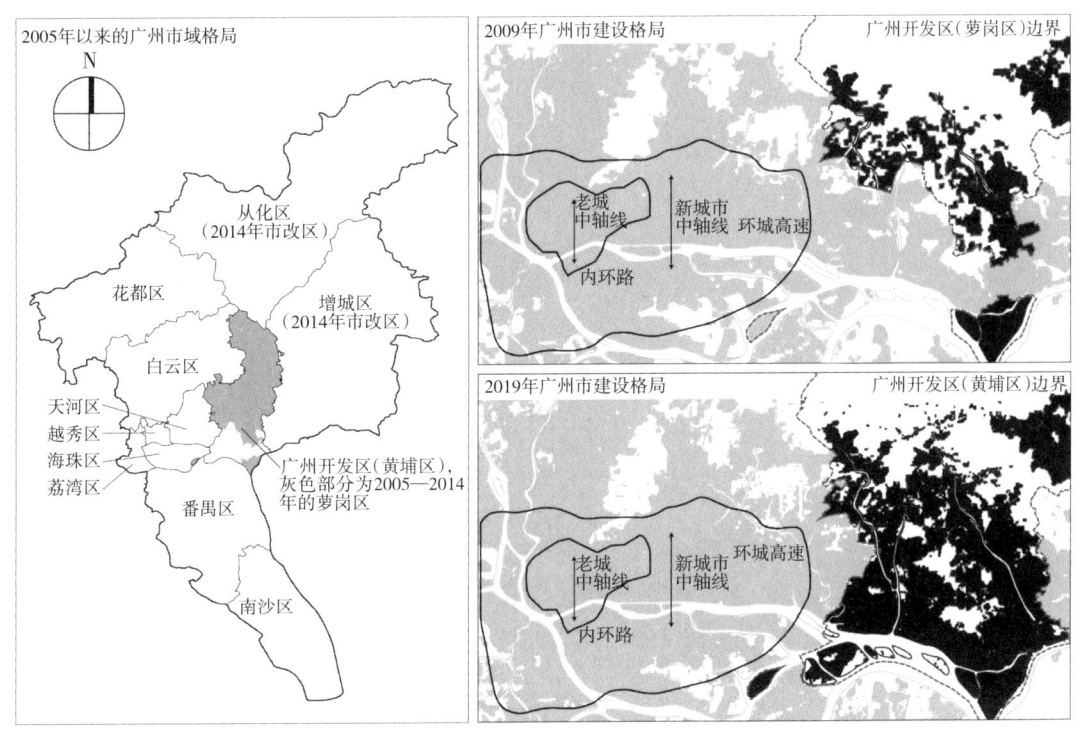

图 6-17 广州开发区"政区合一"以来的区位条件变迁

6.3.2 定位向创新城区升级

广州开发区自实行"政区合一"以来,一方面,延续工业园区、科技园区的空间发展路径;另一方面,持续地补强城市功能,形成了工业园区、科技园区与城市片区协同发展的空间格局。从产城融合的角度,现有研究提出的从工业园走向新城区,从产业园区到产业新城、综合城区等概念能够很好地对其空间演变进行概括(罗小龙等,2015;买静等,2011)。广州开发区从产业园区向创新城区的转型升级,契合布鲁斯·凯茨(Katz B)等提出的第三类创新城区的基本特征。

6.3.2.1 空间发展特征:园区与城区协同发展

1. 工业园区、科技园区与城市片区协同发展

在 2005 年成立萝岗区、实行"政区合一"时,广州开发区由西区、东区及云埔工业区、永和区三片工业园区和广州科学城一个科技园区组成。

2005—2014 年,广州开发区与萝岗区实行"政区合一"。2005 年,广州开发区启动了萝岗新城的开发建设。2008 年,广州开发区管委会迁至萝岗新城。2009 年,参照广州科学城的模式,广州开发区正式启动了广州国际生物岛(原名官洲岛,于 2000 年划归广州开发区代管,但一直未开发建设)的开发建设。2010 年,广州开发区启动了中新知识城的开发建设。

萝岗区撤销时,广州开发区形成了三片工业园区、两个科技园区、两个新城区协同发展的空间格局。2015 年,萝岗区与黄埔区合并成立新的黄埔区,将黄埔城区整合了进来,广州开发区在更大尺度上统筹园区与城区的协同发展,形成了三片工业园区、两个科技园区、三个城市片区协同发展的空间格局。此外,除了三个集中的城市片区外,广州开发区还通过插针式开发、TOD 站点开发、更新改造开发等在园区内部不断补强城市功能。

广州开发区的空间发展历程如图 6-18 所示。

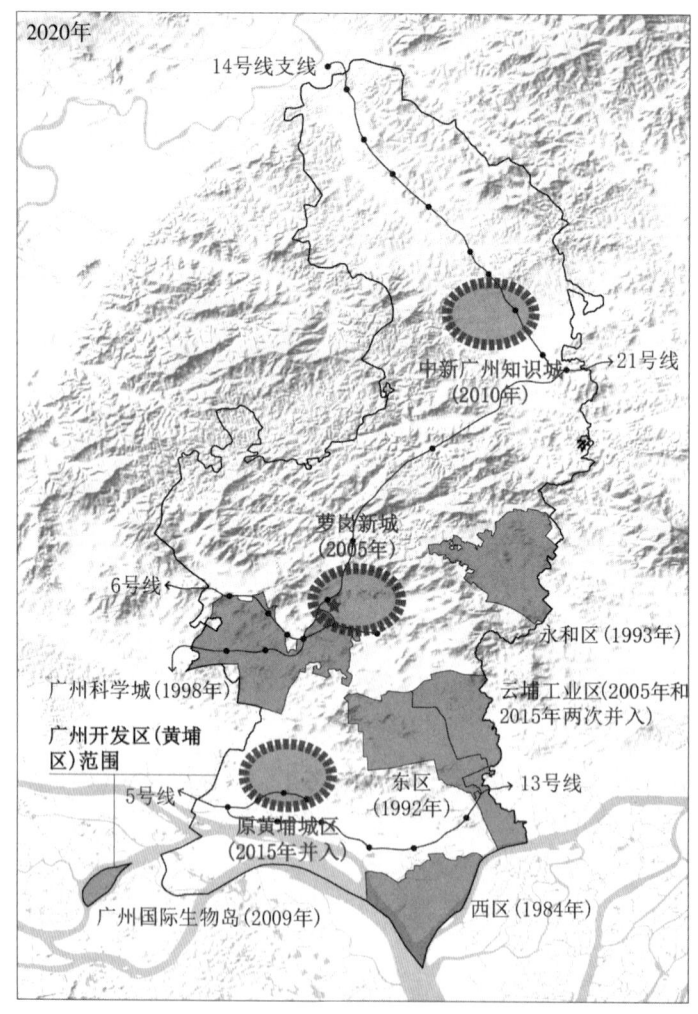

图 6-18 广州开发区实行"政区合一"以来(2005—2020 年)的空间发展历程
(资料来源:《广州开发区数字影像与规划图册》)

2. 整合片区、协同发展

2005年，在成立萝岗区、实施"政区合一"之后，广州开发区组织编制了《广州萝岗总体发展战略规划》。规划提出了"两心两轴、三片八区"的空间结构，"两心"指萝岗中心、西区中心，"两轴"指开发推进轴、空间整合轴，"三片"指南、中、北三片。空间发展思路是：第一，以两个中心整合区域整体空间结构；第二，将南、中、北三部分整合统一；第三，构建紧凑舒展的多中心网络结构，构建相对独立、平衡的发展组团，如图6-19（a）所示。

2007年编制的《萝岗区总体发展战略规划（2007）》则提出"一核两翼"的空间结构，一核是指以萝岗中心区、广州科学城为主体，两翼是指北翼的知识城和南翼的西区、东区、永和区三个产业组团，如图6-19（b）所示。

核心是通过"Y"字形主干路系统将各园区、新城整合串联起来，开发大道—开创大道、开泰大道连接西区—东区—萝岗新城—广州科学城，开发大道—永和大道—永龙大道—九龙大道连接西区—东区—永和区—中新知识城，开创大道、开泰大道—永和大道—永龙大道—九龙大道连接广州科学城—萝岗新城—永和区—中新知识城，如图6-19（c）所示。

2015年，广州开发区、萝岗区与黄埔区合并成立新的黄埔区后，广州开发区组织编制了《广州新黄埔发展战略规划纲要（2015—2030）》，提出"北拓、中聚、南优"的空间发展战略。一是北部拓展开发知识城板块，辐射带动镇龙等周边区域，吸引和培育高科技企业、创新型人才，打造知识经济新标杆。二是中部聚集整合科学城板块，以科学城为核心，整合长岭居、天鹿湖、东区、永和区、云埔工业区等片区，打造自主创新高地，聚集人口和公共服务。三是南部以临港经济区为核心，改变单一生产岸线，规划建设城市生活休闲、滨水景观及商务服务岸线，提升滨江活力与空间品质。并进一步提出了"三片、一心、多组团"的空间结构。

2016年，《广州开发区、黄埔区国民经济和社会发展第十三个五年规划纲要（2016—2020年）》延续了这一空间发展战略。2021年，《黄埔区、广州开发区国民经济和社会发展第十四个五年规划和2035年远景目标纲要》提出"一岸、双轴、三片"的空间发展战略：全面提升"一岸"，构建沿江产业带的"最强最美十千米"；通过"双轴"筑强广州高质量发展的创新脊梁，以创新大道为科技创新轴、以开放大道—开发大道为产业创新轴，串联产业组团、推动互联互通；从北到南推动知识城、科学城、黄埔港"三片区"互动发展。

《黄埔区国土空间总体规划（2021—2035年）》进一步提出"三城一岛"空间格局，强调推动科学城、知识城、海丝城、生物岛战略互动、空间互联、产业互补。其中，知识城建设具有全球影响力的国家知识中心，科学城建设科技创新中心，海丝城建设"一带一路"的新贸易创新中心，生物岛建设世界顶尖的生物医药研发中心。

广州开发区与黄埔区实行"政区合一"以来的空间发展战略如图6-20所示。

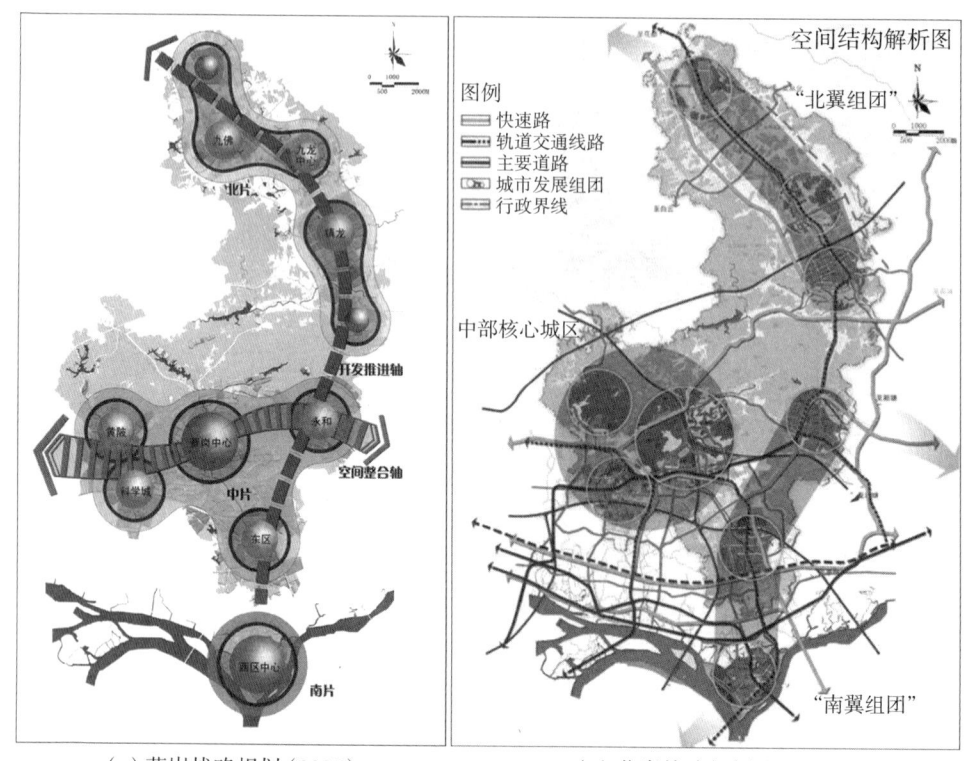

(a) 萝岗战略规划（2005）　　(b) 萝岗战略规划（2007）

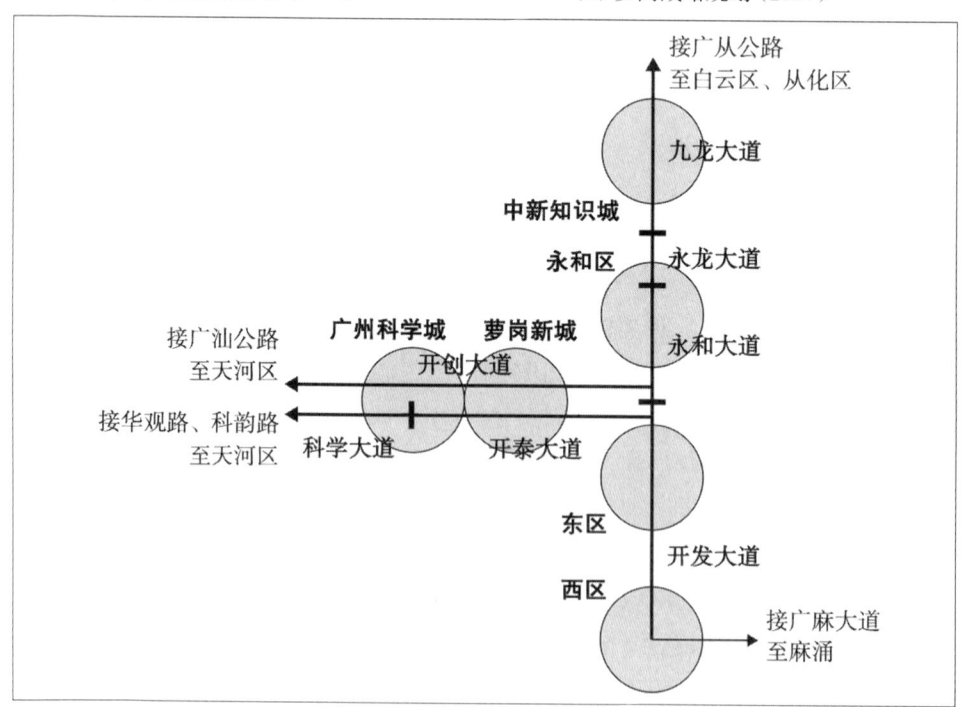

(c) 核心结构

图6-19　广州开发区与萝岗区"政区合一"时期（2005—2014年）的空间发展战略
（资料来源：广州开发区管委会）

第 6 章 广州开发区，从产业园区到创新城区

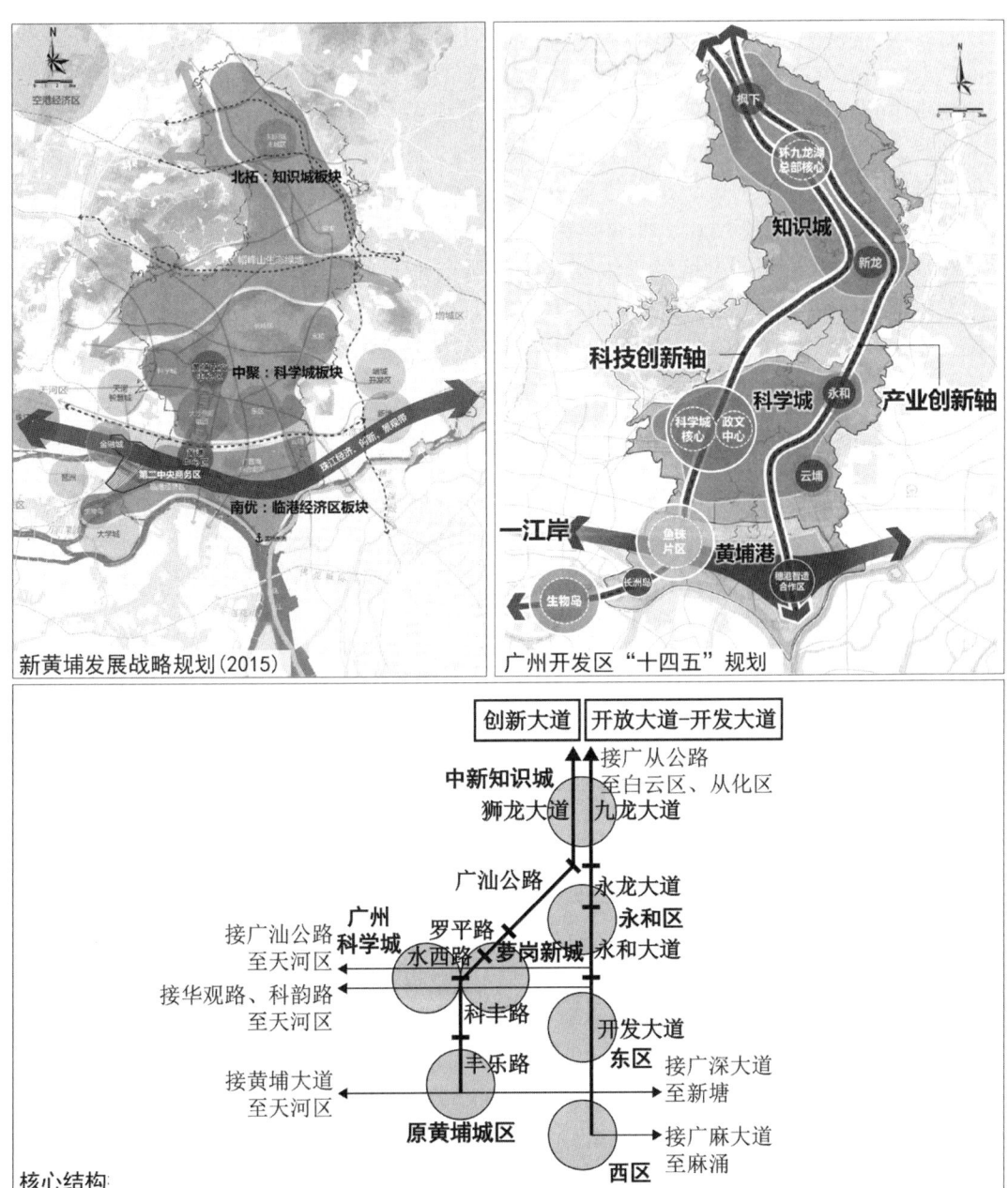

图 6-20 广州开发区与黄埔区实行"政区合一"以来（2015 年至今）的空间发展战略
（资料来源：规划图为广州开发区管委会提供）

6.3.2.2 建设创新城区

近年的广州开发区政府工作报告频繁将建设创新城区作为发展目标。如2018年的政府工作报告提出了"完善城市功能，提升城市形态，建设国际化智慧创新城区"的目标任务，2021年的政府工作报告提出了"城市功能加快升级，城市内涵更加丰富，全面建成粤港澳大湾区多元文化交流示范区、国际化创新城区"等工作目标。广州开发区近年的各类规划中也频繁提出建设创新城区。2021年，《黄埔区、广州开发区国民经济和社会发展第十四个五年规划和2035年远景目标纲要》提出"完善现代城市功能，打造高水平国际化创新城区"的发展目标，包括促进城市交通均衡协调发展、打造城市有机更新引擎样板、塑造人文活力城市新名片、推动城乡融合和乡村振兴四项策略。

2021年8月，广州开发区组织编制《决胜城市化下半场——广州开发区创新城区高质量发展战略研究》，提出"成为世界一流的国际化、智慧化、生态化创新城区"的战略定位。广州开发区从单一功能区到两区融合发展的历程中，创新城区是新时代广州开发区发展的全新坐标指向（李耀尧等，2018）。

6.3.3 创新城区刻画：广州科学城—萝岗新城

以专利数据落点表征科技创新、以城市服务设施落点表征城市服务，通过二者叠合对广州开发区的创新城区进行刻画，结果显示：在广州科学城—萝岗新城地区，科技创新与城市服务相伴成片、融合发展，形成连片创新城区，是广州开发区创新城区的集中分布。

6.3.3.1 广州开发区创新城区的刻画

1. 创新城区刻画方法的构建

本书构建的创新城区刻画方法的基本技术路线是：以专利落点表征科技创新、以城市服务设施落点表征城市服务，将广州开发区划分成500m×500m的网格，分别对网格内的专利落点、城市服务设施落点进行计数，通过二者叠合来刻画创新城区，如图6-21所示。

第一步是数据获取与数据库构建。第一，如本书的3.4.1中所述，本书利用"国家知识产权局政务服务平台"的发明专利数据构建了广州开发区专利落点地理数据库，并按500m×500m的网格进行计数。第二，通过高德地图开放平台获取广州开发区各类型设施网点POI数据，从中筛选出餐饮服务（中餐厅、西餐厅、咖啡厅等）、购物服务（商场、超市、便利店等）、住宿服务、金融服务、交通站点5类数据来表征城市服务，通过坐标转换、坐标投影后同样按500m×500m的网格进行计数。

第二步，进行标准化处理。将专利落点计数定义为图层一，将城市服务设施落点计数定义为图层二，分别计算出二者有效值（非零值）的平均数，将图层一中大于其有效值平均数的网格标记为红色，将图层二中大于其有效值平均数的网格标记为黄色，而小于平均数的网格则都标记为白色。

第三步，进行叠合刻画。叠合刻画规则为：图层一中的红色网格与图层二中的黄色网格叠加后计为橙色，是科技创新与城市服务高—高集聚区；图层一中的红色网格与图层二中的白色网格叠加后计为红色，是单纯科技创新集聚区；图层一中的白色网格与图层二中的黄色网格叠加后计为黄色，是单纯城市服务集聚区；图层一中的白色网格与图层二中的白色网格叠加后计为白色，是科技创新与城市服务低—低集聚区或空白区。

第 6 章　广州开发区，从产业园区到创新城区

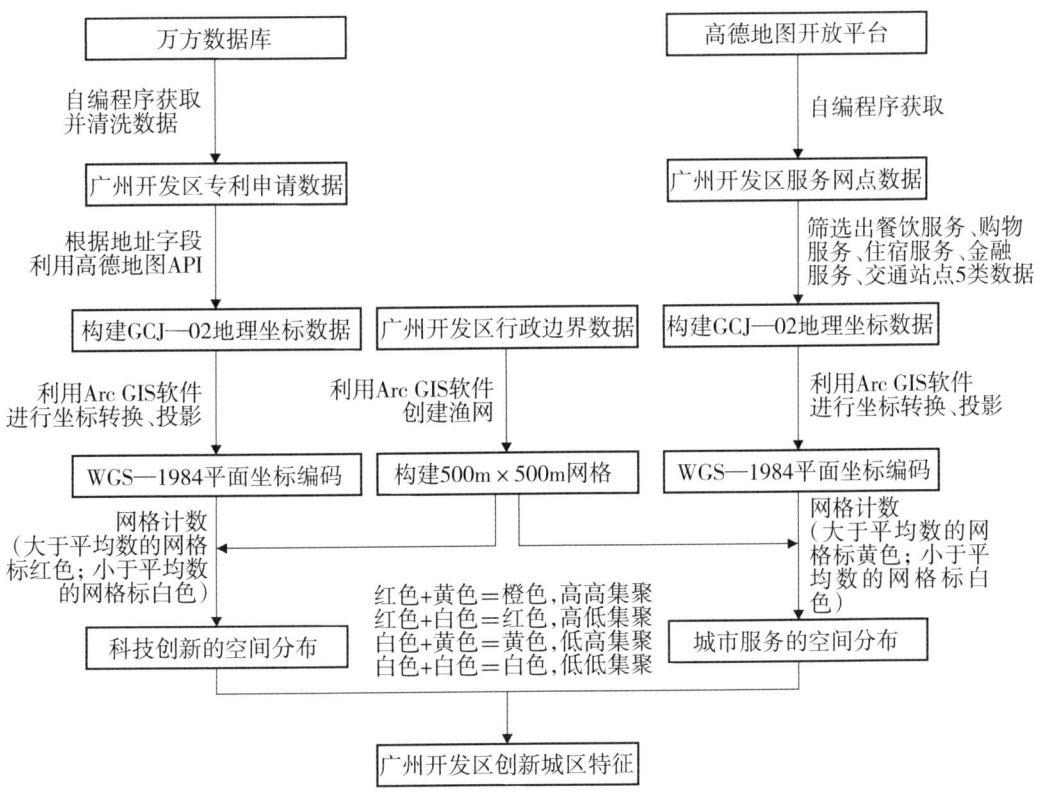

图 6-21　广州开发区创新城区识别的技术路线

2. 刻画结果：广州科学城—萝岗新城形成连片创新城区

广州开发区创新城区的刻画结果如图 6-22 所示。

第一，从广州开发区专利落点的空间分布来看，专利落点高度集聚在广州科学城及其东部地区，这与本书第 5 章中所分析的高新技术企业空间分布特征、瞪羚企业空间分布特征、孵化载体的空间分布特征是一致的。

第二，从广州开发区城市服务设施落点的空间分布来看，形成了两个区级服务集中区、多个街道级服务中心的两级格局。首先，城市服务设施落点在萝岗新城、原黄埔城区连片集聚，形成了两个区级城市服务集中区；其次，在穗东街道、南岗街道、永和街道、云埔街道东区社区、云埔街道南村社区、联和街道、长洲街道、夏港街道（也就是西区）、中新知识城等处形成了多个街道级服务中心。

最后，从专利落点和城市服务设施落点的叠加结果来看，在广州科学城—萝岗新城地区，科技创新与城市服务相伴成片、融合发展，形成了连片创新城区，是广州开发区创新城区的集中分布。

在广州科学城，一方面延续了科技园区的开发建设模式，不断地建设新的孵化载体，以承载更多的创新创业活动；另一方面通过插针式开发、TOD 站点开发、更新改造开发等方式补强城市功能。更为主要的是，在萝岗中心区开发建设新城，功能构成与用地配比呈现"行政中心＋公共服务设施＋商业服务设施＋居住区"的特征，如图 6-23 所示。总体上来说，其发展路径是先建设科技园区、后补强城市功能。

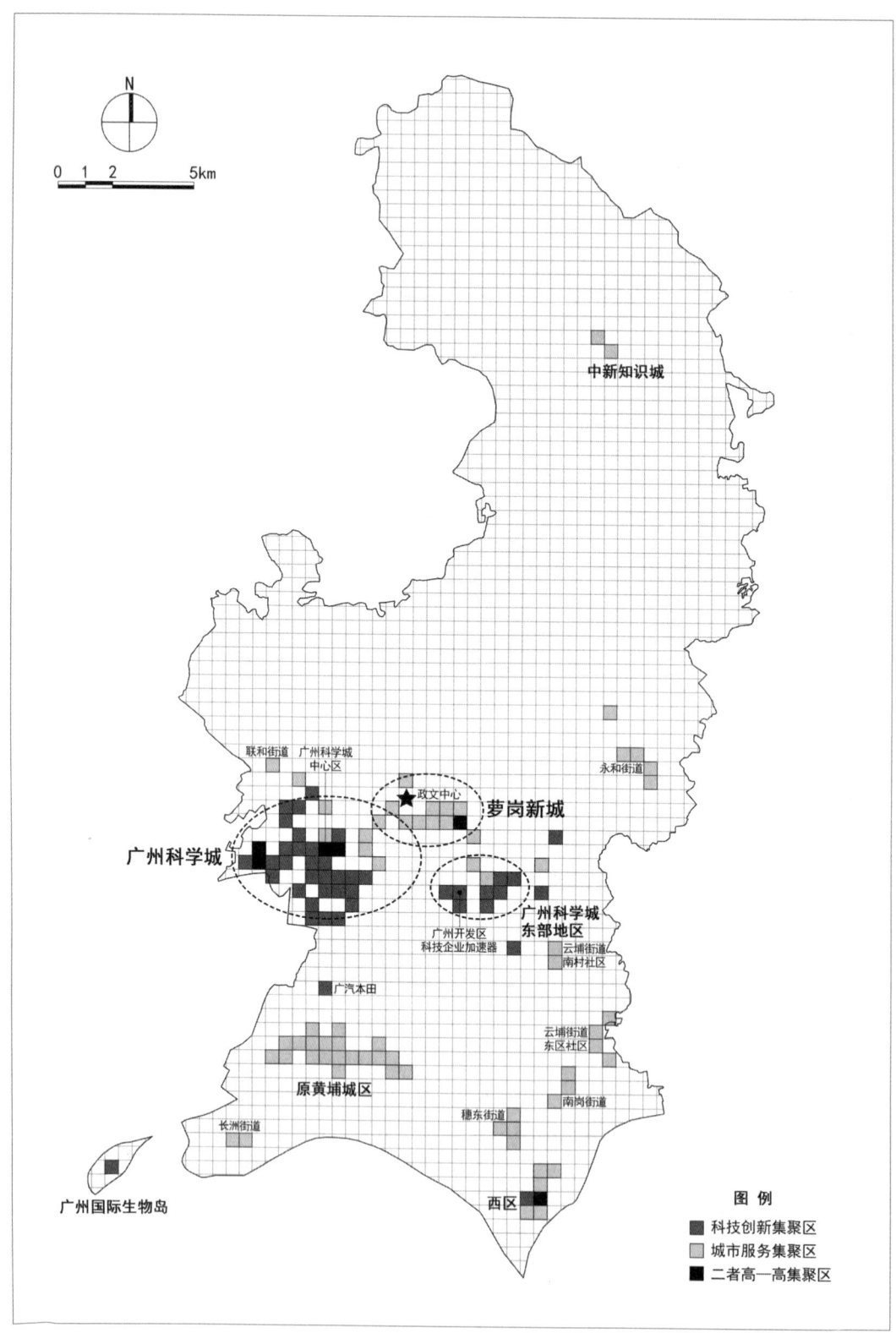

图 6-22 广州开发区创新城区的刻画：广州科学城—萝岗新城形成连片创新城区

第6章 广州开发区,从产业园区到创新城区

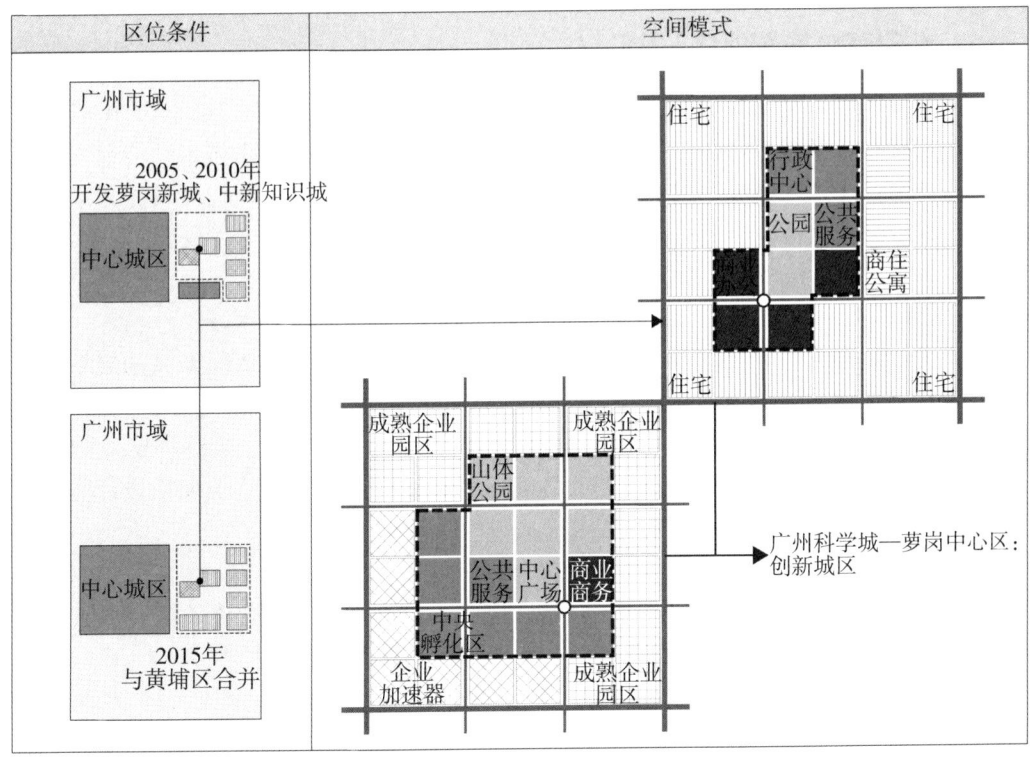

图6-23 广州科学城—萝岗新城的空间模式

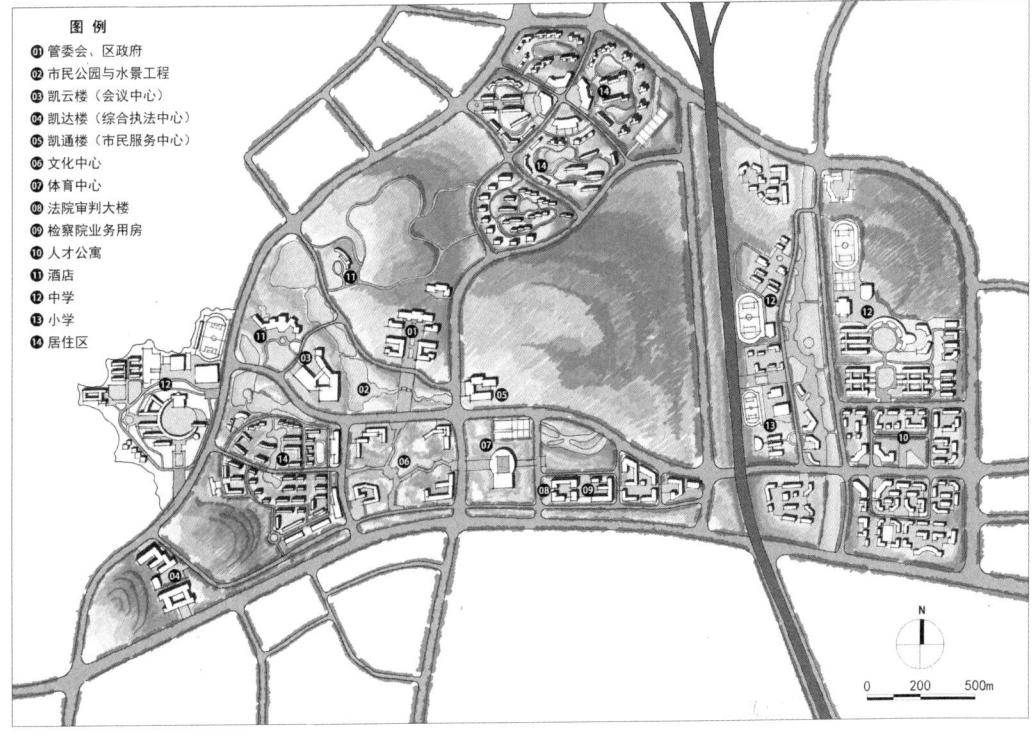

图6-24 萝岗新城城市设计国际竞赛深化成果

6.3.4 支撑机制:补强配套、服务人才

广州开发区总体上是"先产后城、先创后城"的空间发展路径,自2005年启动三次创业以来,持续补强城市功能。一方面,开发建设新城区,这是补强城市功能最主要的路径;另一方面,在园区内部通过插针式开发、TOD站点开发、更新改造开发等方式补强城市功能。通过补强配套、服务人才来支撑科技创新与城市服务的耦合发展。

6.3.4.1 最主要路径:新城开发

1. 萝岗新城

2005年,广州开发区与萝岗区实行"政区合一",随后启动了萝岗新城的规划与开发建设。2005年7月,广州开发区组织开展了"萝岗新城城市设计国际竞赛咨询",划定开创大道以北、水西环路以南4.12平方千米用地作为城市设计范围。最终评定英国合乐集团的方案为优胜方案,并在此基础上进行深化调整,从而形成了最终的城市设计方案,如图6-24所示,此方案也奠定了萝岗新城的基本空间格局。

萝岗新城主要规划布局三类城市功能设施。

一是行政办公设施,包括行政中心、凯云楼(会议中心)、凯达楼(综合执法中心)、凯通楼(市民服务中心)、法院审判大楼、检察院业务用房及人防大楼等。

二是公共服务设施,包括综合医院(现中山三院岭南医院)、市民公园、文化中心、体育中心、中学、小学等。

三是居住区及商业服务设施。该城市功能的设计布局旨在通过搬迁行政中心带动新城的开发建设,补强城市服务、生活配套。

2010年广州亚运会排球比赛场馆选址在萝岗新城,进而带来了相关设施的建设动力;在亚运会的带动下,广州的房地产价值水涨船高(李一洲,2019),房地产市场的繁荣无疑给萝岗新城的开发建设注入了一针"强心剂"。

如今,萝岗新城已经成为广州开发区的行政文化中心、城市服务高地。

2. 中新知识城

相较于萝岗新城,中新知识城在前期规划中就秉持产城创协同的理念,实际开发过程中甚至是先城后产、先城后创。一方面,这是在过去产城失衡经验基础上的提升;另一方面,也不乏房地产兴盛的驱动。同时,广州开发区的财政实力已经远超从前,可以支撑起超前的基础建设,不再需要遵循过去"开发一片、建成一片、收益一片"的滚动开发思路。

2010年,广州开发区启动了中新知识城的开发建设。中新知识城是广东省和新加坡政府共同倡导创立的广东经济转型样板。2010年6月30日,中新知识城奠基,目标是要建设产城融合的新型现代化城区。

一方面,规划布局传统产业园区,并且已经引进了宝洁第二工厂、小鹏汽车黄埔工厂、百济神州生物制药等项目;另一方面,规划布局创新"锚点",以期形成"锚点带动",如2015年成立的中新国际联合研究院、2019年成立的广东粤港澳大湾区国家纳米科技创新研究院、2020年成立的西安电子科技大学广州研究院、2021年筹建的黄埔大学等。

目前,广州地铁14号线知识城支线已经建成通车,南起步区已经渐成雏形,凤凰湖、中山大学附属肿瘤医院、广州实验中学、新桥学校、凤凰湖小学等一批公共服务设施已经建成,万科、时代、绿地、合景等多个房地产项目以及绿地缤纷城等商业服务设施也已经建成。

6.3.4.2 插针式开发、TOD 站点开发、更新改造开发

1. 插针式开发：边坡地开发、变更规划开发、腾退再开发

插针式开发是指通过园区内丘陵边坡土地（原规划为非建设用地）开发利用、规划建设用地变更规划、已出让用地腾退再开发等方式进行插针式开发。

在广州科学城，最初的规划建设主要是注重空间品质和环境保护，并未充分考虑城市功能的配套。2005 年成立萝岗区之后，广州开发区一方面开发建设萝岗新城，另一方面在广州科学城插针式补充一些城市服务设施。最初因注重环境保护而保留下来的大面积的丘陵山体为插针式开发提供了空间；同时，这种插针式开发又与 TOD 站点开发、更新改造开发叠加协同。

2005 年以来，广州开发区在广州科学城插针式开发了广州科学城美国人学校、广州日本人学校、国际网球中心、广州国际羽毛球训练中心、广州翡翠希尔顿酒店、万达广场、绿地中央广场等一系列城市服务设施，如图 6-25 所示。

2. TOD 站点开发：地铁 6 号线、21 号线开通的带动

TOD 站点开发是指近年来围绕地铁站点进行的 TOD 商业综合体开发，是广州开发区商业服务设施的重要组成部分。随着广州地铁 6 号线、21 号线在广州开发区的开通，广州开发区在地铁沿线 TOD 开发了多个商业商务综合体，如图 6-26 所示。

广州地铁 6 号线于 2016 年 12 月 28 日开通运营二期工程（长湴站至香雪站），在广州开发区设有黄陂、金峰、暹岗、苏元、萝岗、香雪六个站点，线路由西向东经由广州科学城北部至萝岗新城南部。广州地铁 21 号线于 2018 年 12 月 28 日开通运营首通段工程（镇龙西站至增城广场站），于 2019 年 12 月 20 日开通后通段工程（员村站至镇龙西站），在广州开发区设有神舟路、科学城、苏元、水西、长平、金坑、镇龙西、镇龙八个站点，线路由西南向东北串联起广州科学城、萝岗新城和中新知识城南部。

从 2013 年左右开始，广州开发区围绕地铁站点 TOD 开发出让了一批商业商务用地，如苏元站的万达广场（2013 年购地、2015 年建成）、香雪站的奥园广场和锐丰广场（2013 年购地、2017 年建成），以及结合旧村改造实施的暹岗站的大壮映日广场，该广场是暹岗村改造的留用地开发项目，还有腾退工业用地再开发的神舟路站的绿地中央广场（2013 年购地、2016 年建成），该用地是广州科学城建设初期出让给光宝电子的工业用地，地铁站点的规划带来土地价值的跃升，通过腾退工业用地将神舟路站西南侧 10.12 公顷的土地出转为商业商务用地，并将其开发成绿地中央广场。

3. 更新改造开发：以暹岗村改造为例

更新改造开发是指通过旧村改造、腾退的工业用地再开发等方式来补强城市功能。其中，暹岗村的改造是典型代表。

暹岗村位于广州科学城核心区，于 2010 年启动改造工作，于 2011 年与大壮集团签订《暹岗社区"三旧改造"合作意向书》，于 2015 年与大壮集团签订《暹岗社区"三旧改造"合同书》，于 2017 年启动了一期改造。至 2020 年，已经完成一期复建区、一期融资区（大壮名城）、配建九年一贯制学校的建设以及大壮国际广场的开发建设，且已经启动二期改造项目，正在开发建设大壮映日广场、大壮揽月广场两个商业商务综合体。其中，大壮映日广场位于开创大道以南、科学大道以东，紧邻暹岗地铁站；大壮揽月广场位于开泰大道以北、揽月路以东，位于广州科学城中轴线旁。暹岗村的改造情况如图 6-27 所示。

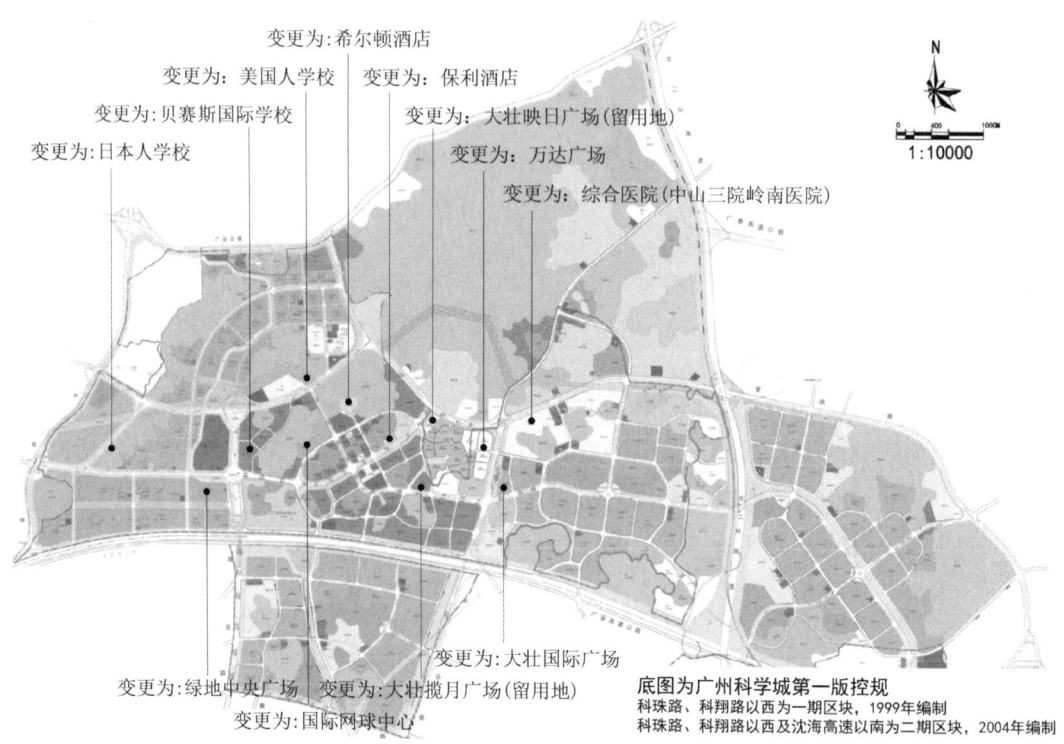

图6-25　广州科学城插针式补充城市服务项目一览图

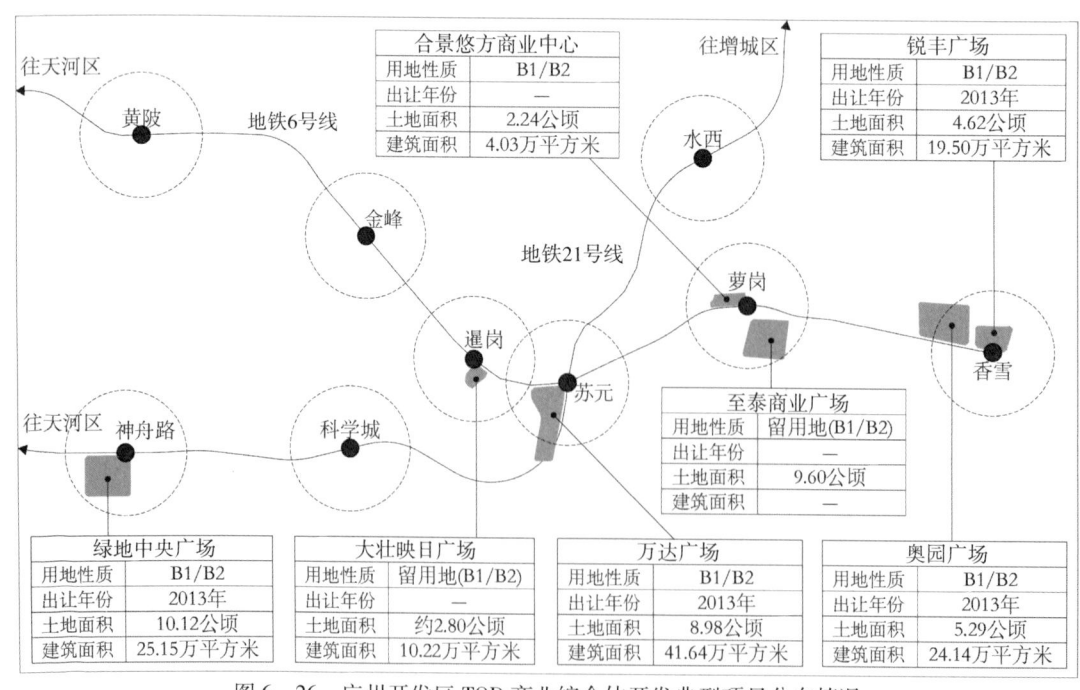

图6-26　广州开发区TOD商业综合体开发典型项目分布情况

（资料来源：广州市住房和城乡建设局房地产项目信息查询系统）

第 6 章 广州开发区，从产业园区到创新城区

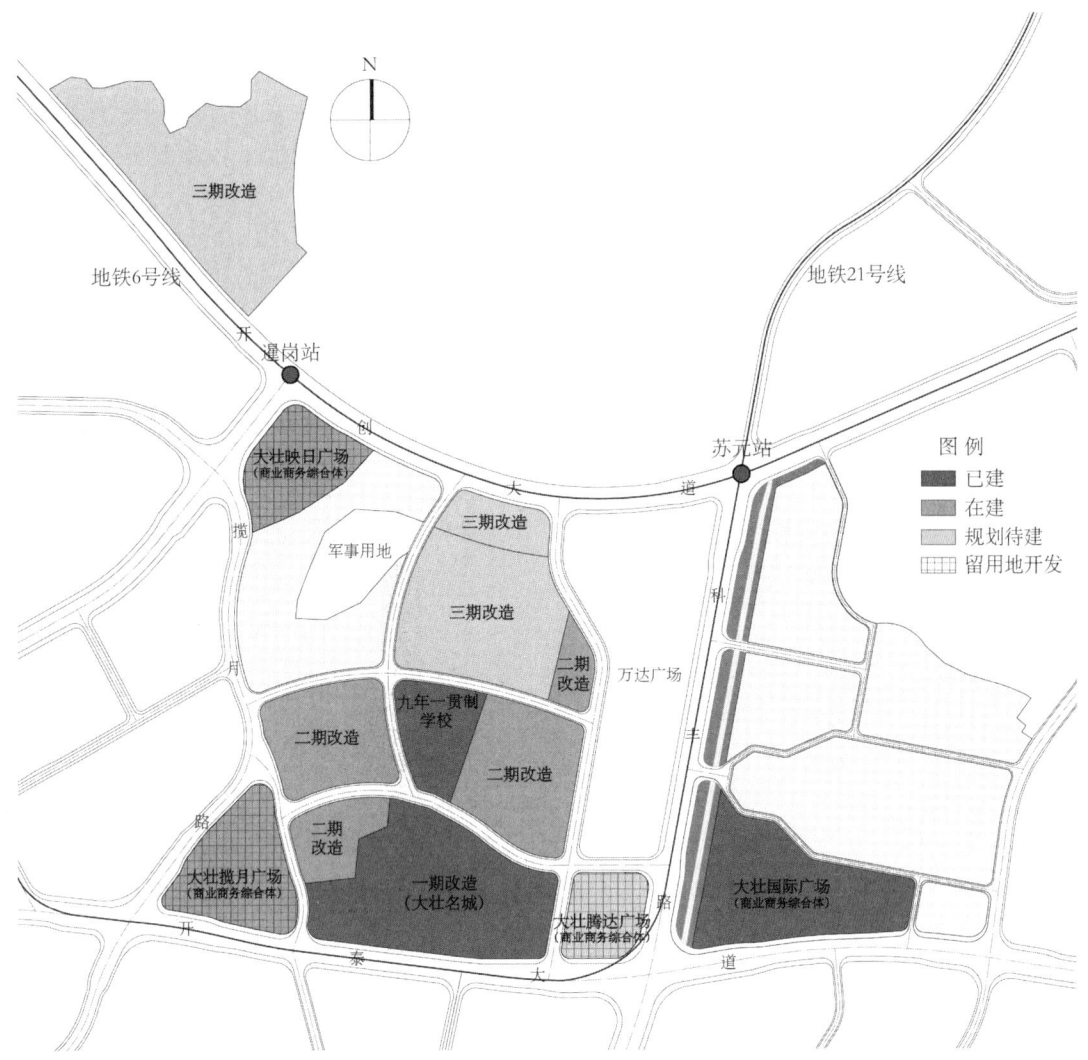

图 6-27 暹岗村改造及留用地开发项目一览

6.4 小结：产城融合，形成科技创新与城市服务耦合发展

2005 年，广州开发区变身萝岗区，实行"政区合一"，形成了科技创新与城市服务耦合发展的科创转型的复合路径。产城融合的目标是"科技创新—人才集聚—城市服务"的互动耦合。一方面，科技创新推动产业发展，产业发展吸纳人才集聚，人才集聚带来城市服务需求，遵循"产兴人、人兴城"的发展逻辑；另一方面，城市服务提升支撑人才集聚，人才集聚推动科技创新，科技创新推动产业发展，遵循"城兴人、人兴产"的发展逻辑。

双轮驱动的招才引智及创业是科技创新与城市服务耦合发展的典型机理。广州开发区在 2008 年之前主要通过扶持创办企业来吸纳人才创新创业，之后开始制定实施各类人才政策，通过叠加保障人才生活来支撑人才集聚。这一转变是"科技创新—人才集聚—城市

服务"逻辑的直接体现。其中,"领军人才计划"和"创业英才计划"是典型代表,二者在吸纳人才数量、吸纳人才质量、科技创新质量上均取得显著成效。

本书利用耦合协调度模型,通过纵向、横向对比对广州开发区科技创新和城市服务的耦合程度进行测度,结果显示:在广州开发区,二者的耦合程度经历了从低水平到高水平的逐步跃升,在2005—2015年期间,二者相伴逐年稳步提升;2015年之后,二者的提升速度均显著加快。而与广州其他市辖区相比,广州开发区的耦合程度已属于Ⅰ类高水平耦合区域,耦合水平仅次于天河区。

广州开发区空间演变呈现从产业园区向创新城区转型升级的态势,在广州科学城—萝岗新城,科技创新与城市服务相伴成片、融合发展,形成了连片创新城区,契合布鲁斯·凯茨等提出的第三种创新城区(urbanized science park)的基本特征。广州开发区总体遵循"先产后城、先创后城"的空间发展路径,自2005年启动三次创业以来,持续补强城市功能。一方面开发建设新城区,这是补强城市功能的最主要路径;另一方面在园区内部通过插针式开发、TOD站点开发、更新改造开发等补强城市功能。通过补强配套、服务人才来支撑科技创新与城市服务的耦合发展。

第7章 制内市场创新模式

广州开发区从一次创业的外源型工业园区起步，以二次创业为起点，开启了科创转型的直接路径——科技型中小企业孵化及再孵化，启动广州科学城建设，从工业园区向科技园区转型。自三次创业以来，又叠合了科创转型的复合路径——科技创新与城市服务耦合发展，毗邻广州科学城建设萝岗新城，推动产城融合；随着萝岗区与黄埔区的合并，新黄埔区的区位、环境及配套的跃升进一步推动了科创转型，实现了从产业园区向创新城区的转型升级。广州开发区的科创转型路径及空间响应特征如图7-1所示。

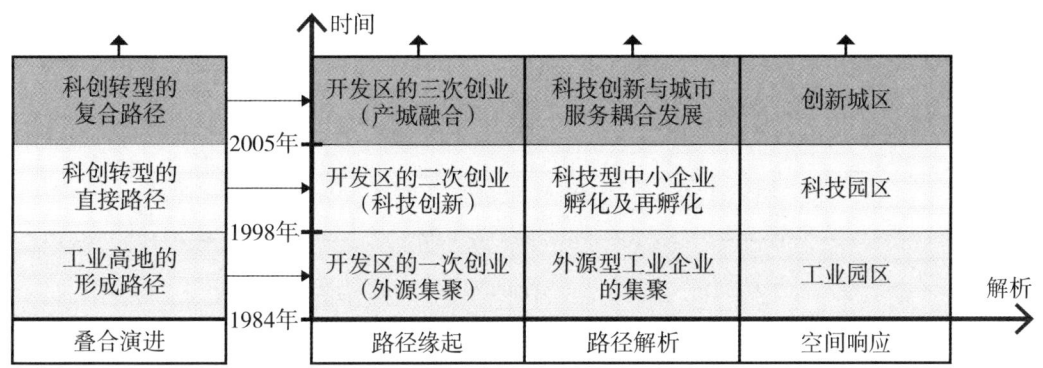

图7-1 广州开发区科创转型路径及空间响应特征总结分析

7.1 广州开发区的科创转型及空间响应

7.1.1 核心机理：孵化及再孵化下形成马歇尔产业区

自二次创业以来，以吸纳留学人员创业为起点，广州开发区逐渐探索形成了一条科技型中小企业孵化及再孵化的科技创新路径，科技型中小企业成为科技创新的绝对主体，即所谓"中小企业能办大事"。

广州开发区以区内孵化的科技型中小企业为主体，演化形成了政策链、孵化链、合作链、交流链、融资链等多个面向的本地化根植链，呈现出马歇尔产业区的基本特征，同时又嵌入到"全球—地方"的多尺度网络之中。

这些孵化成功的企业又普遍再孵化出新的企业，主要通过衍生创业、内生孵化、外延孵化、孵化器孵化四条典型路径进行再孵化。

7.1.2 转型路径：财政接力、产城创互促

广州开发区从以外源集聚为核心的外延式发展起步，以二次创业为起点，由广州科学

城开启了科创转型的历程,推动科技型中小企业孵化及再孵化;自三次创业以来,毗邻广州科学城建设萝岗新城,随后萝岗区和黄埔区合并,叠合科技创新与城市服务的耦合,获取了城市土地财政。

一次创业、二次创业、三次创业叠合演进,广州开发区三条路径互动关联,形成财政接力、产城创互促,进而推动科技创新,实现良性循环。广州开发区科创转型路径的互动机理如图7-2、图7-3所示。

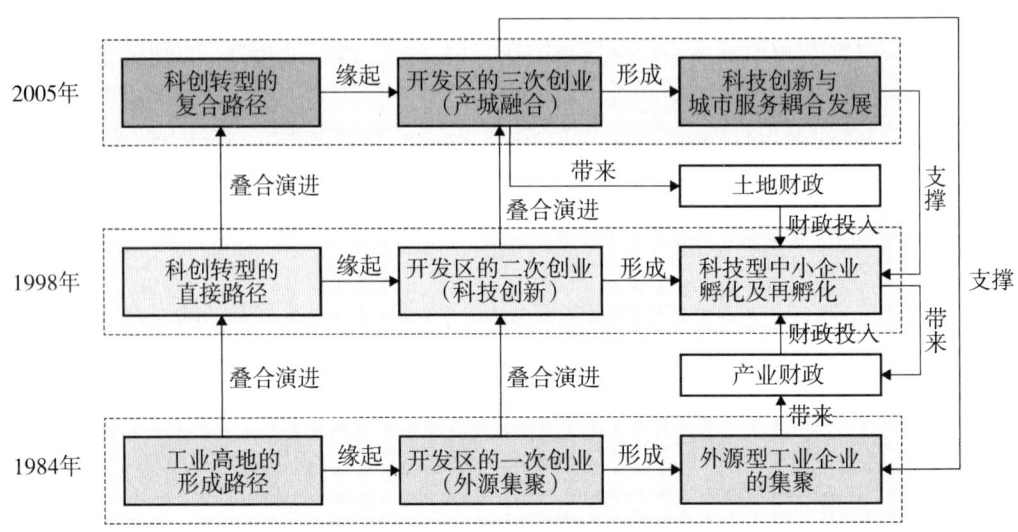

图7-2 广州开发区科创转型路径机理总结分析

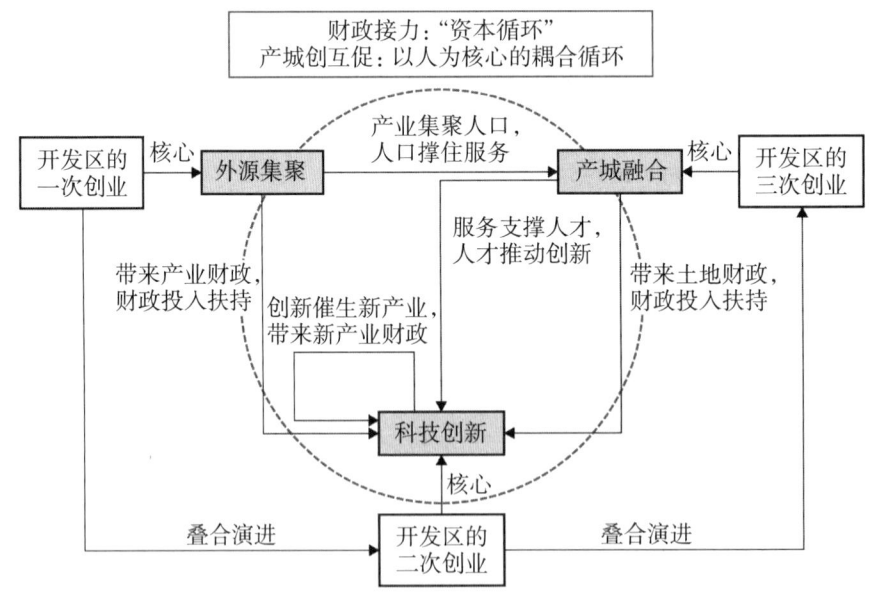

图7-3 广州开发区科创转型路径的互动机理:财政接力、产城创互促

财政接力的逻辑在于"资本循环":一次创业以来的外源集聚带来产业财政累积,为二次创业启动科创转型提供了初始资本,三次创业以来的城市开发又形成了土地财政,财政的双路径增加了财政收入,财政投入扶持科技创新,科技创新又催生新的产业,进而带

来新的产业财政。

产城创互促的逻辑在于以人为核心的耦合循环：一次创业以外源型工业园区起步；随着二次创业启动科创转型而开发了广州科学城，但是单一的产业园区发展造成了产城关系的失衡；三次创业以来推动产城融合发展，科技创新与城市服务耦合发展形成"产—人—城"的内在逻辑，进一步催生了"科技创新—人才集聚—城市服务"的互动耦合——外源集聚带来了产业人口，产业人口撑住了城市服务，城市服务拉动了人才集聚，人才集聚推动了科技创新，科技创新催生出新的产业，如此实现良性循环。

外源集聚也会通过技术人员创业、产业链向前后端等方式带来直接的技术溢出，前者如拓瑞科技、锐嘉包装设备等（见本书5.2.3），后者如达意隆包装机械的技术创新与升级过程（见本书5.2.5）。

7.1.3 空间响应：从产业园区向创新城区演化

1. 宏观层面：从产业园区向创新城区转型升级

广州开发区一次创业时期，形成了以外源产业集聚为特征的外延式发展路径，空间上从城市边缘工业区位的西区起步，之后扩张至东区、永和区。其空间模式为城市边缘三片独立的外源型工业园区，依赖熟地低价供给、村庄提供生活配套的开发模式，给外资企业落户提供了低成本空间支撑。

科创转型的直接路径：以二次创业为起点，在工业园区建设广州科学城，开启科创转型历程。区别于西区、东区、永和区的工业园区模式，广州科学城的空间模式是中心城区边缘的高品质生态型科技园区，以高新技术产业为主导，形成大量孵化载体。经过二十余年的发展，广州科学城成功孵化及再孵化了一大批科技型中小企业。

科创转型的复合路径：三次创业以来，广州开发区的区位从城市副中心城区、两个新城区之一发展至纳入主城区。在广州科学城—萝岗新城，科技创新与城市服务相伴成片、融合发展，形成连片创新城区，科技创新与城市服务的耦合推动了产城融合，伴随着区位、配套及环境的跃升，构成了集聚人才创新创业的宏观条件，实现了从产业园区向创新城区的转型升级。

广州开发区科创转型的空间响应模式与特征如图7-4所示。

2. 微观层面：形成"孵化载体集群"

广州开发区自二次创业以来，先是由政府投资建设了一批国有孵化载体，之后形成了"政府扶持、多元供给"模式，在广州科学城集聚建设了大量孵化载体。这些孵化载体经由从最初的探索发展逐渐形成有序的管理体制、从独立个体衍生群体联盟、从单一类型衍生形成载体链条、区内孵化成功的企业进而创建自己的孵化器等多元机理演化逐渐形成了一个"孵化载体集群"。

一方面，形成了"众创空间—科技企业孵化器—科技企业加速器—写字楼园区及综合体"的孵化载体空间链条，有效保障了科技型中小企业在种子期、初创期、成长期、成熟期等不同成长阶段的空间需求。

另一方面，以孵化载体为空间单元形成了一套创新创业服务体系，包括共享空间和设施服务、基本生活服务、产业政策服务、创新创业活动等，孵化载体内的企业可以共享这些服务，从而有效降低创新创业成本。

广州开发区科创转型的空间响应机制如图7-5所示。

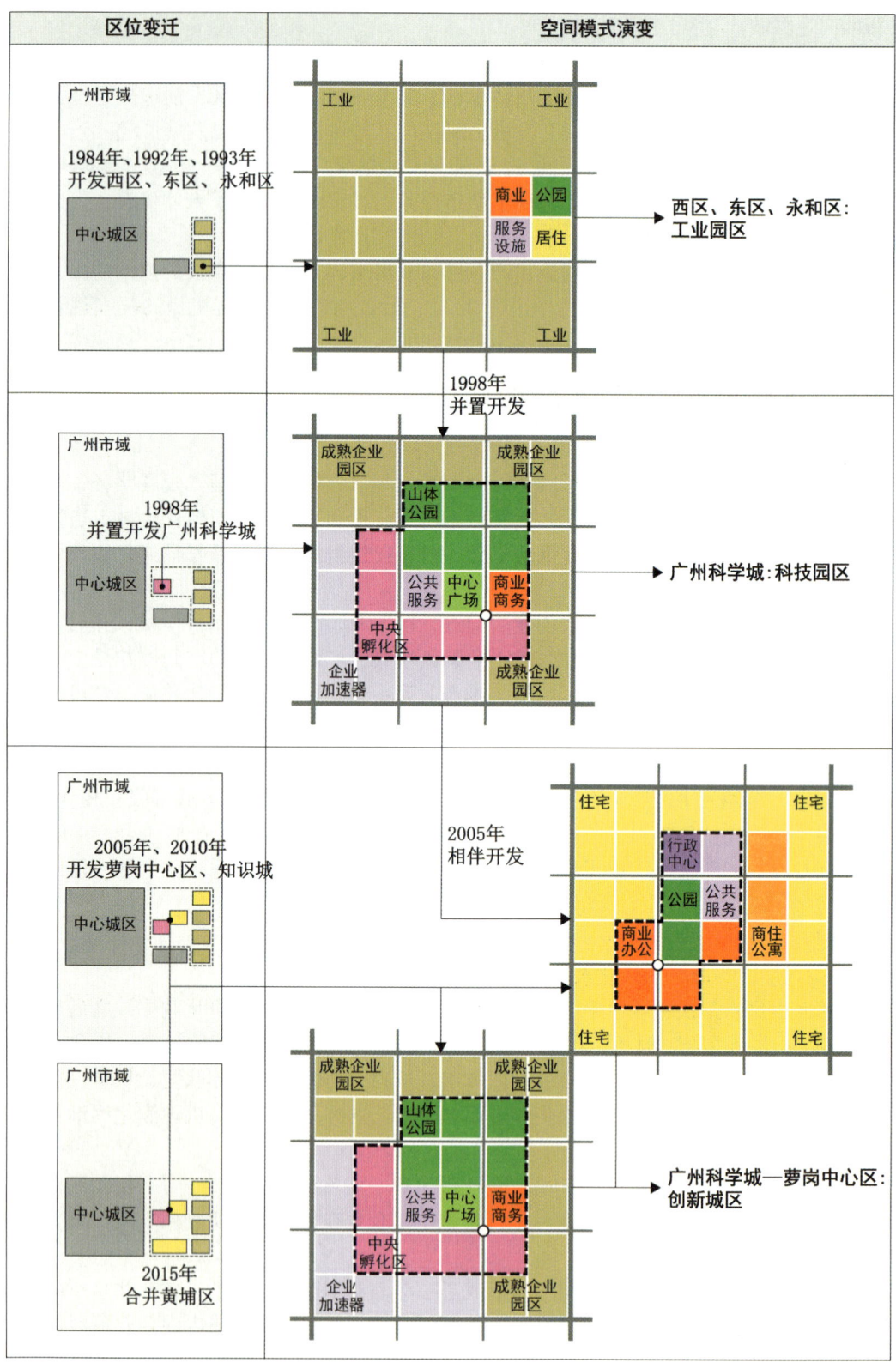

图7-4 广州开发区科创转型的空间响应模式与特征

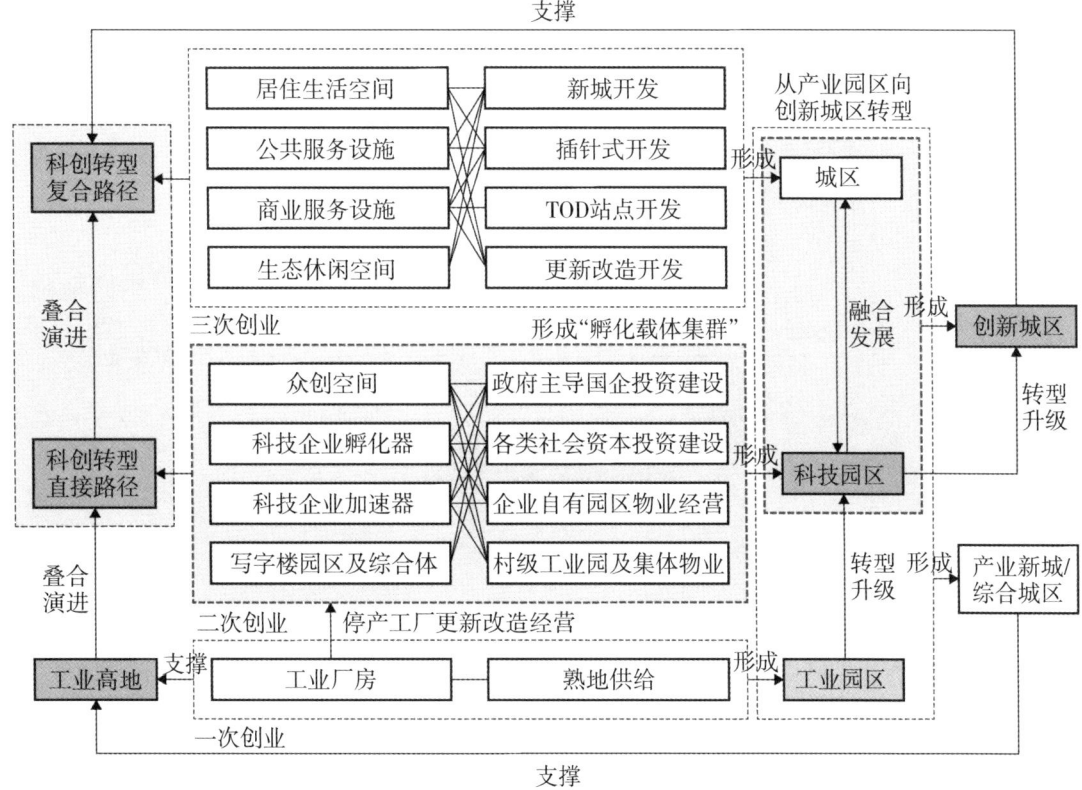

图7-5 广州开发区科创转型的空间响应机制

7.2 科创转型实现的核心机制分析

7.2.1 洼地效应：政府营造低成本的创新创业环境

广州开发区政府营造的创新创业环境的基本框架如图7-6所示。

1. 产业政策，营造创新创业的"软环境"

广州开发区自二次创业以来，首先是自下而上推动举办广州留交会、开办广州开发区留学生创业园，并配套制定了留学人员创新创业扶持政策，推动了留学人员创业的发展。在推动留学人员创业取得初步成效之后，广州开发区在更大范围内扶持创新创业，逐渐探索形成了一套完善的创新创业政策体系，通过财政投入来扶持创新创业，包括直接资助、间接资助、支持知识产权发展、支持孵化载体建设、支持风险投资发展等5个方面。近年来，广州开发区又探索出了新型研发机构平台孵化的新路径。一方面，通过财政拨款扶持新型研发机构建设；另一方面，将新型研发机构平台孵化纳入到创新创业政策体系中予以扶持。

自三次创业以来，广州开发区开始补强城市功能、推动产城融合。有了城市功能的支撑之后，在之前通过扶持创办企业来吸纳人才创业的基础上，叠加保障人才生活来吸纳人才创新创业，逐渐探索形成了领军人才、创业英才、黄埔人才、海外尖端人才等人才政策

· 217 ·

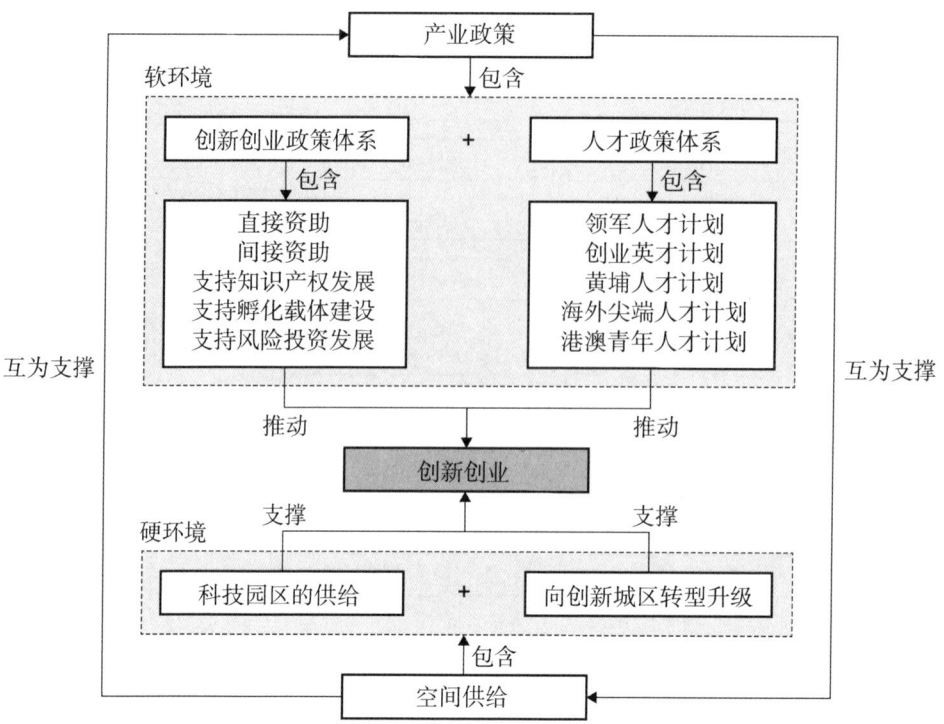

图 7-6 广州开发区政府营造的创新创业环境的基本框架

体系,成为创新创业政策体系的组成部分,并推动形成了双轮驱动的招才引智及创业模式。其中,"领军人才计划""创业英才计划"是典型代表,二者在吸纳人才数量、吸纳人才质量、科技创新质量上都取得了显著成效。

2. 空间营造,提供创新创业的"硬环境"

自二次创业以来,广州开发区在中心城区边缘开发建设高品质、生态型科技园区——广州科学城。在微观层面,演化形成了一个"孵化载体集群"。

自三次创业以来,广州开发区推动产城融合,一方面延续工业园区、科技园区的空间发展路径;另一方面,通过新城开发、插针式开发、TOD 站点开发、更新改造开发等不断地补强城市功能,形成了工业园区、科技园区以及城市片区协同发展的空间格局。

7.2.2 大城效应:依托国家中心城市的吸引力获取科创源头

广州作为国家级中心城市、省会城市,为广州开发区带来了创新创业源头,具体来看,留学人员创业和广州市体制内技术人员创业在广州开发区最典型。

1. 留学人员创业

留学人员创业是广州开发区最早的创新创业源头,也是最典型的源头。通过穿透分析可知,其内在机制是广州的节点效应,有如下三条典型机理。

第一,以广州市为平台引进留学人员在广州开发区创业。广州开发区推动留学人员创业之初就形成了"广州留交会为平台、广州开发区为落地"的模式,特别是在二次创业的早期,该模式是广州开发区吸纳留学人员创业的关键路径。

第二,在广州开发区创新创业的留学人员中,诸多是广州高校、科研院所毕业生留学后归国创业。例如，梁纯教授是中山大学的毕业生，出国留学后回到香港科技大学任职，于 2017 年在广州开发区创立了恩康药业；再如，迈普再生医学创始人袁玉宇先生是华南理工大学的毕业生，同时也是广州本地人，他赴美留学后于 2008 年归国在广州开发区创立了迈普再生医学。

第三，广州高校、科研院所吸纳的留学人才在广州开发区创业。例如，达博生物的创始人黄文林教授在国外留学工作多年后于 2001 年归国到中山大学任职，并且于同年在广州开发区创立了达博生物。

2. 广州市体制内技术人员创业

广州市体制内技术人员创业也是广州开发区创新创业的最典型源头。广州各类体制内单位高度集聚，特别是研究型高校、科研院所。广州拥有广东省超过 1/2 的本科以上院校，拥有广东省 77% 的科研机构，正是广州的这种禀赋为开发区的创新创业带来了源头效应。广州市体制内技术人员创业主要有以下两条路径。

一是体制弹性下的兼职创业。例如，华南理工大学环境与能源学院的程建华教授于 2010 年在广州开发区创立潮徽生物、中山大学生命科学学院的苏薇薇教授于 2012 年在广州开发区创立中天康顺生物医药等。

二是离开体制的全职创业。例如，维佰生物创始人郭鹏举先生曾先后任职于广东省兽医研究所、广东省实验动物检测所，后于 2019 年离开体制在广州开发区创立维佰生物。拓瑞科技创始人张军先生是华南理工大学的硕士研究生，毕业后曾在华南理工大学留校工作一年，而后就职于广州开发区的安利中国，于 2006 年在华南理工大学产业园创办了拓瑞科技，之后于 2012 年搬迁至广州科学城的 TCL 文化产业园，又于 2017 年搬迁至广州科学城的华南新材料创新园。

3. 其他创新创业源头

一些来自全国各地的体制内技术人员也会来到广州开发区创新创业。例如，天禾自动化的创始人韩德福原为中国石化长岭炼化公司的技术员工，因不甘于国有企业体制内的"安逸"而南下创业，先期在深圳打拼，后因考虑到广州石化产业、机械制造产业较集中而选择到广州创业，于 2003 年在天河东圃创立了天禾自动化，并于 2006 年搬迁到了广州开发区。再如，恒力检测创始人吴光辉原为安徽省电力科学研究院的技术人员，于 2002 年被调到广州开展科技成果转化工作，后于 2006 年在广州开发区创立了恒力检测。

近年来，广州开发区新探索了新型研发机构平台孵化。而广州开发区之所以能够吸引浙江大学、清华大学、中国科学院等高校、科研院所设立新型研发机构，主要是依托广州作为国家级中心城市、省会城市的等级地位。例如，设立在广州开发区的浙江大学华南工业技术研究院是浙江大学、广州市政府、广州开发区管委会三方合作共建的，清华大学珠三角研究院是广东省政府与清华大学合作共建的。

7.2.3 集聚效应：因集约而形成本地生态

广州开发区营造的低成本的创新创业环境形成了洼地效应，依托国家中心城市带来了创新创业源头，而创新创业活动的集聚则演化形成了本地创新创业生态，带来了集聚效应。典型表现包括区内孵化成功企业再孵化、形成本地化根植链、形成中介组织体系，这种本地生态形成循环动力，又反过来进一步促进了创新创业。

中介组织被认为是创新创业生态中的重要一环，随着创新创业活动的集聚，广州开发区逐渐演化形成了一套由火炬中心、区属国企、行业协会、专业服务机构等构成的中介组织体系，构建起政府与市场的纽带，服务于创新创业。

1. 火炬中心的中介作用

广州火炬高新技术创业服务中心（简称"火炬中心"）的中介作用主要体现为代表管委会提供创新创业管理和服务，被称为"孵化器的孵化器"。火炬中心于2001年成立，是广州开发区科技创新局下属的事业单位，其主要有如下三种职能。

一是对广州科学城综合研发孵化区（创新大厦和创意大厦）、广州科技创新基地、广州开发区科技企业加速器4处区属国有孵化载体进行直接管理，负责企业入驻受理、筹建以及在孵企业场地调整、清退、离园等的管理工作。

二是对区内孵化载体的统筹管理和服务。一方面，负责区级孵化载体（区级众创空间、区级科技企业孵化器）的认定考核、绩效考核、资助审查等。另一方面，也为区内孵化载体提供辅导和服务，包括政策宣讲、项目申报辅导以及组织业务培训、考察交流等。例如，2021年4月15日，火炬中心主办了"广州开发区孵化政策解读宣讲会"，宣讲会对广州开发区2021年颁布的"孵化10条"进行了解读和宣导。

三是对区内科创型中小企业的管理与服务。主要是承担企业申报政府资助项目的初审及现场考察、高新技术企业认定的初审及现场考察等工作，以及向企业进行政策宣讲等。例如，2021年12月17日，火炬中心、中信证券华南股份有限公司、中信银行开发区支行联合主办了"'湾顶汇'2021专精特新企业政策研讨会"，邀请了三家计划上市企业参与，旨在推动计划上市企业和证券公司的对接。

2. 区属国企的中介作用

区属国企既能以市场化方式运行，又能落实管委会意志，其经历了从招商时代到城投时代、创投时代的转变，在推动科技创新中起到了重要的中介作用，科技金融服务、载体开发及服务是两大直接表现。

以广州开发区控股集团有限公司（以下简称"开发区控股"）为例，开发区控股缘起广州开发区管委会于1998年成立的区属国企——广州凯得控股有限公司。广州开发区于2017年以凯得控股为主体组建了广州开发区金融控股集团有限公司，之后又于2021年更名为广州开发区控股集团有限公司。经过多年的发展演进，开发区控股形成了科技金融服务、科技战略投资、科技价值园区三大板块业务，他们内部将这种业务模式称为"金融＋科技＋园区"模式。

（1）科技金融服务。科技金融服务旨在以金融服务实体经济、服务科技创新，促进科技型中小企业发展壮大。开发区控股拥有投资基金、融资担保、小额贷款、融资租赁、股权交易、知识产权交易以及金融资产交易等多层次的科技金融服务体系。

（2）科技战略投资，包括协助广州开发区管委会招商引资、投资区内的高新科技项目等。例如，与区内孵化成功的企业——迈普再生医学合作打造"粤港澳大湾区高性能医疗器械创新中心"，共同成立广州创景医疗科技有限公司作为运营实体。

（3）科技价值园区，也就是载体开发及服务。如承担了广州科学城综合研发孵化区（创新大厦和创意大厦）、广州开发区科技企业加速器等区属孵化载体的开发建设，并且承接了它们的园区管理服务。

3. 行业协会的作用：以广州开发区新能源行业协会为例

行业协会是中介组织的典型代表。广州开发区的行业协会发展始于20世纪末，第一家行业协会为1999年成立的广州开发区科技创新协会，此后逐年增加、缓慢发展，2017—2021年进入了高速发展期。截至2021年底，在广州开发区登记注册的与产业发展相关的各类型行业协会共计有30余家，包括科技企业孵化器协会、创业者协会、高层次人才协会、知识产权服务业联合会、知识产权保护企业协会、科技创新协会、市场中介服务行业协会、产业园区发展协会等创新创业相关协会，以及新能源行业协会、信息行业协会、医疗器械行业协会、人工智能行业协会、工业互联网及大数据产业协会等高新技术产业相关行业协会。行业协会构建起了政府与创新创业、高新技术产业发展之间的纽带，一头面向政府，协助政府落地产业政策；一头面向创业者、企业，为他们提供服务。

以广州开发区新能源行业协会为例，广州开发区新能源行业协会成立于2018年7月9日，由区发展改革局指导，是具有独立法人资格的非营利专业社会团体，现拥有会员企业42家。它的核心职能和业务是：一头面向区发展改革局，协助其落地新能源产业政策；一头面向会员企业，为会员企业提供服务。呈现出典型的"一头嵌入政府、一头嵌入企业"特征。

从政府端来看，区发展改革局是协会的指导部门，每年为其提供10万元直接扶持经费，同时有偿委托一些公共管理业务、行业活动项目等。协会则协助区发展改革局开展政策宣导、公共管理、行业活动、企业反馈等业务。因此，协会主要有两种职能：一方面协助区发展改革局进行新能源政策宣导，如"氢能10条""低碳10条""绿色10条"等；另一方面完成区发展改革局委托的各类项目，如承担绿色产业示范基地建设方案编制及建设保障服务、重点用能单位能源管理服务工作等。除此之外，协会还会日常走访调研并向区发展改革局反馈新能源企业的需求等。为方便业务开展，协会长期派驻一名员工在区发展改革局工作。

从企业端来看，会员企业缴纳的会费为协会提供了运营经费，协会则为会员企业提供服务。因此，协会主要有三种职能：其一是提供政策推送服务，即收集各级、各类产业政策并及时提供给会员企业；其二是提供政策兑现服务，主要针对区发展改革局主导的新能源政策，协会作为既了解政策又了解企业的"中间者"，承担了政策兑现服务职能；其三是组织各类行业交流活动，举办各类产业对接、融资路演、专家座谈、业务培训、产品会展以及文体等活动。

4. 专业服务机构的作用：以广州开发区科技金融服务中心为例

广州开发区还形成了一批创新创业的专业服务机构，如广州开发区科技金融服务中心、黄埔区企业家创新创业服务中心等。这些专业服务机构的作用表现为：协助政府营造创新创业环境、面向市场提供创新创业服务。

以广州开发区科技金融服务中心为例，其于2016年由区科技创新局指导成立，由创始团队（有限合伙入股）、广州市科技金融综合服务中心有限责任公司（市属国企）、广州凯得金融控股股份有限公司（区属国企）、广华创业投资有限公司（清华珠三角研究院的下属投资公司）、北京智识企业管理咨询有限公司（北京长城企业战略研究所的运营实体）五个股东共同成立，并成立广州金凯长清信息科技有限公司作为运营实体。

他们内部将自己的运营模式称为"GIBC"模式，"G"是指承接政府的各类创新创业活动，"I"是指承接金融机构的投融资对接活动，"B"是指为创新创业提供各类服务，"C"是指经营咖啡厅、共享空间等业务。归纳起来就是：协助政府营造创新创业环境，面向市场提供创新创业服务。

从政府端来，广州开发区管委会通过政府采购服务的方式委托广州开发区科技金融服务中心开展创新创业活动。广州开发区科技金融服务中心自成立以来承办了区发展改革局、科技创新局、知识产权局、文化广电旅游局、图书馆等多个政府部门及单位委托的各式各样的创新创业活动。如发展改革局于2018年委托开展的"双创活动周"活动，包括项目路演、创新创业分享、区创新创业政策解读等系列活动；文化广电旅游局和区图书馆于2019年委托开展的"黄埔有故事"品牌活动，该活动邀请了广州开发区的近百位企业创始人、负责人分享创新创业故事。

从市场端来看，广州开发区科技金融服务中心向市场提供创新创业服务，从中获得服务收入。这些服务包括：其一是为企业提供服务，如企业融资服务、政策项目申报服务、创新创业大赛辅导服务等，如成功为承葛生物牵线，帮助其在A轮融资中获得了清华珠三角研究院下属投资公司——广华创投的跟投；其二是为金融机构提供服务，利用扎根广州开发区的优势，承接金融机构的专场投融资对接活动，邀请区内相关企业参加；其三是利用在创新大厦的场地优势，经营咖啡厅、共享空间等业务，为创业者、企业员工提供休闲、交流的场所。

7.2.4 核心机制：政府主导，市场发力

广州开发区科创转型的核心机制在于政府营造低成本的创新创业环境，一方面通过产业政策营造创新创业的"软环境"，另一方面通过空间供给营造创新创业的"硬环境"，构筑起创新创业的政策高地、成本洼地，形成洼地效应。

广州作为国家级中心城市、省会城市，为广州开发区带来了创新创业源头，形成了大城效应。

上述二者构成初始动力，使得创新创业活动在广州开发区不断集聚，从而形成了本地创新创业生态，表现为区内孵化成功企业再孵化、形成本地化根植链、形成中介组织体系，这种循环动力又进一步促进创新创业，形成集聚效应。广州开发区科技创新的核心机制如图7-7所示。

7.3 从广州开发区透视"中国模式"

根据熊比特（Schumpeter J）及创新经济学的理论，科技创新是现代经济发展的核心动力，是经济活动的尖端部分。因此，科技创新的模式与国家经济体制息息相关、互为表里。

7.3.1 中国特色社会主义市场经济与制内市场

改革开放以来，我国开始从计划经济逐步向市场调节型经济转变，不断地调节政府与市场的关系，从"有中国特色的社会主义"到"有计划的市场经济"，再到"社会主义市场经济"（傅高义，2012），逐渐形成了有中国特色的市场经济体制。在学界，其被

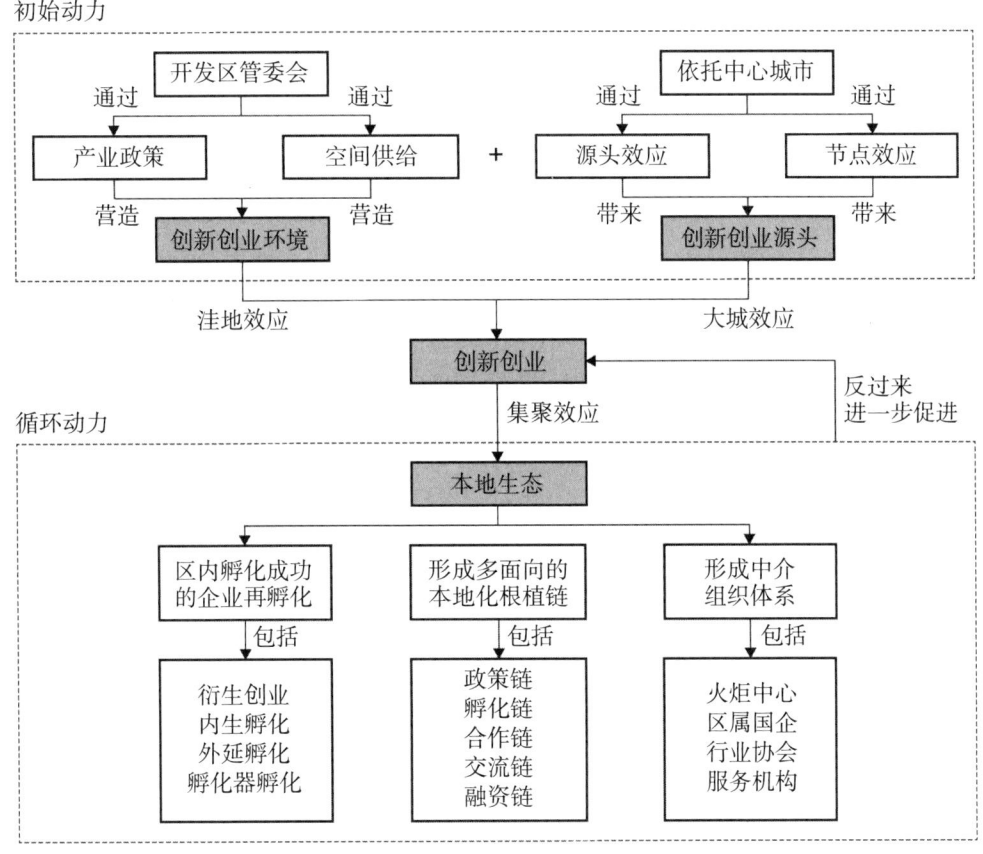

图 7-7 广州开发区科技创新的核心机制

称为政府主导型市场经济、转型经济体、制内市场等（Huang Yasheng，2008；郑永年等，2021）。

1. 从"有中国特色的社会主义"到"社会主义市场经济"

1978 年 12 月，中共十一届三中全会决定将全党的工作重点和全国人民的注意力转移到社会主义现代化建设上，提出了改革开放的任务，自此开启了我国经济体制改革的道路。

1979 年 11 月，邓小平在与美国不列颠百科全书出版公司编委会副主席吉布尼和加拿大麦吉尔大学东亚研究所主任林达光等的谈话中提出：说市场经济只存在于资本主义社会，只有资本主义的市场经济，这肯定是不正确的；市场经济，在封建社会时期就有了萌芽，社会主义也可以搞市场经济。

1982 年 9 月，邓小平开始使用"有中国特色的社会主义"这一说法，利用这一概念来推动实现扩大市场的改革目标。1984 年 10 月，中共十二届三中全会批准了《关于经济体制改革的决定》，采纳了"有中国特色的社会主义"的说法，它既包括宏观理论分析，也概述了为全面扩大市场铺路的措施。

1987 年 10 月，党的十三大提出了"有计划的市场经济"这一新说法，反映了市场正在变得更加重要：国家调节市场、市场引导企业，"计划"的作用将持续下降，要建立劳动力、技术、信息和房地产市场。

1992年6月9日，江泽民在中央党校省部级干部进修班发表"深刻领会和全面落实邓小平同志的重要谈话精神，把经济建设和改革开放搞得更快更好"讲话，总结了十一届三中全会以来的成就，说明了贯彻邓小平南方谈话精神需要做些什么，进而把这些想法概括为"社会主义市场经济"。

1992年10月，党的十四大报告正式提出建设"社会主义市场经济"的指导路线：就是要使市场在社会主义国家宏观调控下对资源配置起基础性作用，使经济活动遵循价值规律的要求，适应供求关系的变化；通过价格杠杆和竞争机制的功能，把资源配置到效益较好的环节中去，并给企业以压力和动力，实现优胜劣汰；运用市场对各种经济信号反应比较灵敏的优点，促进生产和需求的及时协调。同时也要看到市场有其自身的弱点和消极方面，必须加强和改善国家对经济的宏观调控。我们要大力发展全国的统一市场，进一步扩大市场的作用，并依据客观规律的要求，运用好经济政策、经济法规、计划指导和必要的行政管理，引导市场健康发展。

2022年10月，党的二十大报告提出，要构建"高水平社会主义市场经济体制"。其中提到，构建全国统一大市场，深化要素市场化改革，建设高标准市场体系；着力扩大内需，增强消费对经济发展的基础性作用。

2. 从"政府主导型市场经济"到"制内市场"

对于我国改革开放以来的经济体制及其产生的经济奇迹，经济学者们发现，无论是既有的西方经济学，还是马克思主义经济学，它们的概念和理论都难以圆满地予以解释。因此，学界开始创新和创造新的概念和理论，创造所谓的"中国学派"（金碚，2019），主要有如下三个面向：

第一是将我国置于东亚经济崛起的背景下进行研究（林毅夫等，2019），将我国与东亚的日本、韩国、我国台湾地区等一起归为"政府主导型市场经济"，形成了市场经济说、政府干预说、外向型经济说以及儒家文化圈说等解释。但是，尽管我国的经济体制与东亚经济体制有着相似特征，但是两者之间也存在着重大差异。

第二是将我国视为"转型经济体"，认为改革开放以来的中国是从计划经济向西方式的市场经济转型（Huang Yasheng，2008），暗示或认为中国将不可避免地发展成为一个西方式的市场经济体。

第三是创造一个特有的概念来概括。如郑永年等提出了"制内市场"的概念，试图用这一术语将中国经济体制概念化。这是一个从政治经济学角度提出的概念，并提出当前中国的经济体制以"制内市场（market in state）"为特征，西方的经济体制以"场内国家（state in market）"为特征，而东亚的新兴工业经济体则以市场与国家的相互渗透为特征（郑永年等，2021）。

"制内市场"以及"制内市场经济"这一术语的优势主要有两个方面：一是与以美英为代表的自由市场经济、以德国为代表的社会市场经济、以日韩为代表的国家主导型市场经济形成很好的对照；二是避免利用所有非中国经验背景下形成的各种概念和理论解释中国的经济体制时带来误解和扭曲。

7.3.2 制内市场创新——国家放权、政府培育、市场创新

广州开发区科技创新的核心机制在于"政府主导，市场发力"，而这一机制得以形成

的一个宏观要素在于国家放权。

首先，国家向地方放权，形成了所谓的"发展型政府""企业家政府"，形成了所谓的"政府企业家主义（state entrepreneurialism）"（Wu Fulong，2018），地方政府因此有了推动经济发展、推动产业发展、推动科技创新的动力。而政府普遍的行为模式是"栽好梧桐树，吸引凤凰来"，即创造低成本的投资环境，构建高品质的营商环境，制定出台各种产业政策、创新创业政策，以获得竞争优势。

其次，国家向市场放权。自改革开放以来，国家逐步将越来越多的行业和领域向市场开放，就算是在能源、通信、银行等国家垄断性行业领域，为了避免完全垄断，也构建起了寡头竞争机制，这样就从整体上使得市场在资源配置中的作用不断升级。而市场竞争必然会激发创新，一方面，市场机制会激励创业者、企业家，激励他们通过创新创业创造价值、获得财富；另一方面，已有的市场主体也必须保持持续创新，因为只有不断创新才能够在市场竞争中获得优势而不被淘汰，这符合创新经济学理论的一般原则。

最后，国家向社会放权，逐步促进了行业协会、咨询机构、服务机构等中间组织的形成。这些中介组织成为政府与市场之间的桥梁、黏合剂，一方面可以协助政府落实政策，向政府反馈市场信息；另一方面可以协助市场主体对接政府，为市场主体提供服务，可以有效地降低政府与市场之间的互动成本。

总体来看，国家向地方放权催生了政府推动科技创新的动力，国家向市场放权形成了市场激发科技创新的活力，国家向社会放权产生了政府与市场之间的纽带——中介组织，由此形成了"制内市场创新"结构中的基本要素。正因为有这样的宏观结构，才产生了广州开发区科技创新模式的微观结构——"政府培育、市场创新"：政府通过产业政策、空间供给营造低成本的创新创业环境，以吸引人才创新创业；依托广州的中心城市地位获取到了创新创业源头；在市场机制的激励下，科技型中小企业蓬勃发展，不断成长壮大并且再孵化产生新的企业，同时形成了一系列的中介组织，作为政府与市场之间的桥梁、黏合剂。

7.3.3 不同于"自由市场创新""科技举国体制"的"制内市场创新"

1. 自由市场创新

在自由市场经济的理论中，"创新是自由之子、繁荣之母""自由市场好比一部创新机器"，是自由市场催生了创新，而创新推动了市场繁荣。在自由市场经济体制下，市场通过收益激励、扩散回报、寡头竞争等方式激励企业推动创新，形成常规化、普遍性的创新，即自由市场创新模式（威廉·鲍莫尔，2004；马特·里德利，2021），如图7-8（a）所示。其中，美国的硅谷、英国的剑桥科技园等是典型区域，它们具有如下特点：

①市场力量在创新作用中占据主导地位，政府在其中的干预较小；

②私营企业是创新主体，具有持续不断的新创企业，企业家追求成功与财富、企业追求收益是创新的核心动力；

③充满了激烈的市场竞争，企业具有快速响应市场需求的能力，区域创新系统的适应性和灵活性强；

④风险资本富集，资本通过投资创新来寻求增值，这也成为创新的催化剂。

硅谷是美国自由市场经济体制下孕育的世界级科技创新中心，是自由市场创新的典范。其发展路径为：以斯坦福大学为初始源头，以创业及衍生创业为核心路径，演化形成浓厚的本地创新创业生态，进而吸纳全球顶尖人才创新创业。其中，市场自生为核心动力，军方采购和政府扶持亦起到积极作用（Saxenian A，1996；Kenney M，2000；韩宇，2009），如图7-9（a）所示。由此，造就了乔布斯、马斯克、扎克伯格等伟大的创业者、企业家，造就了苹果、特斯拉、SpaceX、Facebook、谷歌等世界级的创新型企业。

2. 科技举国体制

科技举国体制是21世纪初中国学界正式提出的一个具有中国特色的概念，但是其产生有其历史渊源（雷丽芳等，2020）。科技举国体制是指以科技攻关项目为核心，动员和调配有关力量，包括精神意志和物质资源，攻克某一项科技尖端领域或重大科技项目的工作体系和运行机制。这种模式在西方也存在，如图7-8（b）所示。

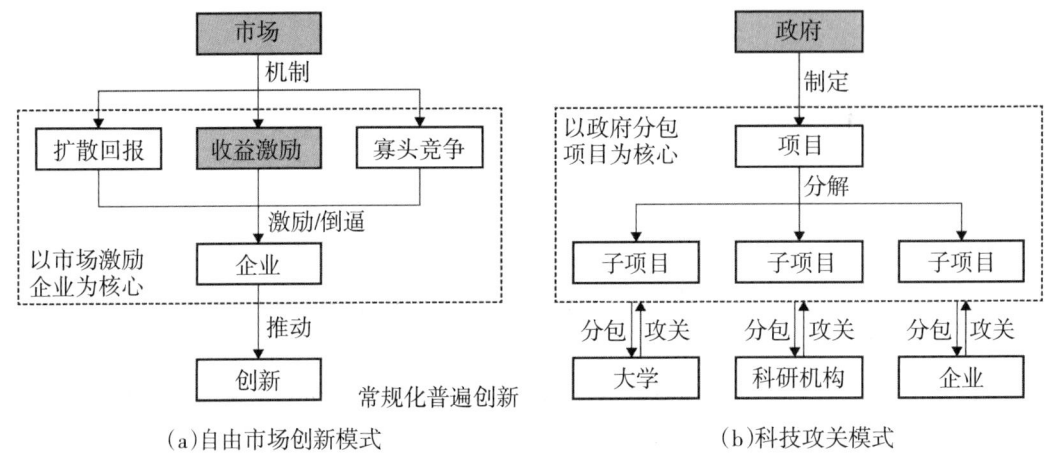

图 7-8 西方科技创新的路径与模式

（资料来源：①威廉·鲍莫尔. 资本主义的增长奇迹——自由市场创新机器 [M]. 北京：中信出版社，2004；②张义芳. 美国阿波罗计划组织管理经验及对我国的启示 [J]. 世界科技研究与发展，2012，34（6）：1046-1050.）

科技举国体制始于20世纪30年代，以苏联为代表，开始以集体化和组织化推动科学技术发展。苏联提出了计划科学的思想，加大军事科研和军工生产的管理力度；改革科学院，提高科学院地位；加强科学院与军事科研的联系；研制火箭和启动原子能计划。第二次世界大战时期，苏联建立了"动员式"科研管理和运行模式，把国家的科技力量统一组织协调起来，形成"管理＋科研＋生产"有机联合的模式，而该模式也成为苏联数十年国家发展和国际竞争的有力支撑（樊春良，2020）。新中国成立后，我国建立了社会主义计划经济体制，学习苏联经验，建立了举国体制的科技发展路径，依此路径取得了从"两弹一星"到载人航天、探月探火、大飞机制造等巨大的科技成就（曾纯，2019）。

但是，科技举国体制并非计划经济体制下的专有，在美国也有以曼哈顿计划、阿波罗登月计划为典型代表的科技攻关。阿波罗登月计划是美苏争霸时期美国政府组织开展的国家重大航天科技计划，构建了以美国国家宇航局（NASA）为顶层，下设阿波罗计划办公室、三大载人航天中心、项目承包商的四级管理体系，动员了上百家科研机构、120余所大学、2万余家企业进行科技攻关，在1960—1972年的十余年间先后共完成了6次登月任务（张义芳，2012）。

科技举国体制也有集中的空间布局，法国格勒科学中心就是典型代表。格勒科学中心是法国乃至世界著名的科学中心，其发展路径为：二战后，法国在重大国家战略布局下，依赖科技举国体制，在格勒设立了大量国家科研中心、科学装置，使之成为法国乃至世界的大科学装置最密集地区（丁帅，2020；茹志涛等，2019），如图7-9（b）所示。

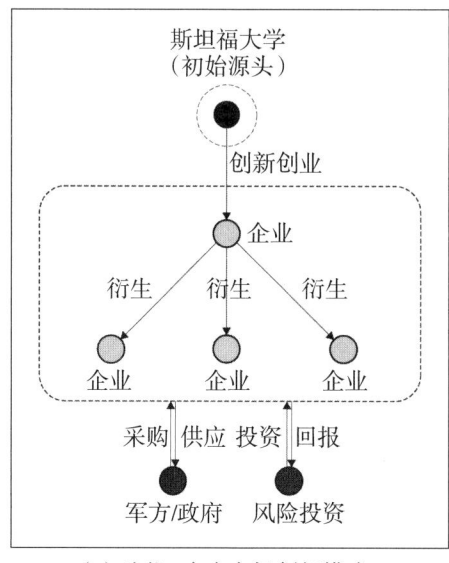

（a）硅谷：自由市场创新模式

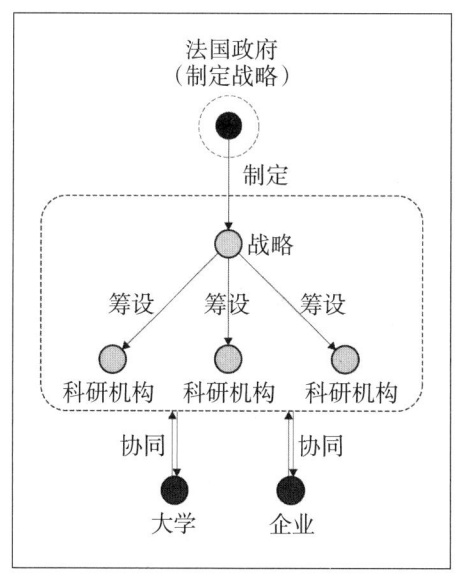

（b）格勒科学中心：科技举国体制的空间布局

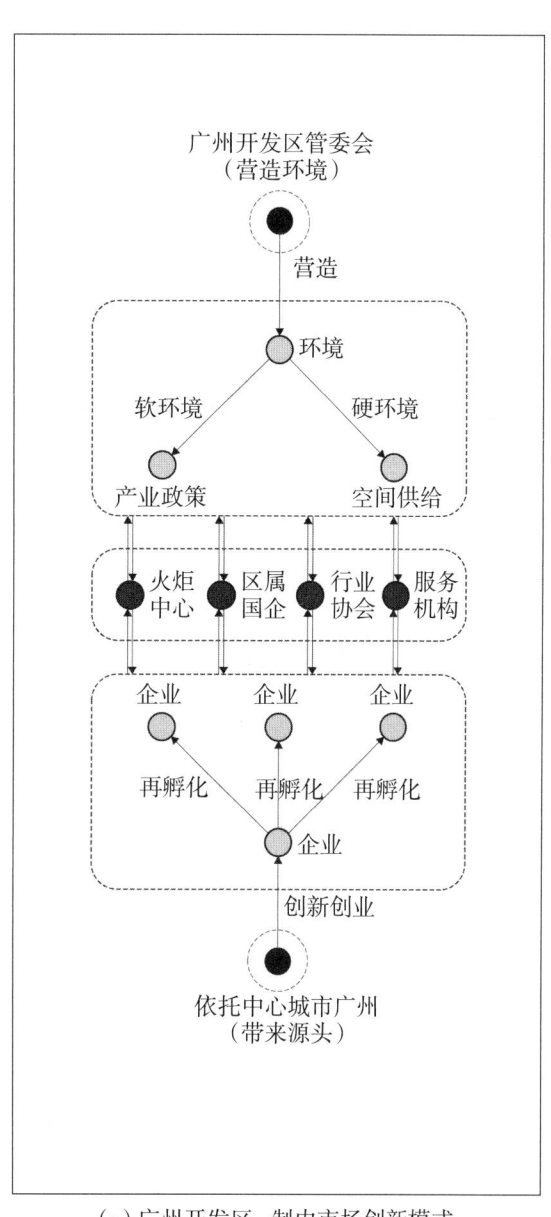

（c）广州开发区：制内市场创新模式

图7-9 科技创新的三种典型模式

3. 制内市场创新

在自由市场经济与完全计划经济之间、自由市场创新与科技举国体制之间的光谱中，还有大量的"政府+市场"共同作用的经济体制及孕育的科技创新模式。在当前世界，除了朝鲜等完全社会主义国家以及美国等自由市场经济国家，几乎所有的经济体都是具有不同程度的自由市场经济和计划经济特征的混合型经济体,特别是在东亚地区(郑永年等,2021)。

20世纪70年代,日、韩等国在技术追赶和工业化赶超过程中采取国家主导型的支持模式,国家运用极大的行政力量,鼓励人力要素和资本要素等向大企业(垄断财团)集中,从而极大地推动了大财团的技术创新、提升了大财团的市场占有率,即使是在很长一段时间内其国际市场竞争力不高的情况下,国家仍然不惜代价进行支持。垄断财团在国家的特殊庇护和支持下,低成本地获得大量银行信贷支持,从而维持了自己长期的技术创新和市场开拓,并在极高的负债率和极低的利润率并存的时期仍然可以存活下去,从而创造了特有的日、韩型"国家—企业—银行"稳定的三角体制,极大地促进了日、韩的技术进步(王曙光等,2018)。

我国台湾地区在技术追赶和工业化赶超过程中,亦呈现出"政府+市场"共同作用的模式,特别是在20世纪70—90年代,政府的主导和支持起到关键作用,集中体现在新竹科学工业园。其发展路径为:台湾当局设立工业技术研究院,由工研院引进及开发技术后,再将开发成熟的技术转化为企业,以此为开局逐步形成创新氛围,进而吸纳海外(主要为留美)人才回台创新创业,而发展成功的企业又衍生或投资孵化新企业,如此逐渐从政府主导演化为市场自生。台积电、联电等新竹科学工业园半导体领域的世界级企业均是政府主导筹设的结果。

广州开发区呈现的"中国模式"亦是具有中国特色的"政府+市场"共同作用的模式——制内市场创新模式,如图7-9(c)所示。其基础在于我国改革开放以来的社会主义市场经济;基本结构为国家放权、政府培育、市场创新;经济特区、政策性产业空间是其集中的空间承载;同时存在政府可为与市场不确定性并存的特性。

科技创新的三种典型模式对比如表7-1所示。

表7-1 科技创新的三种典型模式对比

模 式	自由市场创新模式	科技举国体制模式	制内市场创新模式
基本结构	市场自生	政府主导	国家放权、政府培育、市场创新
创新主体	以企业为主体	以科研机构为主体	以企业为主体
核心路径	创新创业	布局研究中心、科学装置	创新创业
创新导向	市场导向	基础研究、科技攻关	市场导向
创新动力	企业追求竞争力、收益	国家战略需求	企业追求竞争力、收益
典型案例	硅谷	格勒科学中心、北京未来科学城	广州开发区、深圳

7.3.4 经济特区、开发区——制内市场创新的试验田

1. 经济特区、开发区等政策性产业空间是市场化的先锋

为了保持国家稳定,我国的改革开放采取了一条渐进式的市场化路径。从1978年开始,我国分别在20世纪80年代、20世纪90年代以及21世纪经历了三次市场化浪潮,如图7-10所示。

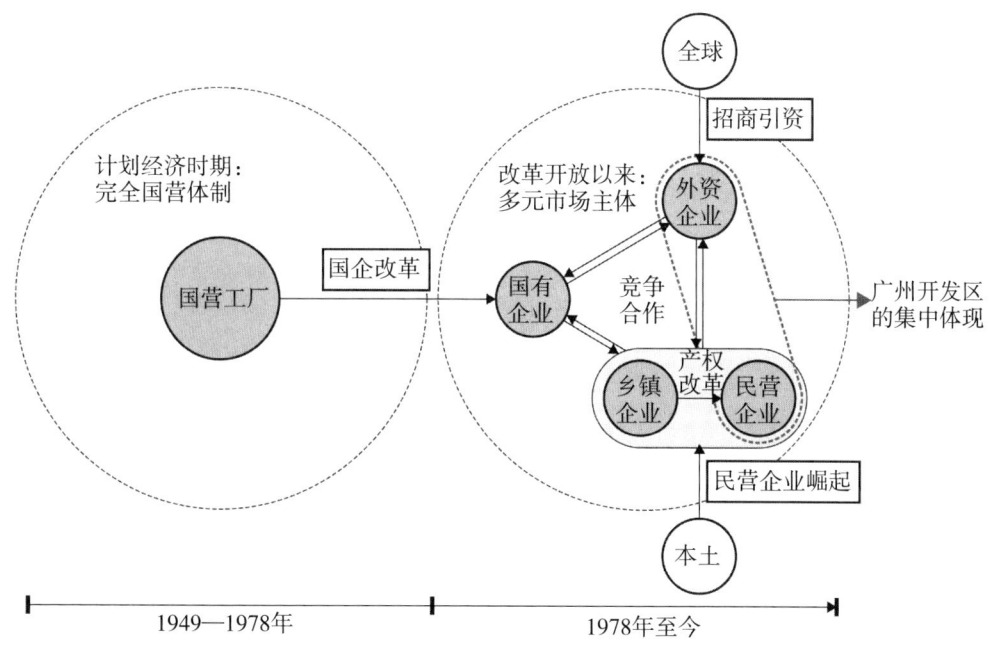

图 7-10 我国的经济体制改革及其在广州开发区的体现

第一次是在 20 世纪 80 年代，外资以"三来一补"加工贸易的方式进入东部沿海地区，乡镇企业由于其游离在公有制与私营之间的特殊性质而快速崛起。

第二次市场化浪潮紧随其后，20 世纪 90 年代，外资大规模进入中国，国家经济结构大幅调整，国企向现代企业改革转型，乡镇企业改制，这些因素给民营企业大发展提供了足够的市场空间，中国成为世界工厂。

第三次是 21 世纪以来，跨国资本持续扩大投资，经过 20 世纪 90 年代的孕育，我国的民营企业进入快速成长期，数以百万计的中小企业进入全球市场，最初是凭借低成本的优势占领了全球产业链、价值链的低端，但之后不断向高端部分升级（吴晓波，2008）。

与渐进式市场化路径相适应，我国的改革开放呈现从局部开始推动的特征，一方面表现为行业和领域上的局部性，改革开放从消费品工业、轻工业开始，并在新兴产业中绽放。在改革开放初期，我国实行市场化的产业主要集中在食品、家电、日化、五金等消费品工业、轻工业领域，但更为突出的是市场化在互联网、电子、信息、生物等新兴产业中的绽放。然而，我国并非在全部行业和领域中进行市场化改革，铁路、电力、烟草等关系国民经济命脉和国家安全的行业以及依法实行专营专卖的行业依然是国家垄断行业。

另一方面表现为空间上的局部性，改革开放首先从经济特区开始。1979 年 4 月，邓小平首次提出要开办"出口特区"；1979 年 7 月，中共中央、国务院同意在广东省的深圳、珠海、汕头三市和福建省的厦门市试办出口特区；1980 年 5 月，中共中央和国务院下发第 41 号文件，将深圳、珠海、汕头和厦门这四个出口特区改称为经济特区，提出特区实行不同于其他地方的制度和政策，经济特区主要受市场调节。

之后改革开放进一步扩大，1984 年的 13 号文件将新开放区域称为"经济技术开发区"（傅高义，2012），之后又于 1992 年开始设立"高新技术产业开发区"。经济特区、政策性产业空间成为市场经济的试验田，在整体是计划经济的体制内形成了一个个独立的市场经济空间，其发展至今已经成为市场化程度最高的区域，也成了"制内市场创新"模式的集中体现。

2. 深圳的"制内市场创新"模式

如果要做一个类比的话，深圳就是一个大的开发区，广州开发区就是广州的深圳，深圳的科技创新路径同样是"制内市场创新"模式。

国家划定深圳为经济特区，赋予了其探索与实行市场经济的特权。深圳在经历了初期出口加工的初始积累后，开启了"二次创业"，提出以创新推动经济发展。市政府积极地出台产业政策，扶持科技创新，扶持高新技术产业；更关键的是，市场化提供了原动力，全国各地的人才来到深圳创新创业。

（1）政府通过产业政策积极地扶持科技创新。1987年，深圳颁布18号文《深圳市人民政府关于鼓励科技人员兴办民间科技企业的暂行规定》；1998年，深圳颁布《深圳市人民政府关于进一步推动高新技术及产业发展的若干规定》，这份文件常被称为"旧22条"；1999年，深圳又出台了《关于进一步扶持高新技术产业发展的若干规定》，这份文件被称为"新22条"。新旧22条是深圳科技产业政策"好看又好吃"的代表作，对深圳科技创新、高新技术产业的发展起到了巨大的推动作用。

任正非多次谈及深圳两项政策对华为的影响之关键，一个是1987年的"鼓励民办科技企业"政策，另一个就是"22条"。这两项政策给予了华为等科技型公司各类优惠以及创新发展的全面支持（李子彬，2020；金心异，2022）。

（2）市场化为深圳创新提供了原动力。深圳作为经济特区，其早期的工作集中在通过改革去构建市场经济的基本框架，把资源配置方式从计划转向市场主导，包括鼓励兴办私营企业、引进外资、改革土地和住房制度、建立证券交易所等，这些看似与创新没有直接关联的动作，却为深圳创新奠定了重要的基础。

其中最关键的因素在于市场化对人的解放，深圳的市场化进程给那些高能级的人提供了发挥的机会，那些在计划经济年代被憋坏了的有能力的人选择来到深圳，当他们了解到科技创新能为他们赋能的诀窍之后，他们就开始开启一系列创新创业（周路明，2021）。

7.4 小结：制内市场创新——中国特色创新模式

改革开放以来的市场化改革中，国家向地方放权催生了政府推动科技创新的动力，国家向市场放权形成了市场激发科技创新的活力，国家向社会放权产生了政府与市场之间的纽带——中介组织，在此宏观背景下，形成了"制内市场创新"模式——国家放权、政府培育、市场创新。

改革开放以来，国家通过划定经济特区、政策性产业空间来推进市场化改革。这些区域经过一定的初始资本积累后，为了取得更大的竞争优势，政府开始积极地扶持科技创新，但更为关键的是市场机制发挥了积极的作用，其以创新创业为核心路径，以企业为创新主体，使创新活动在市场激励下发生。这种创新模式的特性是政府与市场均起到关键作用，因此也就产生了政府可为与市场不确定性并存的特性。

通过广州开发区的实证可以看到，政府通过产业政策和空间供给营造创新创业的环境，构筑政策高地、成本洼地，形成洼地效应，这是推动科技创新的初始动力之一。但更重要的是市场机制的作用，包括依托广州作为中心城市的节点效应和源头效应带来初始创新源头，因创新创业活动集聚演化形成本地创新创业生态进而形成循环动力，以及区位条件、空间环境、生活配套的跃升提供了吸引创新人才的条件。

换言之，如果没有契合的市场机制推动，那么政府推动科技创新的产业政策、空间供给是无法产生积极效应的。但是依靠市场是有不确定性的，关键体现在创新源头上，倘若没有契合的源头，也会出现"栽了梧桐树，没有凤凰来"的困境。

参考文献

一、英文文献

[1] AMIGHINI A, RABELLOTTI R. How do Italian footwear industrial districts face globalization?[J]. European Planning Studies, 2006, 14(4): 485-502.

[2] AMIN A, THRIFT N. Neo-Marshallian nodes in global networks[J]. International Journal of Urban and Regional Research, 1992, 16(4): 571-587.

[3] ARIAS M, ATIENZA M, CADEMARTORI J. Large mining enterprises and regional development in Chile: between the enclave and cluster[J]. Journal of Economic Geography, 2014, 14(1): 73-95.

[4] ASHEIM B T, ISAKSEN A. Location, agglomeration and innovation: Towards regional innovation systems in Norway?[J]. European Planning Studies, 1997, 5(3): 299-330.

[5] ASHEIM B, ISAKSEN A, TRIPPL M. Advanced introduction to regional innovation systems[M]. Cheltenham: Edward Elgar Press, 2019.

[6] ASHEIM B, ISAKSEN A. Regional innovation systems: the integration of local "sticky" and global "ubiquitous" knowledge[J]. The Journal of Technology Transfer, 2002, 27(1): 77-86.

[7] ASHEIM B, SMITH H, OUGHTON C. Regional innovation systems: theory, empirics and policy[J]. Regional Studies, 2011, 45(7): 875-891.

[8] BATHELT H, GIBSON R. Learning in "organized anarchies": the nature of technological search processes at trade fairs[J]. Regional Studies, 2015, 49(6): 985-1002.

[9] BATHELT H, MALMBERG A, MASKELL P. Clusters and knowledge: local buzz, global pipelines and the process of knowledge creation[J]. Progress in Human Geography, 2004, 28(1): 31-56.

[10] BECATTINI G. Sectors and/or districts: some remarks on the conceptual foundations of industrial economics[J]. Small Firms and Industrial Districts in Italy, 1989: 123-135.

[11] BELLANDI M, PROPRIS L, VECCIOLINI C. Effects of learning, unlearning and forgetting on path development: the case of the Macerata-Fermo footwear industrial districts[J]. European Planning Studies, 2021, 29(2): 259-276.

[12] BELUSSI F, SEDITA S. Industrial districts as open learning systems: combining emergent and deliberate knowledge structures[J]. Regional Studies, 2012, 46(2): 165-184.

[13] BINZ C, TRUFFER B. Global innovation systems—A conceptual framework for innovation dynamics in transnational contexts[J]. Research Policy, 2017, 46(7): 1284-1298.

[14] BOSCHMA R, FORNAHL D. Cluster evolution and a roadmap for future research[J]. Regional Studies, 2011, 45(10): 1295-1298.

[15] BOSCHMA R. Proximity and innovation: a critical assessment[J]. Regional Studies, 2005, 39(1): 61-74.

[16] CAMAGNI R. Innovation networks: spatial perspectives[M]. London: Belhaven Press, 1991.

[17] CAPASSO M, CUSMANO L, MORRISON A. The determinants of outsourcing and offshoring strategies in industrial districts: evidence from Italy[J]. Regional Studies, 2013, 47(4): 465-479.

[18] CHAPAIN C, SAGOT-DUVAUROUX D. Cultural and creative clusters: a systematic literature review and a renewed research agenda[J]. Urban Research & Practice, 2020, 13(3): 300-329.

[19] CHEN C-Y, LIN Y-L, CHU P-Y. Facilitators of national innovation policy in a SME-dominated country: A case study of Taiwan[J]. Innovation, 2013, 15(4): 405-415.

[20] CHIARVESIO M, MARIA E, MICELLI S. Global value chains and open networks: the case of Italian in-

dustrial districts [J]. European Planning Studies, 18 (3): 333 – 350.

[21] COE N M, DICKEN P, HESS M. Global production networks: realizing the potential [J]. Journal of Economic Geography, 2008, 8 (3): 271 – 295.

[22] COE N M, HESS M, YEUNG H W-C, et al. "Globalizing" regional development: a global production networks perspective [J]. Transactions of the Institute of British Geographers, 2004, 29 (4): 468 – 484.

[23] COE N M. A hybrid agglomeration? The development of a satellite-marshallian industrial district in Vancouver's film industry [J]. Urban Studies, 2001, 38 (10): 1753 – 1775.

[24] COMUNIAN R. Temporary clusters and communities of practice in the creative economy: festivals as temporary knowledge networks [J]. Space and Culture, 2017, 20 (3): 329 – 343.

[25] COOKE P. Regional innovation systems competitive regulation in the new Europe [J]. Geoforum, 1992, 23 (3): 365 – 382.

[26] COOKE P. Regional innovation systems, clusters, and the knowledge economy [J]. Industrial and Corporate Change, 2001, 10 (4): 945 – 974.

[27] COOKE P. To construct regional advantage from innovation systems first build policy platforms [J]. European Planning Studies, 2007, 15 (2): 179 – 194.

[28] DELGADO M, PORTER M, STERN S. Defining clusters of related industries [J]. Journal of Economic Geography, 2017, 16 (1): 1 – 38.

[29] DOLOREUX D, PARTO S. Regional innovation systems: current discourse and unresolved issues [J]. Technology in Society, 2005, 27 (2): 133 – 153.

[30] DOLOREUX D. What we should know about regional systems of innovation [J]. Technology in Society, 2002, 24 (3): 243 – 263.

[31] DUNFORD M. Industrial districts, magic circles, and the restructuring of the Italian textiles and clothing chain [J]. Economic Geography, 2006, 82 (1): 27 – 59.

[32] ERNST D. Global production networks and the changing geography of innovation systems: implications for developing countries [J]. Economics of Innovation and New Technology, 2002, 11 (6): 497 – 523.

[33] FELDMAN M, FRANCIS J, BERCOVITZ J. Creating a cluster while building a firm: entrepreneurs and the formation of industrial clusters [J]. Regional Studies, 2005, 39 (1): 129 – 141.

[34] FORNAHL D, HASSINK R, MENZEL M. Broadening our knowledge on cluster evolution [J]. European Planning Studies, 2015, 23 (10): 1921 – 1931.

[35] FRIEDMAN T L. The world is flat: a brief history of the twenty-first century [M]. London: Macmillan Publishers Limited, 2005.

[36] GEREFFI G. Global value chains in a post-Washington consensus world [J]. Review of International Political Economy, 2014, 21 (1): 9 – 37.

[37] GERTLER M. Flexibility revisited: districts, nation-states, and the forces of production [J]. Transactions of the Institute of British Geographers, 1992, 17 (3): 259 – 278.

[38] GERTLER M. Tacit knowledge and the economic geography of context or the undefinable tacitness of being (there) [J]. Journal of Economic Geography, 2003, 3 (1): 75 – 99.

[39] GERTLER M. The limits of flexibility: comments on the post-Fordist vision of production and its geography [J]. Transactions of the Institute of British Geographers, 1988, 13 (4): 419 – 432.

[40] GILLMOR S. Fred Terman at Stanford: building a discipline, a university, and Silicon Valley [M]. California: Stanford University Press, 2004.

[41] GIULIANI E. Role of technological gatekeepers in the growth of industrial clusters: evidence from Chile

[J]. Regional Studies, 2011, 45 (10): 1329 – 1348.

[42] GIULIANI E. The selective nature of knowledge networks in clusters: evidence from the wine industry [J]. Journal of Economic Geography, 2007, 7 (2): 139 – 168.

[43] GLASMEIER A. Flexible districts, flexible regions? The institutional and cultural limits to districts in an era of globalization and technological paradigm shift: globalization, institutions, and regional development in Europe [M]. Oxford: Oxford University Press, 1994.

[44] GRAY M, GOLOB E, MARKUSEN A. Big firms, long arms, wide shoulders: the "hub-and-spoke" industrial district in the Seattle region [J]. Regional Studies, 1996, 30 (7): 651 – 666.

[45] GRILLITSCH M, ASHEIM B. Place-based innovation policy for industrial diversification in regions [J]. European Planning Studies, 2018, 26 (8): 1638 – 1662.

[46] MA H T, FANG C L, LIN S N, et al. Hierarchy, clusters, and spatial differences in Chinese inter-city networks constructed by scientific collaborators [J]. Journal of Geographical Sciences, 2018, 28 (12): 1793 – 1809.

[47] HALL P. The word cities [M]. Columbus: McGraw-Hill, 1966.

[48] HANUSH H, PYKA A. Principles of neo-Schumpeterian economics [J]. Cambridge Journal of Economics, 2007, 31 (2): 275 – 289.

[49] HARRISON B. Industrial districts: old wine in new bottles? (volume 26, number 5, 1992) [J]. Regional Studies, 2007, 41 (S1): S107 – S121.

[50] HARVEY D. Between space and time: reflections on the geographical imagination1 [J]. Annals of the Association of American Geographers, 1990, 80 (3): 418 – 434.

[51] HERVAS-OLIVER J, ALBORS-CARRIGOS J, ESTELLES-MIGUEL S, et al. Radical innovation in Marshallian industrial districts [J]. Regional Studies, 2018, 52 (10): 1388 – 1397.

[52] HERVAS-OLIVER J, GONZALEZ G, CAJA P, et al. Clusters and industrial districts: where is the literature going? Identifying emerging sub-fields of research [J]. European Planning Studies, 2015, 23 (9): 1827 – 1872.

[53] HESS M. "Spatial" relationships? Towards a reconceptualization of embedded ness [J]. Progress in Human Geography, 2004, 28 (2): 165 – 186.

[54] HUAGN Y S. Capitalism with Chinese characteristics: entrepreneurship and the state [M]. Cambridge: Cambridge University Press, 2008.

[55] HUBER F. Do clusters really matter for innovation practices in information technology? Questioning the significance of technological knowledge spillovers [J]. Journal of Economic Geography, 2012, 12 (1): 107 – 126.

[56] HUBER F. On the role and interrelationship of spatial, social and cognitive proximity: personal knowledge relationships of R&D workers in the Cambridge information technology cluster [J]. Regional Studies, 2012, 46 (9): 1169 – 1182.

[57] HUMPHREY J, SCHMITZ H. How does insertion in global value chains affect upgrading in industrial clusters? [J]. Regional Studies, 2002, 36 (9): 1017 – 1027.

[58] JENSEN M B, JOHNSON B, LORENZ E. Forms of knowledge and modes of innovation [J]. The Learning Economy and the Economics of Hope, 2007, 36 (5): 155.

[59] KATZ B, WAGNER J. The rise of innovation districts: a new geography of innovation in America [EB/OL]. (2014 – 05 – 30) [2022 – 09 – 08]. https://www.brookings.edu/essay/rise-of-innovation-districts/.

[60] KEEBLE D, WILKINSON F. Collective learning and knowledge development in the evolution of regional

clusters of high technology SMEs in Europe [J]. Regional Studies, 1999, 33 (4): 295-303.

[61] KENNEY M. Understanding Silicon Valley: the anatomy of an entrepreneurial region [M]. Califtrnia: Stanford University Press, 2000.

[62] LEE K, LIM C. Technological regimes, catching-up and leapfrogging: findings from the Korean industries [J]. Research Policy, 2001, 30 (3): 459-483.

[63] LUNDVALL B. The learning economy and the economics of hope [M]. London: Anthem Press, 2016.

[64] MARCHI V, LEE J, GEREFFI G. Globalization, recession and the internationalization of industrial districts: experiences from the Italian gold jewellery industry [J]. European Planning Studies, 2014, 22 (4): 866-884.

[65] MARKUSEN A. Studying regions by studying firms [J]. The Professional Geographer, 1994, 46 (4): 477-490.

[66] MARKUSEN A. Sticky places in slippery space: a typology of industrial districts [J]. Economic Geography, 1996, 72 (3): 293-313.

[67] MARTIN R, SUNLEY P. Path dependence and regional economic evolution [J]. Journal of Economic Geography, 2006, 6 (4): 395-437.

[68] MARTIN R, SUNLEY P. Conceptualizing cluster evolution: beyond the life cycle model? [J]. Regional Studies, 2011, 45 (10): 1299-1318.

[69] MARTIN R, SUNLEY P. Deconstructing clusters: chaotic concept or policy panacea? [J]. Journal of Economic Geography, 2003, 3 (1): 5-35.

[70] MARTIN R. Regional economic resilience, hysteresis and recessionary shocks [J]. Narnia, 2012, 12 (1): 1-32.

[71] MARTIN R. Roepke lecture in economic geography: rethinking regional path dependence: beyond lock-in to evolution [J]. Economic Geography, 2010, 86 (1): 1-27.

[72] MASKELL P, BATHELT H, MALMBERG A. Building global knowledge pipelines: The role of temporary clusters [J]. European Planning Studies, 2006, 14 (8): 997-1013.

[73] MASKELL P, MALMBERG A. Myopia, knowledge development and cluster evolution [J]. Journal of Economic Geography, 2007, 7 (5): 603-618.

[74] MOORE G. The role of Fairchild in silicon technology in the early days of "Silicon Valley" [J]. Proceedings of the IEEE, 1998, 86 (1): 53-62.

[75] MORGAN K. The learning region: institutions, innovation and regional renewal [J]. Regional Studies, 1997, 31 (5): 491-503.

[76] MORRISON A, RABELLOTTI R. Knowledge and information networks in an Italian wine cluster [J]. European Planning Studies, 2009, 17 (7): 983-1006.

[77] MORRISON A. Gatekeepers of knowledge within industrial districts: who they are, how they interact [J]. Regional Studies, 2008, 42 (6): 817-835.

[78] MOSSIG I. The networks producing television programmes in the Cologne media cluster: new firm foundation, flexible specialization and efficient decision-making structures [J]. European Planning Studies, 2004, 12 (2): 155-171.

[79] MOWERY D C, Oxley J E. Inward technology transfer and competitiveness: the role of national innovation systems [J]. Cambridge Journal of Economics, 1995, 19 (1): 67-93.

[80] NAUGHTON B. Growing out of the plan: Chinese economic reform 1978—1993 [M]. New York: Cambridge University Press, 1995.

[81] NAVARETTI G B, GALEOTTI M, MATTOZZI A. Moving skills from hands to heads: does importing tech-

nology affect export performance in textiles? [J]. Research Policy, 2004, 33 (6-7): 879-895.

[82] OI J C. Fiscal reform and the economic foundations of local state corporatism in China [J]. World Politics, 1992, 45 (1): 99-126.

[83] OWEN-SMITH J, POWELL W W. Knowledge networks as channels and conduits: the effects of spillovers in the Boston biotechnology community [J]. Organization Science, 2004, 15 (1): 5-21.

[84] PARK S O, MARKUSEN A. Generalizing new industrial districts: a theoretical agenda and an application from a non-Western economy [J]. Environment and Planning A, 1995, 27 (1): 81-104.

[85] PARK S O. Networks and embeddedness in the dynamic types of new industrial districts [J]. Progress in Human Geography, 1996, 20 (4): 476-493.

[86] PINCH S, HENRY N, JENKINS M, et al. From "industrial districts" to "knowledge clusters": a model of knowledge dissemination and competitive advantage in industrial agglomerations [J]. Journal of Economic Geography, 2003, 3 (4): 373-388.

[87] PIORE M, SABEL C. The second industrial divide: possibilities for prosperity [M]. New York: Basic Books, 1986.

[88] POLENSKE K. The economic geography of innovation [M]. New York: Cambridge University Press, 2007.

[89] PORTER M. Location, competition, and economic development: local clusters in a global economy [J]. Economic Development Quarterly, 2000, 14 (1): 15-34.

[90] RABELLOTTI R, CARABELLI A, HIRSCH G. Italian industrial districts on the move: where are they going? [J]. European Planning Studies, 2009, 17 (1): 19-41.

[91] RABELLOTTI R, SCHMITZ H. The internal heterogeneity of industrial districts in Italy, Brazil and Mexico [J]. Regional Studies, 1999, 33 (2): 97-108.

[92] RAMIREZ-PASILLAS M. International trade fairs as amplifiers of permanent and temporary proximities in clusters [J]. Entrepreneurship and Regional Development, 2010, 22 (2): 155-187.

[93] RAMMER C, KINNE J, BLIND K. Knowledge proximity and firm innovation: a microgeographic analysis for Berlin [J]. Urban Studies, 2020, 57 (5): 996-1014.

[94] RERRARY M, GRANOVETTER M. The role of venture capital firms in Silicon Valley's complex innovation network [J]. Economy and Society, 2009, 38 (2): 326-359.

[95] RUSSO M. Technical change and the industrial district: the role of interfirm relations in the growth and transformation of ceramic tile production in Italy [J]. Research Policy, 1985, 14 (6): 329-343.

[96] RYCHEN F, ZIMMERMANN J. Clusters in the global knowledge-based economy: knowledge gatekeepers and temporary proximity [J]. Regional Studies, 2008, 42 (6): 767-776.

[97] SAXENIAN A. Regional advantage: culture and competition in Silicon Valley and Route 128, with a new preface by the author [M]. Massachusetts: Harvard University Press, 1996.

[98] SCHOENBERGER E. From fordism to flexible accumulation: technology, competitive strategies, and international location [J]. Environment and Planning D: Society and Space, 1988, 6 (3): 245-262.

[99] SCOTT A. Flexible production systems and regional development [J]. International Journal of Urban and Regional Research, 1988, 12 (2): 171-186.

[100] SCOTT A. The collective order of flexible production agglomerations: lessons for local economic development policy and strategic choice [J]. Economic Geography, 1992 (68): 219-233.

[101] SCOTT A. The role of large producers in industrial districts: a case study of high technology systems houses in Southern California [J]. Regional Studies, 1992, 26 (3): 265-275.

[102] SFORZI F, BOIX R. Territorial servitization in Marshallian industrial districts: the industrial district as a

place-based form of servitization [J]. Regional Studies, 2019, 53 (3): 398-409.
[103] SIMON J. Theory of population and economic growth [M]. Oxford: Blackwell, 1986.
[104] STORPER M, CHRISTOPHERSON S. Flexible specialization and regional industrial agglomerations: the case of the US motion picture industry [J]. Annals of the Association of American Geographers, 1987, 77 (1): 104-117.
[105] STORPER M. The regional world: territorial development in a global economy [M]. New York: The Guilford Press, 1997.
[106] SWYNGEDOUW E. Globalisation or "glocalisation"? Networks, territories and rescaling [J]. Cambridge Review of International Affairs, 2004, 17 (1): 25-48.
[107] TRIPPL M, GRILLITSCH M, ISAKSEN A, et al. Perspectives on cluster evolution: critical review and future research issues [J]. European Planning Studies, 2015, 23 (10): 2028-2044.
[108] TUAN Y F. Space and place: the perspective of experience [M]. Minneapolis: University of Minnesota Press, 1977.
[109] UYARRA E. What is evolutionary about "regional systems of innovation"? Implications for regional policy [J]. Journal of Evolutionary Economics, 2010, 20 (1): 115-137.
[110] WALDER A G. Local governments as industrial firms: an organizational analysis of China's transitional economy [J]. American Journal of Sociology, 1995, 101 (2): 263-301.
[111] WEI Yehua, LI Wangming, WANG Chunbin. Restructuring industrial districts, scaling up regional development: a study of the Wenzhou model, China [J]. Economic Geography, 2007, 83 (4): 421-444.
[112] WOLFE D, GERTLER M. Clusters from the inside and out: local dynamics and global linkages [J]. Urban Studies, 2004, 41 (5-6): 1071-1093.
[113] WU Fulong, China's changing urban governance in the transition towards a more market-oriented economy [J], Urban Studies, 2002, 39 (7): 1071-1093.
[114] WU Fulong. Planning centrality, market instruments: governing Chinese urban transformation under state entrepreneurialism [J]. Urban Studies, 2018, 55 (7): 1383-1399.
[115] WU Fulong. The (post-) socialist entrepreneurial city as a state project: Shanghai's reglobalisation in question [J]. Urban Studies, 2003, 40 (9): 1673-1698.
[116] YANG Chun. Government policy change and evolution of regional innovation systems in China: evidence from strategic emerging industries in Shenzhen [J]. Environment and Planning C: Government and Policy, 2015, 33 (3): 661-682.
[117] YANG D Y-R, HSU J-Y, CHING C-H. Revisiting the Silicon Island? The geographically varied "strategic coupling" in the development of high-technology parks in Taiwan [J]. Regional Studies, 2009, 43 (3): 369-384.
[118] YEUNG H W-C. Regional development and the competitive dynamics of global production networks: an East Asian perspective [J]. Regional Studies, 2009, 43 (3): 325-351.
[119] YEUNG H W-C. The trouble with global production networks [J]. Environment and Planning A, 2021, 53 (2): 428-438.
[120] YIGITCANLAR T, BAUM S, HORTON S. Attracting and retaining knowledge workers in knowledge cities [J]. Journal of Knowledge Management, 2007, 11 (5): 6-17.

二、中文文献
[121] 班鹏飞,李刚,袁奇峰,等. 区域视角下大城市的功能疏解及广佛都市区的实证 [J]. 规划师, 2018, 34 (9): 18-23.
[122] 鲍克. 中国开发区研究:入世后开发区微观体制设计 [M]. 北京:人民出版社, 2002.

[123] 彼得·泰勒. 世界城市网络：一项全球层面的城市分析［M］. 南京：江苏教育出版社，2018.
[124] 蔡国强，梁瑞心. 我国高新技术产业开发区强化技术创新机制的对策研究［J］. 软科学，2000（4）：61-63.
[125] 蔡丽茹，杜志威，袁奇峰. 我国创新平台时空演变特征及影响因素［J］. 世界地理研究，2020，29（5）：939-951.
[126] 曹莉. 让中国齿轮传动世界舞台——记华南理工大学教授、佛山市二轴半科技有限公司总经理陈扬枝［J］. 中国科技产业，2019（3）：74-75.
[127] 曹贤忠，曾刚. 基于全球—地方视角的上海高新技术产业创新网络效率探讨［J］. 软科学，2018，32（11）：105-108，119.
[128] 曹宇. 中国房地产发展历程［J］. 企业技术开发，2014，33（11）：110-111.
[129] 柴彦威，曲华林，马玫. 开发区产业与空间及管理转型［M］. 北京：科学出版社，2008.
[130] 车旭. 创新驱动下的上海开发区转型问题研究［J］. 城市规划学刊，2012（S1）：203-206.
[131] 陈东炜，汤黎明，赵渺希. 深圳城市创新空间结构的时空演化模式［C］//中国城市规划学会. 活力城乡 美好人居——2019中国城市规划年会论文集（16区域规划与城市经济）. 北京：中国建筑工业出版社，2019：1909-1919.
[132] 陈红霞. 开发区产城融合发展的演进逻辑与政策应对——基于京津冀区域的案例分析［J］. 中国行政管理，2017（11）：95-99.
[133] 陈嘉平，黄慧明，陈晓明. 基于空间网格的城市创新空间结构演变分析——以广州为例［J］. 现代城市研究，2018（9）：84-90.
[134] 陈健，郭冠清. 政府与市场：对中国改革开放后工业化过程的回顾［J］. 经济与管理评论，2021，37（3）：20-30.
[135] 陈升，王京雷. 开发区创新转型整体水平测度［J］. 城市问题，2019（1）：70-77.
[136] 陈圣河. 亚洲金融危机下广东外贸竞争力研究［J］. 南方经济，1999（1）：69-71.
[137] 陈小卉，国子健，钟睿. 开发区与城镇化互动发展的反思和展望——基于江苏的思考［J］. 城市规划学刊，2019（1）：68-73.
[138] 陈肖飞，苗长虹，潘少奇，等. 轮轴式产业集群内企业网络特征及形成机理——基于2014年奇瑞汽车集群实证分析［J］. 地理研究，2018，37（2）：353-365.
[139] 陈依曼，李立勋，符天蓝. 中国城市创新能力及其影响因素的空间分异——基于GWR模型的实证［J］. 热带地理，2020，40（2）：323-334.
[140] 陈永品. 绿色增长：中国开发区的新使命［M］. 广州：广东人民出版社，2012.
[141] 陈昭，刘珊珊，邬惠婷，等. 创新空间崛起、创新城市引领与全球创新驱动发展差序格局研究［J］. 经济地理，2017，37（1）：23-31，39.
[142] 程慧，刘玉亭. 国家级经济技术开发区的转型路径与机制解析［J］. 规划师，2017，33（7）：112-118.
[143] 程叶青，王哲野，马靖. 中国区域创新的时空动态分析［J］. 地理学报，2014，69（12）：1779-1789.
[144] 程郁，王胜光. 从"孵化器"到"加速器"——培育成长型企业的创新服务体系［J］. 中国科技论坛，2009（3）：76-81.
[145] 戴孝毛，支晓东. 连云港经济技术开发区规划方法初探［J］. 城市规划，1988（4）：41-43，57.
[146] 戴园晨，沈立人. 在全方位开放的新格局中正确对待"开发区热"［J］. 特区经济，1992（12）：6-7.
[147] 邓智团，陈玉娇. 创新街区的场所营造研究［J］. 城市规划，2020，44（4）：22-30.
[148] 丁帅. 欧洲科学中心——法国格勒诺布尔研究与启示［J］. 中国市场，2020（13）：8-9.

[149] 杜德斌，段德忠. 全球科技创新中心的空间分布、发展类型及演化趋势［J］. 上海城市规划，2015（1）：76-81.

[150] 段德忠，杜德斌，谌颖，等. 中国城市创新网络的时空复杂性及生长机制研究［J］. 地理科学，2018，38（11）：1759-1768.

[151] 段德忠，杜德斌，谌颖，等. 中国城市创新技术转移格局与影响因素［J］. 地理学报，2018，73（4）：738-754.

[152] 段德忠，杜德斌，刘承良. 上海和北京城市创新空间结构的时空演化模式［J］. 地理学报，2015，70（12）：1911-1925.

[153] 段德忠，杜德斌，杨凡，等. 产业技术变迁与全球技术创新体系空间演化［J］. 地理科学，2019，39（9）：1378-1387.

[154] 樊春良. 科技举国体制的历史演变与未来发展趋势［J］. 国家治理，2020（42）：23-28.

[155] 樊德良，罗彦，刘菁. 全球视角下的粤港澳大湾区创新发展研究［J］. 南方建筑，2019（6）：6-12.

[156] 范柏乃. 国家高新区技术创新能力的评价研究［J］. 科学学研究，2003（6）：667-671.

[157] 房静坤，曹春. "创新城区"背景下的传统产业园区转型模式探索［J］. 城市规划学刊，2019（S1）：47-56.

[158] 冯梅. 全球产业转移与提升我国产业结构水平［J］. 管理世界，2009（5）：172-173.

[159] 佛罗里达. 创意阶层的崛起［M］. 北京：中信出版社，2010.

[160] 符文颖，JAVIER REVILLA DIEZ，DANIEL SCHILLER. 区域创新系统的管治框架演化——来自深圳和东莞的对比实证［J］. 人文地理，2013，28（4）：83-88.

[161] 付淳宇. 区域创新系统理论研究［D］. 吉林：吉林大学，2015.

[162] 傅高义. 邓小平时代［M］. 冯克利，译. 北京：三联书店，2013.

[163] 傅利平，王向华，王明海. 区域创新系统研究综述［J］. 生态与农村环境学报，2011，27（6）：8-13.

[164] 盖文启. 创新网络——区域经济发展新思维［M］. 北京：北京大学出版社，2002.

[165] 高良谋，马文甲. 开放式创新：内涵、框架与中国情境［J］. 管理世界，2014（6）：157-169.

[166] 龚富华，杨山. 开发区快速建设影响下的苏州城市空间形态演化分析［J］. 现代城市研究，2017（2）：47-53.

[167] 龚梦琪，刘海云. 中国双向FDI协调发展、产业结构演进与环境污染［J］. 国际贸易问题，2020（2）：110-124.

[168] 龚艳萍，周维. 我国出口贸易结构与外国直接投资的相关分析［J］. 国际贸易问题，2005（9）：5-9.

[169] 辜胜阻，郑凌云. 新型工业化与高技术开发区的二次创业［J］. 中国软科学，2005（1）：15-22.

[170] 顾朝林，赵令勋. 中国高技术产业与园区［M］. 北京：中信出版社，1998.

[171] 顾伟男，申玉铭. 我国中心城市科技创新能力的演变及提升路径［J］. 经济地理，2018，38（2）：113-122.

[172] 管汉晖，刘冲，辛星. 中国的工业化：过去与现在（1887—2017）［J］. 经济学报，2020，7（3）：202-238.

[173] 广东省委党史研究室. 广州开发区创建史录［M］. 北京：中共党史出版社，2015.

[174] 广州经济技术开发区志编纂委员会. 广州经济技术开发区志（1991—2000）［M］. 广州：广东人民出版社，2003.

[175] 广州开发区、萝岗区地方志编纂委员会. 萝岗年鉴［M］. 广州：广东人民出版社，2007—2015.

[176] 广州开发区《中小企业能办大事——黄埔样本》编委会. 中小企业能办大事——黄埔样本［M］.

广州：广州出版社，2021.

[177] 郭征宇. 世界上第一家企业孵化器的诞生与成长——探寻巴达维亚工业中心 [J]. 中国高新区，2008（8）：104-107.

[178] 韩昊英，于翔，龙瀛. 基于北京公交刷卡数据和兴趣点的功能区识别 [J]. 城市规划，2016，40（6）：52-60.

[179] 韩孟杉，范泽挺，胡军. 粤港澳大湾区专利合作创新网络研究 [C] //中国城市规划学会. 活力城乡 美好人居——2019中国城市规划年会论文集（16区域规划与城市经济）. 北京：中国建筑工业出版社，2019：1356-1370.

[180] 韩宇. 美国高技术城市研究 [M]. 北京：清华大学出版社，2009.

[181] 何科方，钟书华. 企业加速器：概念、特征及意义 [J]. 科学管理研究，2008（5）：33-36.

[182] 何舜辉，杜德斌，焦美琪，等. 中国地级以上城市创新能力的时空格局演变及影响因素分析 [J]. 地理科学，2017，37（7）：1014-1022.

[183] 贺灿飞，郭琪，马妍，等. 西方经济地理学研究进展 [J]. 地理学报，2014，69（8）：1207-1223.

[184] 贺灿飞，毛熙彦. 尺度重构视角下的经济全球化研究 [J]. 地理科学进展，2015，34（9）：3-13.

[185] 胡欣悦，孙飞，汤勇力. 跨国企业国际化研发合作网络结构演化——以华为为例 [J]. 技术经济，2016，35（7）：1-5，26.

[186] 胡炘. 西安经济技术开发区"二次创业"发展战略研究 [D]. 西安：西北工业大学，2004.

[187] 华高莱斯国际地产顾问（北京）有限公司. 科学中心城市的崛起 [M]. 北京：北京理工大学出版社，2021.

[188] 黄建忠，吴逸. 生产者服务贸易与全球价值链的"区块化" [J]. 东南大学学报（哲学社会科学版），2018，20（1）：49-60，147.

[189] 黄埔年鉴编纂委员会. 黄埔年鉴 [M]. 广州：广东人民出版社，2020.

[190] 黄茹，梁绮君，吕拉昌. 城市人口结构与创新能力的关系——基于中国城市的实证分析 [J]. 城市发展研究，2014，21（9）：84-91.

[191] 黄晓东，马海涛. 基于创新百强企业部门布局的中国城市网络特征分析 [C] //中国地理学会经济地理专业委员会. 2017年中国地理学会经济地理专业委员会学术年会论文摘要集. [出版者不详]，2017：31.

[192] 黄哲，钟卓乾，袁奇峰，等. 东莞样本：全球城市区域腹地城市的发展挑战与地方响应 [J]. 城市规划学刊，2021（3）：36-43.

[193] 贾晶，白珊珊，汪雪峰，等. 河南省国家高新技术产业开发区产城融合测度评价 [J]. 地域研究与开发，2019，38（5）：30-34.

[194] 江蓉. 《案例》：中国宝洁公司黄埔工厂 [D]. 广州：暨南大学，2002.

[195] 蒋天颖，孙伟. 网络位置、技术学习与集群企业创新绩效——基于对绍兴纺织产业集群的实证考察 [J]. 经济地理，2012，32（7）：87-92，106.

[196] 蒋天颖，谢敏，刘刚. 基于引力模型的区域创新产出空间联系研究——以浙江省为例 [J]. 地理科学，2014，34（11）：1320-1326.

[197] 蒋同明. 科技园区创新网络演化与应用 [M]. 北京：知识产权出版社，2012.

[198] 蒋祎宁. 省级开发区产城融合模式及评价体系研究 [D]. 南京：南京大学，2014.

[199] 解永庆，张婷，刘涛. 创—城—人融合的创新城区规划经验与启示——以匹兹堡上城区为例 [J]. 城市发展研究，2019，26（2）：16-23.

[200] 金碚. 试论经济学的域观范式——兼议经济学中国学派研究 [J]. 管理世界，2019，35（2）：

7-23.

[201] 金心异. 金心异解开"深圳创新密码"17：从新旧"22条"到《科技创新条例》[EB/OL]. (2022-01-07)[2022-10-26]. https://mp.weixin.qq.com/s/u1yKgPKjPP7yCVrBUNi9Uw.

[202] 金钟范, 张广. 中国城市科技创新网络结构特点研究——基于高水平论文合作网络的分析[J]. 城市与环境研究, 2016（1）：29-48.

[203] 科学技术部火炬高技术产业开发中心. 中国火炬统计年鉴[M]. 北京：中国统计出版社, 2021.

[204] 克里斯多夫·弗里曼. 技术政策与经济绩效——日本国家创新系统的经验[M]. 南京：东南大学出版社, 2008.

[205] 葵心. 而今迈步从头越——广州经济技术开发区第二次创业发展思路研讨会侧记[J]. 广东大经贸, 1998（5）：18-20.

[206] 雷丽芳, 潜伟, 吕科伟. 科技举国体制的内涵与模式[J]. 科学学研究, 2020, 38（11）：1921-1927, 2096.

[207] 冷炳荣, 杨永春, 李英杰, 等. 中国城市经济网络结构空间特征及其复杂性分析[J]. 地理学报, 2011, 66（2）：199-211.

[208] 李丹丹, 汪涛, 魏也华, 等. 中国城市尺度科学知识网络与技术知识网络结构的时空复杂性[J]. 地理研究, 2015, 34（3）：525-540.

[209] 李海波, 李苗苗, 汝绪伟. 创新城区：区域创新驱动集聚发展的新空间载体[J]. 经济与管理评论, 2018, 34（1）：141-149.

[210] 李郇, JAVIER REVILLA DIEZ, 符文颖, 等. 珠江三角洲创新空间：企业组织与网络——来自珠江三角洲电子企业的调查[M]. 北京：社会科学文献出版社, 2015.

[211] 李郇, 黎云. 农村集体所有制与分散式农村城市化空间——以珠江三角洲为例[J]. 城市规划, 2005（7）：39-41, 74.

[212] 李健, 屠启宇. 创新时代的新经济空间：美国大都市区创新城区的崛起[J]. 城市发展研究, 2015, 22（10）：85-91.

[213] 李金亮, 沈奎. 创新与政府[M]. 广州：广东经济出版社, 2010.

[214] 李靖华, 林甲嵘, 姜中霜. 科创走廊概念与边界辨析——以筑波-东京-横滨创新带和杭州城西科创大走廊为例[J]. 科技管理研究, 2021, 41（22）：36-43.

[215] 李琳, 雒道政. 多维邻近性与创新：西方研究回顾与展望[J]. 经济地理, 2013, 33（6）：1-7, 41.

[216] 李凌月, 张啸虎, 罗瀛. 基于创新产出的城市科技创新空间演化特征分析——以上海市为例[J]. 城市发展研究, 2019, 26（6）：87-92, 33.

[217] 李梅贤. 广州经济技术开发区规划[M]. 北京：中国科学技术出版社, 1991.

[218] 李鹏飞, 王缉慈, 童昕. 地方集群外部联系与升级——以杭集牙刷产业为例[C]//中国地理学会, 南京师范大学, 中国科学院南京地理与湖泊研究所, 南京大学, 中国科学院地理科学与资源研究所. 中国地理学会2007年学术年会论文摘要集. [出版者不详], 2007：234.

[219] 李萍萍, 袁奇峰, 赖寿华, 等. 从"云山珠水"走向"山城田海"——生态优先的广州"山水城市"建设初探[J]. 城市规划, 2001（3）：28-31.

[220] 李王鸣, 武悦, 章明宇. 基于规划审批项目的开发区"三次创业"成熟期转型研究——以杭州下沙经济技术开发区为例[J]. 建筑与文化, 2020（12）：90-92.

[221] 李小建. 经济地理学[M]. 3版. 北京：高等教育出版社, 2018.

[222] 李晓华. 模块化、模块再整合与产业格局的重构——以"山寨"手机的崛起为例[J]. 中国工业经济, 2010（7）：136-145.

[223] 李雁鸿. 广州开发区现状与展望[M]. 广州：广东省地图出版社, 1994.

[224] 李耀尧. 产业集聚与升级：基于中国开发区产业演变的动态考察［M］. 北京：经济管理出版社，2013.

[225] 李耀尧. 创新城区——新时代开发区发展坐标［M］. 广州：华南理工大学出版社，2018.

[226] 李一洲. 应用经济学视角下的广州房地产价格变迁［J］. 知识经济，2019（21）：88-89.

[227] 李迎成，李金刚. 城市更新型创新区的规划实践——波士顿南海港地区的经验与启示［J］. 国际城市规划，2023，38（4）：132-139.

[228] 李迎成. 大都市圈城市创新网络及其发展特征初探［J］. 城市规划，2019，43（6）：27-33，39.

[229] 李迎成. 基于创新活动分布视角的城市创新空间结构测度与演变特征［J］. 城市规划学刊，2022（1）：74-80.

[230] 李子彬. 我在深圳当市长［M］. 北京：中信出版社，2020.

[231] 理查德·R. 尼尔森. 国家（地区）创新体系比较分析［M］. 北京：知识产权出版社，2012.

[232] 厉以宁，林毅夫，周其仁. 读懂中国改革：新一轮改革的战略与路径［M］. 北京：中信出版社，2014.

[233] 梁婷，李国好. 我国高校校办企业发展研究——以中山大学达安基因股份有限公司为例［J］. 现代商贸工业，2008（4）：85-87.

[234] 梁运斌. 世界经济开发区的演进、类型及功能分析［J］. 国外城市规划，1994（1）：27-30.

[235] 廖志恒，孙家仁，范绍佳，等. 2006—2012年珠三角地区空气污染变化特征及影响因素［J］. 中国环境科学，2015，35（2）：329-336.

[236] 林剑铬，夏丽丽，蔡润林，等. 中国高新技术产业开发区的知识基础及其创新效应——基于国家级高新区上市企业的研究［J］. 地理研究，2021，40（2）：387-401.

[237] 林兰，曾刚，吕国庆. 基于创新"二分法"的中国装备制造业创新网络研究［J］. 地理科学，2017，37（10）：1469-1477.

[238] 林树森. 广州城记［M］. 广州：广东人民出版社，2013.

[239] 林毅夫，蔡昉，李周. 中国的奇迹：发展战略与经济改革［M］. 上海：格致出版社，2019.

[240] 凌伟宪. 未来城市的探索——广州开发区萝岗区新型城市化的思考［M］. 广州：广东人民出版社，2013.

[241] 刘洁贞，曾艺元，李颖，等. 粤港澳大湾区中微观创新空间设计——以佛山三龙湾为例［J］. 规划师，2020，36（3）：65-72.

[242] 刘金山，陈永品，李耀尧. 全球化与国家战略互动的微观基础——广州开发区发展研究［M］. 广州：暨南大学出版社，2017.

[243] 刘炜，李郇，欧俏珊. 产业集群的非正式联系及其对技术创新的影响——以顺德家电产业集群为例［J］. 地理研究，2013，32（3）：518-530.

[244] 刘炜，刘逸，李郇. 全球化下珠三角本土企业创新网络的演变及影响因素研究——基于顺德东菱凯琴集团和珠海德豪润达集团的对比实证［J］. 经济地理，2010，30（8）：1316-1321，1394.

[245] 刘彦，赵佩佩. 杭州和深圳城市创新空间结构特征比较［C］//中国城市规划学会，重庆市人民政府. 活力城乡 美好人居——2019中国城市规划年会论文集（05城市规划新技术应用）. 北京：中国建筑工业出版社，2019：21-31.

[246] 刘晔，曾经元，王若宇，等. 科研人才集聚对中国区域创新产出的影响［J］. 经济地理，2019，39（7）：139-147.

[247] 刘晔，徐楦钫，马海涛. 中国城市人力资本水平与人口集聚对创新产出的影响［J］. 地理科学，2021，41（6）：923-932.

[248] 刘逸，纪捷韩，许汀汀，等. 战略耦合对区域经济韧性的影响研究——以广东省为例［J］. 地理研究，2021，40（12）：3382-3398.

[249] 刘逸. 战略耦合的研究脉络与问题 [J]. 地理研究, 2018, 37 (7): 1421-1434.

[250] 龙建平, 何蕴韶. 以创新为动力发展生物医药高新技术产业——中山医科大学达安基因诊断中心的创业过程 [J]. 研究与发展管理, 2001 (2): 39-41.

[251] 陆天赞. 长三角城市创新协作关系的社会网络、空间组织及演进——基于专利合作数 [C] //中国城市规划学会. 新常态: 传承与变革——2015 中国城市规划年会论文集 (12 区域规划与城市经济). 北京: 中国建筑工业出版社, 2015: 298-309.

[252] 罗丹, 石培基. 区域创新与西部地区高新技术开发区的培育——以兰州高新区为例 [J]. 城市发展研究, 2002 (1): 32-36.

[253] 罗小玲, 郭庆荣, 谢志宜, 等. 珠江三角洲地区典型农村土壤重金属污染现状分析 [J]. 生态环境学报, 2014, 23 (3): 485-489.

[254] 罗小龙, 梁晶, 郑焕友. 开发区的第三次创业——从产业园区到城市新区 [M]. 北京: 中国建筑工业出版社, 2015.

[255] 罗小龙, 郑焕友, 殷洁. 开发区的"第三次创业": 从工业园走向新城——以苏州工业园转型为例 [J]. 长江流域资源与环境, 2011, 20 (7): 819-824.

[256] 吕国庆, 曾刚, 顾娜娜. 基于地理邻近与社会邻近的创新网络动态演化分析——以我国装备制造业为例 [J]. 中国软科学, 2014 (5): 97-106.

[257] 吕国庆, 曾刚, 郭金龙. 长三角装备制造业产学研创新网络体系的演化分析 [J]. 地理科学, 2014, 34 (9): 1051-1059.

[258] 吕拉昌, 黄茹, 廖倩. 创新地理学研究的几个理论问题 [J]. 地理科学, 2016, 36 (5): 653-661.

[259] 吕拉昌, 李勇. 基于城市创新职能的中国创新城市空间体系 [J]. 地理学报, 2010, 65 (2): 177-190.

[260] 吕拉昌, 孟国力, 黄茹, 等. 城市群创新网络的空间演化与组织——以京津冀城市群为例 [J]. 地域研究与开发, 2019, 38 (1): 50-55.

[261] 吕拉昌, 孙飞翔, 黄茹. 基于创新的城市化——中国 270 个地级及以上城市数据的实证分析 [J]. 地理学报, 2018, 73 (10): 1910-1922.

[262] 吕拉昌, 赵雅楠, 马铭晨, 等. 区域创新系统研究进展与趋势——基于 1998 年—2020 年国内外核心期刊的知识图谱分析 [J]. 华中师范大学学报 (自然科学版), 2021, 55 (5): 671-685.

[263] 吕拉昌等. 创新地理学 [M]. 北京: 科学出版社, 2017.

[264] 马海涛, 方创琳, 王少剑. 全球创新型城市的基本特征及其对中国的启示 [J]. 城市规划学刊, 2013 (1): 69-77.

[265] 马海涛, 黄晓东, 李迎成. 粤港澳大湾区城市群知识多中心的演化过程与机理 [J]. 地理学报, 2018, 73 (12): 2297-2314.

[266] 马海涛, 卢硕, 张文忠. 京津冀城市群城镇化与创新的耦合过程与机理 [J]. 地理研究, 2020, 39 (2): 303-318.

[267] 马海涛. 基于人才流动的城市网络关系构建 [J]. 地理研究, 2017, 36 (1): 161-170.

[268] 马海涛. 知识流动空间的城市关系建构与创新网络模拟 [J]. 地理学报, 2020, 75 (4): 708-721.

[269] 马静, 邓宏兵, 张红. 空间知识溢出视角下中国城市创新产出空间格局 [J]. 经济地理, 2018, 38 (9): 96-104.

[270] 马双, 曾刚, 吕国庆. 基于不同空间尺度的上海市装备制造业创新网络演化分析 [J]. 地理科学, 2016, 36 (8): 1155-1164.

[271] 马双, 曾刚, 张翼鸥, 等. 中国地方政府质量与区域创新绩效的关系 [J]. 经济地理, 2017, 37

(5): 35-41.

[272] 马双,曾刚.多尺度视角下中国城市创新网络格局及邻近性机理分析[J].人文地理,2020,35(1):95-103.

[273] 马双,曾刚.上海市创新集聚的空间结构、影响因素和溢出效应[J].城市发展研究,2020,27(1):19-25.

[274] 马双,曾刚.网络视角下中国十大城市群区域创新模式研究[J].地理科学,2019,39(6):905-911.

[275] 马特·里德利.创新的起源[M].北京:机械工业出版社,2021.

[276] 马歇尔.经济学原理[M].北京:华夏出版社,2005.

[277] 买静,张京祥,陈浩.开发区向综合新城区转型的空间路径研究——以无锡新区为例[J].规划师,2011,27(9):20-25.

[278] 迈克尔·波特.国家竞争优势[M].北京:中信出版社,2012.

[279] 曼纽尔·卡斯特.网络社会的崛起[M].北京:社会科学文献出版社,2006.

[280] 曼纽尔·卡斯特.信息化城市[M].南京:江苏人民出版社,2001.

[281] 毛蕴诗,黄泽楷,郑泳芝.技术市场的不完全性与科研人员动态股权激励——达安基因与华中数控的比较案例研究[J].武汉大学学报(哲学社会科学版),2017,70(6):16-32.

[282] 梅丽霞,王缉慈.权力集中化、生产片断化与全球价值链下本土产业的升级[J].人文地理,2009,24(4):32-37.

[283] 苗长虹,樊杰,张文忠.西方经济地理学区域研究的新视角——论"新区域主义"的兴起[J].经济地理,2002(6):644-650.

[284] 苗长虹."产业区"研究的主要学派与整合框架:学习型产业区的理论建构[J].人文地理,2006(6):97-103.

[285] 苗长虹.马歇尔产业区理论的复兴及其理论意义[J].地域研究与开发,2004(1):1-6.

[286] 苗长虹.全球—地方联结与产业集群的技术学习——以河南许昌发制品产业为例[J].地理学报,2006(4):425-434.

[287] 牛冲槐,张帆,封海燕.科技型人才聚集、高新技术产业聚集与区域技术创新[J].科技进步与对策,2012,29(15):46-48,50-51.

[288] 牛欣,陈向东.城市间创新联系及创新网络空间结构研究[J].管理学报,2013,10(4):575-582.

[289] 庞玉萍,刘叶青.城市文化开放性对城市创新能力的影响[J].城市发展研究,2020,27(3):124-131.

[290] 彭芳梅.粤港澳大湾区及周边城市经济空间联系与空间结构——基于改进引力模型与社会网络分析的实证分析[J].经济地理,2017,37(12):57-64.

[291] 邱衍庆,钟烨,刘沛,等.粤港澳大湾区背景下的穗莞深创新网络研究[J].城市规划,2021,45(8):31-41.

[292] 任俊宇,胡晓亮,于璐璐.创新驱动的"产城创"融合发展模式探索[J].规划师,2018,34(9):94-99.

[293] 任俊宇,刘希宇.美国"创新城区"概念、实践及启示[J].国际城市规划,2018,33(6):49-56.

[294] 任俊宇.创新城区的机制、模式与空间组织研究[D].北京:清华大学,2018.

[295] 茹志涛,孙玉明.法国"格勒诺布尔科创中心"建设经验及启发[J].全球科技经济瞭望,2019,34(7):53-58.

[296] 沈宏婷.开发区向新城转型的策略研究——以扬州经济开发区为例[J].城市问题,2007(12):

68-73.

[297] 沈奎. 创新引擎——第二代开发区的新图景[M]. 广州：广东人民出版社，2011.

[298] 沈自玉. 对当前清理整顿开发区的思考[J]. 山东国土资源，2004（6）：51-54.

[299] 施一峰，王兴平. 创新导向的开发区再开发模式研究——以苏州工业园为例[J]. 现代城市研究，2019（7）：118-125.

[300] 史慧君，王承云. 上海城市内部创新能力测度及区域差异分析[J]. 城市学刊，2020，41（1）：64-69.

[301] 史焱文，李二玲，李小建. 地理邻近、关系邻近对农业产业集群创新影响——基于山东省寿光蔬菜产业集群实证研究[J]. 地理科学，2016，36（5）：751-759.

[302] 舒元. 广东发展模式[M]. 广州：广东人民出版社，2008.

[303] 司月芳，曾刚，曹贤忠，等. 基于全球—地方视角的创新网络研究进展[J]. 地理科学进展，2016，35（5）：600-609.

[304] 宋延鹏. 珠三角区域创新空间格局优化策略研究[J]. 南方建筑，2020（4）：112-117.

[305] 孙鹏，程丹亚. 全球—地方视角下西安市软件产业集群的创新效应研究[J]. 人文地理，2019，34（5）：101-108.

[306] 孙瑜康，孙铁山，席强敏. 北京市创新集聚的影响因素及其空间溢出效应[J]. 地理研究，2017，36（12）：2419-2431.

[307] 汤放华，汤慧，孙倩，等. 长江中游城市集群经济网络结构分析[J]. 地理学报，2013，68（10）：1357-1366.

[308] 唐凯，翟国方，何仲禹，等. 南京市众创空间时空分布格局及演化机制研究[J]. 现代城市研究，2019（4）：52-59.

[309] 陶杰. 杭州高新技术产业开发区产城融合评价研究[D]. 杭州：杭州师范大学，2018.

[310] 滕堂伟，陈佳怡，翁玲玲. 长江经济带城市创新绩效空间分异与政府作用[J]. 演化与创新经济学评论，2018（1）：70-82.

[311] 滕堂伟，方文婷. 新长三角城市群创新空间格局演化与机理[J]. 经济地理，2017，37（4）：66-75.

[312] 托马斯·弗里德曼. 世界是平的[M]. 长沙：湖南科学技术出版社，2008.

[313] 田素华，李筱妍，王璇. 双向直接投资与中国经济高质量发展[J]. 上海经济研究，2019（8）：25-36.

[314] 屠启宇. 21世纪全球城市理论与实践的迭代[J]. 城市规划学刊，2018（1）：41-49.

[315] 汪涛，曾刚. 新区域主义的发展及对中国区域经济发展模式的影响[J]. 人文地理，2003（5）：52-55.

[316] 王宝音. 北京未来科学城十年发展回顾与思考[C]//中国城市规划学会，重庆市人民政府. 活力城乡 美好人居——2019中国城市规划年会论文集（14规划实施与管理）. 北京：中国建筑工业出版社，2019：618-627.

[317] 王保乾，罗伟峰. 国家创新型城市创新绩效评估——以长三角地区为例[J]. 城市问题，2018（1）：34-40.

[318] 王承云，孙飞翔. 长三角城市创新空间的集聚与溢出效应[J]. 地理研究，2017，36（6）：1042-1052.

[319] 王德业. 招商引资实务[M]. 广州：中山大学出版社，1998.

[320] 王方方，杨智晨，武宇希，等. 粤港澳大湾区创新合作网络空间结构与影响因素研究——基于社会网络分析法[J]. 城市观察，2021（3）：89-100，117.

[321] 王丰龙，曾刚，叶琴，等. 基于创新合作联系的城市网络格局分析——以长江经济带为例[J].

长江流域资源与环境, 2017, 26 (6): 797-805.

[322] 王慧. 开发区发展与西安城市经济社会空间极化分异 [J]. 地理学报, 2006 (10): 1011-1024.

[323] 王慧. 开发区与城市相互关系的内在肌理及空间效应 [J]. 城市规划, 2003 (3): 20-25.

[324] 王缉慈, 马铭波, 刘譞. 重新认识意大利式产业区竞争力——对深圳金饰产业区等我国专业化产业区的启示 [J]. 中国软科学, 2009 (8): 85-93.

[325] 王缉慈, 王可. 区域创新环境和企业根植性——兼论我国高新技术企业开发区的发展 [J]. 地理研究, 1999 (4): 357-362

[326] 王缉慈. 超越集群——中国产业集群的理论探索 [M]. 北京: 科学出版社, 2010.

[327] 王缉慈. 创新的空间——产业集群与区域发展 [M]. 北京: 科学出版社, 2020.

[328] 王缉慈. 关于发展创新型产业集群的政策建议 [J]. 经济地理, 2004 (4): 433-436.

[329] 王缉慈. 知识创新和区域创新环境 [J]. 经济地理, 1999 (1): 12-16.

[330] 王纪武, 孙滢, 林倪冰. 城市创新活动分布格局的时空演化特征及对策——以杭州市为例 [J]. 城市发展研究, 2020, 27 (1): 12-18, 29.

[331] 王俊松, 颜燕, 胡曙虹. 中国城市技术创新能力的空间特征及影响因素——基于空间面板数据模型的研究 [J]. 地理科学, 2017, 37 (1): 11-18.

[332] 王蕾, 曹希敬. 熊彼特之创新理论的发展演变 [J]. 科技和产业, 2012, 12 (6): 84-88.

[333] 王梦珂. 面向产业新城的开发区转型研究 [D]. 上海: 华东师范大学, 2012.

[334] 王秋玉, 曾刚, 吕国庆. 中国装备制造业产学研合作创新网络初探 [J]. 地理学报, 2016, 71 (2): 251-264.

[335] 王伟, 朱小川, 梁霞. 粤港澳大湾区及扩展区创新空间格局演变及影响因素分析 [J]. 城市发展研究, 2020, 27 (2): 16-24.

[336] 王兴平, 崔功豪, 高舒欣. 全球化与中国开发区发展的互动特征及内在机制研究 [J]. 国际城市规划, 2018, 33 (2): 16-22, 32.

[337] 王兴平, 顾惠. 我国开发区规划30年——面向全球化、市场化的城乡规划探索 [J]. 规划师, 2015, 31 (2): 84-89.

[338] 王兴平, 袁新国, 朱凯. 开发区再开发路径研究——以南京高新区为例 [J]. 现代城市研究, 2011, 26 (5): 7-12.

[339] 王兴平, 朱凯, 李迎成. 集约型城镇产业空间规划 [M]. 南京: 东南大学出版社, 2014.

[340] 王兴平, 朱凯. 都市圈创新空间: 类型、格局与演化研究——以南京都市圈为例 [J]. 城市发展研究, 2015, 22 (7): 8-15.

[341] 王兴平. 创新型都市圈的基本特征与发展机制初探 [J]. 南京社会科学, 2014 (4): 9-16.

[342] 王兴平. 开发区与城市的互动整合——基于长三角的实证分析 [M]. 南京: 东南大学出版社, 2013.

[343] 王兴平. 中国城市新产业空间——发展机制与空间组织 [M]. 北京: 科学出版社, 2005.

[344] 王暄. 创新转型视角下开发区空间提升策略研究——以滁州高教科创城为例 [J]. 城市建筑, 2021, 18 (6): 30-32.

[345] 王越, 王承云. 长三角城市创新联系网络及辐射能力 [J]. 经济地理, 2018, 38 (9): 130-137.

[346] 王战和. 高新技术产业开发区建设发展与城市空间结构演变研究 [D]. 吉林: 东北师范大学, 2006.

[347] 威廉·鲍莫尔. 资本主义的增长奇迹——自由市场创新机器 [M]. 北京: 中信出版社, 2004.

[348] 魏江, 夏雪玲. 区域创新系统的结构与系统演变 [J]. 科技管理研究, 2005, 25 (3): 46-47.

[349] 魏来, 田璐. 创新驱动下开发区空间转型的逻辑与策略 [J]. 城市发展研究, 2021, 28 (10): 23-28, 40.

[350] 文嫮, 曾刚. 嵌入全球价值链的地方产业集群发展——地方建筑陶瓷产业集群研究 [J]. 中国工业经济, 2004 (6): 36-42.

[351] 文嫮, 曾刚. 全球价值链治理与地方产业网络升级研究——以上海浦东集成电路产业网络为例 [J]. 中国工业经济, 2005 (7): 20-27.

[352] 巫强, 刘志彪. 中国沿海地区出口奇迹的发生机制分析 [J]. 经济研究, 2009, 44 (6): 83-93.

[353] 吴缚龙, 马润潮, 张京祥. 转型与重构: 中国城市发展多维透视 [M]. 南京: 东南大学出版社, 2007.

[354] 吴家华. 广州开发区现状与展望 [M]. 广州: 广东地图出版社, 1994.

[355] 吴康, 方创琳, 赵渺希. 中国城市网络的空间组织及其复杂性结构特征 [J]. 地理研究, 2015, 34 (4): 711-728.

[356] 吴晓波. 激荡三十年: 中国企业 [M]. 北京: 中信出版社, 2008.

[357] 吴志强, 陆天赞. 引力和网络: 长三角创新城市群落的空间组织特征分析 [J]. 城市规划学刊, 2015 (2): 31-39.

[358] 武常岐, 涂政. 国家高新技术产业开发区政策与管理 [M]. 北京: 科学出版社, 2020.

[359] 武晓静, 杜德斌, 肖刚, 等. 长江经济带城市创新能力差异的时空格局演变 [J]. 长江流域资源与环境, 2017, 26 (4): 490-499.

[360] 西奥多·舒尔茨. 对人进行投资——人口质量经济学 [M]. 北京: 首都经济贸易大学出版社, 2002.

[361] 鲜果, 曾刚, 曹贤忠. 中国城市间创新网络结构及其邻近性机理 [J]. 世界地理研究, 2018, 27 (5): 136-146.

[362] 项振海, 黄哲, 李志刚. 众创空间的内涵、功能搭建与机制——对广佛智城的实证 [J]. 规划师, 2016, 32 (9): 18-23.

[363] 肖刚, 杜德斌, 李恒, 等. 长江中游城市群城市创新差异的时空格局演变 [J]. 长江流域资源与环境, 2016, 25 (2): 199-207.

[364] 肖永红, 张新伟, 王其文. 基于层次分析法的我国高新区创新能力评价研究 [J]. 经济问题, 2012 (1): 31-34.

[365] 熊军, 胡涛. 开发区"二次创业"的全球化视角——对长江三角洲开发区"二次创业"的分析 [J]. 华中师范大学学报 (自然科学版), 2001 (4): 489-492.

[366] 徐宜青, 曾刚, 王秋玉. 长三角城市群协同创新网络格局发展演变及优化策略 [J]. 经济地理, 2018, 38 (11): 133-140.

[367] 许斌丰. 技术创新链视角下长三角三省一市区域创新系统协同研究 [D]. 合肥: 中国科学技术大学, 2018.

[368] 许学强, 李郇. 改革开放30年珠江三角洲城镇化的回顾与展望 [J]. 经济地理, 2009, 29 (1): 13-18.

[369] 薛凤旋, 杨春. 外资: 发展中国家城市化的新动力——珠江三角洲个案研究 [J]. 地理学报, 1997 (3): 3-16.

[370] 颜家英. 政府背景风险投资对企业成长能力的影响 [D]. 南京: 东南大学, 2019.

[371] 颜莉. 城市创新绩效综合评价体系及其实证应用 [J]. 经济地理, 2011, 31 (9): 1470-1475.

[372] 杨斌, 李志远. 国家高新区评价的理论逻辑、历史逻辑与实践逻辑 [J]. 中国高新技术产业导报, 2021 (29): A7.

[373] 杨东峰, 殷成志, 史永亮. 从沿海开发区到外向型工业新城——1990年代以来我国沿海大城市开发区到新城转型发展现象探讨 [J]. 城市发展研究, 2006 (6): 80-86.

[374] 杨浩, 张京祥. 城市开发区空间转型背景下的更新规划探索 [J]. 规划师, 2013, 29 (1): 29-33.

[375] 杨继瑞. "开发区热"的理论思考与对策研究 [J]. 社会科学研究, 1994 (2): 13-17, 12.

[376] 杨锐, 胡宇杰, 王缉慈. "地方—全球"力量下地方产业集群升级——地方企业商业模式创新与地方能力 [J]. 科学发展, 2008 (1): 97-105.

[377] 杨树英. 广州萝岗新城核心区慢行系统下的景观营造 [D]. 广州: 华南理工大学, 2013.

[378] 叶菁菁. 上市公司分拆挂牌新三板效应研究——以达安基因分拆达瑞生物为例 [D]. 上海: 上海交通大学, 2016.

[379] 叶琴, 曾刚. 本地化与全球化对产业集群技术创新的影响——以东营市石油装备制造业产业集群为例 [C]//中国地理学会经济地理专业委员会. 2015年中国地理学会经济地理专业委员会学术研讨会论文摘要集. [出版者不详], 2015: 120.

[380] 叶琴, 曾刚. 解析型与合成型产业创新网络特征比较——以中国生物医药、节能环保产业为例 [J]. 经济地理, 2018, 38 (10): 142-154.

[381] 叶玉瑶, 王景诗, 吴康敏, 等. 粤港澳大湾区建设国际科技创新中心的战略思考 [J]. 热带地理, 2020, 40 (1): 27-39.

[382] 尹鹏, 梁振民, 陈才. 大连经济技术开发区建设与城市空间扩展研究 [J]. 世界地理研究, 2012, 21 (3): 119-126.

[383] 於文喜. 强者之歌——来自广州经济技术开发区的报道 [M]. 广州: 广东人民出版社, 1994.

[384] 於文喜. 热土情影——广州经济技术开发区纪实丛书 [M]. 广州: 广东人民出版社, 1994.

[385] 袁奇峰, 李刚, 戚芳妮. 粤港澳大湾区中的广佛大都市区空间演化与重构 [J]. 南方建筑, 2019 (6): 52-58.

[386] 袁奇峰, 易品, 吴婷婷, 等. 从工业园区到产业社区——以南昌经开区白水湖片区城市设计为例 [J]. 城市建筑, 2019, 16 (16): 136-142, 148.

[387] 袁奇峰. 城市总体规划改革小议——对广州征求意见稿的讨论 [J]. 北京规划建设, 2018 (2): 171-174.

[388] 袁奇峰. 从制造业、房地产到创新经济——从"三次循环"看新型城镇化 [J]. 北京规划建设, 2014 (5): 6-9.

[389] 袁奇峰. 分权化与都市区整合: "广佛同城化"的机遇与挑战 [J]. 北京规划建设, 2015 (2): 171-174.

[390] 袁奇峰. 国家中心城市、全球城市与珠三角城镇群规划之惑 [J]. 北京规划建设, 2017 (1): 64-67.

[391] 袁奇峰. 再论广州城市发展战略 [J]. 北京规划建设, 2014 (4): 168-171.

[392] 袁奇峰. 珠三角一体化与大都市区治理 [J]. 北京规划建设, 2014 (3): 174-177.

[393] 袁晓辉. 创新驱动的科技城规划研究 [D]. 北京: 清华大学, 2014.

[394] 袁新国, 王兴平, 滕珊珊, 等. 长三角开发区再开发模式探讨 [J]. 城市规划学刊, 2011 (6): 77-84.

[395] 袁新国, 王兴平, 滕珊珊. 再开发背景下开发区空间形态的转型 [J]. 城市问题, 2013 (5): 96-100.

[396] 袁新国, 王兴平. 边缘城市对我国开发区再开发的借鉴——以宁波经济技术开发区为例 [J]. 城市规划学刊, 2010 (6): 95-101.

[397] 袁新国, 王兴平. 再开发背景下开发区产业建筑改造再利用研究——以漕河泾新兴技术开发区为例 [J]. 城市规划, 2011, 35 (10): 67-73.

[398] 约瑟夫·熊彼特. 经济发展理论 [M]. 北京: 商务印书馆, 2019.

[399] 曾纯. 中华民族的复兴曙光——中国初步工业化探索历程 (1949—1978 年) [J]. 中国工业和信息化, 2019 (10): 74-81, 84-89.

[400] 曾刚, 王秋玉, 曹贤忠. 创新经济地理研究述评与展望 [J]. 经济地理, 2018, 38 (4): 19-25.

[401] 曾刚, 文婷. 全球价值链视角下的瓷砖地方产业集群发展研究 [J]. 经济地理, 2005 (4): 467-470.

[402] 曾刚, 张云逸, 赵建吉, 等. 技术权力与企业创新网络空间演化的理论与应用 [M]. 北京: 经济科学出版社, 2012.

[403] 曾刚. 法国巴黎区的规划与整治及其对上海建设的启示 [J]. 世界地理研究, 1997 (2): 68-73.

[404] 曾国屏, 苟尤钊, 刘磊. 从"创新系统"到"创新生态系统" [J]. 科学学研究, 2013, 31 (1): 4-12.

[405] 张二勋. 给城市开发区热降温 [J]. 城市问题, 1995 (3): 27-29, 33.

[406] 张二震, 戴翔. 论开发区从产业集聚区向创新集聚区的转型 [J]. 现代经济探讨, 2017 (9): 1-6.

[407] 张惠璇, 刘青, 李贵才. 广东省城市创新联系的空间格局演变及优化策略 [J]. 地理科学进展, 2016, 35 (8): 952-962.

[408] 张京祥, 唐爽, 何鹤鸣. 面向创新需求的城市空间供给与治理创新 [J]. 城市规划, 2021, 45 (1): 9-19, 29.

[409] 张京祥, 吴缚龙, 马润潮. 体制转型与中国城市空间重构——建立一种空间演化的制度分析框架 [J]. 城市规划, 2008 (6): 55-60.

[410] 张俊. 创新导向下高科技园区的规划管控研究——以广州科学城与新加坡纬壹科技城为例 [D]. 广州: 华南理工大学, 2019.

[411] 张器先. 试论经济技术开发区的规划与建设 [J]. 城市规划, 1985 (3): 3-5.

[412] 张庭伟. 全球化2.0时期的城市发展——2008年后西方城市的转型及对中国城市的影响 [J]. 城市规划学刊, 2012 (4): 5-11.

[413] 张婷婷. 高新区用地布局模式研究 [D]. 武汉: 华中科技大学, 2012.

[414] 张艳. 国家经开区与高新区的政策渊源探究及反思 [J]. 城市规划学刊, 2011 (3): 51-57.

[415] 张艳. 开发区空间拓展与城市空间重构——苏锡常的实证分析与讨论 [J]. 城市规划学刊, 2007 (1): 49-54.

[416] 张义芳. 美国阿波罗计划组织管理经验及对我国的启示 [J]. 世界科技研究与发展, 2012, 34 (6): 1046-1050.

[417] 张永凯, 李登科. 演化视角下跨国公司海外研发机构与东道国区域创新体系的互动关系分析 [J]. 世界地理研究, 2016, 25 (6): 78-86.

[418] 张云伟, 曾刚, 程进. 基于全球通道与本地蜂鸣的张江IC产业集群演化 [J]. 地域研究与开发, 2013, 32 (3): 38-43.

[419] 张云逸, 曾刚. 技术权力影响下的产业集群演化研究——以上海汽车产业集群为例 [J]. 人文地理, 2010, 25 (2): 120-124.

[420] 张云逸. 基于技术权力的地方企业网络演化研究 [D]. 上海: 华东师范大学, 2009.

[421] 张泽, 黎智枫, 肖扬. 上海市创新活动的微观分布空间特征: 基于专利申请数据的研究 [J]. 现代城市研究, 2018 (5): 80-85, 93.

[422] 张战仁, 杜德斌. 跨国研发投资与中国发展影响研究——基于中国创新自主发展基础的面板联立方程分析 [J]. 地理科学, 2015, 35 (8): 976-983.

[423] 张志强, 孙斌栋. 国家级经济技术开发区与产业转移 [J]. 产业经济评论, 2016 (3): 5-21.

[424] 赵建吉, 曾刚. 基于技术守门员的产业集群技术流动研究——以张江集成电路产业为例 [J]. 经济地理, 2013, 33 (2): 111-116.

[425] 赵建吉, 曾刚. 技术社区视角下新竹IC产业的发展及对张江的启示 [J]. 经济地理, 2010, 30

（3）：438-442，430.

[426] 赵民，王启轩. 我国"开发区"的缘起、演进及新时代的治理策略探讨[J]. 城市规划学刊，2021（6）：28-36.

[427] 赵燕菁. 经济技术开发区的规模、选址和功能[J]. 城市规划，1987（5）：59-62.

[428] 赵燕菁. 土地财政：历史、逻辑与抉择[J]. 城市发展研究，2014，21（1）：1-13.

[429] 赵玉海. 国家高新技术产业开发区发展情况[J]. 经济世界，2002（7）：18-19.

[430] 赵玉林. 创新经济学[M]. 2版. 北京：清华大学出版社，2017.

[431] 郑德高，袁海琴. 校区、园区、社区：三区融合的城市创新空间研究[J]. 国际城市规划，2017，32（4）：67-75.

[432] 郑国，王慧. 中国城市开发区研究进展与展望[J]. 城市规划，2005（8）：51-58.

[433] 郑国. 开发区发展与城市空间重构[M]. 北京：中国建筑工业出版社，2010.

[434] 郑国. 中国开发区发展与城市空间重构：意义与历程[J]. 现代城市研究，2011，26（5）：20-24.

[435] 郑永年，黄彦杰. 制内市场——中国国家主导型政治经济学[M]. 杭州：浙江人民出版社，2021.

[436] 郑永年. 国际发展格局中的"中国模式"[J]. 决策与信息，2010（2）：36-39.

[437] 钟睿. 开发区转型发展视角下的产城融合内涵解析——以苏州工业园区为例[J]. 上海城市规划，2018（2）：123-128.

[438] 周灿，曾刚，王丰龙，等. 中国电子信息产业创新网络与创新绩效研究[J]. 地理科学，2017，37（5）：661-671.

[439] 周春山. 中国新城[M]. 北京：科学出版社，2021.

[440] 周干峙. 关于经济特区和沿海经济技术开发区的规划问题[J]. 城市规划，1985（5）：3-6.

[441] 周路明. 深圳科技局原副局长：大家没读懂的深圳创新路径[EB/OL].（2021-07-03）[2022-10-26]. https://mp.weixin.qq.com/s/raM5zj5H2NSABSbQy9MxnQ.

[442] 周美和，袁岳洪. 国外高技术开发区的发展：历程与原因[J]. 科学学研究，1990（2）：55-63.

[443] 周锐波，刘叶子，杨卓文. 中国城市创新能力的时空演化及溢出效应[J]. 经济地理，2019，39（4）：85-92.

[444] 周尚意，唐顺英，戴俊骋. "地方"概念对人文地理学各分支意义的辨识[J]. 人文地理，2011，26（6）：10-13，9.

[445] 周永章. 创新之路——广东科技发展30年[M]. 广州：广东人民出版社，2008.

[446] 周元可. 国外高技术开发区的几种基本形式[J]. 中国科技论坛，1989（6）：62-64.

[447] 朱秉衡. 广州开发区20年[M]. 广州：广东人民出版社，2006.

[448] 朱华友，王缉慈. 中国沿海外贸加工集群的去地方化问题[J]. 经济地理，2014，34（9）：80-85.

[449] 朱仲羽，刘伯高. 开发区"二次创业"探讨[J]. 铁道师院学报，1998（3）：20-23.

[450] 邹伟勇，黄炀，马向明，等. 国家级开发区产城融合的动态规划路径[J]. 规划师，2014，30（6）：32-39.

附　录

附录1：广州的城市发展与规划

广州是因海而兴的"海洋城市"，也是中国曾经唯一的国际贸易中心城市，只要国家仍然和世界各国进行贸易，历史上沉淀下来的开放基因就会勃发。广州城市发展与规划和国家制度变迁以及重大城市发展战略紧密相关，以新中国成立、改革开放和2000年为界点，可以分为四个大阶段，如表1所示。

表1　广州市历版城市总体规划一览表

阶段	版次	规划年限	编制年份	背景与特点
新中国成立前	/	—	1932	广州现代城市规划的尝试
新中国成立至改革开放	第1、2、3、4版	—	1954	①落实国家"先生产、后消费"政策；②1954年，全国第一次城市建设会议指出"城市规划是国民经济计划工作的继续和具体化"
	第5、6、7版	—	1955	在苏联专家指导下编制了第5、6、7版总规方案
	8	—	1956	根据中央提出的"增产节约，勤俭建国"方针，编制了以"压缩规模"为导向的第8版总规方案
	9	—	1957	以《广州市国民经济七年规划》为依据编制了第9版总规方案
	10	—	1959	1958年，按照人民公社发展要求，各行政区和公社纷纷开展了分区规划；1959年，在整合各分区规划的基础上，编制了第10版总规方案
	11	—	1961	响应中央提出的"调整、巩固、充实、提高"方针，广州修订完成了第11版总规
	12	—	1972	广州在城市规划停滞十年之后，重新编制了总规，即第12版方案
	13	—	1977	为了配合广州市国民经济十年规划，编制第13版方案

续表

阶段	版次	规划年限	编制年份	背景与特点
改革开放至21世纪初	14	1981—2000	1978	改革开放后，城市规划制度进入恢复期
	15	1991—2010	1991	第14版广州总规不能适应发展需要
21世纪初以来	16	2001—2010	2000	广州行政区域调整，番禺市、花都市撤市设区
	17	2011—2020	2006	2010年，广州举办亚运会
	18	2017—2035	2017	2017年9月，住建部将广州纳入新一轮全国总规编制试点城市
	19	2018—2035	2018	2018年，国家自上而下构建国土空间规划体系

1.1 民国时代的"模范城市"

广州有2200年的建城史，在一个千百年来"以农为本"的国家，郡县制下的城市只是大一统国家政治、军事和教化的"据点"，农业经济体系中商品交易的"市场"。清代时，广州作为广东的"省城"，城墙内驻有两广总督、巡抚、将军府、满城、广州府、学宫等府衙和番禺、南海两个县衙。

但是广州的不同在于，在城墙外的"西关"濒临白鹅潭的是著名的"十三行"，这里在乾隆二十二年（1757年）以后的85年里是中国唯一的国际贸易中心城市。鸦片战争以后，香港的崛起使广州从国际贸易中心沦为香港转运码头，但是随着广州工商业、金融及交通功能的提升，广州与香港、澳门共同形成了联通内外、相互依存、相得益彰的"省港澳"国际城市体系。

1918年，广州成立市政公所，开始拆城墙、筑马路；1921年，广东省议会通过《广州市暂行条例》，同年2月15日广州市政厅成立，在全国率先建立新市政体系，广州成为全中国第一个市、县分置的设"市"城市，并由孙科任首任广州市市长（1921—1927年），成为中国第一个现代意义上的设市城市，也是民国时期的"模范城市"。

1928年，广州市城市设计委员会成立，负责城市规划工作。1932年，出现了第一个由政府组织编制的《城市设计概要草案》，即"民国黄金十年"编制的广州历史上第一部总体规划设计文件。由此，广州开始了在历史城市中建设城市的历程，确立了从越秀山镇海楼、中山纪念塔、中山纪念堂、市政府、中央公园、起义路到海珠桥的城市中轴线。

1949年后，广东成为国家军事上的前线、经济上的边疆，于1951年设立了港澳边界禁区。直到30年后的1979年，大陆在边境管理区设立深圳、珠海特区，边界地区才又重新活跃起来。随着珠江三角洲的改革开放和香港、澳门的回归，粤港澳大湾区终于成为一个完整的巨型城市区域。

1.2 变消费城市为生产城市（1949—1978年）

新中国成立至改革开放期间，广州因为是军事前线、经济边疆而没有成为国家工业化的中心。"一五计划"的156个项目（最后做成153个）中仅有一个油页岩炼油项目放在了广东茂名。1964年，中共中央提出"备战、备荒、为人民"的战略方针，根据全国"三线建设"的基本原则，因为广州属于一线地区，一些原有的工业企业被迁移到了远郊。而广州培养的大学生则在"中南地区"调配。在此期间，广州共编制了13版城市总体规划，但是城市规模较之1949年以前没有明显扩张，只是在近郊建设了若干个工业项目和工业园。

广州作为华南地区的中心城市,初步形成了机械制造、钢铁、石油化工、造纸、轻纺等工业基础。这些工业主要布局在海珠区的南石头、凤凰岗和赤岗工业区一带(1958年),以及芳村的鹤洞重工业区(1958年)、天河区的员村车陂工业区(1958年),20世纪60年代又重点规划开发了黄埔区一带作为广州新的工业区。到了20世纪80年代初期,仅黄埔区就新建有20多家大中型工厂,包括广州石油化工总厂、广州汽车制造厂、文冲造船厂、黄埔发电厂等。

1978年,广州全市的地区生产总值为43.09亿元,占全省的23.2%,是广东省经济总量最大的地级市,人均地区生产总值为907元,是全省的2.45倍。三大产业的总产值之比为11.67∶58.59∶29.74,其中工业比重达到了56.52%,比全省高15.5个百分点,相比1949年提高了24.3个百分点。轻重工业产值占比分别为63.24%、36.76%,重工业比重比1949年提高了26.5个百分点[①]。地区生产总值的83%、工业总产值的93%分布在市区(老八区)。

1.3 发展受限于8个行政区(1979—1999年)

1978年,《中共中央关于加强城市建设工作的意见》提出"控制大城市规模,多搞小城镇"的口号。1980年,国务院批转《全国城市规划工作会议纪要》,明确了城市发展的总指导方针:控制大城市规模,合理发展中等城市,积极发展小城市。1984年,我国《城市规划条例》颁布。1989年颁布的《中华人民共和国城市规划法》第四条规定:"国家实行严格控制大城市规模、合理发展中等城市和小城市的方针。"

正是在1978年,广州开始编制第14版城市总体规划——《广州城市总体规划(1981—2000年)》,于1984年9月获得了国务院批准。广州随即在1400平方千米的范围内调整了行政区划,设立了天河区、白云区、芳村区,与荔湾区、越秀区、东山区、黄埔区、海珠区共同构成八个直属行政区。

广州作为相对保守的省会城市,其在计划经济时代积累的基础优势在改革开放初期则成了"船大难掉头"的劣势,因而未能充分借助外资推动的作用力获得快速发展,成了珠江三角洲区域经济增长相对缓慢的城市,城市地位相对下降,城市发展面临着巨大的挑战。为突破困局,广州申办了1987年的"第六次全国运动会",并在中心城区东端的原天河机场用地上建设了天河体育中心,另外还引进港资,在全市为全运会配套建设了白天鹅宾馆、中国大酒店和花园酒店等。

同样在1984年,国务院批准广州设立国家级的经济技术开发区,享受吸引外资的优惠政策,结果推动了广州东翼黄埔组团的迅速工业化。开发区和天河体育中心两个巨型项目拉动了城市用地沿珠江向东发展,形成类似带状的组团式城市总体发展形态,很好地解决了20世纪80年代广州城市和产业空间发展的问题。

在各国营单位还在筹钱打算在自己的大院里建设"福利住房"时,广州已经开始了国营开发公司"综合开发、配套建设"的尝试。其第一个房地产开发项目是东湖新村,此时虽然有少量华侨购房,但是主要还是由有实力的国营单位购房分配给员工。而五羊新村被推出市场时,除了单位购房,已有成为"万元户"的市民开始购买商品住房。

---

① 根据《广州五十年》整理。

20世纪90年代，在邓小平南方谈话、国家分税制改革的背景下，广州继天河体育中心后启动南部的珠江新城建设新城市中心（在第14版总规中是农业用地），以支持地铁建设；广州经济技术开发区和广州工业加工区、广州保税区合并，从西区扩张到东区和永和区，然后又和广州高新技术开发区合并，启动了广州科学城的建设。随着城市经济的繁荣，第14版城市总体规划划定的城市建设用地规模已经难以满足发展需要。广州开始编制第15版城市总体规划——《广州城市总体规划（1991—2010年）》，分别于1996年、2000年上报国务院，但均未获批。

1991年开始编制的第15版城市总体规划虽然将天河体育中心和珠江新城作为新城市中心区，但是由于8个直辖区行政区划的限制，只能在8个直辖行政的1400平方千米的有限空间中布局城市建设用地。

由于九连山脉的白云山自东北向西南插入，越秀山的南麓早已经被围合在城墙之中，即所谓"青山半入城"，因此城市建设用地只能在西北、东部和南部发展；除此之外，广州8个行政直辖区还被珠江切割为三个片区，由于财政匮乏，老城区和珠江南岸的海珠区、芳村区之间桥梁稀疏，因此在东部和南部之间，城市建设用地只能选择沿珠江北岸一路向东拓展。如此就形成了中心城区呈"L"形城市形态，建设用地在老城区西北部、东部均衡发展的结构。按这个方案，由于白云山和珠江的限制，东、北两翼的人流、物流、车流必然"聚焦"交通业十分困难的旧城区。城市中心区局限在旧城"云山珠水"的狭小地域，人口和活动过密，导致旧城交通堵塞、环境恶化，且难以根治。

正因为北翼大组团向西北方向的白云区拓展，东翼大组团沿珠江北岸向天河区、黄埔区拓展，所以广州城市中心区的中心大组团仍然在老城区的荔湾区、越秀区和东山区（带上了海珠区西北角）。在此格局下，天河体育中心和珠江新城充其量只能作为中心大组团和东翼大组团之间的城市副中心区，所以做了10年仍然还是一片荒地，直到2003年广州新的城市发展战略明晰后才重新启动建设。

规划城市结构强化了旧城区的中心区位，非但未能起到疏解旧城的作用，反而提升了旧城土地的经济价值预期。拆旧建新、拆低建高，城区上千栋高层建筑"遍地开花"，将广州"国家级历史文化名城"保护压缩到了"文物保护单位"的保护线边缘。

1.4 拉开结构、建设新区、保护名城（2000年—）

20世纪90年代中后期，在全球化背景下，我国的市场化、分权化改革加速了大城市的发展。2002年，党的十六大报告明确提出"要逐步提高城市化水平，坚持大中小城市和小城镇协调发展，走中国特色的城市化道路"。

1.4.1 广州城市发展战略清晰

2000年，广州开展了番禺、花都两市"撤市设区"的行政区划调整，使广州市的财政边界从1400平方千米的"云山珠水"走向3843.43平方千米的"山城田海"，极大地扩充了广州的城市发展空间，为城市产业的大发展和空间的大拓展创造了条件。为了顺应行政区划调整，广州开国内先河，率先组织编制了《广州市城市建设总体发展战略概念规划》，提出了"拉开结构、建设新区、保护名城"的城市空间发展战略，按照"南拓北优、东进西联"的八字方针，引导广州城市结构向更加广阔的空间拓展。随即开始了第16版城市总体规划——《广州城市总体规划（2001—2010）》的编制，并于2005年获得国务院批准。

随着"再工业化"政策的推进，广州以汽车、石化为代表的重工业发展迅速，成功地在产业结构上实现了与珠江三角洲一般加工业的错位发展。广州将原来的九个优势不明显的主导工业产业转换成规模化的汽车、石化和电子制造三大支柱产业，工业结构得到重塑，实现了从传统产业向资金、技术密集型产业主导的转变。

2005年，东山、越秀合并为越秀区，芳村、荔湾合并为荔湾区，新成立萝岗区和南沙区，进一步用行政区划巩固了广州的战略性城市空间结构。自此，广州初步形成了以都会区为主，以南沙区、萝岗区和新白云国际机场周边地区为辅，各区之间由生态廊道分隔的城市空间形态。其中，各区内各功能组团之间又由生态廊道分隔，多中心、组团式、网络型的城市结构框架已见雏形。

2010年亚运会以前，广州城市空间就已初步形成从"云山珠水"向"山城田海"扩张的格局，形成了"一心两区三张牌"的六大重点空间据点，即珠江新城CBD（中央商务区），萝岗和南沙两大"开发区"，大学城、汽车城和亚运城"三张牌"。城市产业空间北抵花都、南至南沙、东到萝岗，南北跨度达到128千米，东西跨度为43千米。城市基础设施也在这样一个巨型尺度下布局，快速完善的城市轨道交通网，高快速路网、高速铁路网，以及新白云国际机场、武广新客站枢纽、南沙深水港，共同构筑了广州"一网两高三枢纽"的基础设施格局。城市空间结构开始进入"多中心多极网络化"的阶段。

1.4.2 广州城市发展战略迷失

但在2010年，筹建中的中（国）科（威特）炼化、宝山钢铁厂重组韶钢和广钢而成立的广东钢铁集团的两个巨型项目因为区域环保争议被迫从广州南沙迁到湛江市的东海岛建设，广州"再工业化"依托南沙建设重化工业基地的第二步战略布局彻底落空。

2014年，经国务院同意，广州市撤销黄埔区、萝岗区，设立新的广州市黄埔区；县级市从化市、增城市"撤市设区"，广州市的财政边界由3843.43平方千米扩大到了7434.4平方千米。而广州2006年开始编制的第17版城市总体规划——《广州城市总体规划（2011—2020）》，也终于在2016年获得了国务院的批准。

该规划提出了"1个都会区、2个新城区（南沙滨海新城、萝岗山水新城）、3个副中心（花都副中心、增城副中心、从化副中心）"的"1+2+3"城市结构，这是一个为收回从化、增城而做的短视的机会主义方案，混淆了"行政城市"与"实体城市"的概念。其实"行政"上的广州是一个城市群，三个独立的县城作为副中心掩盖了"实体"城市（都会区）亟待建设多中心城市结构的问题，而且在产业发展方面也没什么想象力。

2017年，住建部将广州纳入新一轮全国总规编制试点城市。于是广州开始编制第18版城市总体规划——《广州城市总体规划（2017—2035）》。2018年2月，《广州城市总体规划（2017—2035）》草案公示[①]。就在这一年，第十三届全国人民代表大会第一次会议批准了国务院机构改革的方案，其中包括组建"自然资源部"，试图建立全国统一、权责清晰、科学高效的国土空间规划体系。

2019年，《中共中央 国务院关于建立国土空间规划体系并监督实施的若干意见》正

---

① 广州人大. 关于《广州市城市总体规划（2017—2035年）》的报告——2018年3月27日在广州市第十五届人民代表大会常务委员会第十三次会议上［EB/OL］.（2018-06-27）. https://www.rd.gz.cn/zyfb/bg/content/post_153368.html.

式公布。在此背景下,广州于 2018 年启动了国土空间规划的编制。2019 年 6 月,《广州市国土空间总体规划(2018—2035)》草案公示。

1.5 广佛大都市区的形成

1.5.1 城市区域化

2000 年后,国家转变城市发展方针,由 20 世纪 80 年代的"严格控制大城市规模,合理发展中小城市"转变为"大、中、小城市协调发展"。大城市再次获得了发展机遇,主要通过"撤县(市)设区"来拓展空间、整合资源。

广州于 2000 年将代管的番禺、花都两个县级市改为市辖区。行政区划调整后编制了《广州城市总体发展战略规划纲要》,以"拉开结构、建设新区、保护名城"为总体战略,拉开城市空间框架。此后分别在 2005 年、2014 年进行了两次行政区划调整,市域面积扩大了 5 倍之多。2019 年,《广州国土空间规划》提出"一核一极、多点支撑、网络布局"的空间结构。广州通过行政区划调整实现治理尺度上移,将原来的县城、工业园区和专业镇逐渐整合为大城市的功能区,实现了"城市区域化"。

2003 年,佛山一次性将所辖的南海、顺德、高明、三水 4 个县级市改为市辖区,整合后的佛山具有典型的"弱市强县"特征。行政区划调整后,《佛山市总体规划》提出"2+5"的组团空间战略,结果在市区关系上却进一步强化了五个区的"县域经济"格局。尽管 2012 年《佛山市总体规划》提出打造一个强中心的战略,将原有的"2+5"战略升级为"1+2+5+X"战略,但结果并不理想。原因在于佛山所辖的五个区均已成为广佛大都市区的功能区,除行政事务在禅城区外,大部经济活动都在包括广州辖区在内的大都市区中分工协作展开。因此,在佛山市政府集中财力亲自建设东平新城(后改称佛山新城)的同时,禅城区也在极力推进祖庙(东华里)片区的旧城改造、建设西部郊区的禅西新城,南海区则全力打造位于千灯湖的"广东省金融高新技术服务区"。

由于远离广州中心城区,佛山新城、禅西新城除房地产开发外,其他并未被产业资本认同。而南海凭一区之力在广佛交界处打造的千灯湖片区却因邻近广州而获得了市场的积极认同,围绕广东省金融高新技术服务区这一定位而成功引入产业、跨国公司。目前,千灯湖板块已是"一老三新"(佛山老城、佛山新城、禅西新城、千灯湖板块)中发展最成熟、价值最高的板块。在这种情况下,市政府干脆把佛山新城的开发权放回了属地顺德区。

1.5.2 区域一体化

所谓"同城化"是发生在相邻大城市之间的一种"区域一体化",即不同城市的行政辖区之间的基础设施高度互联互通,人流和物流成本大幅度降低;市场要素自由流动而不受城市行政区约束,产业资源自由配置并实现分工协作;市民同城生活,社会事务、公共服务和社会保障互联共享。广佛同城经历了如下 3 个阶段:

第一阶段,市场要素自发流动。广佛同城有一个显著特点,即市场先行。20 世纪 90 年代,由于土地不足的制约,广州的居住、商贸功能开始外溢。如广佛公路上的黄岐和盐步等地开始承接广州中山八路外溢的商贸批发业,广佛公路也被誉为广州的"中山九路"。此时,南海东部地区变化最为明显,动力主要源自广州的市场外溢和辐射。

第二阶段,政府对接与合作。2008 年,在广东省的推动下,国务院颁布了《珠江三角洲地区改革发展规划纲要(2008—2020 年)》,明确提出"广佛同城化"。2009 年,广佛两市签署《同城化建设合作框架协议》。至此,广佛同城获得政府认可,政府开始对接与合作。此后,同城化建设主要是在基础设施对接、公共服务设施共享、产业协同发展等方面进行合作。其中,尤以基础设施对接最具代表性,呈现从公路到快速路、再到城市轨道的升级。2010年,全国首条城际地铁——广佛地铁开通,实现了广佛两市地铁线路的接驳。

第三阶段,两市政府主动谋划。目前,广佛同城进入深水区,两市政府谋划在合作条件成熟的交界地区共建"广佛高质量融合发展试验区"。2019年,广佛两市开展了广佛融合先导区的前期研究,提出围绕广州南站,整合佛山三龙湾、北滘新城,划定合作范围,探索合作机制和政策创新,构筑"广佛第三级",推动形成更深层次合作新格局。该研究成果被纳入《广州国土空间规划》之中,并由此提出"率先启动以广州南站为核心的广州南站—佛山三龙湾—荔湾海龙片区的建设,再稳步推进五眼桥—滘口、大岗—五沙、白云—里水、花都—三水片区融合发展"。

广佛大都市区中自东部黄埔—增城产业聚集区、广州主城区到西部南海千灯湖、狮山—大旺产业聚集区的"广佛主轴"已形成,一体化格局已凸显,如图1所示。未来在两市南部地区沿广明高速、广州地铁7号线,有可能整合广州大学城、广州创新城、广州南站与三龙湾、北滘新城、佛山新城,形成"广佛创新主轴"。

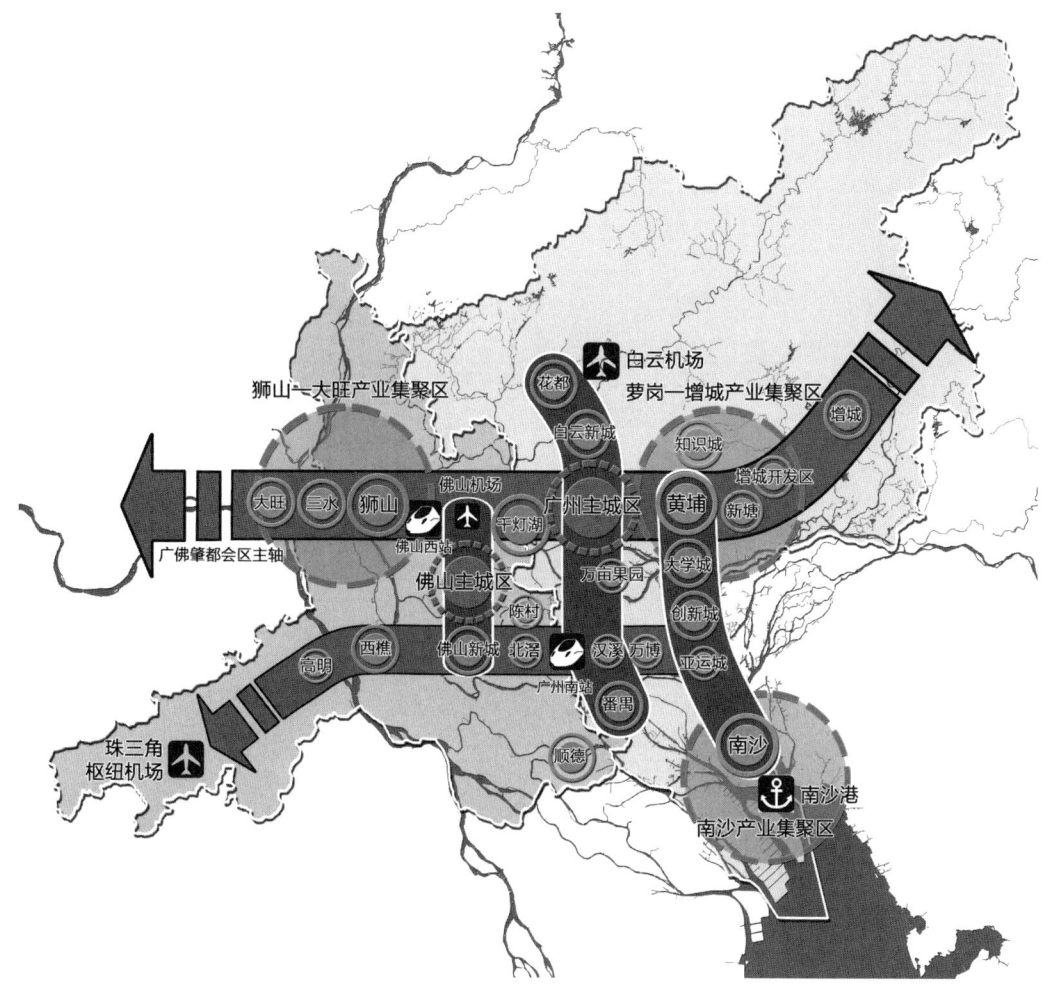

图1 广佛都市区总体结构示意图

1.5.3 完整的"核心-边缘"模型

从交通通达性、建设用地扩张、人口与经济密度等方面对广佛空间结构演化进行分析,初步反映出广佛大都市区正形成一个完整的"核心-边缘"模型。交通通达性分析表明,广佛正形成同心环格局,时间最短通达性与空间最短通达性的空间格局均呈同心环状态分布,同时空间通达性呈东西方向伸展格局,与沿广佛主轴的经济空间结构基本吻合。建设用地扩张分析表明,广佛两市交界处快速连绵形成"一个核心",对1996—2010年间的数据进行分析,可知建设用地扩张主要发生在两市交界区域,可见交界处建设用地的开发和经济建设是两市发展的主要动力之一,该结论反映了广佛两个中心区不断连绵形成一个核心的趋势。对广佛核心区的建筑密度、人口密度、GDP密度进行分析,也得出了相似结论。

以下通过对建设用地扩张、商业网点核密度、公交站点核密度进行分析,进一步解析广佛大都市区空间结构的演化路径和趋势。

(1)以广佛两市市域范围内1987年、1997年、2007年、2017年4期Landsat TM/ETM遥感影像为数据源,采用ENVI提取建设用地数据,得到如图2所示的扩张图。分析可知,早期建设用地集中于广州中心城区、佛山城区(即原南海县城),后逐步蔓延连接。如今,两个中心城区已经完全绵延。

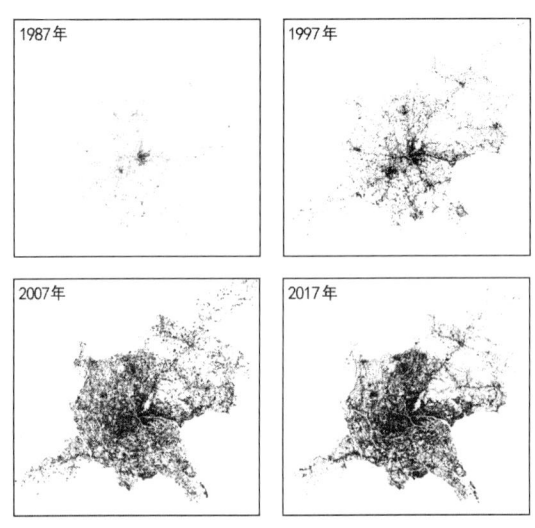

图2 广佛大都市区建设用地扩张图

(2)基于高德地图的商业网点、公交站点POI数据,利用GIS软件进行核密度分析,也可得出相似的结论。未来随着以广州南站—佛山三龙湾—荔湾海龙片区为代表的边界融合的推进,将进一步助推广佛"一个核心"的形成。

广佛在城市区域化、区域一体化过程中,形成了一个相对完整的经济地理单元、一个"核心-边缘"模型的大都市区(见图3)。广佛大都市区中的"广佛主轴"已形成,未来在两市南部地区有可能形成"广佛创新主轴",沿着珠三角二环高速形成黄埔、南沙和狮山三个巨型工业园区,而西樵山、白云山和莲花山三个风景名胜区镶嵌在西、北、东三面,如图4所示。

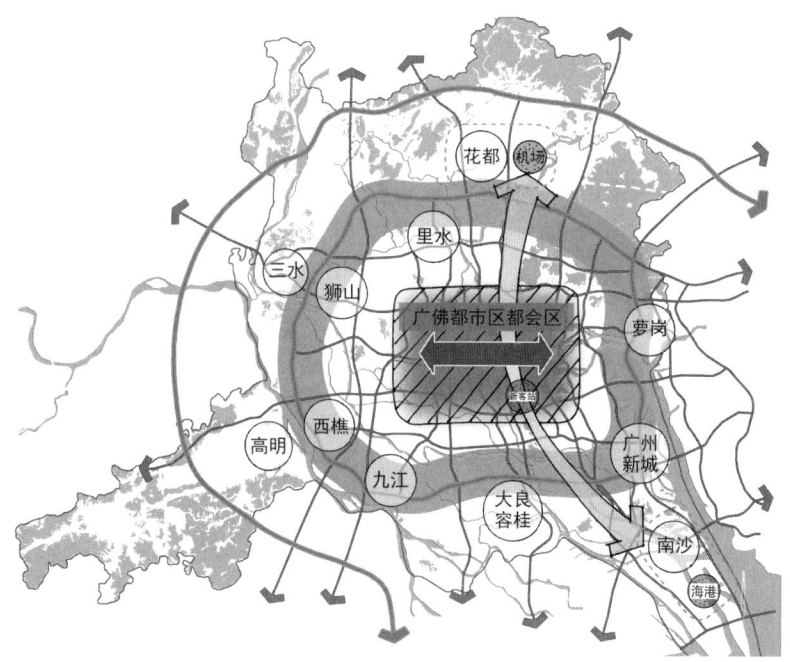

图 3 广佛大都市区的"核心－边缘"结构

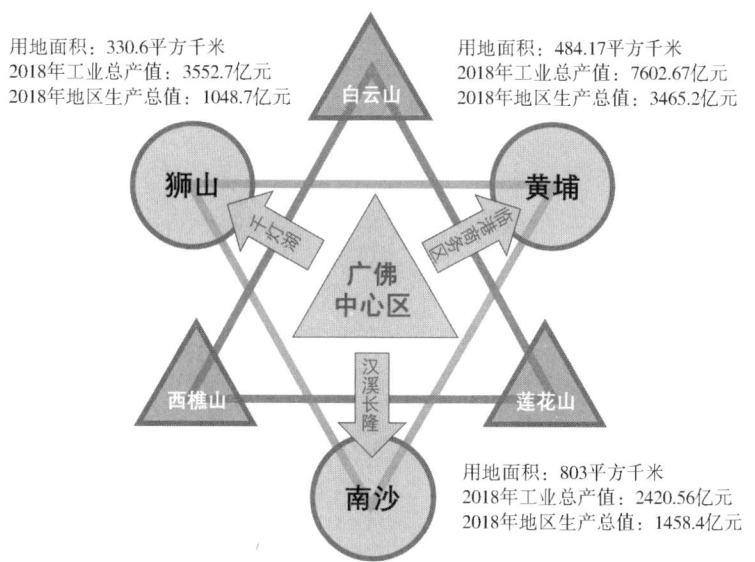

图 4 广佛大都市区的产业、生态结构

广州在民国初年设立市政体制，将南海、番禺两县迁出市区，通过从越秀山到珠江的广州近代城市传统中轴线重构了近代城市的人文山水格局。改革开放四十年，广佛通过区域一体化重新整合为一个完整的大都市区。在此期间，广州建设了广州城市新中轴线，南海也谋划了南海城市中轴线。两条分别位于古番禺、古南海大地上的长为 12 千米的广州城市新中轴线、南海城市中轴线拱卫着广州近代城市传统中轴线，在广佛大都市区的新时代构筑起共同的城市人文山水意象，如图 5 所示。

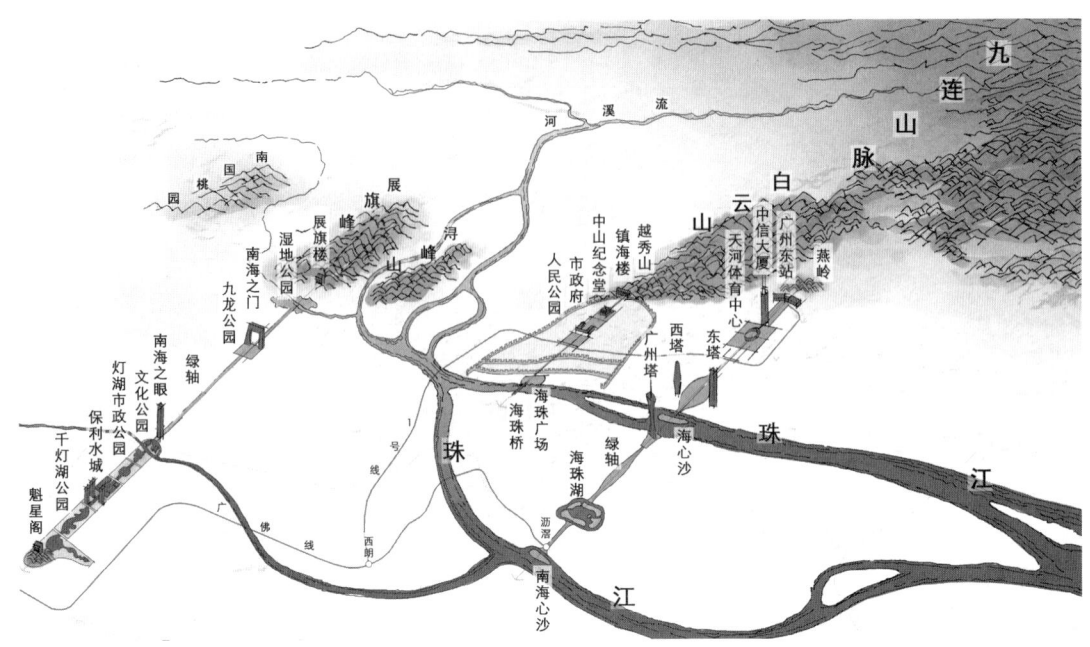

图 5 广佛大都市区的山水格局图

广佛大都市区空间演化与重构的原因本质上是市场自发的自然演化。改革开放最初 30 年，广佛两市由于行政区经济的区隔，并不存在一个广佛的治理尺度，因此也没有一个广佛尺度的发展谋划或城市规划，广佛同城最初的动力来自市场的自发推动。三条城市中轴线的形成也并非整体规划所设想，而是自然演化下形成的城市空间意象。在此过程中，政府顺应发展规律，通过制度创新推动了两市的同城化，省政府在广佛地铁规划建设中发挥了重要作用，通过治理尺度上移避免了两个处于竞争中的城市共同行动的困境。2008 年后，省政府顺应市场发展趋势，要求两市加强基础设施对接，广佛同城化才成为政府议题。

附录2：典型的创新园区

1951年，斯坦福大学在校园内创办斯坦福研究园，而后迅速发展成为世界著名的创新园区、高科技产业区，从此建设创新园区成为世界各国发展高新技术产业的普遍做法（顾朝林，1998）。美国除了硅谷以外，还有著名的128公路高科技产业带、北卡三角研究园。另外，法国的格勒科学中心、英国的剑桥科学园、日本的筑波科学城、韩国的大德科学城、我国台湾地区的新竹科学工业园等都是世界科技创新的高地。由此可知，创新园区是一种有效的创新空间。

本书从政府与市场关系的角度选择3个典型的创新园区加以讨论：硅谷是典型的自由市场创新模式，由市场自生形成，以企业为创新主体，以创新创业为核心路径，创新活动以市场为导向，创新动力在于企业追求竞争力、收益。格勒科学中心则是国家科技战略的集中空间布局，由政府主导形成，集中布局科研中心、科学装置，开展基础研究、科技攻关。新竹科学工业园则呈现混合模式，初期由政府主导启动，成熟期逐渐演化为由市场主导。

2.1 硅谷——自由市场创新案例

美国硅谷是世界最著名的科技园区、高科技产业区，是世界级的科技创新中心。硅谷（Silicon Valley）一词是美国电子报（Electronic News）记者Don Hoefler于1972年创造的。硅谷并不是一个行政区，因此也没有明确的边界范围，主要是指美国旧金山以南的半岛上沿101公路北起帕罗奥图（Palo Alto）、南至圣荷西（San Jose）的圣克拉拉（Santa Clara）谷地，如图6所示。

硅谷的发展以斯坦福大学为初始源头，以创业及衍生创业为核心路径，演化形成浓厚的本地创新创业生态，进而吸纳全球顶尖人才创新创业。其中，市场自生为核心动力，军方采购和政府扶持亦起到积极作用。硅谷的科技创新模式为：在自由市场经济体制下，以创新创业为核心路径，以企业为创新主体，创新活动在市场机制激励下自由发生，是自由市场创新模式的典范（Saxenian A，1996；Kenney M，2000；韩宇，2009）。

在两个世纪之前，硅谷所在地圣克拉拉（Santa Clara）谷地还是一片原生地貌。1876年，斯坦福在帕罗奥图（Palo Alto）购买土地作为养马牧场，之后不断圈地，面积达到3500多公顷。1884年，斯坦福夫妇捐出2000万美元的积蓄和在帕罗奥图（Palo Alto）的庄园及马场创建了斯坦福大学。

1885年，斯坦福大学成立。1891年，斯坦福大学开始正式招生，此后逐渐从面向加州向面向全美、全世界办学。得益于斯坦福多年的从商经历，斯坦福大学办学之初就形成了"学以致用"的办学纲领，这一理念得到了教授们的广泛认同，特别是在理工科，教授们在大学任教的同时兼当企业顾问，与同行业的企业界和商业界建立了密切关系，这样的办学理念奠定了硅谷创新和成功的基础。

而斯坦福大学电子工程学院院长弗雷德里克·特曼（Frederic Terman）教授对于硅谷的发展起到了重要作用，被誉为"硅谷之父"（Gillmor C，2004），他鼓励和帮助学生创业，为他们提供创业启动资金，帮助他们获得银行贷款，帮助他们联系客户，并推动建立了斯坦福工业园作为创新创业的空间载体。

惠普公司的创立是硅谷早期发展中具有里程碑意义的大事件，其创始人是斯坦福大学

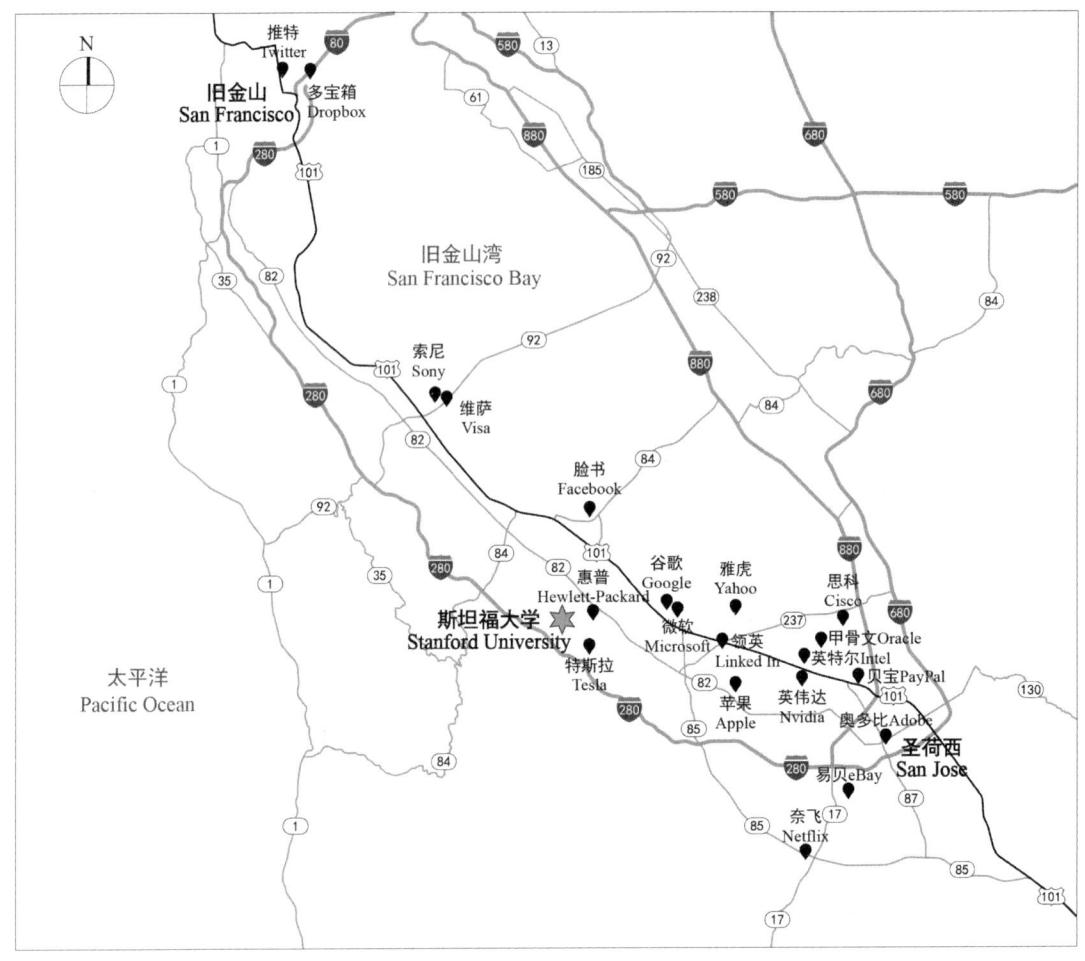

图 6 硅谷的区位及主要企业分布

毕业生戴维·帕卡德（David Packard）和威廉·休利特（William Hewlett），他们都是斯坦福大学电子工程学院院长弗雷德里克·特曼（Frederic Terman）教授的学生。1934 年二人毕业，帕卡德受雇于通用电气公司，休利特则选择继续深造。1938 年，帕卡德离开就职的通用电气公司，回到帕罗奥图与休利特一起。在特曼教授的帮助下，二人在爱迪生大街 376 号后院车库开始了创业之路，并于 1939 年正式将公司命名为惠普（Hewlett Packard Corporation）。如今惠普依然是计算机、打印机与成像设备等领域的巨型跨国企业。他们最初创业的车库也被加州政府认定为"硅谷诞生地"。

"肖克利八人帮"及其衍生企业是硅谷创业及衍生创业的典型代表。威廉·肖克利（Willian Shockley）是斯坦福大学毕业生，创业前受聘于贝尔实验室，是晶体管发明者之一，于 1956 年获得诺贝尔物理学奖。肖克利于 1955 年辞职来到帕罗奥图，创立了肖克利半导体实验室，于 1958 年更名为肖克利晶体管公司（Shockley Transistor Corporation），是硅谷第一家专门从事半导体研发和生产的企业。肖克利是一个科技天才，但他不是一个称职的企业管理者，以致他麾下八位杰出的工程师很快选择了离开，他们被称为"肖克利八人帮（Shockley's Eights）"。他们八位于 1957 年在银行家阿瑟·洛克（Arthur Rock）的帮助下获得了仙童摄影器材公司（Fairchild Camera and Instrument）150 万美元的投资，创立了仙童半导体公司（Fairchild Semiconductor Corporation）。仙童半导体公司创立后发展迅速，其规模很快就超过了肖克利的企业。后来，这八位创始人以及仙童半导体公司的其他技术人员和管理人员又衍生创立了一批新的企业，而后又不断衍生出第二代、第三代企业。如此形成了一个以仙童半导体为原点的衍生集群，如表2、图7所示。

表2 "肖克利八人帮"衍生创业一览表

"肖克利八人帮"	创业时间/年	创办企业	备注
谢尔顿·罗伯茨（Sheldon Roberts） 杰·拉斯特（Jay Last） 金·赫尔尼（Jean Hoerni）	1961	阿内尔科（Amelco）	后发展为德立台（Teledyne）
尤金·克莱尔（Eugene Kleiner）	1962	爱德思（Edex）	—
	1967	英特矽尔（Intersil）	—
罗伯特·诺伊斯（Robert Noyce） 戈登·摩尔（Gordon Moore）	1968	英特尔（Intel）	—
朱利亚斯·布兰克（Julius Blank）	1978	西科（Xicor）	—
维克多·格里尼克（Victor Grinich）	20世纪60年代离开仙童后到加利福尼亚大学伯克利分校任教		

资料来源：维基百科。

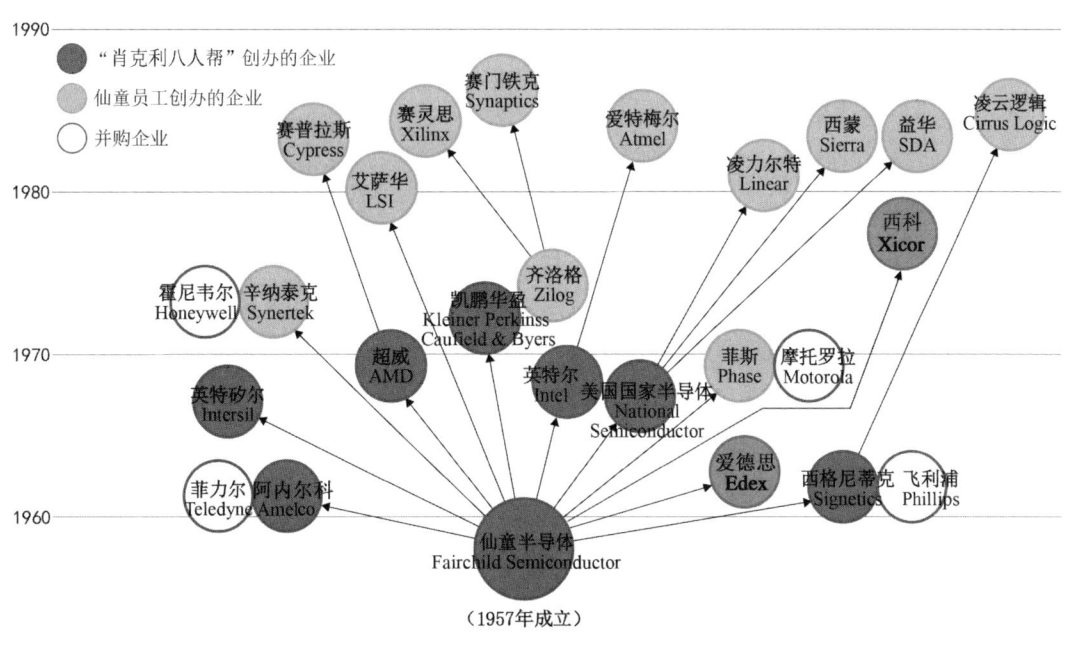

图7 仙童半导体公司的衍生网络

（资料来源：Rhett Morris. The First Trillion-Dollar Startup [EB/OL]. (2014-7-26). https://techcrunch.com/2014/07/26/the-first-trillion-dollar-startup/.）

埃隆·马斯克（Elon Musk）的创业是当代硅谷创新创业的典型代表。马斯克于1995年进入斯坦福大学攻读材料科学和应用物理博士学位，但在入学两天后便辍学创业，经历了互联网领域、清洁能源领域、太空领域三个阶段的演变。

第一阶段是互联网领域，马斯克于1995年拿着硅谷一个小集团的随机天使投资创办了Zip2公司，Zip2公司于1999年被收购。同年，马斯克与合伙人共同创办了X.com，于2000年与Confinity合并成立了PayPal，于2002年被eBay收购。

第二阶段是清洁能源领域，马斯克于2004年向马丁·艾伯哈德（Martin Eberhard）创立的特斯拉公司（Tesla）投资630万美元，并担任公司董事长。特斯拉公司于2010年在纳斯达克上市，并于2016年收购Solar City公司。

第三阶段是太空领域，马斯克于2002年成立了Space X公司，开始研究降低火箭发射成本的方法。Space X公司于2010年成功将"龙飞船"发射到地球轨道，于2012年实现了"龙飞船"与国际空间站的对接，于2018年实现了"猎鹰"重型运载火箭的发射。

随着创新创业的集聚，硅谷逐渐演化形成浓厚的本地创新创业生态，风险投资的集聚、创新创业文化的形成是典型表现（Ferrary M 等, 2009; Kenney M, 2000）。

其一是硅谷成了风险投资集聚地。硅谷的风险投资家最初是从早一代（20世纪30—50年代）创业成功的企业家中衍生出来的，在20世纪60年代逐步发展起来，20世纪70年代时数量显著增长，在门洛帕克（Menlo Park）的沙丘路（Sand Hill Road）形成了集聚，凯鹏华盈（KPCB）、红杉资本等是其中的典型代表。

其二是形成了浓厚的创新创业文化，在硅谷的形成及创业企业发展过程中，形成了叛逆精神、多元文化、拒绝平庸三大价值观，包含容忍失败、鼓励人才流动、不迷信权威、扁平化的管理、改变世界的情怀等文化基因。而浓厚的本地创新创业生态进一步吸引全球的顶尖人才前来创新创业，如此实现良性循环。

硅谷以市场自生为核心动力，而军方采购和政府扶持亦起到积极作用。在20世纪70年代之前，军方采购在硅谷发展中扮演了十分重要的角色，如军方采购是惠普早期快速发展的重要因素。二战期间，惠普公司生产的电子测量装置和接收器被用于侦察和分析敌方雷达信号，军方对此类产品的采购使得惠普公司的销售额从1941年的3.7万美元飙升至1945年的75万美元。20世纪70年代，美国国防开支锐减，这种"军工复合"模式逐渐减少，但政府的扶持和采购始终在硅谷发展中起着关键作用。例如，马斯克创立的特斯拉公司在2008年前后因为研发成本太高而濒临破产，是美国国家能源部以4.65亿美元的低息贷款帮助其渡过了难关；马斯克创立的Space X公司于2011年与美国宇航局签署了16亿美元的合同，为美国宇航员提供运输补给服务。

2.2 格勒诺布尔——国家科学中心模式案例

格勒诺布尔（Grenoble）是法国东南部的一座小城，坐落于阿尔卑斯山区、罗讷河支流伊泽尔河畔，面积为18.13平方千米，人口约15.77万人（截至2018年1月1日），是法国著名的科学中心（丁帅，2020），其地理区位及鸟瞰图分别如图8、图9所示。

格勒科学中心的核心机制为：在法国二战后的重大战略布局下，依赖科技举国体制，设立国家科研中心、大科学装置，成为法国乃至世界的大科学装置最密集地区。其发展历程主要包括如下三个阶段（茹志涛等，2019）。

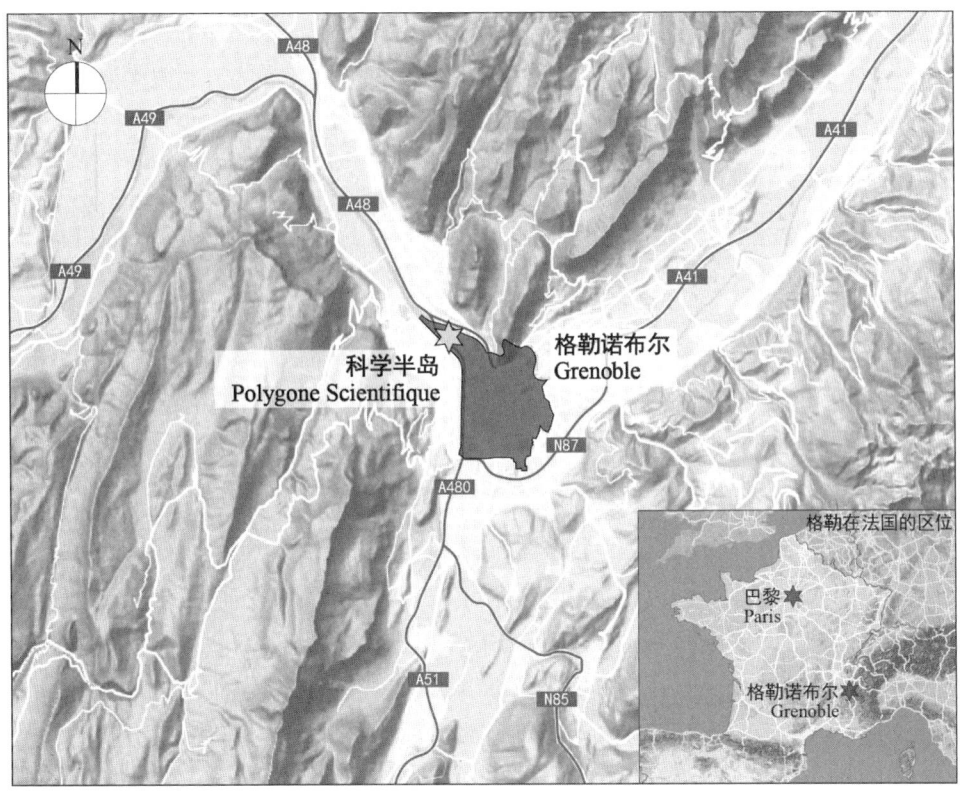

图 8　格勒诺布尔及科学半岛的区位

图 9　格勒诺布尔科学半岛鸟瞰图

（资料来源：欧洲同步辐射光源（ERSF）官网，https://www.esrf.fr/fr/home/about.html.）

阶段一：1945—1967 年期间。二战结束之后，法国戴高乐总统坚持国家独立自主原则，法国围绕一系列重大战略进行布局。在此背景下，路易·奈尔（Louis Néel）等科学家建议依托格勒诺布尔已经具有的硬件设施、实验条件以及产业基础建立科学中心。最终，法国政府决定在格勒诺布尔打造民用核能和集成电路研发基地。此后，法国国家科研中心（CNRS）、法国原子能委员会（CEA）与当地大学、科研机构在格勒科学半岛建设了全球首台模拟潮汐的大型实验设备、全法第 2 座回旋加速器、3 座研究用途核反应堆，并组建格勒核能研究中心（CEN-G）、金属物理与静电实验室（LEPM）、集成电路研究团队、极低温研究中心（CRTBT）等。

阶段二：1967—2000 年期间。经过战后二十多年的建设与发展，格勒科学中心已初具规模。1967 年，法德两国政府在格勒诺布尔建设劳厄·郎之万研究所（ILL），以此为开始，一批国际化研究中心在格勒科学半岛设立。欧洲分子生物学实验室（EMBL）于 1975 年在科学半岛设立，让·皮埃尔·埃贝尔结构生物学研究所（IBS）于 1992 年在科学半岛设立，欧洲同步辐射光源（ERSF）于 1994 年在科学半岛设立。上述四家研究机构于 2002 年签署成立了格勒诺布尔结构生物学联合体（PSB）。

阶段三：2000 年至今。21 世纪以来，格勒诺布尔开始放弃核能研究，科学半岛上的 3 座核反应堆相继停用并全面拆除，腾退区域用于新能源、生命健康等新兴领域的应用研究。其中，新能源技术和纳米材料创新实验室（LITEN）的组建、科学半岛 GIANT 计划的推出是标志。2005 年，格勒核能研究中心（CEN–G）关闭，并组建新能源技术和纳米材料创新实验室（LITEN）；2009 年，由 8 家机构发起推出了科学半岛 GIANT（Grenoble Innovation for Advanced New Technologies，格勒先进新技术创新园）计划，旨在更好地应对如数字转型、气候变化及其他环境问题，以及生命科学和健康发展等当下和未来的重大经济社会发展挑战。

2.3　新竹科学工业园——混合模式案例

新竹科学工业园是我国台湾著名的创新园区，是台湾高科技产业的集聚区，位于我国台湾新竹市的东南部，跨越新竹市、新竹县两个行政区，中山高速（1 号高速）从南北向穿过园区，园区面积约 686 公顷，如图 10 所示。

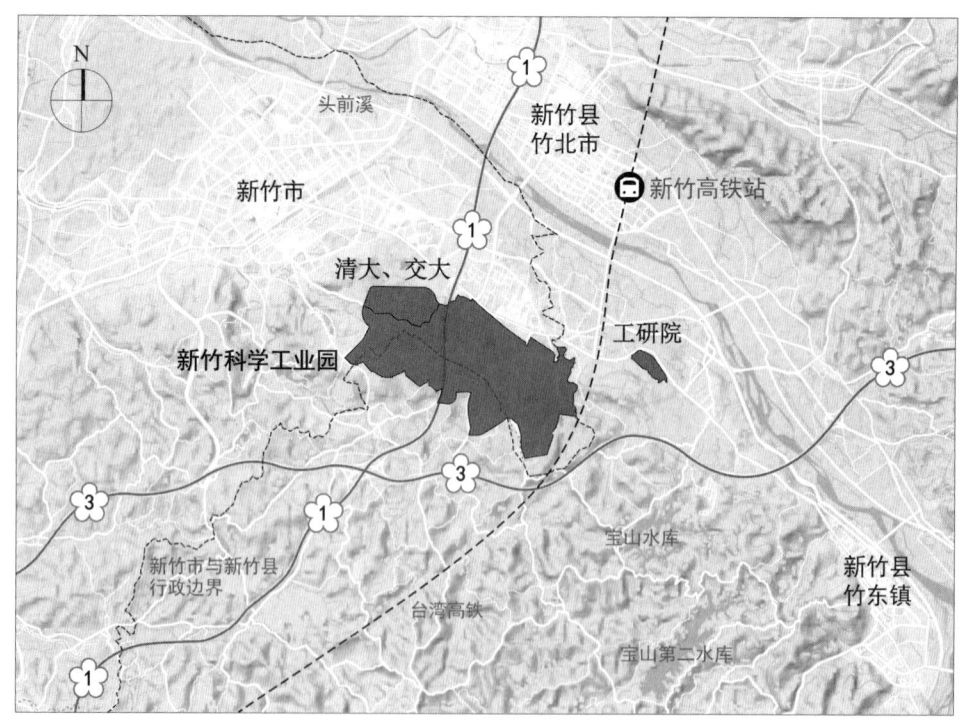

图 10　新竹科学工业园的区位

新竹科学工业园于 20 世纪 70 年代初开始筹划，于 1980 年正式设立，以集成电路起步，逐步拓展形成了集成电路、电脑及其周边、通信、光电、精密机械、生物技术 6 大产业。其中，集成电路始终是最主要的产业。从 2020 年的发展数据来看，园区企业共有 393 家，年度新核准设立企业 19 家，从业员工达 134 048 人，整体营业额达 11 373.35 新台币。

新竹科学工业园的核心机制为：台湾当局设立工业技术研究院，以工研院引进及开发技术后转化为企业，以此为开局逐步形成创新氛围，进而吸纳海外（主要为留美）人才回台创新创业，而发展成功的企业又衍生或投资孵化新企业，如此逐渐从政府主导演化为市场自生。新竹科学工业园可被视为国家科学中心模式与自由市场创新模式的混合模式，早期以政府设立工研院为核心推动，而后转化为以企业为主体、以市场机制为主导。

1969 年，时任台湾经济部门负责人的孙运璿访问韩国时，看到韩国科学技术研究院以高薪聘请海外韩国人才回国，以推动高技术的发展。对于上述情况，他备受震撼，认为若如此下去，台湾的技术将会输给韩国。于是他计划成立类似于韩国科学技术研究院的研究机构，于 1972 年将"工业技术研究院设置条例"送入台湾立法机构并获得通过。1973 年 7 月 5 日，经台湾地区立法机构审议，确定设立工研院。工研院采用"财团法人"制度，以台湾当局出资的 100 万新台币为创立基金，合并台湾联合工业研究所、联合矿业研究所、金属工业研究所而设立，上述三个研究所的资产转给工研院。

1974 年初，时任台湾行政院负责人的蒋经国宣示台湾必须发展高科技产业，并指示组织开展相关研究。1974 年 2 月 7 日，蒋经国与台湾经济部门负责人孙运璿、电信总局负责人方贤齐、交通部门负责人高玉树、工研院院长王兆振、电信研究所所长康宝煌以及美国 RCA 公司集成电路研究所所长潘文渊等人在台北市"小欣欣豆浆店"进行早餐会议，潘文渊提出台湾应该发展集成电路产业，如果从美国企业引进技术，将可缩短发展时间。由此，台湾当局确定了引进美国技术推动集成电路发展的发展思路。

随后，台湾经济部门制定了《电子工业第一期发展计划（1974—1979 年）》，编列经费 4.89 亿新台币，工研院设立电子中心，潘文渊集结在美相关华人专家成立了电子技术顾问委员会。在潘文渊等的牵线下，工研院于 1976 年与美国 RCA 公司签订"集成电路技术转移授权合约"，于 1977 年与美国 IBM 公司签订"光罩复制技术移转合约"。合约核心是台湾选派一批专业人员赴美受训后回台建立示范工厂，台湾先后选派两批共 36 人赴美受训。值得指出的是，这些赴美人员后来大多成了台湾集成电路产业的翘楚，如曹兴诚、王国肇、蔡明介、陈碧湾、谢锦铭、刘英达等。

利用美国移转的集成电路技术，工研院电子中心于 1977 年 10 月设立了首座集成电路示范工厂，很快就在消费性集成电路领域取得了突破，营业额快速增加，工研院电子中心也于 1979 年升格为工研院电子所。此时，台湾当局开始推动技术转化、筹设企业。工研院电子所于 1979 年 9 月着手筹设联华电子，在台湾当局的推动下，通过公营银行、党营事业，说服民间企业共同投资，于 1980 年 5 月成立了联华电子，之后工研院电子所将技术、人才移转至联华电子。1982 年，联华电子在新竹科学工业园投片量产，而后快速成长，如今依然是集成电路领域的世界级企业。

此后，台湾当局又相继制定实施《电子工业第二期发展计划（1979—1983 年）》《电子工业第三期发展计划（1983—1988 年）》《次微米制程技术发展五年计划（1990—1994 年）》《深次微米制造技术发展五年计划（1996—2000 年）》。政府投入财政预算，以工研院电子所为主体进行集成电路迭代开发（引进及自主研发），技术成熟后转化至企业。工研院电子所转化至新竹科学工业园的典型企业如表 3 所示。

表3 工研院电子所转化至新竹科学工业园的典型企业一览表

政府电子工业计划	计划年份	转化企业	转化途径
电子工业第一期发展计划	1974—1979年	联华电子	政府主导筹设企业
电子工业第二期发展计划	1979—1983年	太欣半导体 合德集体电路	政府主导筹设企业
电子工业第三期发展计划	1983—1988年	台积电 台湾光罩 华邦电子	政府主导筹设企业
次微米制程技术发展五年计划	1990—1994年	世界先进	政府主导筹设企业
		台积电、联华电子	联盟合作的技术移转（次微米工作联盟）
		华邦、大众、钰创、旺宏、合泰、茂硅	联盟合作的技术移转（次微米使用者同盟）
深次微米制造技术发展五年计划	1996—2000年	因政治经济环境变化而流产	

如下以《电子工业第三期发展计划（1983—1988年）》及转化企业台积电为例详述之。

台湾当局于1982年制定实施《电子工业第三期发展计划（1983—1988年）》，编制经费29.8亿新台币，工研院电子所执行该计划，目标是达成$1.25\mu m$的集成电路制造能力、构建VLSI（Very Large Scale Integration，超大规模集成电路）技术发展的基础环境。工研院电子所于1985年取得技术突破，此时台湾当局开始筹划VLSI技术转化，并着手筹设晶圆代工厂，将其命名为台湾积体电路制造股份有限公司。台积电于1987年2月正式成立，张忠谋出任董事长。

这种台湾当局制定发展计划、投入财政预算，以工研院电子所为主体进行集成电路迭代开发后转化至企业的模式一直延续到20世纪90年代末。20世纪90年代末以后，台湾政治环境发生重大变化，随着《深次微米制造技术发展五年计划（1996—2000年）》的无疾而终，这种模式也随之终结。

新竹科学工业园成立之后，工研院转化企业不断落成。最初是在集成电路领域取得突破与发展，以此为开局逐步形成创新氛围，进而吸纳海外（主要为留美）人才回台创新创业，接续初始路径进一步发展。海外人才回到新竹科学工业园创新创业，一方面推动了集成电路产业的进一步发展，另一方面也带来了产业的多元化发展。

其一是推动了集成电路产业的进一步发展。如吴敏求、高启全、李学勉、韩光宇、卢超群等人回到新竹科学工业园创办企业，这些企业均成了台湾集成电路产业的中坚力量。吴敏求、高启全分别毕业于台湾成功大学电机系、台湾大学化工系，后各自取得斯坦福大学材料工程硕士、北卡州立大学化工硕士，在美国从业多年后，于1989年从美国带领28个家庭集体返台，在新竹科学工业园创办了旺宏电子（旺宏电子股份有限公司）。李学勉、韩光宇都是台湾大学电机系毕业，分别在德州大学、加州大学取得硕士学位，并各自在硅谷工作近十年后，于 1990 年回台在新竹科学工业园创立了硅成科技（硅成集体电路股份有限公司）。卢超群从台湾大学电机系毕业后赴美留学，获得斯坦福大学电机系硕士、博士学位，于 1982—1990 年期间在 IBM 担任研发主管，于 1991 年回台在新竹科学工业园创立了钰创科技（钰创科技股份有限公司）。

其二是带来了产业的多元化发展。如光电产业的友达光电、群创光电等，通信产业的台扬科技、叡邦微波等，电脑及周边产业的全友电脑、泰安电脑等。友达光电（友达光电股份有限公司）、群创光电（群创光电股份有限公司）被称为台湾的"面板双虎"，段行建是二者创立及之后整并发展的关键人物。段行建于 1969 年从台湾大学电机系毕业后赴美留学，先后在罗切斯特大学和斯坦福大学获得电机专业硕士、博士学位，之后进入美国帕罗奥多研究中心（PARC）从事研究工作，于 1990 年返台在新竹科学工业园创立了台湾第一家薄膜晶体管液晶显示器（Thin film transistor liquid crystal display，TFT-LCD）设计、研发及制造公司——联友光电。联友光电于 2001 年与达碁科技合并为现在的友达光电。2003 年，段行建创立群创光电，并于 2010 年合并奇美电子和统宝光电，由此成为现在的群创光电。

随着新竹科学工业园的进一步发展，亦形成了发展成功企业衍生或投资孵化新企业的现象，"联家军"就是典型代表。联华电子（联华电子股份有限公司）是台湾当局以工研院引进美国集成电路技术后首个转化的企业，也是台湾第一家集成电路公司。从 20 世纪 90 年代的中期开始，联华电子先后通过衍生或投资孵化形成了两代"联家军"，如图 11 所示。

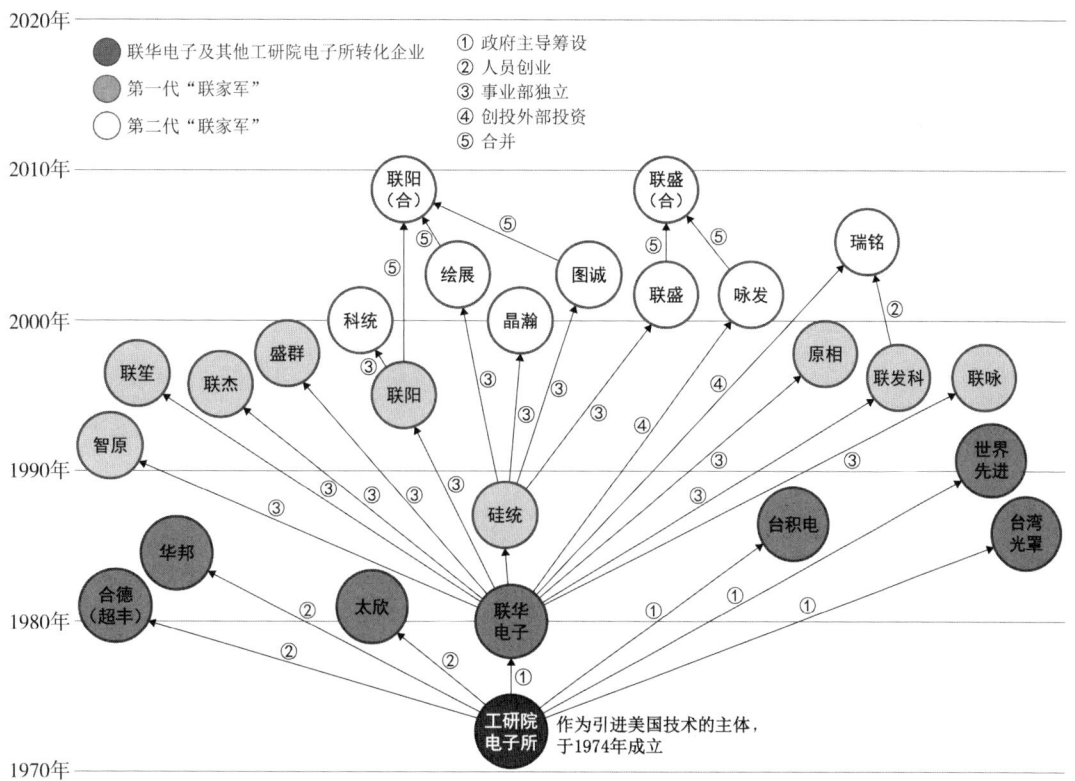

图 11　新竹科学工业园"联家军"的衍生、投资孵化网络

第一代"联家军"主要形成于 1995 年前后，为事业部独立而形成。其时联华电子放弃经营自有品牌而转型做纯专业晶圆代工厂，因此将多媒体、消费性、电脑周边、存储器事业部门陆续独立，成立了联发科、联咏、联阳、联笙等企业。另外，第一代"联家军"还包括联华电子技术支援单位衍生成立的智原、与国外技术团队合作成立的原相，以及由合泰晶片部门独立出来的盛群。

第二代"联家军"形成于 2000 年之后，一部分是从第一代"联家军"中独立出来而形成，如科统于 2000 年从联阳独立出来，联盛、晶瀚、绘展、图诚则是从硅统独立出来，这些"二代军"独立出来以后，联华电子创投体系再投入资金、进驻董事会；另一部分则是由联华电子创投体系寻找外部团队投资而形成，如咏发、瑞铭。

附录3：主要访谈对象及典型访谈实录

在课题研究期间，笔者对广州开发区的政府官员、企业创始人、机构（行业协会、中介组织等）负责人等进行了深入的访谈，获得了大量的一手资料，这些资料是本书的核心支撑。在此由衷地感谢各位领导、企业家的接待与悉心讲解，因篇幅所限，以下只列举主要访谈对象及部分访谈实录。

3.1 主要访谈对象（见表4）

表4 主要访谈对象

	访谈时间	访谈对象
政府	2020年1月8日 2022年3月18日	广州开发区政策研究室原主任　陈永品先生
	2020年1月14日	广州开发区政策研究室综合处处长　刘伟军先生
	2020年1月14日	广州开发区政策研究室经济处处长　蒋进平先生
	2020年10月18日	广州开发区管委会城市规划编研中心主任　陈清女士
	2021年1月27日	广州开发区政策研究室首席经济师　何力武先生
	2021年3月16日 （座谈会形式）	广州开发区西区产业园管委会　金晶女士 广州开发区临港经济区管委会　邓益民先生 广州开发区云埔工业区管委会　乔振群先生
	2021年6月21日	广州开发区管委会原主任、萝岗区原区长　李红卫先生
企业	2020年10月31日	广州视源电子科技股份有限公司高级副总裁　钟志强先生
	2020年11月3日	广州励丰文化科技股份有限公司副总裁　李曲柳女士
	2020年11月5日	广州天禾自动化实业有限公司创始人　韩德福先生
	2020年11月8日	广州开发区简牍文化科技有限公司创始人　史松坡先生
	2020年11月10日	广东西科姆电子安全有限公司副总经理　郑丹先生
	2020年12月5日	浙大华南工研院陈扬枝产业化基地成员　肖小平先生
	2020年12月15日	广州力富科技有限公司创始人　朱辉先生
	2020年12月25日	广州洁特生物过滤制品有限公司投资部部长　陆媛媛女士
	2020年12月25日	广州瑞风生物科技有限公司创始人　梁峻彬先生
	2021年1月5日	广州优壹互联科技有限公司市场部总监　周建锭先生
	2021年3月31日	广州拓瑞科技有限公司创始人　张军先生
	2021年5月25日	广州华新科智造技术有限公司检测部总监　余慧英女士

续表

	访谈时间	访谈对象
机构等	2020年11月3日	励弘文化科技产业园总经理　严捷女士
	2020年11月25日	广州开发区新能源行业协会秘书长　吴师法先生
	2020年12月21日	广州开发区科技金融服务中心副总经理　郭泉醒先生
	2021年1月5日	云山众创空间负责人　周健锭先生
	2021年3月26日	中信银行广州黄埔支行公司部客户经理　孙永红女士
	2021年4月9日	冠昊生命健康科技园项目申报主管　周正霞女士

3.2　典型访谈实录

3.2.1　广州开发区政研室原主任陈永品先生访谈实录

1. 访谈概况

访谈对象：广州开发区政研室原主任陈永品先生

访谈时间：2020年1月8日晚上7:00—9:00

访谈地点：苏荷独立艺术园

访谈人：袁奇峰、李刚

2. 访谈实录

作者：我们做创新空间的研究，一个国家级基金项目。

我们一般认为创新是和大学联系在一起的，可以在大学附近专门划定一个地区做创新型园区，譬如大学科创园。广州开发区作为一种新产业空间，在招商引资、发展工业等方面很成功，但是却被赋予了高新技术产业开发区的名头，那就有创新的要求。对于它的成败，有没有什么值得去总结的？从你的评价来看，广州高新区（黄埔）从创新角度来讲是否成功，建设了那么多孵化器、那么多创新空间，算不算是成功的？

陈主任：我总结为三个"倒逼"。

第一个是考核的"倒逼"，有多少孵化器、多少人才、多少专利、多少知识产权，要考核，这叫"倒逼"。开发区一开始的目标不是建设科学城，当时就想继续壮大工业，当时关于建不建孵化器的问题，开发区多数领导是不同意的，但是老是发展工业，没有知识产权，所以是"倒逼"的。

第二个是形势"倒逼"，1998年和2008年（两次金融危机）是类似的情况，我们想引进外资，想再继续引进世界五百强，但是外资已经没有资金了，典型的就是西门子，这就是形势的"倒逼"、金融危机的"倒逼"。

第三个是市场"倒逼"，很多企业占了一大片地，却没订单，生产就亏本，不生产就等死。过去出让土地的时候，跟企业约定只能自用、不能出租，现在是反过来询问企业要不要出租，帮他认定为孵化器。为什么开发区有那么多孵化器呢？就是企业签了地，但是由于多种原因又经营困难，就转成了孵化器。

作者：结果是不是创造了一批低成本的空间，那这些有效果吗？

陈主任：有效果啊，现在供不应求了，企业要来，但是找不到地方。

作者：什么企业要来？

陈主任：人才创新的，各种各样的都有，主要是它营造了一个氛围……比如出现了各种各样的中介机构。

作者：中介机构有哪些特殊的作用？

陈主任：很多作用，比如中介机构中有孵化器运营公司，帮企业大包大揽，实质就是帮企业代办。各种各样的中介，这就是创业的生态体系。经济上的价值，就是慢慢地溢出效应，这些年逐渐显现出来，每年都有一两家企业上市。

我应该还漏了第四个"倒逼"——体制"倒逼"，开发区利用外资、招商引资、发展工业，不断地扩张……市里一看，既然你有钱没地，那科学城是有地没钱，干脆开发区来建设科学城，这不就是体制"倒逼"吗？突然1998年就转型了，我们从开发区的道转向高新区的道。

我们那时没有发展高新区的经验，没人知道什么是孵化器。后来派我和××（声音不清晰）两个人，到全国去了解什么是孵化器。再后来写了一个调研报告，告诉区里什么是孵化器，是怎么服务的、怎么运作的，才知道什么叫孵化器。

作者：这些孵化器有用吗？有没有可以复制的经验？

陈主任：很有用啊，开发区已经有上百个孵化器了，现在还允许孵化器加建。这是体制"倒逼"的，如果没有当年的"两区合一"，就没有广州科学城，如果没有这种体制上的变革，就没有广州科学城。如果科学城由市里来推动，或是由天河区来建设，都是难以推动的。

作者：开发区本质上是一个非常高效的产业开发集团。我觉得广州"两区合一"确实是很独特的，等于用开发区的力量做了高新区的事，高新区又创造了创新时代的故事，是不是？

陈主任：科学城为什么这么成功呢，这是我总结的一个经验，对外开放推动了自主创新，我们利用外资、招商引资赚的钱，亏本投资科学城十年，宝洁、安利给我们贡献了税收，然后投到科学城里。

作者：现在科学城的产值有多少？

陈主任：现在科学城产值占了开发区的半壁江山，开发区6000多亿元的产值，它已经占了3000多亿元。

我们是国内第一个做科学城的，我们把科学城做完后，到处都建起了科学城。后来我们做知识城的时候就把品牌给注册了，全国只能有一个知识城，不能再复制我们做知识城了，别人不能再叫知识城了。

作者：知识城是什么情况呢？

陈主任：我跟着兰德公司做了这个课题，跟了他们两年，我知道他们是什么样的方法。先是做一个模型，分析支撑技术的是什么要素、支撑人才的是什么要素。把模型做完以后，那怎么证明是有用的呢？全世界范围内找案例，根据目标导向来找案例，对标同类的园区，看看人家是如何做的、最后怎么破题的。他们建议我们找个主力机构，英语叫"锚"，我们叫作旗舰项目。

作者：后来找了什么旗舰项目呢？

陈主任：这个旗舰项目，举个例子，可以是一个大学，硅谷就是斯坦福大学；可以是一个研究院，马里兰就是国家生命与健康科学研究院；也可以是一个龙头企业，以一个军工企业带动一个军人创业的园区。他们就给我们讲了这三个案例，告诉我们现在要想破题，第一个目标就是要找这种旗舰项目。

我们从三个方向去找，第一去找一个大学，找一个像斯坦福一样有孵化能力的大学；第二去找一个研究院，有孵化能力的研究院，像华为研究院；第三找一个龙头企业，像华为这样的，它走到哪儿，一批小企业就跟到哪儿。就沿着这三个方案去找，可惜现在也没找着。

作者：所以在园区做创新空间是很特别的，园区是一个行之有效的新产业空间，有一套专有的商务、政务、基础设施、专有设施，科学城就是从专有设施——孵化器开始，后来慢慢泛化。

陈主任：我讲讲科学城，实际上，规划过程我都知道的，科学城的规划也有它的不足之处。知识城吸取了这个教训，规划得就比较好，特别是刘太格的规划制定得比较好。科学城毕竟是1995年开始的，我们1998年接手后要做科技园，大家都不知道怎么做，然后就以硅谷为目标进行学习。

学对了一点，就是生态保护。当时科学城有很多的小山包，起起伏伏的。按照开发区的模式，就是要多用土地，就是推平，而科学城当时就说要生态，吸引人才，它就把生态保留了。但是，它唯一的缺憾就是没有预见性，照搬了硅谷的经验，人在里面办公，生产和办公都有空间，但没考虑到生活问题，只在中间设了一个中心区，结果中心区里面也是以办公为主。

人进来以后发现，第一个缺陷就是出不来。没有导航的时候，找不到地方，道路全是拐弯儿，连我们进去都找不到地方，设计像迷宫一样，交通不方便。第二，公交车也不愿意去，是我们贴了钱才去的。第三，下楼买包烟、买瓶水的地方都没有，只是办公，没有生活配套，吃饭都要跑到外面。

第一轮规划的时候就完全没有考虑生活，好在它当时把山边地都留住了。第二轮规划开始修补，往山边里布局酒店、商业、房地产、学校、医院、羽毛球场，这些都是后来补的，前期的时候它没有这些配套。硅谷不一样，人家都有车，人家不在那儿住、不在那儿吃饭。我认为它就是个修补规划，知识城就彻底解决了这个问题，知识城是做产城融合的，还没做起来，但它的规划是可以的。

作者：如果说开发区是西区、东区、云埔这些区，所谓高新技术开发区其实主要指的是科学城？然后还有什么？生物岛算不算？

陈主任：主要是科学城，生物岛算，高新区分了一区五园，科学城、南沙咨询科技园、白云民营科技园、黄花岗信息园、天河科技园，但主要是科学城。

国内现在创新比较好的，首推深圳的南山区，这是在国内公认的。南山区为什么好呢？就是政府服务意识好，说白了就是风险投资多了，风险投资体系布局起来了，它的风险投资体系是广州的很多倍，深圳就是风险投资机构密密麻麻地分布着，非常多。

为什么说广州的创新落后于深圳？第一没它（深圳）钱多，风险投资是看政府投多少钱，政府不拿引导基金，风险投资它也不去的。我们风险投资的钱没它（深圳）多，说明政府投的钱也没它多。第二个，创新型企业没它多，因为你没有钱，所以创新型企业不去。要是你创业，你肯定选深圳，为什么？（在深圳）你讲个故事都有人给你投资，在广州喊破嗓子都没人给你投钱，深圳是钱找企业，广州是企业找钱。第一你钱没它多，第二你企业没它多，苗圃就没它大，那找大树能行吗，就是苗圃太小。一定要有大量的这种中小企业，像中关村一样的，苗圃越大，成为独角兽的概率才越大；苗圃越小，风险投资就越小。

作者：现在独角兽多不多？

陈主任：我印象中就三五个。原因是企业少，风险投资引导晚了！科学城真正开始创新发力是薛晓峰时代，薛晓峰比较解放思想，我们做完调研报告，薛晓峰就很震撼：你看看人家西安高新区，财政收入10个亿，对创新的支持，政府投资就6个亿，我们财政收入40个亿，创新投入才3000万。他看我这个（报告）写得很好，就让我赶快提一个方案看看怎么落实，这是2008年他来的时候我写的报告。当年就在他的党委会报告里面提出，科技经费要提高到1个亿。就是从薛晓峰时代开始解放思想，2010年他离任的时候，科技经费提高到了5个亿，现在50个亿都不止了。

2010年，我做了一个调研报告给常委会汇报，提出创新发展规划。我提出开发区风险投资要达到300亿元，政府要拿出100亿元引导，理由就是苏州工业园风险投资的规模已经达到600亿元了，我们还不到100亿元，我提出3年要达到300亿元，但是当时的负责人更加注重提升环境品质，钱更多投向基础设施、园林绿化。

我接着讲开发区的创新史，讲开发区创新的"8时代"。什么叫"8时代"呢？开发区的创新就是"逢8"开始。我给讲的这个故事，估计谁都讲不出来这个故事，只有我讲得出来。

开发区1984年成立，那时候开发区是经济技术开发区，全国开发区有个争论：先经济开发还是先技术开发？南北不一样的，天津开发是要先技术开发，国家成立经济技术开发区的目标是引进先进技术。广州开发区是先经济开发，要先活下来，吃不饱饭如何去技术开发。两边争论，南北开发区争论很厉害，广州开发区"闷头发大财"，北京开发区、天津开发区在搞创新。

这样一直到1988年，我们就忍不住了，人家都创新，我们不创新不行，就也要创新。最有代表性的就是当时广东省人民医院的一个人工心脏瓣膜技术，我们给它投了钱。然后又投了很多这种科技项目，还投了暨南大学的单克隆药物。单克隆现在都很时髦的，单克隆抗体疫苗，这些都是先进的东西。到各个大学找技术，我们就投钱成立企业，500万元投下去，没有成效，后来又投了500万元，发现还是没有预期（的产业化）成效，后来也不敢再投了。

问题出在哪里呢？违背了创新的规律。什么是创新的规律？创新一定要三螺旋，政府、大学、企业三螺旋，政府一厢情愿地去投钱，没有企业力量，风险投资没进去，政府一投下去就存在国有资产流失的风险。全部的项目都是开了个头就不敢干了，第一轮投的七八个项目全部以失败告终，其实当时很多项目现在都不落后。这是1988年，我们冲击创新失败了。

到1998年的时候，金融危机来了。1998年我们开始启动科学城，启动留学生交流会，这样创新就开始崛起了。第一轮是冲锋，第二轮是崛起，第二轮就开始正儿八经有了科学城这个阵地。第三轮就是我说的薛晓峰来的时候，2008年，进入创新提升时代，政府就开始投入扶持。2008年为什么投入呢？因为2008年遇到金融危机，（我们想）要弯道超车。

作者：那这一批资金投下去有效果吗？

陈主任：有效果啊，2008年后就出现很多上市企业，都是在这一批的。我们现在总结出一个规律，你看开发区20多家创新企业上市，开发区现在有50多家上市企业，其中有20多家都是这一批，从孵化器走出来的。

作者：有哪些企业？

陈主任：孵化器走出来的有万孚生物、冠昊生物，这些都是从孵化器走出来的。还有威创，做大屏幕的，这都是从孵化器走出来的，大概有20多家吧，都是从孵化器里走出来的。

作者：就是真的从那个孵化器里走出来的？

陈主任：真的从孵化器里走出来的，很多还是我们政研室发现的。

我先跟你讲了2008年，我给你讲这里面的故事，听了都很神奇的。到了2008年又开始发力了，每当经济有压力就想起了创新，逢日子不好过的时候就想起了创新，好的时候他都把创新忘一边去了，我这个总结精辟吧。

我再给你讲你刚才那个问题，为什么这些企业在孵化器里面被发现了呢？因为我们开发区、广州市领导、国家领导来了都想去看看。孵化器这么多，谁去走访？政研室就负责干这个事。沈奎就带着我们下企业去走访，走访结束去给领导汇报，某某企业好，领导有时间就去看，然后有市委书记去看、省委书记去看，最后带国务院领导去看，这样就带来了无形中的加持，开发区的这种经济是个"参观经济"。

讲一个案例，大概在2010年的时候，袁玉宇主动拜访我们政研室，说他在冠昊工作。我们说冠昊是干什么的，他说冠昊干再生医学的，什么叫再生医学？不懂！（他说）再生医学就是说，比如用猪的肠子代替人的肠子，动物的器官代替人的器官。他说请我们去看一下。我去看，企业就在孵化器里，一说我们要去看，董事长、总经理、所有技术骨干都很兴奋，说我们是他们到开发区两年第一个来看望的政府领导，以前没有领导来看望过。

（他们）介绍（团队）原来刚从国外回来是在白云区山脚下养猪、养狗，拿来做实验。后来他们觉得开发区条件好，就自己找上门来了，从来没人过问他们，他说不知道我们能给他们多少时间。沈奎说："没事没事，我们有的是时间，你随便讲，一天都行，从头到尾给我们讲再生医学是怎么回事，为什么要从美国搬到这儿来？为什么要从白云区搬到开发区？"（他们）跟我们介绍说，比方说，出了车祸，腿摔断了，造一个假肢安装上去，脑膜破损了，造一个假的脑膜。我们听了觉得简直是天方夜谭。他们说，这个东西是美国发明的，技术已经很成熟，现在医院已经接受了，这个脑膜像一张纸一样的，在医院当时能卖到七八千，而成本也就是几百块钱，市场是很好的。

参观完，我们觉得这个产品好，回去我们就跟凌伟宪主任报告，"凌主任，我们发现个好企业，做再生医学的。"他说："什么叫再生医学？我们去看看？"一去看，凌伟宪也觉得项目很好，就问："你们需要什么支持？我们支持你。"他们说，现在在申请国家资助。后来（开发区）科技局指导他们申请了国家级创新中心，一下子得到了1800万元的资金，租了一间更大的房间。凌伟宪也不断地带着省领导、市领导来参观，很快企业就上市了，开发区又给它提供了一块土地，现在它一年销售额4个多亿，上市七八年了。袁玉宇后来又自立门户创立了迈普再生医学，也准备上市了。这就是开发区的经济——"握手经济"。

作者：就是说你们会去发现企业，发现之后政府就会重点扶持。

陈主任：是啊，我就是做这个事情的，我做了好多，这个规律也是我发现的。

作者：这个有道理的，政治经济学。

陈主任：有道理的，别人问我来开发区有什么优势，我说最大的优势就是有政府扶持、有创新环境。所以说你做创新，在广州不去科学城，在深圳不去南山区，你就白做了。

南山区有一个企业叫光启研究院，院长当时才28岁，是一个港大校友。这家企业在深圳南山区的孵化器里面，生产"隐形衣"，研发的隐形材料涂到战斗机上雷达都照不到，是高端的军工材料，全世界领先。香港特首曾荫权到深圳参观了这家企业。这引起了深圳市的关注，给了它很多的支持。后来它发展迅速并很快上市了。深圳将其作为一个先进（典型）宣传，各级领导都去看，现在光启研究院做大了，又收购了两个上市公司。

光启研究院就是这么被发现的，领导不关心它，它能活得下去吗？政府不扶持它，它能活得下去吗？根本都不知道光启（研究院）是谁。

作者：关于创新空间呢？

陈主任：你要研究创新空间，要研究几个命题，要知道创新型经济有什么特点。创新空间是为创新企业和创新人才提供空间的，那就得知道创新型经济有什么特点。创新型经济与工业经济是完全不同的，所以它的空间就不一样，需要的空间和要素就不一样。

首先你要解释创新型经济有什么特点，创新空间是要为创新型经济提供空间的，创新空间是创新经济的载体，那就得知道创新经济与传统经济、传统服务业有什么不同，其所需要的要素和空间是不一样的。

如果按照工业经济来发展，科学城就不要山头，场地要大一点，平地要多一点，现在山头是宝贝了，环境是宝贝了。工业经济要这么多山头干什么，山头还碍事了，挡着我开车了，工业经济需要的是大物流、大通道。创新经济需要的是思想的源泉、社交的空间，最核心的就是社交创新的空间。

作者：那现在科学城有什么？

陈主任：现在就缺少社交的空间，散而乱。科学城企业都自发地做社交空间，各种各样的学术论坛都是企业自己在做。社交空间都是孵化器自己在做，缺少一个大的、公共的空间。说白了，有几个咖啡厅呢？咖啡厅太少，就是要多做这种社交场所，创新的社交空间太重要了，就是希望碰撞才能产生火花，单打独斗还怎么创新？

广州的创新太沉默、太沉闷了。为什么不活跃呢？就是没地方活跃，想找个地方活跃都没有，都是自己三五成群小规模的，不像深圳成行成市地在那儿活跃，活动一个接一个，一天到晚让你应接不暇，这就叫作创新很活跃。我们的创新很沉闷，吃完饭到实验室干自己的活，没人碰撞交流。

一定要有很活跃的创新空间，这是创新最重要的载体，必须要有大型、中型、小型的，满足各种各样活动的创新空间。我给举个最简单的（例子），就是生物岛，为什么冷冷清清的？它就是没这种创新空间，像个孤岛似的。理论上来讲，生物岛要是天天有路演、天天有活动，那才叫热闹，吃、住、玩、行都要热闹。现在开始补课，早期规划是没有的。

要从源头研究创新空间，源头就是创新型经济的特点，最大的特点是什么，要把它研究出来，它需要的载体、它需要的要素是不一样的。

3.2.2 广州拓瑞科技有限公司创始人张军先生访谈实录

1. 访谈概况

访谈对象：广州拓瑞科技有限公司创始人、总经理张军先生

访谈时间：2021年3月31日下午1:00—2:00

访谈地点：华南理工大学发电所咖啡厅

访谈人：李刚

2. 访谈提纲

尊敬的张总，您好！我是华南理工大学建筑学院城市规划专业2017级博士研究生李刚，导师为袁奇峰教授，正在开展题目为"广州开发区科技创新转型模式研究"的研究。了解到您公司是广州开发区科技创新的典型代表，真心地感谢您能接受我的拜访和访谈，向您请教贵公司创业和科技创新的故事、路径和模式，对您给予的帮助深表感谢！调研访谈提纲如下：

（1）了解到您曾在华工化工学院任教，后成为安利中国的高级科学家，再到2005年创立拓瑞科技，请您介绍一下您的创业故事以及贵公司的发展历程。

（2）请您介绍一下您在安利中国的工作经历对您创业有哪些助益或影响？对贵公司产品研发、技术创新有哪些助益或影响？

（3）请您介绍一下贵公司的主营业务和主营产品是什么？经历了怎样的发展演变过程和阶段？

（4）请您介绍一下贵公司技术创新的历程和模式，技术创新缘起于哪里？经历了怎样的技术升级过程？是否有技术合作研发或技术转让（请您列举3~5个技术合作或转让单位的例子）？

（5）请您介绍一下贵公司技术研发与产品生产的模式（自主研发+委外生产、华新园研发+外部基地生产、其他），以及为何采取这样的模式？

（6）请您介绍一下您公司的上下游产业链情况，能否分别列举3~5个最重要的上、下游产业链企业的例子？是否与广州开发区内的企业有供应链关系（请您列举3~5个例子）？是如何与上下游合作方建立联系的？

（7）贵公司在创业以及发展过程中的资金来源于哪里呢？公司融资经历了怎样的过程？

（8）广州开发区出台了多种多样的科技创新政策、企业扶持政策，请您介绍一下贵公司发展过程中享受过哪些政策的支持？哪些政策最有帮助？或者政府为贵公司的发展提供了哪些其他帮助？

3. 访谈实录

作者：先请您介绍一下您的创业经历和故事吧。

张总：我是1995年读的硕士，化工学院的，1998年毕业留校，但是我不是在化工学院留校的，那个时候还没有名额，留校到了电教中心，做化工课件模拟仿真，干了一年。1999年去的安利，做了四年，2003年初就跳槽去了一个英国公司，叫EVCI，是以前ICI分出来的，后面又被别人收购拆分了，现在EVCI也没有了，后来被龙沙收购了，相当于我原来那块业务现在在龙沙。被收购之后一年多，我就去了一个香港公司，叫WOLEKS，做贸易的，又做了一年多。然后2006年开始创业，我们是在华工创业的，在华工北门科

技园，那个科技园现在没有了。我现在还是化工学院的校外导师，两个课题组的校外导师。

作者：外企工作经历对您创业有什么帮助吗？

张总：非常有用啊，第一是行业的熟悉程度和人脉，作为一个大公司的研发，就会有很多人知道你，对人脉的积累很有用。第二，学习也很有用，因为跨国公司的管理和套路还是很好、很有用的。我们公司是一个标准外资公司的组织架构，人事形式从一开始就是5天工作制，13个月薪水，诸如此类的，我们公司就这一系列，比如年假，我们都是跟安利学习的，有用有用。

作者：技术上会有帮助吗？

技术上倒不是最要紧的，因为大公司是很大的机构，每一个人员就像一个螺丝钉一样做很小的一部分，所以技术、手艺学了多少，那倒不是（作用）很大，更多的是一个运作的方式，技术上的运作的方式，这个很重要。

作者：您公司现在产品和业务构成是怎样的？

张总：我们最开始就是做代理，然后慢慢地开始转型，大概五六年前开始转型，现在我们自己定位是为客户提供解决方案，定制解决方案的高科技企业。我们2016年被认定为高新技术企业，2019年再次被认定。这五年，我们投了很多资金在研发，现在我们有自己的专利、自己的品牌、自己的解决方案。

作者：您公司产品是在产业链的哪个方面？

张总：我们的客户是立白、蓝月亮、安利这些公司，我们给他们提供原材料，以及原材料的解决方案。比如我们很得意的就是洗衣凝珠、超浓缩洗衣液，这都是我们在中国最早做出来的，但是我们只是做出技术方案，我们把技术方案送给客户，我们给他们提供方案、提供原材料，我们本身不生产原材料，怎么将原材料做成一个成品，中间的一部分技术工作我们来做。

比如立白做洗衣液，我们供应中间几个原材料给他们，原材料我们也不生产，我们也是买回来的，也有一部分是我们做好完整溶液，因为有些厂的能力弱，我们就把溶液整个做好，他们拿去稀释。溶液的生产在华新园做，我们在G1栋8楼有实验室、办公室，在G7栋和G9栋还有两间实验室，一个是我们的实验室、一个是我们的中试实验室。但是，如果要大规模生产，比如100吨，我们就不自己生产了，我们也在考虑要不要做生产，我们会买一个工厂回来，准备好设备、场地和证件，化工类的还是需要许可证的，所以还是挺复杂的。实验室也是需要环评的，我们都有环评的。

作者：您公司产品的研发是怎样的方式？您能否介绍一个典型的产品研发过程？

张总：我们代理一些国际公司的产品，这些国际公司本身有很多技术人员或者技术方案，国内我们的大客户本身也有技术团队，我们也有，往往会有些行业的痛点，我们就把三方的资源整合在一块来做，我们跟华工化工学院也有合作，相当于四方，上游、下游、科研院所。

作者：你们是正式合作还是非正式的交流？

张总：我们都是正式合作，聊聊天是聊聊天，但是要真正做一个东西还是需要投入很多人力物力，最后才能慢慢把这个散光点变成一个实实在在的东西，这个时候还是需要花很多资金的。

我可以告诉你我们的生意模式是什么，就是四步。

第一步就是找到一个行业的痛点，这个不难找，很多地方都有，有的是成本问题，有的是技术问题，有的是质量问题，找到一个痛点很容易。

下一步就是我们要和客户一起做几个方案，一定是要整合很多的资源，我们强调一定要和重点客户一起做，因为他们是将来买单的人，是需求的提出者，也是方案的认可者，一定要客户觉得行才算的。

方案做好之后，第三步我们就是要做出产品。有两种形式，因为中国公司不会付钱买你的任何技术的，没有这样的交易方式，国外有，授权什么的。那怎么办呢？就是我的技术方案里面有一个东西是我独有的，或者我独家代理的东西，我们所有的投入通过它来体现，如果我们的方案里并没有什么独家的原料，那我就会把中间的一个东西做成混料，这样我们通过自己相应的知识产权保护它，专利也好，自己产品的品牌也好，包括技术资料，把这个出售给客户，使这个技术得到变现。

第四步，我们攻克这个痛点所覆盖的头部企业，他们愿意付钱解决技术痛点，至于后面小的就不管了，会跟风的。

作者：您能否举个例子具体介绍一下？

张总：举个例子就是浓缩洗衣液，我们在六七年前就在做浓缩洗衣液。洗衣液其实很容易做的，国家的法规是表面活性剂含量要达到15%，表面活性剂是洗涤剂的主要成分，最低的标准就是15%，这个合理，太少了就有点偷工减料了，当然也可以做成25%、50%、70%。含量越高，技术难度越大，含量太高就难以实现，很多表活AES（音），35%以下是液态的，75%以上是膏状的，它的中间变成了胶体了，就不溶解了，超过35%就不行了，这就是化学的基本特性。

要把表面活性剂做成很高含量是有难度的，还是蛮有技巧的，有很多方法。一种方法是拿溶剂去做，溶剂也不一样，有的表活可以溶，有的不可以溶，有一定限制。我们还有一种方案可以做到90%、95%，这个就很厉害了，而且非常的稀。我们行业内研究的话，很愿意研究，我们跟立白一块研究的，但是，他们认为这个事情离上市、商业化会比较远。

为什么呢？因为中国的浓缩洗衣粉从来就不是市场的主流。但是，我认为浓缩洗衣液一定会成为主流，因为瓶子。比如卖100万吨的浓缩洗衣粉，浓缩一倍，变成50万吨，没什么好处，尽管节约环保，节约了一半的袋子，但是袋子几分钱一个，经济效益上是没有意义的，这就是浓缩洗衣粉在市场上不是主流的原因。但是洗衣液不一样，因为它是瓶子装的，一个瓶子2.5元，一共6瓶，立白卖一箱洗衣液还挣不回一个瓶子的钱，所以只要能省下瓶子，那意义重大，所以我们一直认为这个是可行的。我们就到处动员一些头部企业，包括立白、蓝月亮。最先接受的是蓝月亮，他们觉得这个有意思，觉得这个确实能省，能改变产品的形态，省了瓶子的钱还是一样地赚。

另外一个，浓缩洗衣液变得很火的原因是洗衣凝珠。一个膜裹起一个珠子，外面是一个膜，里面是液体，丢在洗衣机里膜就会溶解，这样去洗衣房就不需要带一桶。这就有意思了，这个膜是水溶的，所以这个洗衣液就得高浓缩，这时候一个巨大的应用场景就出来了，这个需要高浓缩的东西，那只能找我们了，我们一下就占了先机。

那可能会问这个很复杂吗？其实也不是很复杂，但是需要做很多的工作去试验，就像爱迪生说的，我知道有1000种方法做不成，我知道这个方法做得成，要不你用我这个方法，要不你去试，也许你比我聪明，你试300种方法就试成了，那你犯不着嘛，直接买这个就好了。

但是这个模式就是我们不能停止游动，就像鲨鱼一样，不能停止游动。这东西过五年，大家都知道了，利润的空间就小了，就需要有新的东西，要不停地创新才行。

作者：您的这些技术人员是后面陆续招聘的吗？

张总：我们整个团队就是以技术为背景的团队，我们一开始就是一个国际公司的班底。我是安利的，运营总监也是安利的，我们的市场总监是默克的，做了15年，还有两个经理是阿克苏诺贝尔的，还有个销售经理是韩国科隆（音）的，陆陆续续来的。最开始有一个副手跟我一块来的，但是公司是我一个人的，过了一年我就拿出10%的股份给跟着我来的这个人，他是我从香港那个公司带来的，就是我们的肖总，他的股东还没进来，我们现在在股改，是放在一块处理，今年吧。

作者：你们拿贷款容易吗？财务上是怎么持续发展的？

张总：我们七八个人的时候就拿到工商银行的非抵押授权的贷款，几乎绝无仅有。我很早之前就有银行的意识，很早之前就有跟银行聊，请银行过来看。银行跟我说公司挺好的，有利润、有流水，但是不能给贷款，因为没有抵押，但是我一直跟他们保持联络。后来我们是怎么拿到贷款的呢？

是这样，我们公司的规范性是很多公司没有的，我们公司就一本账。我们公司一开始就两个人，我跟肖总，公司第三个人就选了财务，买的第一个东西是财务软件，从一开始我们公司就很规范，发货单都是一式四联印刷好。我们公司只有七八个人的时候，有一次客户欠我们钱，他说资金紧张，他就组织了银行过来，银行帮他垫付，我们付利息。我就去提了一些问题，那个支行的行长姓黄，她说很少有人问这么清楚的。我说我跟很多银行谈过，我们有很好的盈利、有流水，因为没有抵押所以没办法贷款。黄行长说她去看看可以吗，我说欢迎。

后来她就带人过来了，首先我们财务软件就是一本账，那个年代很少是一本账，后来她问我这个流程，我跟她讲我们怎么做的，我们每一份东西都是从合同开始，然后到发货，发货单是一式四联印刷，然后客户签收、仓库、回执，完了订好，反面还有一个戳，发货日和签收日，发货时间签字，发票时间签字，汇款的时间签字，然后订好放到柜子里收好。因为我们就是从很规范的公司出来的，我们只知道那种操作模式，我们只会这一套逻辑，所以我们很规整。那个行长很惊讶。我们每一单都这么做的，一柜子都是。她要复印几份走，我说"可以啊，随便抽几份"。

后来她回到他们那边，举着我们这个示范给他们银行的人看，好几百人呢。"你们每次告诉我这个事情做不了，那个事情做不了，你看看人家10个人的公司，这么清晰。"后来他们贷款科的科长找到我，说对于我们这种公司，他们一定会尽力给我们提供一些帮助，就给了我们综合授信，300万元，综合授信非抵押，随借随还，他们对我们来说是很大的一个助力。

后面我们被认定为高新科技企业，国家给我们补贴，然后一些项目也有补贴，我的客户不欠我的钱，我不欠我上游的钱，我不欠我任何员工的工资，我有银行的贷款、有政府的补贴，我们没有现金流的问题。

3.2.3 广州开发区新能源行业协会秘书长吴师法先生访谈实录

1. 访谈概况

访谈对象：广州开发区新能源行业协会秘书长吴师法先生

访谈时间：2020年11月25日下午2:30—4:00

访谈地点：广州科学城创新大厦

访谈人：李刚

2. 访谈提纲

尊敬的领导，您好！我是华南理工大学建筑学院城市规划学2017级博士研究生李刚，导师为袁奇峰教授，正在开展题目为"广州开发区科技创新转型模式及其空间响应研究"的研究。了解到贵协会是广州开发区新兴产业的代表性行业协会，真心地感谢您能接受拜访和访谈，对您给予的帮助深表感谢！调研访谈提纲如下：

（1）了解到贵协会是广州开发区促进新兴产业的代表性行业协会，请您介绍一下贵协会的发展历程。

（2）请您介绍一下贵协会的主要职能和日常业务有哪些？贵协会的运行模式是怎样的？贵协会的运行经费来源于哪里呢（会员会费、政府扶持经费、经营性业务收入、其他）？

（3）行业协会被认为是促进行业发展、企业科技创新的重要社会组织，您认为贵协会在促进广州开发区新能源行业发展中的作用是什么？在促进新能源企业科技创新方面的作用是什么？

（4）行业协会被认为是政府和企业/行业之间的桥梁和纽带，您认为贵协会是否符合这样的角色呢？贵协会是如何承担这个角色的呢？

（5）了解到广州开发区出台了诸多促进行业协会发展的相关政策，贵协会是否享受到相关政策或者经费的支持呢？政府的政策对贵协会发展的重要性如何呢？

3. 访谈实录

关于协会的基本情况与发展历程。

吴秘书长：广州开发区的这种协会大大小小有数十家，具体数字的话，民政局有个社会组织网站，可以看到整个区的社会组织，除了行业协会，民非组织、学校都是纳入这个社会组织管理的。

我们协会是2018年7月9日成立的，当时成立的时候，我们业务指导单位是区发改局。成立这样一个社团组织的主要作用，是想把区内的新能源企业做一个整体的管理，或者组织相关的一些活动。基本上开发区这么多协会都是围绕着某一个产业、聚焦在某一个领域，我们这个领域主要是新能源。

新能源又比较广，我们日常比较熟悉的，像氢能源、光伏、存电桩，还包括能源管理。当然新能源也包括风力发电、海上发电，新能源也是广州市的一个重点产业，像IMB、NEM，NEM就是新能源新材料，NEM是我们开发区的一个重点产业。我们当时发起这个非营利社团组织，主要是区内新能源相关产业链条的一些企业，企业会员差不多50家，陆陆续续也有一些区外企业加入我们协会，这是我们协会目前大概的一个情况。

近年来，开发区有一个社会组织的改革，所有的这些协会社团都要跟政府部门脱钩，脱钩的意思就是我们的业务指导单位不能是具体某一个部门了，我们所有的协会都改为开发区相关职能部门，但是我们业务对接的还是发改局。协会毕竟是一个非营利性组织，所以人员不是很多，我们现在是3位，这个办公室有两位，还有一位是在局里办公，就是有承接一些项目，由他在那边负责。

当然，根据协会的创办条件，是需要有发起单位的。2018年的时候，我们是由8家单位发起，有20家以上的企事业单位作为会员才能够成立，管理的话我们也是由民政局来管的，这是目前协会的一些情况。

关于协会的主要职能和业务。

吴秘书长：我们协会主要的职能有几大块。

第一是业务主管单位的政策的宣讲，主要是我们主管部门的两个政策，一个是"绿色十条"，目前正在修订当中；还有一个是"氢能十条"，这个是去年开发区发布的政策，是发改局来牵头起草的。

第二是我们承担一些公共管理的业务，比如说有一个是重点能源企业的管理。我们区有50多家大型企业被纳入区级的重点能源单位，每个月要报各种数据指标到局里，我们就负责跟进这些相关的业务。我们还承接一些培训沙龙活动，这个目前每月都会有一场，活动还是比较多的，也比较多元化，比如专家座谈、针对性的业务培训，还有包括业务对接方面的。

第三是我们也做了不少上下游产业链的对接活动。新能源是一个比较长的链条，在区内有一些协会做得比较好，我们也会沿用这种传统，就是说我们帮企业找客户、找销路、对接技术、对接业务。我们每个月也会组织对接会，比如说他们现场展示他们的一些产品，然后就有一些客户来对接。

第四是服务会员，我们会收集各类项目的通知，发给我们的会员。这些项目不限于新能源的，就是开发区的各种项目，只要是对企业有用的政策，我们都会及时给到我们的会员企业。

第五，组织各种各样的文体活动，促进会员间的了解与熟悉。

第六，我们也会组织一些区内外交流参观的活动，比如说我们去过深圳、佛山，佛山的氢产业发展是很快的。

最后，我们也会组织一些展会。我们是区贸事会的会员，他们承接的一些展会，如公益性的展会，我们也会组织我们的会员参展，这些都是免费的，这些服务都是提供给会员企业的。

关于经费的来源。

吴秘书长：我们协会的经费80%来源于会员的会费。我们协会的财务也是很紧张的，我们有人工的费用支出，还有办公场地的费用支出，举办各种活动也要开销。

我们2018年成立，第二个年头，2019年，我们99%的运行费用都来自会费。2020年，我们承接了区里两个能源的项目，就是有一定的其他收入，一个是重点能源管理的项目，还有一个是氢能规划宣传的项目，项目经费也不多。当然近年，除了会费之外也有一些公共管理的业务经费。

我们对会费的要求非常严格，上级部门要求不能超过四级，比如说会长单位、副会长单位、理事单位、会员单位，就是不能太多级别，会费也不能太高。我们普通会员是2000元一年，理事单位是1万元一年，副会长是2万元一年，会长是3万元一年。

目前来讲，我们协会经营基本上还是处于一种亏损的状态。像我们这种专职的协会在区里的不多，区里有不少协会是兼职状态，自己可能有公司，然后运营这样一些协会而已。因为毕竟50多家企业的会费加起来也就20多万元，其实还是比较艰难的，我们是专职的。

关于行业协会对产业发展、企业创新的作用。

吴秘书长：我们的作用主要是宣传政府的政策，这非常重要，我们基本上每年会有两到三场的政策宣讲，面向全区。就像刚才讲到的"绿色十条""氢能十条"，其实很多企业没有关注的话，就不知道有这样一个政策。我们会细分这些政策，进园区，包括组织大小的会议，让区内的相关企业都关注到这个政策，因为毕竟制定出来这个政策，还是希望受惠于企业，我们就会承担这样一个宣传的职能。

同时，我们也有深度参与区内一些政策以及规划的制定。比如说"氢能十条"的规划，需要做大量的调研工作，需要了解企业在哪些方面需要支持，我们也有组织专家论证会，带领专家走访企业。比如我们今年就专门针对加氢站的企业组织了一个研讨会，这样我们就可以通过第一手资料直接地了解到企业的真正需求，然后形成调研报告，反馈给业务主管部门和区相关的领导，他们就会在政策制定过程当中有针对性地进行规划。

同时，我们每周都会走访一些会员、走访一些企业。走访过程当中，企业可能会反馈一些问题，我们再反馈给区相关部门。比如说，有一些想来开发区落户的企业，他们不知道怎么去找地、怎么去找政策，不知道怎么办理，那我们就给他们一些对接。

新能源科技创新的话，我们有组织开展一些学习调研，我们有两个群，一个是协会的微信群，还有一个是新能源行业的QQ群，基本上每天都会将一些直接的咨询发给他们。当然不同的企业有不同的需求，看到对他们有用的他们就会采纳，这对他们创新、经营或多或少还是有些帮助。

关于行业协会是政府和企业/行业之间的桥梁和纽带。

吴秘书长：一个是这种传递的职能，这个是比较直接的，如政策宣导、企业问题的反馈。政府部门毕竟人数有限、精力也有限，他们不可能时时刻刻跑企业，我们去收集了之后就反馈过去，起到这样一个协调和纽带的作用。

我们基本上每个月都会去走访企业，还有组织一些沙龙，不仅是宣传新能源的一些政策，同时也把其他一些相关政策带回来给到我们这些会员。政研室、贸事会等一些活动也会愿意叫我们过去，我们协会虽然比较小，但是算是开发区内比较活跃的，因为活动比较多，他们也愿意叫我们过去。

另外，我们新能源行业也是一个重点支持的行业，所以每次的政策研究会，比如"黄金十条"的修改等，都会邀请我们协会、邀请我们协会的会员过去，因为我们协会的会员有好几家在区内还是比较重要的企业。

关于政府对行业协会的扶持。

吴秘书长：开发区确实是有很多关于行业协会的政策，刚刚也讲了，我们的经费主要是会费和一些非营利性的公共管理项目，还有第三个就是这个协会的政策。但是我们现在还没有享受到，没享受到的原因是，真正符合我们的只有一条政策，就是促进服务企业的一个政策，它是分三档：10万元、20万元、30万元。

今年9月份我们申报了第一批，申报的是2018年的，之前没有，因为我们是2018年成立。但是这个政策报上去之后一直还没有审批，这个政策是工信局主管的，工信局还没有审核，我们好多协会都在等着这个经费。

其他的很多协会，主管局里都是有经费的。比如说知识产权协会，知识产权局下面的一个政策，是专门针对他们协会的，有10万元的经费。像区块链协会，针对区块链的也有不少经费。目前，我们的主管局是没有这个专项协会经费的，因为他们认为工信那个政策可以通用，所以就没有单列，但是目前还没享受到。

3.2.4 广州开发区科技金融服务中心副总经理郭泉醒先生访谈实录

1. 访谈概况

访谈对象：广州开发区科技金融服务中心副总经理郭泉醒先生

访谈时间：2020年12月21日下午5:00—6:30

访谈地点：广州科学城创新大厦

访谈人：李刚

2. 访谈提纲

尊敬的郭总，您好！我是华南理工大学建筑学院城市规划学2017级博士研究生李刚，导师为袁奇峰教授，正在开展题目为"广州开发区的科创转型及空间响应研究"的博士论文研究。了解到贵中心——广州开发区科技金融服务中心是广州开发区典型的科技创新服务机构，真心地感谢您能接受我的拜访和访谈，对您给予的帮助深表感谢！调研访谈提纲如下：

（1）了解到贵中心是广州开发区典型的科技创新服务机构，请您介绍一下贵中心的发展历程。

（2）请您介绍一下贵中心的主要职能有哪些？有哪些业务板块？贵中心下设有哪些部门？各部门职能是怎样的？

（3）贵中心的经营模式是怎样的？贵中心的运营经费来源于哪里（经营性业务收入、政府扶持经费、市场融资、其他）？

（4）了解到贵中心有国有资本（广州科技金融综合服务中心、广州凯得金融控股）的持股，贵中心是否承担了政府和企业之间桥梁纽带的角色？贵中心是如何承担这个角色的？面向政府、面向科创企业分别有哪些职能？

（5）除贵中心这样市场化运营的科技创新服务机构外，广州开发区还有火炬中心（事业单位）、行业协会（非经营性社会组织）等科技创新服务机构。与它们相比，贵中心的科技创新服务有哪些不同？优势是什么？

（6）了解到广州开发区出台了诸多促进科技创新发展的相关政策，贵中心是否享受到相关政策的支持？政府扶持政策对贵中心发展的重要性如何呢？

3. 访谈实录

关于中心的发展历程。

郭总：我们是在2016年，几乎一整年都在筹备中心的成立，当时我们3月份的时候就把申请报告送到了科技局，后来到了10月份才申请下来。我们中心有四个股东，科技局给我们挂的牌子叫广州开发区科技金融服务中心。它的法人运营主体叫广州金凯长清信息科技有限公司。"金凯长清"取自四个股东，"金"是广州市科技金融综合服务中心；"凯"是凯得金控；"长"是长城战略咨询；"清"是清华珠三角研究院。

我们现在在的这个场地，原来是国企运营，是凯德运营的众创空间。在2014年的时候，它已经被评为国家级的众创空间。它的运营方式很简单，交1000元的押金，就可以注册一个公司，其他就不再收取费用了，主要是为了把众创空间办火热。后来我们觉得这个场地这么运营还是比较浪费的。我们想把它做成一个真正为创业者持续服务的空间，所以就找了四个股东，清华珠三角研究院是开发区重点去引进来的。

在这个过程当中，我们邀请了区图书馆的领导过来，当时刚好有一个叫"把图书馆开到社区"的行动，是区文化广电旅游局主导开展的。我们就赶紧与他们取得联系，说我们这个地方举办了这么多创新创业活动，有没有可能在我们这个场地做一个图书馆？我们就邀请他们过来了，他们一看，觉得挺不错的。于是我们就提交报告申请设立省图书馆和文化馆的分馆。

这是有一些特色的，就是通过政府来引导社会力量众筹建设一个图书馆和文化馆。政府一个图书馆给20万元经费，文化馆也是给20万元经费，总共就是40万元，我们自筹了大概47万。把它建成，整体装修其实很耗费人力、物力的。现在增城、梅州、清远、肇庆的很多图书馆都到这边来学习。他们觉得这种方式是新颖的，以前只是国企运营，或者是一个事业单位运营，政府拨钱买书就行了。但现在不是，它应该是跟地区不同文化集合在一起。科学城是创新创业基地，所以要跟创新创业集合在一起，就允许在图书馆里面开展很多创业活动。

那我内部也有一个运营模式，叫"共孵、共享、共赢"。我们这边有众创空间，首先我们主要引进科技型企业，最好是IAB产业，这个跟区里的政策是一致的。其次，这些企业来到这里，有可能还是一个科技成果，我们要研究它的壁垒在哪里，通过路演之后留下来。我们会有个机制，三个月进行一次路演，如果你的营收、研发、人员都是正在进行中的，那是允许继续留在我们众创空间的，如果经过我们一到两次的调查，发现它只是虚开发票之类的，这种我们就勒令离开，所以我们留下来的很多都是科技型企业。对于这些企业，我们会对它们进行一些商业咨询、股权类咨询、管理类咨询，提供上下游对接，也会有一些初创型政策对接，就是将政府政策、产业上下游、合作伙伴对接给它们。

到2018年的时候，我们举办了一个双创活动周。那个时候我们已经提出了"7×24小时"的营业模式，我们想为创业者打造一个"7×24小时"的创业型图书馆。你现在所在的两个房间是当时我为创业者准备的睡觉的地方，有被子、牙刷。但是不会有那么多人在这里睡，是让他过渡的，比如加班的时候到这里休息。就这样，"7×24小时"的创业型图书馆就打响了，当时有好几十个媒体在报道。那有这个创业性质的时候，其实跟我们科技金融中心的主旨是一样的，我们就是为创业者服务的，就是为这种科技型企业服务的。

科技局是我们的主管部门，这个一直都没有变过，哪怕我的外状形态是图书馆，创新创业板块活动一直都在进行的。可以把它理解成，创新创业的主体是一个树干，其他的图书馆、文化馆是枝叶。所以这个地方，既是咖啡厅，又是创新创业的众创空间，又是开展路演的场地。

2018年，我们承接了政府的一个项目，叫"双创活动周"。我想重点讲讲这个"双创活动周"，原本政府想定在会议中心，但是省发展和改革委的领导过来看，觉得不太合适，区里的领导就带他们来我们这里看，我们当时觉得也许只是走走过场，没想到他就选了我们这里。可能是看到我们这里有特色，看到我们是做创新创业活动板块的。当时就做了"双创活动周"，区里的几十家企业在我们这里展览，活动连续开展了七天。

这个活动对于我们来说是有标志性意义的，因为它在一个创业氛围比较浓厚的地方开展，不是选择一个官方的，比如像会议中心这样的地方，所以足以证明这个是有创新性的。一开始我们在做的时候，我们也很困难，一开始我们承接的是科协的委托活动，最早开展的是科技人员联谊会，就是相亲活动。科协的上级管理部门是科技局，当时这个活动给了我们8万元的预算，但是我们实际费用是50多万元，所以前期是有很用心投入的，无论是资金等成本的投入（还是其他资源的投入）。

通过这个项目我们得到了区科技局的认可，开始承接区科技局的一些项目，就有了"科普进校园"活动。这些活动做好之后，我们又承接了区发改局的全流程管控项目。后来区知识产权局委托我们建一个知识产权展厅（正在建），也跟黄埔区图书馆做"黄埔有故事"活动，等等，这些都是开发区科技金融中心很好的标签。

作者：像"黄埔有故事"，政府也是给你们经费支持的吗？

郭总："黄埔有故事"这个活动，政府给了我们8万元的经费，但是我们2019年没有一个周末是休息的，我们要采访100位企业家，拍摄、记录、采访，然后汇编成稿子，我们把它做成了一个很好的栏目。一个特点是我们按照行业来组织，为什么选择同一个行业？因为产业有关联性，交流可以大大增加他们合作的机会，这个是我们试验过的。把不同行业的人集中在一起，一般没什么可聊的，但同一行业的人在一起，大家都聊到创业故事，就很打动人，就会有很多的对接，就不再是点头之交了。

到现在，区里已经有15个职能部门跟我们在合作。通过承办政府的这种活动，活动是载体，也是企业流量的一个入口。然后我们再去了解20%的重点企业，去对他进行帮助。举个例子，承葛生物通过我们的帮助对接到了清华珠三角研究院，清华珠三角研究院有个基金是跟投的，它跟投了承葛生物500万元，今年顺利地退出，拿到了更高的议价。

我们在疫情期间承办了"黄埔有故事"活动，通过号召这些企业家捐资捐物，募捐了1049万元。当时我们是有很大感触的，如果没有前期的积累，没有为这些企业家去做这些深度的事情，是没有办法跟他们有什么好的交情的，所以他们也很愿意响应，在国家有需要的时候，贡献一份力量出来。

关于中心的主要职能、业务板块。

郭总：中心现在有这么几个部门：一个知识产权创新中心，一个项目管理部门，一个活动策划部门，宣传部门，以及基本的人事、财务部门。我们没有销售部门，更多的是以服务科技企业为主。

知识产权创新中心的设立源于我们跟知识产权局在做的一个知识产权展厅，我们有一个承接项目是知识产权局的项目，主要是服务于知识产权局目前在推的一些政策宣传，比如知识产权质押贷款。这些黄埔区特别的政策，我们要跟企业讲清楚、讲明白，让企业知道黄埔区有这么好的一些政策。

作者：相当于政策宣导？

郭总：对，我们区的一些政策宣导。这里的难点是什么呢？公务员就这么多，黄埔区公务员好像已经有两年没有增加太多的编制了。政府推动政策必须要有抓手，那我们中心就是一个很重要的抓手。

对于项目管理部门，我们会有一些分工，分两个板块。第一个是政府的项目部门，就像刚刚我提到的 15 个政府部门委托的项目，比如黄埔区图书馆的"黄埔有故事"、知识产权局的知识产权展厅，还有科技局的科技人才之家项目（针对黄埔区的领军人才、创业英才专门策划的品牌项目）、科协的"科普进校园"活动、科技局的"讲科学、秀科普"活动，等等。这些项目都是政府委托我们去做的。

第二个板块是面向企业，提供政策的宣讲，企业的管理咨询、政策项目申报、投融资服务、投资贷款和股权融资服务，以及创新创业大赛服务。很多是公益性的，我们中心做的事情很多是公益性的，很多都不收钱。

关于经营模式和运营经费。

郭总：运营模式是这样的，我们叫"GABC"。"G"就是政府，承接政府的一些委托项目，一个项目可能有几万元到几十万元不等的经费，比如"科普进校园"有 30 万元，"讲科学、秀科普"活动就七八万元。

第二个是"B"端，"黄埔有故事"活动不是采访了 100 位企业家吗？我们就成立了一个黄埔科创学院，这个是做黄埔区内的私董会的，有很多优秀的企业，像准备上市的华银健康、华大生物、宏图教育，它们的营收有好几千万元甚至上亿元。像这种企业，我们是可以收费的，可能收几万元的费用。

作者：给他们提供了什么服务？

郭总：这个服务就包括刚刚讲的项目咨询、投融资等，这些我们都在做，这是"B"端。那"A"端是什么？"A"端以前是不盈利的，现在开始盈利了。"A"端就是金融机构，像银行、投资机构，我们为他们做专场活动。现在他们机构的竞争压力也特别大，可能荔湾支行会抢黄埔支行的客户，因为荔湾的科技型企业没有黄埔多，所以我们可以为荔湾支行组办几场专场的企业推介活动，我们收 5 万元、10 万元的费用，专门帮助银行找到精准的意向客户，帮助它开拓渠道。

"C"端是什么呢？就像我们现在经营的咖啡厅，咖啡厅主要是面对"C"端的消费者，现在就能够盈利。也会做一些活动，像联谊会，还有吉他、摄影等培训班，但我们这个培训班（的费用）会比市价要低，为了让更多人参与进来，把这个场地给热起来，这个场所可以提供给很多的社群运营者，让他们都参与进来。

作者：运营经费哪里来呢？

郭总：刚刚讲了很多，首先一大部分来自政府，因为我们承接了比较多的政府部门项目。

作者：有没有市场融资呢？

郭总：我们总部"大湾区科技创新中心"已经过两轮融资了，所以未来融资很可能，我就往创业板去走的，就是我们要上市。有一个很好的案例是什么？创业黑马。创业黑马的创始人是牛文文，牛文文是从媒体圈出来的，他可以做到上市，他已经走了一条路出来。我们是一样的，就是经过融资后，目标也是上市。

关于是否承担了政府和企业之间桥梁纽带的角色及如何承担这个角色、面向政府和科创企业的职能。

郭总：是这样的，有一些职能是顺带的。比如我们做创新创业板块，招商职能是我们顺带的。我们也无意中推荐了几家企业去了七喜大厦。七喜大厦老总是百奥泰出来的，百奥泰是黄埔区第三家科创板上市企业,刚好七喜大厦离我们近,我们就成了像这种园区的流量入口。

我们每次做创新创业活动时,都有宣传我们中心的职能——服务科创企业,我们来分析一下。(第一个是)初创企业可能有想法,想把它实现,那就有工商注册。第二个是需要有人,比如说要找一个广药毕业的大学生,大企业可以与学校互动,到学校定向招聘毕业生,但是初创企业不行。那我们干什么呢?黄埔区团委有一个"青春黄埔行"活动,委托给我们来做,我们把黄埔区20家营收几千万的企业打包在一起,由我们来跟学校就业办谈,说我们有这么好的企业想到你们学校里面去校招,他们很同意的,这是招人方面的职能。

第三个是中高管人才。企业招人无非有几个途径:智联招聘、前程无忧、boss直聘等。我们是属于推荐型的,比如有一家企业叫创显科教,它对标视源电子,两个都在做教育板块。视源电子出来的工程师,它一定很看重,甚至高薪挖掘。其实我们在跟企业沟通的过程当中,很容易就能发现企业的需求,企业对我们的信任感很足,因为我们有政府的支持和信任。黄埔区的政府效率特别高,比如政策发布,都是限定时间给的,政策兑现也是,规定时间内必须兑现完。

言归正传,第四个是,在企业发展过程中,一定会有资金的需求。小的公司一般只能是融资,就是股权融资,做大一点可以做债权融资。企业小的时候,只能通过第一轮找天使人,我们可以给企业推荐一个天使投资。

第五个就是政府,我们有比较好的政府关系,能了解到有什么好的政策,然后推荐给企业。我们现在针对好的企业,比如说营收在2000万元以上的企业,建了200多个群,一对一的,我们团队的小伙伴和对方的企业老板以及他们的执行人员建立一个群,每次有利好的政策,我们就发给他们。

作者:这个企业服务是要收取一定费用的吗?

郭总:那肯定是要的,这一定是坦诚的。第六个就是细分化的需求了,比如像袁建华,他明年有一个16万平方米面积的科技企业孵化器要建成,他现在要找有意向去入驻的企业,我们已经帮他做了三场活动,都是生物医药企业。

范主任(广州开发区火炬中心主任)对我们的点评是:你们是众创空间,但你们是没有围墙的众创空间。比如,华新园的华银健康,都是我们私董会的学员。在这个创新创业的时代,谁能更懂企业,谁能够拿住核心资源,谁就能够跑得快。

关于自身的特色与优势。

作者:贵中心跟行业协会这些有什么不同?

郭总:首先在组织形态上是不同的,我们是由两个国企、一个事业单位、一个国家级智库组成的。我们的优势,我觉得有几点。

第一,我们比事业单位更加贴近市场,跟企业更加亲近,黏性更强,互动性更强。第二,我们更懂企业,我们在经营企业,同时我们是一个初创型公司,所以我们懂企业的痛点是什么,知道它在每个阶段需要什么。第三,比较实在的就是,我们有一定的政府资源的加持。

比如说办私董会,像商学院办私董会就是讲课程、讲理论。我们的私董会,比如上午是讲课程;中午会邀请一个局的领导过来,听听这些企业的需要,比如用地需求、贷款需求、股权需求、用人需求等；下午会以一个企业家的实际案例进行探讨，这个班有20人，都围绕这个案例，为这个企业出谋划策；晚上会邀请一个上市企业的董事长来分享。那我们就丰富起来了，开发区的这些企业其实也很想寻求一些小圈子，当在一个区域内能够获得更多资源的时候，企业就愿意去参与，因为这对企业是有利的。

关于是否有政府政策的支持。

郭总：目前没有针对我们这种创新创业服务型企业的扶持政策。但是有一些普惠性的，比如我们从外面招商到黄埔的，会有奖励，但这是锦上添花的。我们主要还是要有自己的造血功能，我们现在有一个理念叫"公司平台化、员工创客化"，现在已经孵化了3个公司，我们内部员工自己出来创业的，他们自己去开公司，我们来持股。

作者：就是说你们科创服务公司又衍生出了公司，这个方面您能具体讲讲吗？

郭总：一个是知识创新中心，拿到的项目已经有几百万元了。另外一个是人力资源公司，叫湾创智策，我们在周六晚上才做了路演活动，创始人原来是上市公司的销售总监，通过我们中心的赋能，他们来帮科技型企业招聘，我们占35%的股份。我们还是比较喜欢这种方式，能够做创新，能够给予我们机会，能够看得到希望。我也是从这条路出来的，以前我是在商业公司里面做销售，我现在不一样的地方是我有一颗创业的心。

附录 4：用地分类颜色索引

用地分类	颜色	RGB
耕地		RGB（245，248，220）
园地		RGB（191，233，170）
林地		RGB（104，177，103）
草地		RGB（205，245，122）
湿地		RGB（101，205，170）
农业设施建设用地		RGB（216，215，159）
城镇住宅用地/城镇居住用地		RGB（255，255，45）
农村宅基地/农村居住用地		RGB（255，211，128）
机关团体用地		RGB（255，0，255）
文化用地		RGB（255，127，0）
教育用地		RGB（255，133，201）
科研用地		RGB（230，0，92）
体育用地		RGB（0，165，124）
医疗卫生用地		RGB（255，127，126）
社会福利用地		RGB（255，159，127）
商业服务业用地		RGB（255，0，0）
工业用地		RGB（187，150，116）
采矿用地		RGB（158，108，84）
盐田用地		RGB（0，0，255）
仓储用地		RGB（135，97，211）
储备库用地		RGB（153，153，255）
交通运输用地		RGB（183，183，183）
公路用地		RGB（173，173，173）
城镇道路用地		RGB（163，163，163）
管道运输用地		RGB（153，153，153）
公用设施用地		RGB（0，99，128）
公园绿地		RGB（0，255，0）
防护绿地		RGB（20，141，74）
广场用地		RGB（172，255，207）
特殊用地		RGB（133，145，86）
陆地水域		RGB（51，142，192）

后 记

本书是以袁奇峰教授指导我完成的博士论文为主体深化完成的成果，第1章为概念辨析与研究综述，第2章的"研究设计"在编写过程中则修改为"珠三角的创新发展与创新空间"，第3章到第7章是对广州开发区科创转型的研究。

回首五年的博士求学历程，以及本书编撰出版的一年历程，感慨万千。最要感谢的是我的导师袁奇峰教授！袁老师学识渊博、观点独到、对专业充满热情，让我由衷地崇拜；袁老师求真、务实的学术风格与理念，让我深刻感受到了学者应有的风骨；而袁老师永远爽朗的哈哈大笑声，更让我感受到了胸怀的豁达和宽广。袁老师对学生一直是亲自指导、言传身教，让我能够直接触及袁老师的学术思想、专业洞见和人生态度。

我的博士论文以及本书的深化出版更是凝聚了袁老师的一番心血，袁老师经常教导我们，研究就是要"见别人所未见"。谨记着这样的教导，在博士论文研究过程中，我前往广州开发区调研共计100余次，或访谈、或参加路演、或参观企业，通过一趟趟的田野调查完成了一手资料的收集，并根据这些资料洞察现象、揭示机制，完成了调查研究与写作。在调研中，韩德福先生、李曲柳女士、张军先生、郭泉醒先生等都是我直接访谈的企业家，要特别感谢他们的支持和帮助，他们的讲述和访谈是本研究的重要突破口和案例。

记得论文研究刚开始的时候，我始终无法找到突破口，一度近乎崩溃。后来袁老师请来了广州开发区原政研室主任陈永品老师，陈老师作为"老开发区人"，对广州开发区的发展与转型如数家珍。与陈老师的两个小时访谈，让我建立起了对广州开发区相对系统的认识，从而打开了突破口。印象最深刻的是陈老师对广州开发区创新发展"4个8"的总结，而陈老师讲述的冠昊生物、迈普生物等企业的创业故事，也成为我后续跟进调研的对象，同时也是本书的重要案例。

在博士论文研究过程中，袁老师总是不厌其烦地亲自指导；在本书编撰过程中，袁老师更是亲笔撰写、亲自修改。而袁老师的每次指导都能让我茅塞顿开，带给我新的认知。本书凝结了袁老师的众多思想和观点。例如，袁老师提出的科技创新的三种模式——自由市场创新模式、科技举国体制模式、制内市场创新模式，以及"财政接力""大城效应"等，都非常独到精辟。

本书的出版还要特别感谢占玮师弟，在袁老师的指导下，由占玮师弟整合黄哲师姐博士论文中有关的"全球—地方"论述、他自己开展的珠三角"创新空间单元"分析、刘鹏飞师弟硕士论文中的广佛都市区创新空间与创新网络分析，增补形成了第2章"珠三角的创新发展与创新空间"。还要特别感谢华南理工大学出版社的周芹老师、肖妮延老师，二位老师对书稿编撰的严谨与专业，让人钦佩。

2023年5月20日晚
于华南理工大学博士后公寓